La Biblia contada para escépticos

Historia

Juan Eslava Galán

La Biblia contada para escépticos

Planeta

Obra editada en colaboración con Editorial Planeta – España

Bajo el sello editorial PAIDÓS M.R.
Avenida Presidente Masarik núm. 111,
Piso 2, Polanco V Sección, Miguel Hidalgo
C.P. 11560, Ciudad de México
www.planetadelibros.com.mx
www.paidos.com.mx

Diseño de portada: Booket / Área Editorial Grupo Planeta
Ilustración de la portada: © Museo del Prado / Album
Iconografía: Grupo Planeta
© Ilustraciones del interior: Archivo del autor, © Icastro, © Album, © Alamy / ACI, © Akg-Images / Album, © Eric Lessing, © Agencia EFE, Morgan Library. Purchased by J. P. Morgan (1867-1943) in 1916. © 2020. Photo The Morgan Library & Museum / Art Resource, NY / Scala, Florence, Shutterstock, © Steve Bardens / FIFA / Getty Images, Universal History Archive / Getty Images, © G. Dagli Orti / DEA / Getty Images, © LMPC / Getty Images

Primera edición impresa en España en Booket: septiembre de 2020
ISBN: 978-84-08-22751-9

Primera edición impresa en México en Booket: noviembre de 2022
ISBN: 978-607-569-360-6

Impreso en los talleres de Litográfica Ingramex, S.A. de C.V.
Centeno núm. 162-1, colonia Granjas Esmeralda, Ciudad de México
Impreso en México – *Printed in Mexico*

Biografía

Juan Eslava Galán es doctor en Letras. Entre sus ensayos destacan *Una historia de la guerra civil que no va a gustar a nadie* (2005), *Los años del miedo* (2008), *El catolicismo explicado a las ovejas* (2009), *De la alpargata al seiscientos* (2010), *Historia de España contada para escépticos* (2010), *Homo erectus* (2011), *La década que nos dejó sin aliento* (2011), *Historia del mundo contada para escépticos* (2012), *La primera guerra mundial contada para escépticos* (2014), *La segunda guerra mundial contada para escépticos* (2015), *Lujuria* (2015), *Avaricia* (2015), *La madre del cordero* (2016), *La Revolución rusa contada para escépticos* (2017), *Una historia de toma pan y moja* (2018), *La familia del Prado* (2018), *La conquista de América contada para escépticos* (2019), *La Biblia contada para escépticos* (2020), *La tentación del Caudillo* (2020) y, junto con su hija Diana, el recetario comentado *Cocina sin tonterías* (2013, Premio Gourmand). Es autor de las novelas *En busca del unicornio* (Premio Planeta 1987), *El comedido hidalgo* (Premio Ateneo de Sevilla 1991), *Señorita* (Premio de Novela Fernando Lara 1998), *La mula* (2003), *Rey lobo* (2009), *Últimas pasiones del caballero Almafiera* (2011) y *Misterioso asesinato en casa de Cervantes* (Premio Primavera de Novela 2015).

Más información en su página web: www.juaneslavagalan.com

Índice

Tercera parte
La historia que cuenta la Biblia

Cuarta parte
Los grandes monarcas

Quinta parte
La epopeya de Israel

Al maestro Antonio Piñero
Alere flammam veritatis

La fe es subjetiva. Al que tiene fe poco le importa que entre los atributos de Dios no figure la existencia.

Søren Kierkegaard

Puede que Dios sea simplemente una proyección espiritual y psicológica del ser humano, pero, como tal proyección, en cierto modo existe.

John Robinson

Proemio

Giacomo Contarini, un amigo descendiente de una ilustre familia veneciana que se enorgullece de contar entre sus ancestros con varios dogos de la República, me obsequió la pasada Navidad con un recorrido completo por su palacio, desde los caballetes de los tejados hasta los húmedos cimientos. Después de admirar salones espléndidos y rutilantes estancias, en las que se acumulaban las obras de arte atesoradas por los Contarini a lo largo de muchas generaciones, llegamos a la planta baja, al nivel del Gran Canal, y tras atravesar una sala revestida de pórfido cuyos frescos representaban el rapto de las sabinas, un derroche de tetas y nalgas acarreado por musculosos pollancones, Giacomo me dedicó una sonrisa cómplice y, abriendo una puerta disimulada en un trampantojo del muro, me precedió por unos gastados peldaños de granito que gentilmente iba alumbrando con una potente linterna.

—Ahora verás los cimientos que sostienen el edificio —me informó con el tono de quien sabe que su interlocutor se va a sorprender.

Pulsó un interruptor y se encendieron unos focos. Ante mis ojos se extendía, hasta donde alcanzaban los potentes chorros de luz, una lámina de barro nauseabundo de la que emergían a intervalos regulares filas de troncos renegridos que sostenían otros troncos horizontales sobre los que se apoyaban los muros del palacio.

—¿Son estos los cimientos? —Le expresé mi sorpresa.

—Sobre estos viejos troncos se levanta no solo el palacio Contarini sino toda Venecia —asintió Giacomo.

Al pensar en la civilización occidental me viene a la memoria el fundamento de Venecia. Aquella opulencia y aquella belleza se apoyan solo en palafitos de troncos desbastados, una base de apariencia sorprendentemente frágil. Como Venecia, la civilización occidental se apoya sobre un libro, un robusto y único pilar que hasta nuestros días se mantuvo a salvo de toda indagación crítica porque se consideraba la palabra de Dios revelada a los hombres y era peligroso cuestionarlo.

La Biblia es uno de los pilares, si no el más importante, que sostiene la civilización occidental. Los educados en la tradición católica, entre los que me cuento, tenemos un conocimiento muy superficial de la Biblia, por eso no está de más indagar sobre ella a la luz de la ciencia moderna, o sea de la crítica histórica, de la confrontación de textos y de la arqueología.

PRIMERA PARTE

El libro más influyente de la Historia

CAPÍTULO 1

El libro de Eli

En el futuro apocalíptico retratado en la película *El libro de Eli* (2010) acompañamos a un guerrero solitario en la misión de proteger un objeto misterioso que lleva en la mochila. La Humanidad lo ha perdido todo después de un cataclismo nuclear, climático o vírico, pero, para que la vida civilizada pueda reconstruirse y alborear en un posible futuro de esperanza y hermandad, es imprescindible que ese objeto se salve.

Lo han adivinado: el objeto no es otro que un ejemplar de la Biblia milagrosamente escapado de la hecatombe.

Un cálculo fácil: Europa ocupa apenas el 2 por ciento de las tierras del mundo. Una minucia, sí, pero ha influido decisivamente en la Historia de la Humanidad. Y ese libro, la Biblia, base del cristianismo, ha determinado el destino de Europa.[1]

Por lo tanto la Biblia ha influido poderosamente, para bien y para mal, en el destino de la Humanidad.

A pesar de que ha perdido fuelle en esta época de descreimiento, todavía es un libro respetado: más de 3.000 millones de personas lo consideran sagrado. Los libros contenidos en la Biblia son la guía y el fundamento de las tres religiones monoteístas (judía, cristiana, musulmana) con sus correspondientes sectas.

1. En realidad, a la combinación de la cultura grecolatina y la civilización judeocristiana que se impuso sobre ella, pero si hubiera que señalar un elemento dominante siempre sería el religioso, es decir, la Biblia.

¿Puede imaginarse el lector un elemento más influyente en la Historia? La verdad es que no. La Biblia es, en última instancia, la fuente que justifica la existencia de Yahvé, Dios o Alá para las tres religiones.

En las encuestas realizadas en países de tradición cristiana —especialmente protestante, me temo—, cuando se le pregunta a un ciudadano normal y corriente qué objeto se llevaría a una isla desierta donde tuviera que pasar el resto de su vida, la respuesta más frecuente es «la Biblia».

La Biblia es, con diferencia, el libro más divulgado, el más traducido, el más impreso, el más vendido y el más estudiado de la Historia.[2]

La Biblia ha inspirado al menos la mitad de las obras de arte que la Humanidad ha producido en los dos últimos milenios (templos, esculturas, pinturas, música y creaciones literarias, especialmente poéticas). En fin, que la Biblia y sus subproductos son esenciales para comprender la cultura occidental.[3] Pensemos que la poesía de san Juan de la Cruz, el *Cristo* de Velázquez, la Capilla Sixtina, casi toda la obra de Bach y el *Mesías* de Haendel no existirían sin el impulso creador estimulado, en última instancia, por la Biblia.

La Biblia, este libro prodigioso, es como la levadura que fermenta la masa. O como la minúscula espora que se deposita sobre los alimentos y produce un moho que los recubre. No la critico, cuidado. El moho puede estropear algunos alimentos, pero también puede ser beneficioso para otros: ahí tenemos el *Penicillium roqueforti*

2. 6.000 millones de ejemplares impresos (completa o en parte) en más de 2.400 idiomas.

3. Entre estos subproductos cabe incluir las modas religiosas: esas faldas que usan o usaban los sacerdotes, las casullas y las tiaras papales, todas están en la Biblia. Incluso los calzoncillos, que, por cierto, son tipo bóxer: *para los hijos de Aarón harás túnicas; también les harás cintos, y les formarás tiaras para honra y hermosura. Y con ellos vestirás a Aarón tu hermano, y a sus hijos con él: y los ungirás, y los consagrarás, y santificarás, para que sean mis sacerdotes. Y les harás calzones de lino para cubrir la carne vergonzosa; serán desde los lomos hasta los muslos* (Éx. 28, 40-42).

que madura el delicioso queso stilton o no digamos el *Penicillium chrysogenum* del que se deriva la penicilina, tan beneficiosa para la Humanidad.

Dicho de otro modo: la Biblia ha causado beneficios (por ejemplo, las hermanitas de la caridad que atienden a los ancianos) pero también ha inspirado estropicios (las hermanas Magdalenas irlandesas, que explotaban y torturaban a las pobres muchachas confiadas a su cuidado).[4]

Se comprende que la Biblia no es culpable del mal uso que se haga de ella, pero si no hubiera sido por los fanatismos religiosos inspirados por ella la Historia de la Humanidad quizá habría sido menos cruenta.[5]

La Biblia es la fuente remota de la que bebe la cultura occidental.

4. Precisamente por haber influido tanto, y no siempre positivamente, en el destino de la Humanidad, la Biblia tiene sus detractores. Robin Lane Fox escribe: «No es sistemáticamente mala (advierte uno), sino lisa y llanamente extraña, como podía esperarse de una antología caóticamente improvisada de documentos inconexos, compuesta, revisada, traducida, distorsionada y "mejorada" durante nueve siglos por cientos de autores, editores y copistas anónimos desconocidos entre nosotros y principalmente desconocidos entre ellos» (Fox, 1992, p. 253; Dawkins, 2006, p. 253).

5. Mahatma Gandhi dijo: «Ustedes los cristianos tienen en la Biblia un libro que contiene suficiente dinamita como para volar toda la civilización». En la misma línea, pero con más humor, está esa etiqueta que unos bromistas incrédulos pegan en la portada de los ejemplares de la Biblia que en países protestantes suele encontrarse guardada en la mesita de noche de los hoteles: «ADVERTENCIA: Este es un libro de ficción. NO lo tomen al pie de la letra. ADVERTENCIA DE CONTENIDO: Contiene versículos que describen o evocan el suicidio, el incesto, el bestialismo, el sadomasoquismo, la práctica sexual en un contexto violento, el asesinato; se recrea en la violencia, la homosexualidad, el consumo de drogas y alcohol, el voyeurismo, la venganza, el desafío a la autoridad, el desprecio a las leyes, la violación de los derechos humanos y las atrocidades. ADVERTENCIA DE EXPOSICIÓN: La exposición a los contenidos del libro durante largos periodos de tiempo o durante los años de formación de los niños puede causar delirios, alucinaciones, disminución de las habilidades cognitivas, trastornos mentales y, en casos extremos, alteraciones patológicas, odio e intolerancia hasta llegar al fanatismo, al asesinato y al genocidio».

Somos lo que somos por ella, así que no estará de más visitarla e informarnos un poco mejor de lo que contiene.

En España y países católicos en general no es raro que haya una biblia en casa, pero se lee poco o directamente nada. La Iglesia católica nunca ha promocionado su lectura. Para evitar interpretaciones heréticas ha preferido que su personal autorizado (los sacerdotes) intermedien entre el texto y los fieles.

Los lectores de mi generación, los que cursaron la escuela primaria sin más libro que aquella compendiosa *Enciclopedia Álvarez*, recordarán que antiguamente existía una asignatura, la Historia Sagrada, que nos contaba la Biblia. Hoy los talentosos pedagogos que diseñan los nuevos planes de estudios han decidido que la Biblia es un cuento chino y que no hay por qué enseñarla. En lo de cuento chino, extremando el juicio, a lo mejor llevan razón; en despreciarla, y prescindir de ella, no tanto. Al suprimir la Biblia causan un grave perjuicio a las nuevas generaciones de ciudadanos que ignoran una de las bases de su cultura. Eso se manifiesta, por ejemplo, en que no tienen ni idea de las representaciones artísticas que ven en iglesias o museos. Antes veías a un anciano que se disponía a degollar a un jovencito sobre una pila de palos y lo identificabas rápidamente: el sacrificio de Isaac por Abraham. Y te traía a la memoria una serie de connotaciones culturales. Ahora llegan los escolares y alguno que levanta la vista del móvil acierta a ver el cuadro y comenta: «¡Mirad, troncos, un navajero viejo atracando a un niño!».

La cultura los persigue, pero ellos son más rápidos.

Por el contrario, en los países protestantes la Biblia se lee mucho. Incluso existen sectas que la tienen como lectura de cabecera, y su reiteración en hogares creyentes y en sesiones parroquiales hace que incluso personas apartadas de la religión puedan citar de memoria largos pasajes del Libro Santo. ¿Recuerdan a Jules Winfield, el gánster negro interpretado por el actor Samuel L. Jackson en la película de Quentin Tarantino *Pulp Fiction*? En un par de ocasiones, antes de vaciar el cargador de su Star B sobre la aterrorizada víctima, ahueca la voz para que suene como si fuera un sermón y recita:

El camino del hombre recto está por todos lados rodeado por las injusticias de los egoístas y la tiranía de los hombres malos. Bendito sea aquel pastor que, en nombre de la caridad y de la buena voluntad, saque a los débiles del valle de la oscuridad, pues él es el auténtico guardián de su hermano y el descubridor de los niños perdidos. Y os aseguro que vendré a castigar con gran venganza y furiosa cólera a aquellos que pretendan envenenar y destruir a mis hermanos. Y tú sabrás que mi nombre es Yahvé, cuando caiga mi venganza sobre ti.[6]

O la oración del francotirador Daniel Jackson, interpretado por Barry Pepper en *Salvar al soldado Ryan* (1998), cada vez que ajusta su mira telescópica sobre su siguiente víctima: *Dios mío, confío en ti. No permitas que me avergüence. Líbrame de las manos de mis enemigos* (Sal. 25, 2).[7]

Y en la escena final, antes de que Daniel se enfrente a su propia muerte: *Bendito el Señor, mi roca, que adiestra mis manos para la guerra y mis dedos para la batalla. Mi amor y mi baluarte, mi ciudadela y mi libertador, mi escudo, en él me cobijo* (Sal. 144, 1-2).

Unas citas bíblicas que, espigadas entre otras muchas, se han convertido en sendos iconos cinematográficos.

Es costumbre usar abreviaturas para referirse a las citas bíblicas de manera que el lector pueda comprobar la fidelidad del texto. Son las siguientes, que corresponden a los distintos libros del Antiguo Testamento:

Antiguo Testamento	
1 Cr. 2 Cr.	Crónicas
1 Mac. 2 Mac.	Macabeos

6. Bueno, el caso es que Jules quizá tiene medio olvidado el pasaje original y en su larga trayectoria como asesino a sueldo ha ido enriqueciendo la cita con material de su cosecha. En realidad el texto bíblico es más corto: *y sabrás que mi nombre es Yahvé cuando caiga mi venganza sobre ti* (Ez. 25, 17).

7. Todas las citas bíblicas del libro están extraídas de la *Biblia de Jerusalén*, Desclée De Brouwer, Bilbao, 1975.

Antiguo Testamento	
1 Re. 2 Re.	Reyes
1 Sam. 2 Sam.	Samuel
Ab.	Abdías
Ag.	Ageo
Am.	Amós
Bar.	Baruc
Cant.	Cantar de los Cantares
Dan.	Daniel
Dt.	Deuteronomio
Ece.	Eclesiastés
Eci.	Eclesiástico
Esd.	Esdras
Est.	Ester
Éx.	Éxodo
Ez.	Ezequiel
Gén.	Génesis
Hab.	Habacuc
Is.	Isaías
Jb.	Job
Jer.	Jeremías
Jl.	Joel
Jon.	Jonás
Jos.	Josué
Jdt.	Judit
Jue.	Jueces
Lam.	Lamentaciones
Lv.	Levítico
Mal.	Malaquías
Miq.	Miqueas
Nah.	Nahum
Neh.	Nehemías
Núm.	Números
Os.	Oseas
Prv.	Proverbios
Rt.	Rut

Antiguo Testamento	
Sal.	Salmos
Sab.	Sabiduría
Sof.	Sofonías
Za.	Zacarías

En fin, hermano lector, la Biblia está viva, nos habita y nos inspira incluso a los agnósticos que reducimos su alcance al de un influyente libro histórico y no acertamos a comprender que en el siglo XXI, cuando la ciencia ha avanzado tanto, todavía existan personas supuestamente informadas que se declaran creacionistas o que consagren sus días a escudriñar hasta el absurdo los posibles mensajes del Libro, esas comunidades judías que dedican la vida al estudio de la Torá o Pentateuco y, embebidas por él, dejan de trabajar y hasta de asearse y obedecen fielmente sus cientos de normas hasta extremos que a nosotros nos parecen quizá ridículos.

La religión monoteísta y por lo tanto intolerante con el resto de las creencias no es algo que pertenezca al pasado: está bien presente en esos atentados islamistas radicales que nos sirven cada día las noticias y los telediarios.[8]

8. «El gran mal de nuestra cultura —escribe Gore Vidal— es el monoteísmo. Surgidas de la bárbara Edad del Bronce, conocida como Antiguo Testamento, han evolucionado tres religiones inhumanas: el judaísmo, el cristianismo y el islam. Son religiones con dioses en el cielo. Son, literalmente, patriarcales (Dios es el padre omnipotente) y de ahí el aborrecimiento de las mujeres durante dos mil años en aquellos países afligidos por el Dios celestial y sus terrestres delegados masculinos» (Vidal, 1992).

CAPÍTULO 2

¿Qué, cuándo, cuántos?

Algunas de las preguntas básicas que se hace un periodista son «qué», «cuándo», «cuántos», «por qué».

¿Qué es la Biblia?

La Biblia (en griego βιβλια, *biblia*, plural de *biblion*, «papiro para escribir» y, por extensión, «libro») se presenta encuadernada en forma de libro pero en realidad no es uno solo, sino un conjunto de libros de extensión variable que oscilan entre un folio escaso (Abdías) y las cincuenta páginas (Isaías).

La Biblia no es un libro ordenado como, según nuestro criterio moderno, podríamos suponer. En realidad es una especie de cajón de sastre que contiene de todo: leyes, historia, poesía, profecías, proverbios, autoayuda…

En la Biblia, como en el refranero, podemos encontrar cada cosa y su contraria, por eso siempre lleva razón y los que creen en ella ciegamente siempre encuentran un pasaje —palabra de Dios— que justifique sus acciones e incluso sus tropelías.[9]

9. Pongamos un ejemplo de los muchos que podríamos obtener del Libro Santo. En un pasaje advierte: *Soy el Dios que hace caer la iniquidad de los padres sobre los hijos y los nietos hasta la cuarta generación* (Éx. 34, 7). Algún descreído podría objetar que también dice: *Los padres no morirán por culpa de los hijos, ni los hijos por*

¿Cuándo se escribió la Biblia?

Entre los años 700 y 100 a. C. Podemos distinguir dos bloques temporales: el más antiguo compuesto entre los siglos VIII (Isaías) y VI a. C. (Jeremías); y el más reciente escrito entre los siglos V (periodo persa) y II a. C. (periodo helenístico). En esta segunda época los copistas retocaron y modificaron los libros más antiguos.

Los libros más antiguos se escribieron en hebreo, otros en arameo (un idioma semítico de la zona) y los más recientes en griego. El hebreo se mantuvo como lengua religiosa, pero Jesús y sus contemporáneos hablaban arameo.

Entre los años 280 a. C y 100 a. C., no se sabe con certeza la fecha, todos estos libros se tradujeron al griego común. Esta versión se denomina *Septuaginta.*[10] Su traducción latina, la *Vulgata* («vulgar» en latín, está fechada hacia el 405 d. C.), constituye el texto oficial de la Iglesia católica.[11]

---

culpa de los padres. Que cada uno sea condenado por su propio pecado (Dt. 24,16) y más adelante: *Ya no diréis vuestro proverbio: los padres han comido uva verde y sus hijos han sufrido dentera. Pues cada uno morirá por su propio pecado. El que haya comido uva verde es el único que sufrirá dentera* (Jer. 31, 30). Lo malo es que el propio Jeremías se contradice casi en la misma página: *Señor, tú que concedes misericordia a miles de miles, y haces pagar la iniquidad de los padres a sus hijos tras ellos* (Jer. 32, 18). Lo dicho: muchas manos estropean el guiso.

10. Recibe este nombre por el equipo de sabios judíos reunido para traducirla (en realidad fueron setenta y dos, pero se redondeó en setenta, nombre abreviado en los números romanos LXX: la Biblia de los Setenta: ἡ μετάφρασις τῶν ἑβδομήκοντα). El impulsor del proyecto fue el faraón de estirpe griega Ptolomeo II Filadelfo (284-246 a. C.), en connivencia con el sumo sacerdote de Jerusalén.

11. No quisiera desacreditar a la *Vulgata* pero, en honor a la verdad, hay que decir que las meteduras de pata de su traductor, san Jerónimo, son constantes. Por ejemplo, cuando Moisés baja del Sinaí, después de entrevistarse con Dios, la Biblia dice *la piel de su rostro se había vuelto radiante* (Éx. 34, 29-30). En hebreo, el verbo *irradiar* (es decir, «emitir rayos») es de la misma raíz que el sustantivo *cuernos*, así que san Jerónimo no se lo pensó dos veces y tradujo lo siguiente: *Et facies sua cornutus erat*, o sea *Y su rostro era cornudo.* Ya se ve adónde nos conduce que los traductores estén tan mal remunerados. Excuso decir que los pintores y escultores no

La Septuaginta fue unánimemente aceptada al principio por los judíos de la Diáspora (dado que muchos desconocían el hebreo) pero, más adelante, cuando el cristianismo se desgajó del judaísmo, los judíos la rechazaron en bloque, rescataron la antigua Biblia hebrea (que solo algunos entendían), adoptaron la traducción y el canon de Jamnia que proponía el judío helenizado Aquila y aceptaron un canon distinto, el de Jamnia.[12] Y todo porque los cristianos habían hecho rancho aparte y el negocio les iba mucho mejor que a la empresa matriz. Rencor y orgullo, gran pecado.

¿Cuántos libros componen la Biblia?

Depende de a quién preguntemos. Como el lector no ignora, los judíos y los cristianos se llevaban a matar, y las distintas sectas y confesiones cristianas (católicos, protestantes, anglicanos, ortodoxos…) se odiaban a muerte.[13] No debe sorprendernos, por tanto, que la Biblia de los judíos sea algo distinta de la de los cristianos que la heredaron o usurparon. Unos y otros reconocen como inspirados por Dios una serie de libros pero difieren en otros: el cura católico

---

se metieron en mayores averiguaciones y retrataron a Moisés con cuernos, que maldita la gracia que le hará cuando lo constate desde su privilegiada posición a la derecha de Dios Padre, donde se supone que está. Uno entiende que el biblista Pinchas Lapide escriba: *Bibblia tradotta, Bibblia tradita* («Biblia traducida, Biblia traicionada»).

12. El canon de Jamnia recibe este nombre porque, según el Talmud, se aprobó en un concilio de rabinos judíos celebrado en Jamnia en el siglo I d. C., aunque algunos autores dudan de que realmente se celebrara aquel sínodo. Los participantes acordaron rechazar la inspiración divina de los últimos nueve libros admitidos por el canon alejandrino (Tobías, Judit, Ester, Daniel, 1 y 2 Macabeos, Sabiduría, Eclesiástico y Baruc). Lutero se decantó asimismo por el canon de Jamnia para distanciarse del alejandrino, aceptado por los católicos. Por eso es también el aceptado por los protestantes.

13. No incluyo aquí a los musulmanes porque ellos, aunque partiendo de la Biblia, desarrollaron su propio libro, el Corán.

nos dirá que el Antiguo Testamento tiene 46 libros y el Nuevo 27;[14] el pastor protestante nos dirá que el Antiguo Testamento tiene 39 y el Nuevo 27,[15] y el rabino nos dirá que la Biblia tiene 39 libros y solo aceptará los del Antiguo Testamento.[16]

No se ha conservado ningún manuscrito original de ningún texto de la Biblia. Lo que tenemos son copias transmitidas a lo largo del tiempo. ¿Son textos fieles al original? Me temo que no. A veces entre el original y la copia más antigua conservada mediaron varios siglos en los que los amanuenses que copiaban de un texto más antiguo añadían comentarios o pasajes para ajustarlo al pensamiento de su época, o cambiaban por error unas palabras por otras.

La Biblia que hoy conocemos es un texto consensuado por especialistas que han analizado los distintos manuscritos de la obra y, después de compararlos, han reconstruido lo que pudo haber sido la obra original.

14. Este canon se aceptaba entre los judíos dispersos por la Diáspora y por la Iglesia cristiana primitiva. Cuando empezaron a volar por su cuenta, los cristianos examinaron los textos (Concilio de Hipona, 393) y admitieron como revelados por Dios 73 libros (27 del Nuevo Testamento y 46 del Antiguo, que integran siete rechazados por los judíos, los llamados deuterocanónicos: Tobías, Judit, 1 y 2 Macabeos, Sabiduría, Sirácida y Baruc).

15. El Nuevo Testamento, más fantástico todavía que el Antiguo, cuenta que Yahvé se desdobla en un Hijo y lo envía de incógnito a la Tierra para que nazca de una virgen (por inseminación divina) y para que, cuando crezca, lo crucifiquen y de ese modo lave con su sangre (que es la del propio Yahvé) la mancha de un pecado (el pecado original) cometido por Adán y Eva y genéticamente transmitido a sus descendientes (la Humanidad entera). El pecado consistió en comerse un higo de una higuera que Yahvé se reservaba para su disfrute personal en el Paraíso original.

16. Los 39 libros de la Biblia judía (Tanaj) se dividen en tres secciones: La Torá (תּוֹרָה), «Instrucción» o «Ley»; los Profetas (Nevi'im, נְבִיאִים) y los Escritos (Ketuvim, כְּתוּבִים).

CAPÍTULO 3

¿De qué va la Biblia?

El personaje principal de la saga bíblica es un Dios modesto, en su momento de tercera regional, Yahvé (hoy notablemente sobrevalorado por causas del todo fortuitas), que pacta con un pastor de ovejas, Abraham, y le promete numerosa descendencia y un fértil latifundio donde instalarla (la Tierra Prometida), a cambio de que lo adoren a perpetuidad y observen sus preceptos, por ridículos o absurdos que parezcan.

A lo largo de las páginas venideras vislumbraremos la compleja personalidad de este Dios que se nos presenta, quizá un tanto vanidosamente, como el verdadero inventor del Universo.[17] También viviremos las tribulaciones y aventuras del pueblo elegido hasta que se asienta en Canaán, un pegujal desarbolado y seco en nada parecido a la tierra ubérrima *que mana leche y miel* especificada en el contrato. Unamos a eso que Yahvé descuida a menudo las obligaciones contraídas con su pueblo elegido.[18]

En fin, no quiero adelantar *spoilers* porque la Biblia es un auténtico culebrón lleno de sorpresas.[19]

17. Según los cálculos del teólogo inglés John Lightfoot, Dios comenzó la creación a las nueve de la mañana del 26 de octubre del 4004 a. C. No tuvo necesidad de madrugar, dado que al no haber luz ni oscuridad, ni días ni noches, tampoco había madrugadas.

18. Piensen en las persecuciones y matanzas a lo largo de la Historia y, para remate, el Holocausto.

19. Los judíos mantuvieron su promesa, pero Dios no siempre hizo lo mis-

Advierto, eso sí, que el relato bíblico es una olla podrida en la que cabe cualquier cosa venida a mano del cocinero. Unas veces nos ofrece un relato costumbrista; otras, una narración histórica o una colección de cuentos y consejas. Todo cabe. Hasta un poema de amor verduscón y relatos subidos de tono o incluso la evaluación psicológica de Yahvé.[20]

mo, hay que reconocerlo, porque a menudo los ha dejado de la mano de Él mismo y han pasado las de Caín con asirios, persas, egipcios, romanos, cristianos, moros y nazis.

20. Eterno, Todopoderoso, Omnisciente, Justo, pero también, las cosas como son, enojado, vengativo, cruel y patológicamente egoísta con su propio pueblo elegido, al que castiga despiadadamente en cuanto se descantilla lo más mínimo. Y terco como Él solo: incluso cuando se equivoca no da su brazo a torcer: *porque no es hombre para que se arrepienta* (1 Sam. 15, 29).

CAPÍTULO 4

¿Quién escribió la Biblia?

Delicado asunto este del autor de la Biblia. Imagínense el dineral que le dejarían los derechos de edición si viviera todavía.

¿Quién escribió la Biblia? Muchos creyentes piensan que es obra de una serie de profetas inspirados por Dios, es decir, que la ha dictado el propio Dios. Por eso en la misa oímos decir al cura «Palabra de Dios», y besa el libro. O sea, para ellos la Biblia es un libro increado. Su autor es el propio Dios. No directamente, se entiende, sino inspirando a una serie de meros amanuenses, que apuntaban como al dictado.[21] Por lo tanto no se puede alterar ni una tilde.[22]

En la creencia de ese Libro escrito por el propio Dios se basa esa ciencia mística judía que llamamos *Cábala*, cuya noción del texto absoluto parte de un planteamiento lógico: si el texto sagrado es obra de Dios tiene que ser un texto omnímodo, porque la inteligencia que lo concibió es perfecta. Un texto creado por una mente perfecta y absoluta forzosamente debe contener en sí todas las preguntas y todas las respuestas que pueda plantearse el hombre. Nada

21. *Toda Escritura es inspirada por Dios* (2 Timoteo 3, 16). El Concilio Vaticano II llega a la misma conclusión: «*estos libros inspirados por Dios conservan un valor perenne*» (Const. Dei Verbum, 14).

22. Lo mismo ocurre con el Corán de los musulmanes (el islam, como sabemos, está fuertemente influido por la Biblia). En torno al siglo XIV se impuso la idea de que el Corán es «palabra divina caída en las manos de Mahoma» y que, por lo tanto, «cada coma, cada vocal, cada acento son sagrados y no se pueden tocar» (De Haro, 2017, p. 49).

en él será fruto del azar, pues encierra los secretos del Universo y de la Creación. Y este es el fruto que ofrece su estudio exhaustivo y a ello se dedican los cabalistas, que bucean en la Biblia en busca de enseñanzas ocultas. Una de las claves de la Cábala es la indagación sobre el nombre verdadero de Dios, lo que da acceso a la suprema sabiduría o al supremo poder.

Hoy día esa explicación se tiene por inconsistente. Los escépticos, más informados que los creyentes y sin su venda en los ojos, pensamos que la Biblia es obra humana (a veces demasiado humana, me temo), un conjunto de escritos sobre los que se puede ejercer la crítica textual, literaria e histórica, para aclarar su contexto y su intención.

Parece ser que la Biblia se debe a unos cuarenta autores que, ajenos a toda idea de originalidad, no vacilaron en plagiar o adaptar poemas, narraciones y materiales diversos transmitidos por vía oral.

¿Quiere esto decir que la Biblia es una especie de ropavieja elaborada con los restos de otras comidas? Pues en cierto modo sí, especialmente algunos libros que a lo largo del tiempo han sido refritos y sobreaderezados por escribas y sacerdotes. Ya sé lo que piensa el lector: muchos cocineros estropean el guiso o como decía el marqués de Santillana en sus refranes que repiten las viejas: «Muchas maestras cohonden la novia».

CAPÍTULO 5

La Biblia discutida

Las que ahora parecen a algunos evidentes engañifas bíblicas han sido, durante milenios, indiscutibles certezas. Los seguidores de Yahvé aceptaban que el mundo se creó en siete días, que el Sol gira en torno a la Tierra, que un muerto puede resucitar, que una burra puede hablar y otras patrañas por el estilo.[23]

Los creyentes (nunca mejor dicho) las acataban sin meterse en averiguaciones. ¿No eran palabra de Dios, Escritura Divina? Pues entonces era perfectamente posible cualquier imposible. Incluso lo era que, si figuraba en la Biblia, una cosa fuera verdad y su contraria también.

Ese delirio obedece a una perversa lógica. Si la Biblia es una emanación de Dios, su contenido es verdad indiscutible. Esto se creyó durante siglos, sin discusión posible. Dado el sometimiento de la autoridad civil a la religiosa, el cristiano que lo pusiera en duda podía acabar en prisión o, lo que es peor, se convertía en sospechoso de herejía y ya mismo estaba oliendo a churrasco demasiado hecho.

23. Los cristianos, incluso personas inteligentísimas, son capaces de creer en la transustanciación, o sea, que tras el conjuro mágico del sacerdote, el pan y el vino de la Eucaristía se convierten en carne y sangre de Cristo verdaderas (no una mera metáfora, ¿eh?). Degluten una oblea y creen —o deben creer o hacen creer— en una especie de sobreentendido colectivo que se están comiendo a Dios. Nos cuentan que en una tribu del Brasil el brujo dice su sortilegio a una bellota y esta se transforma en Dios y nos reímos, pero luego nos acercamos a la Eucaristía y comulgamos con una absurda creencia sin notar la similitud.

Era más saludable no pensar (en cierto modo lo sigue siendo).

Los disidentes tardaron en manifestarse, pero inevitablemente aparecieron. Al principio se les amordazó para que no hablaran. Cuando al astrónomo Galileo Galilei se le ocurrió contradecir la Biblia afirmando que la Tierra no es el centro inmóvil del Universo, sino un planeta que gira como los otros alrededor del Sol, tuvo que vérselas con la Inquisición y cómo estaría de apurado que se vio obligado a retractarse aunque lo oyeran murmurar entre dientes: *Eppur si muove* («y, sin embargo, se mueve»).[24]

Pero llegó el siglo XVIII, el Siglo de las Luces, la bendita Ilustración, cuando ya la Iglesia no quemaba a nadie (la sociedad civil le había arrebatado esa potestad tan saludable para el culto)[25] y en diversos puntos de Europa surgieron racionalistas que aplicaron la crítica histórica a la Biblia.

—¿Que la burra de Balaam habló?

—Sí, señor, lo pone la Biblia: palabra de Dios.

—Pues yo no me lo creo.

24. Hubo otros detractores de la Biblia que, por ser pocos, no merecen ser tenidos demasiado en cuenta. El jesuita portugués Cristóvão Ferreira pergeñó el opúsculo *La supercheria desenmascarada* (Kengiroku, 1636), en el que predica que Dios no ha creado el mundo, y que los dogmas y misterios de la religión son tonterías para el consumo de una panda de memos embaucados por curas sacaperras. El sacerdote francés Jean Meslier (1664-1729) dedicó una voluminosa *Memoria de pensamientos y sentimientos de Jean Meslier. Demostraciones claras y evidentes de la falsedad de todas las divinidades y de todas las religiones del mundo* (1729) a refutar las más sagradas creencias católicas mediante razonamientos impecables. Este abate es el autor de la desgraciada consigna anarquista de ahorcar a todos los aristócratas con las tripas de los curas. Más reciente es Ludwig Feuerbach (1804-1872), filósofo alemán que, tras una juventud devota, perdió la fe y se entregó a la perniciosa razón hasta el punto de que en su libro *La esencia del cristianismo* (1841) disecciona la idea de Dios y demuestra que solo es una quimera inventada para consolarnos de la limitada, mortal, finita e impotente condición humana.

25. Hablo de Europa en general. La católica España disfrutó de su Inquisición más que ningún otro país de la cristiandad (a excepción del Vaticano, claro). La última ejecución por delitos religiosos practicada en España fue la del maestro deísta catalán Cayetano Ripoll, en julio de 1826.

Y aquella ofensa a la Palabra de Dios quedaba impune.

El primer racionalista que señaló la falsedad de las ideas científicas contenidas en las Escrituras (véase el capítulo 3) fue Hermann Samuel Reimarus (1694-1768), estudioso de las culturas orientales.[26] Reimarus distinguía entre la predicación de Jesús, netamente judía, y la teología desarrollada por sus apóstoles, por completo distinta. Sospechaba Reimarus que los discípulos se sintieron tan decepcionados por su muerte infamante en la cruz, que tras robar el cuerpo inventaron que había resucitado y que todo lo ocurrido era parte de un plan secreto que entrañaba su ejecución como redentor-mesías que expiaba con su sacrificio las culpas no solo de los judíos, sino de toda la Humanidad.[27]

Después de Reimarus llegó la turba de los filósofos ilustres e ilustrados que han puesto en duda la historicidad y la legitimidad de los textos santos.[28] Y detrás de todos, los historiadores que han demostrado el origen tan humano de las religiones.[29]

26. En *Acerca del objetivo de Jesús y sus discípulos*, publicado en 1774 por su discípulo G. E. Lessing. Reimarus no se atrevió a publicar el libro que había escrito contra la Palabra Revelada.

27. La distinción de Reimarus entre la doctrina de Jesús y la de los discípulos planteó para generaciones venideras la posible diferencia entre el Jesús histórico y la interpretación que de él ofrecieron sus continuadores, el luego llamado «Cristo de la fe».

28. Francis Bacon abrió la veda en 1605 señalando que hasta lo más sagrado debe someterse al examen empírico. Su colega francés René Descartes opinó que la Revelación es innecesaria puesto que podemos acceder a Dios por la razón. El erudito y pulidor de lentes judío de origen español Baruch Spinoza creía que la ciencia era incompatible con la religión y dudaba que la Biblia fuera de origen divino. Detrás de él menudean los ilustres descreídos hasta llegar a nuestros días, en que, como se sabe, ni el propio colegio cardenalicio cree que la Biblia sea inspiración divina. El escritor Antonio Gala, convidado a una cena cardenalicia en Roma en tiempos de Wojtyła, le preguntó a su anfitrión por la fe del colegio cardenalicio: «Hay, creo, seis que tienen… quizá siete». «Me obsesionó quién era el dubitable —confiesa el escritor—, pero mi anfitrión calló.» («El difícil papel», *El Mundo*, 27 de julio de 2008, p. 5; «De gloria Olivae», *El Mundo*, 4 de julio de 2010, p. 26).

29. Comenzando por Benjamin Constant con *De la religión considerada en sus fuentes, formas y desarrollo*, publicado entre 1824 y 1831.

A lo largo del siglo XIX, la Iglesia produjo gran abundancia de libros y revistas en defensa de la Biblia.[30] Nunca lo había hecho hasta ese momento porque, como ha quedado suficientemente probado, en cuanto te apartas de la fe, ese bastión inexpugnable e inaccesible a la razón, la frágil navecica de san Pedro zozobra. Mejor, pues, no discutir.

En resumen: la ciencia positivista se ha esforzado en demostrar que no existió Revelación alguna y que la Biblia no solo es obra humana, sino que está plagada de contradicciones y chapuzas, de afirmaciones tan peregrinas como que la Tierra es un círculo plano.[31] Lo propio de un guiso donde tanta gente de tan diversas leches, ignorancias y pensamientos ha metido mano.

Sí, hermano creyente, tanto estudio nos ha jorobado a todos, judíos y cristianos por igual.

30. Un animoso cura francés produjo un voluminoso tratado, las *Vindicias de la Santa Biblia*, en el que refutaba los ataques de la ciencia (Du Clot de la Vorze, 1825).

31. Que la Tierra es plana es el argumento bíblico de muchos fundamentalistas actuales que están convencidos de que las fotos realizadas desde el espacio son falsas. El profeta Isaías (Is. 40, 22) dice de Yahvé: *Él está sentado sobre el círculo de la tierra, cuyos moradores son como langostas, él extiende los cielos como una cortina, los despliega como una tienda para morar*. Muchas traducciones de la Biblia se acomodan a la astronomía y dicen que está sentado sobre el orbe o la esfera terrestre, pero el texto hebreo dice כב הַיֹּשֵׁב עַל-חוג הָאָרֶץ, וְיֹשְׁבֶיהָ כַּחֲגָבִים הַנּוֹטֶה כַדֹּק שָׁמַיִם, וַיִּמְתָּחֵם כָּאֹהֶל לָשָׁבֶת. La palabra que usa es *לגעמ* (*chug*, «círculo», muy distinta de *רווא* (*sefiroth*, «esfera»). También la Vulgata dice *gyrum*, «círculo».

CAPÍTULO 6

La gran controversia del creacionismo

El definitivo descrédito de la Biblia ocurrió a mediados del siglo XIX, cuando la teoría de la evolución de Darwin demostró que, dicho con la simpleza que utilizó la prensa de la época, el hombre desciende del mono.[32] Eso contradecía a la Biblia, a Yahvé creando al primer hombre de un muñeco de barro y a la mujer de su costilla.

Los creacionistas, como se conoce a estos fundamentalistas que niegan las pruebas científicas, dataron la edad de la tierra en 5.700 años o poco más y pusieron en solfa a Darwin: «Usted sí que desciende del mono», le decían.[33]

Hoy, con los avances de la ciencia, casi nadie discute las teorías evolucionistas de Darwin. Hasta la Iglesia católica, tan inmovilista siempre, las acepta,[34] pero en Estados Unidos aún pervive un núcleo

32. Expuesta en su libro *El origen de las especies* (1859).

33. La controversia también llegó a España y, como consecuencia de ella, los hermanos Vicente y José Bosch, dueños de la fábrica de Anís del Mono de Badalona, insertaron como imagen de la marca un mono cuyo rostro recuerda vivamente al de Darwin. Los descendientes de los hermanos Bosch opinan que no hubo intención de ridiculizarlo sino de agasajar al científico. Vale. Aceptamos pulpo como animal de compañía.

34. Tampoco faltan almas buenas que intentan concordar la Biblia con la ciencia. Sor Anunciación de las Divinas Llagas, maestra en el parvulario de mis hijas, dio con la respuesta exacta cuando una niña de unos padres suscritos al canal Historia le preguntó:

—¿Entonces Adán era un australopiteco?

—No. Eso vino después —respondió la monja sin sombra de duda—. Es

creacionista que se aferra a teorías pseudocientíficas para contrarrestarlas.[35] Tengamos en cuenta que la creencia en Dios y el respeto a la Biblia son partes esenciales del espíritu de Norteamérica. ¿Nos imaginamos a un presidente español jurando su mandato sobre la fatigada Biblia de la familia, heredada de los mayores como el más preciado tesoro? ¿Y esa continua invocación a Dios (*In God we trust*) que hacen los mandatarios norteamericanos?

---

evidente que, después de la Creación, Dios siguió experimentando y creó al homínido, al hombre de Olduvay, a Lucy, a los atapuercos y a todos los demás. En un momento dado pensó que se había pasado con los dinosaurios, con aquellos corpachones que engullían media selva de una sentada y soltaban unas cagadas ácidas de tonelada y media, y los eliminó para sustituirlos por unos bichos de tamaño más manejable, del elefante para abajo. Tan solo exceptuó a la ballena porque tenía pensado que le sirviera para el milagro de Jonás.

Por el contrario, en el colegio de las Adoratrices de Jaén la concordancia evolucionista-creacionista es distinta:

—El Paraíso Terrenal, con nuestros primeros padres Adán y Eva, estaba en algún lugar del Próximo Oriente —explica la monja—. Después del Diluvio, cuando ocurrió la dispersión de los pueblos, algunos de los hijos de Noé establecieron una colonia en las gargantas de Olduvay y otra en Atapuerca, provincia de Burgos.

35. La American Scientific Affiliation (Afiliación Científica Estadounidense), una organización religiosa de gran peso social en Estados Unidos, mantiene viva la llama financiando esta clase de iniciativas.

CAPÍTULO 7

...Y la Biblia tenía razón

He escogido este título porque es el de un libro muy popular sobre la arqueología bíblica que fue uno de los primeros en formar parte de mi joven biblioteca.[36]

La arqueología bíblica intenta acreditar o rebatir con restos arqueológicos las historias del relato bíblico. Podríamos decir que la primera arqueóloga bíblica fue santa Elena, la madre del emperador Constantino, que en 326 peregrinó a Tierra Santa dispuesta a buscar y rescatar las reliquias de Cristo. Con la ayuda del taimado obispo Macario, excavó allá donde el instinto la guiaba y halló los clavos de la cruz, pero la tradición le asignó el resto del catálogo: los maderos de la cruz, el pesebre de la Natividad, la columna de la Flagelación, la túnica colorada, la corona de espinas, la Verónica, el sepulcro de Cristo y el agujero del calvario (hoy contenidos en la iglesia del Santo Sepulcro), incluso los cadáveres de los tres Reyes Magos.

Nada más justo que elevar a Santa Elena a patrona de los arqueólogos. Lástima que todo lo que encontró sea falso, meras invenciones de los siglos en los que cundió por toda la cristiandad la fiebre de las reliquias.[37]

36. Hablo del Precámbrico, cuando servidor soñaba con ser arqueólogo.

37. En Roma, en la iglesia de la Santa Cruz de Jerusalén, se venera un fragmento del rótulo de la cruz, con su inscripción perfectamente legible; tres fragmentos de la Vera Cruz; un sagrado clavo que traspasó las carnes de Cristo; dos espinas de su corona; el susodicho fragmento del INRI; el dedo que santo Tomás le introdujo incrédulo en la herida de la lanzada; tres piedrecitas que representan otros

La arqueología bíblica que podríamos llamar científica comienza en el siglo XIX como un hijuelo de los grandes hallazgos arqueológicos que se van sucediendo en Oriente Medio y Egipto. En un principio surgen diversas instituciones, apadrinadas por las grandes potencias cristianas y orientadas a probar con hallazgos arqueológicos la veracidad del relato bíblico.[38]

Las primeras excavaciones sistemáticas (con atención a la cerámica como elemento que permite fechar los estratos) las emprende en 1890 sir William Matthew Flinders Petrie en Tell el-Hesi.[39] Ex-

---

tantos ritos de paso del Redentor en su visita a la Tierra, a saber: un cachito del Santo Pesebre de Belén; otro de la columna de la flagelación y un tercero del Santo Sepulcro. La colección se completa con una buena porción de la cruz del buen ladrón, san Dimas, que después de una vida crápula y delincuente se salvó por la campana (*En verdad, en verdad te digo que hoy estarás conmigo en el Paraíso*; Lc. 23, 43). No lejos de allí, en el santuario Della Scala Santa, construido entre los años 1586-1589 por el papa Sixto V, frente a la basílica de San Juan de Letrán, se venera la llamada *Scala Santa* (Escalera Santa) o *Scala Pilati*, parte del palacio de Poncio Pilato en Jerusalén, por la que Jesús ascendió y descendió el día de su Pasión y, por lo tanto, «fue santificada y regada con la sangre de nuestro amable Salvador», y supuestamente llevada a Roma por santa Elena en 326.

38. Por orden de aparición fueron: en 1865, la Palestine Exploration Fund (Fundación para la Exploración de Palestina); en 1870, la American Palestine Exploration Society (Sociedad Americana para la Exploración de Palestina); en 1882, la Sociedad Rusa Imperial Ortodoxa de Palestina; en 1885, la Comisión Holandesa para Excavaciones en Palestina; en 1889, la École Biblique et Archéologique Française (Escuela Bíblica y Arqueológica Francesa), regentada por padres dominicos, y en 1898 la Deutsche Orient Gesellschaft (Sociedad Alemana de Oriente), financiada por el emperador Guillermo II de Alemania. Era una cuestión de prestigio enviar a unos cuantos individuos con salacot a hacer agujeros en Tierra Santa. ¿Y España? Bueno, España en aquel tiempo tenía asuntos más serios que atender: guerras carlistas, insurrecciones en Marruecos, problemas en Cuba... No obstante, un español, el diplomático Adolfo de Rivadeneyra visitó, en 1871, las ruinas de Nínive, Nimrud y Babilonia, de donde se llevó un ladrillo con el nombre de Nabucodonosor.

39. Está cerca de la ciudad israelí de Kiryat Gat, a setenta kilómetros de Jerusalén. Los prestigiosos arqueólogos Petrie y Bliss la identificaron con la ciudad bíblica de Laquis, pero W. F. Albright propuso que era Eglón. Los arqueólogos actuales rebaten las dos identificaciones, pero siguen sin proponer una tercera, de

pulsados los turcos de la región en 1918, la arqueología experimentó un gran impulso bajo el mandato británico. El patriarca de la arqueología bíblica, y me temo que también rehén del Libro Santo, fue William Foxwell Albright (1891-1971), quien se empeñó en confirmar la historicidad de Abraham, Isaac y Jacob, así como la conquista de Canaán por los israelitas, afirmaciones todas que han sido discutidas por la hornada más reciente de arqueólogos.[40] A él le siguió una legión de excavadores entre los que abundaron los jesuitas, franciscanos y dominicos interesados en arrimar el ascua a la sardina de la fe, lo que no siempre garantiza una actitud escrupulosamente científica.

La independencia de Israel en 1948 impulsó notablemente la arqueología bíblica, ahora mayormente en manos del nuevo Estado judío, muy interesado en demostrar que era el propietario legítimo de aquellas tierras mucho antes de que los okupas musulmanes se establecieran en ellas. Entre la primera generación de arqueólogos israelíes destaca Yigael Yadin (1917-1984), héroe de la guerra de la Independencia y arqueólogo profesional que excavó Hazor, Masada y Megido, además de descifrar algunos manuscritos del mar Muerto. Por todas partes creyó encontrar pruebas de la veracidad de los relatos bíblicos y las fabulosas murallas y cuadras de los caballos de Salomón, atribuciones que los arqueólogos más jóvenes discuten o más bien niegan rotundamente.

A lo largo del siglo XX podríamos decir que los arqueólogos bíblicos se escindieron en dos tendencias no siempre bien definidas en métodos y objetivos: la minimalista,[41] representada por John Arthur Thompson (1913-2002) y Philip R. Davies (1945), desestima la

---

manera que aquellas interesantes ruinas, entre las que se encontró una fragua de herrero sorprendentemente avanzada para su época, se han quedado sin perrito que les ladre.

40. Entre 1926 y 1932 excavó Tell Beit Mirsim, cerca de Hebrón, que identificó con la ciudad cananea de Debir.

41. También se la conoce como Escuela de Copenhague, porque la iniciaron en 1968 dos arqueólogos daneses, Niels Lemche y Heike Friis.

historicidad de la Biblia. Por el contrario, la escuela maximalista reivindica la historicidad del Libro Sagrado en concordancia con la arqueología tradicional.

Al margen de corroborar ese principio universal que reza «al maestro, puñalada», hemos de reconocer que los arqueólogos de la más reciente hornada disponen de métodos de datación mucho más avanzados que sus precursores, los de la generación de Indiana Jones, que muchas veces se guiaban por intuiciones, a menudo equivocadas porque eran incapaces de sustraerse al aplastante prestigio de la Biblia. Con las nuevas herramientas científicas (el carbono 14 más ajustado, la espectroscopia de la cerámica, etc.), un joven arqueólogo puede revisar los papeles del maestro y, al alterarle las cronologías, tirar por tierra una hipótesis pacientemente elaborada y desacreditarle la labor de media vida. Duro, pero es así.

Los arqueólogos de prestigio (he conocido a algunos) suelen ser gente fina, pero cuando anda de por medio la negra honrilla, o sea, el buen nombre, la vanidad herida, también son proclives al zancadilleo y, en casos extremos, al navajeo.[42] Si eso ocurre con la arqueología normal, cuando tratamos de la bíblica las pasiones son mucho más encendidas, dado que se trata de personas familiarizadas con la crueldad asiria, el rencor caldeo y el odio canaanita.

En 2001, a dos arqueólogos de la más reciente hornada, Israel Finkelstein y Neil Asher Silberman, se les ocurrió publicar un libro, *La Biblia desenterrada: una nueva visión arqueológica del antiguo Israel y de los orígenes de sus textos sagrados* o puesto en sus propias palabras: «un análisis arqueológico de las narraciones de los Patriarcas, Conquista, Jueces y Reyes que denuncia la carencia de unas pruebas arqueológicas convincentes de cualquiera de ellos, frente a

42. Estas rivalidades las describe muy bien la novelista Agatha Christie, casada con un arqueólogo y arqueóloga ella misma. Varias novelas suyas se desarrollan en ambientes arqueológicos, especialmente *Intriga en Bagdad* (1951).

contundentes pruebas que ubican las narraciones en un contexto de finales del siglo VII a. C.».[43]

Naturalmente les llovieron y les siguen lloviendo los palos. William G. Dever (maximalista) llama «idiosincrático y doctrinario» a Filkenstein, quien por su parte moteja a Dever de «envidioso parásito académico».

Que Yahvé les traiga la paz.

43. Lo peor no fue el libro sino el hecho de que al estar escrito en un estilo accesible —el mismo que los académicos no suelen usar por miedo a perder los anillos— gozó de inmediato éxito de público en los idiomas a los que fue traducido. Esas ofensas no se olvidan fácilmente, mucho menos en los ambientes académicos formados por personas acostumbradas a que nadie les compre ni les lea los libros.

CAPÍTULO 8

El pueblo que estudia, discute y escribe

A lo largo de su historia, los judíos se han caracterizado por ser un pueblo proclive a las inquietudes intelectuales, por eso ha dado tantos filósofos y escritores. Dispersos por el mundo sin más bagaje que la Biblia y sus tradiciones, muchos judíos han incurrido en el hábito de interrogar a Yahvé a través de su Libro inspirado, lo que, a su vez, ha producido otros conjuntos de escritos: el Talmud y la Misná.[44]

El Talmud (hebreo: תַּלְמוּד [*talmūd*], «instrucción, enseñanza») es una miscelánea de escritos rabínicos en el que cabe todo: comentarios a las leyes religiosas, cuentos judíos, tradiciones e incluso una discusión sobre cómo deben ser las tetas de las doncellas.[45] El Tal-

44. Cada página del Talmud está compuesta de una parte central, que repite la Misná, normalmente en hebreo. Alrededor de ese núcleo central, arriba y abajo, a derecha e izquierda, los rabinos posteriores al 220 d. C., más o menos, comentan las sentencias de los rabinos anteriores, normalmente en arameo.

45. Cito a Koning, que conste, porque yo nunca me he atrevido a entrar en el Talmud ni en la Misná, esos dos laberintos de los que no es nada fácil salir: «En el Talmud el rabino José Galileo no concede valor a la elevación de los senos. El indicativo del comienzo de la pubertad de la muchacha lo constituye la formación del pliegue de la piel que se forma debajo de la mama. Para el rabino Akiba consiste en la inclinación de los senos hacia los lados; para el rabino Alzay el grado de pigmentación de la areola, o círculo pigmentado que rodea el pezón. Para el rabino Iocé el indicio más importante consiste en el retraso del pezón al volver a la posición inicial al ser hundido por la mano en el pecho. El rabino Salmuel indica que el pliegue del pezón puede ser descubierto llevando hacia atrás el brazo de la muchacha. Para el rabino Eleazar ben Zadoc la pubertad empieza cuando los pechos se han desarro-

mud se divide en dos partes: la Misná, que recoge las sentencias de los rabinos sobre la Biblia y comenta las leyes religiosas, y la Guemará, que comenta la Misná.

Uno de los placeres del judío prototípico, tan a menudo caricaturizado por Woody Allen, es ese: discutir. «Dos judíos, tres opiniones», dice su proverbio. El sueño de Tevye, el pobre lechero de la película de Jewison *El violinista en el tejado* (1971) era precisamente ser rico para «conversar sobre los libros sagrados con los rabinos, durante varias horas todos los días. Eso sería lo mejor».

Tanta religión y tanta Biblia desembocan fácilmente en el ateísmo cuando el personal encargado de administrarla se excede en la dosis. También el judaísmo produce grandes ateos, ninguno tan notorio como Woody Allen, aunque, como todo ateo, nunca logra desprenderse de Dios. Lenny Bruce, una especie de Pedro Ruiz norteamericano, decía: «Mi filosofía va en contra de la religión organizada [...] sé, por pura lógica, que cualquier hombre que se considere líder religioso y posea más de un traje es un estafador mientras haya alguien en el mundo que no tenga qué ponerse».

---

llado hasta el punto de que se tocan al empujarlos hacia delante. En el Talmud también se encuentran indicaciones sobre el aspecto hendido de la punta del pezón y sobre el aplastamiento del monte de Venus, pero el detalle al que los talmudistas han concedido mayor importancia es lo que llaman el signo inferior, constituido por la presencia de dos pendejos en la región genital» (Koning, 1976, pp. 84-85).

CAPÍTULO 9

El orden de los libros

Tradicionalmente la Biblia se divide en tres partes:

1. La Torá, o Pentateuco (en griego, «cinco libros»), atribuida a Moisés, que cuenta la Creación del mundo y la historia de los judíos hasta la llegada a la Tierra Prometida.
2. Los Profetas, que continúan la historia en la Tierra Prometida hasta la caída de los reinos israelitas y el exilio de su población a Babilonia.
3. Los Escritos: un conjunto de salmos y consejos sapienciales compuestos entre el siglo V y el II a. C.

La Biblia es como un cometa: lo más importante, el núcleo, va al principio, los cinco primeros libros (la Torá o Pentateuco). A medida que se alejan de este núcleo, los libros van perdiendo importancia. Al final figuran incluso algunas obras literarias, cuentecillos realmente, que se han abierto camino en el canon no se sabe cómo.

SEGUNDA PARTE

Cómo se inventa una religión

CAPÍTULO 10

El dios menor devora a los grandes

Las religiones, como toda obra humana, tienen un principio, un desarrollo y un fin. Son perecederas. Dioses antiguos que gozaron de gran predicamento en sus pueblos son ahora apenas una nota a pie de página en el libro de la historia. ¿Qué se hizo de Zeus, el dios de los griegos que los romanos llaman Júpiter, señor de un Olimpo habitado por dioses? ¿Qué se hizo de Amón, el padre de los faraones, qué de Horus y de Isis, los dioses egipcios? ¿Qué fue de Marduk, el babilonio, señor de los dragones? ¿Quién se acuerda de Huitzilopochtli, el dios Sol azteca, padre de los guerreros emplumados? ¿Quién del inca Viracocha, que se alimentaba de sangre cruda, sin encebollar?

Nada. Pasaron como lo hicieron las culturas de las que formaban parte. Religiones extintas, patéticas sombras de lo que fue y ya no es, cenizas yertas, hoy solo las recordamos cuando contemplamos sus imágenes en los museos.

Sin embargo existe un dios, Yahvé, que, como dijimos, en aquel tiempo de gigantes era un enano de tercera división. ¿Se conformó? Nada de eso: ha crecido a lo largo del tiempo hasta convertirse en otro gigante. Una religión de época remota, el judaísmo, se mantiene en el mundo tenazmente, contra viento y marea. Es un fósil vivo que no solo existe *per se*, sino a través de dos hijuelos que le brotaron y que ahora son incluso más vigorosos que el tronco original: el cristianismo y el islam.

El judaísmo es el celacanto de las religiones.[46] En su tiempo fue la religión de un pueblo abrumado por la vecindad de grandes imperios que amenazaban con tragárselo. Su Dios, Yahvé, que en su día coexistió con Baal, Amón y Melkart y luego prolongó su existencia hasta Zeus, Júpiter y el persa Ahura Mazda, no solo ha resistido más que esos imperios que hoy son únicamente arqueología, sino que aún late en los quince millones de personas de religión judía y en los casi dos mil quinientos millones de cristianos que existen en el mundo.

Lo más sorprendente es que se mantenga vivo un Dios concebido en la región de Siria-Canaán en la Edad del Hierro (entre los siglos XII y VIII a. C.) y que, como la Biblia se encarga de recordarnos, comenzó siendo cruel, arbitrario, celoso y vengativo.[47]

El judaísmo se sistematiza en el siglo VII a. C. a partir de un confuso yahvismo, el culto a Yahvé propio de un pueblo cananeo que se consideraba descendiente de un mítico patriarca, Abraham. Esta religión es el feliz invento de un grupo de sacerdotes que apoyaban el proyecto nacionalista del rey Josías de Judá.

¿Quién era Yahvé? Hacia el año 1500 a. C. en las regiones de Levante (Siria y Canaán) diversos pueblos adoraban a un dios, 'El, considerado creador y origen de las demás divinidades locales. Una variante de 'El que arraigó especialmente entre los pueblos pastores de las tierras altas de Canaán fue la que terminó designándose Yahvé, pero también pudiera ser que se tratase de una divinidad madianita, ¡ni siquiera cananea![48]

46. Los animales del Cretácico se han extinguido para dar paso a los de nuestro mundo, pero algunos de ellos, como el insólito celacanto (el pez con patas), contemporáneo de los grandes dinosaurios, persiste obstinadamente en las profundidades abisales.

47. No sé si me habré quedado corto con los adjetivos. También podría añadir los que le dedica Richard Dawkins: «mezquino, injusto, controlador, asesino étnico sediento de sangre, misógino, homófobo, racista, infanticida, genocida, filicida, megalómano, sadomasoquista y abusón».

48. *Apacentando Moisés las ovejas de Jetro su suegro, sacerdote de Madián, llevó*

La religión de Yahvé se distinguiría de las de su entorno en que era monoteísta y adoradora de un dios celoso y excluyente. El primitivo culto a Yahvé, que llamaremos *yahvismo* (retengan el nombre, por favor), coexistió a lo largo de un milenio con los dioses de los pueblos vecinos, pero durante el reinado del rey Josías de Judá (639-608 a. C.) se sistematizó por razones tanto religiosas como políticas y dio origen al judaísmo tal como hoy lo conocemos: una religión monoteísta que se basa en la alianza establecida por Dios con un pueblo al que promete tierra y poder a cambio de obediencia ciega. La alianza garantiza a los hebreos la protección y guía del Señor a cambio de obediencia, sumisión y lealtad absolutas. Y para que conste, todos los varones se mutilarán la caperuza del pito.[49]

Esta religión terminó de adoptar su forma actual durante los siglos VI y V a. C., con algunos aportes del zoroastrismo persa.[50]

---

las ovejas a través del desierto, y llegó hasta Horeb, monte de Dios (Éx. 3, 1). *Dijo también Yahvé a Moisés en Madián: Ve y vuélvete a Egipto, porque han muerto todos los que procuraban tu muerte* (Éx. 4, 19). *Y oyó Jetro, sacerdote de Madián, suegro de Moisés, todas las cosas que Dios había hecho por Moisés y por Israel, su pueblo, y cómo Jehová había sacado a Israel de Egipto* (Éx. 18, 1).

49. *Circuncidaréis, pues, la carne de vuestro prepucio, y será por señal del pacto entre mí y vosotros* (Gén. 17, 11).

50. Posteriormente, entre el siglo V a. C. y el año 70 (destrucción de Jerusalén y su Segundo Templo) el judaísmo desarrolló varias tendencias: el judaísmo del Templo, el helenista y el rabínico de la Diáspora. Este último es el que perdura hasta hoy.

CAPÍTULO 11

Los profetas

A lo largo de la Biblia aparecen unos tipos barbudos, greñudos y malhumorados, que continuamente anuncian desgracias al pueblo elegido porque no parece tan riguroso como ellos exigen en la observación de los preceptos de la Ley.[51] Los profetas lideraban al pueblo más ortodoxo en lo que, para entendernos, denominaremos el partido yahvista, que apoyaba o intentaba derrocar al monarca según fuera o no fiel a la Ley del intransigente Yahvé.

El pueblo judío, como el niño débil en el patio del colegio, estaba expuesto a los cogotazos de todos los grandullones (el *bullying*, o acoso, en términos históricos). No podía ser de otro modo, ya que su despistado Dios lo había colocado en una tierra pobre y avecindada de grandes imperios. Tan delicada situación convenía mucho a

51. *Profeta* viene de la palabra griega *profētēs* (προφήτης, «mensajero, el que habla en vez de alguien o en su nombre»), pero los judíos distinguían dos clases: *nabí* (נָבִיא), el directamente inspirado por Dios, y *ro'eh* (רֹאֶה), el vidente, el que se comunica en sueños con Dios o por medio de visiones. Los profetas reconocidos por la religión mosaica se dividen en varios grupos: 1. En la Torá: Moisés, Aarón, Miriam, Eldad y Medad y Pinjás. 2. Los profetas primeros: Josué, Débora, Samuel, Gad, Natán, David, Salomón, Jedutun, Ajías, Elías, Eliseo, Semaías, Iddo, Janani, Jehú, Jaziel, Eliezer y Zacarías ben Yehudía. 3. Los profetas mayores: Isaías, Jeremías, Ezequiel y Daniel. 4: Los profetas menores: Oseas, Joel, Amós, Abdías, Jonás, Miká, Nahum, Habacuc, Sofonías, Ageo, Zacarías, Malaquías. La Biblia es algo machista, ya lo estamos viendo, pero, no obstante, también reconoce la existencia de algunas profetisas: la hermana de Aarón, Miriam (Éx. 15, 20); Débora (Ju. 4, 4-14); Juldá (2 Re. 22, 14); y Noadía (Neh. 5, 14).

los profetas, pues en cuanto los reyes o el pueblo se apartaban lo más mínimo de la estricta observancia de Yahvé, ellos profetizaban las invasiones y calamidades que periódicamente padecían.

—Esto es un castigo de Yahvé por las veleidades del pueblo con dioses extraños.

CAPÍTULO 12

Josías tiene un plan

El rey Josías era consciente de reinar sobre un Estado inestable y diminuto, un enano entre gigantes. A su derecha estaban los poderosos asirios y a su izquierda los no menos poderosos egipcios. Él se encontraba, en medio, en una tierra de paso, un pedregal, sí, pero al alcance de unos y otros aunque solo fuera para instalar en ella una marca fronteriza que absorbiera los ataques del rival. Para alcanzar Oriente Medio, los egipcios tenían que pasar por Israel y los babilonios tenían que hacerlo igualmente para llegar al fértil delta del Nilo.

Por otra parte, Josías ambicionaba un Estado fuerte habitado por un pueblo unido. Comprendió que si apoyaba decididamente al partido yahvista, a sus exigentes profetas, consolidaría su autoridad y quizá escapara de morir asesinado en alguna conjura palaciega, el aciago destino de muchos de sus predecesores que no agradaron a los profetas.

¿Un pueblo unido? En aquellos tiempos el factor de unión más importante era la religión, ya que esta y la política iban indisolublemente unidas. Lo malo es que sus súbditos andaban un poco distraídos en ese aspecto. Había tantos dioses para elegir, algunos francamente tentadores en sus ritos (como la prostitución sagrada, por ejemplo), que ellos tendían a adorar a los prestigiosos dioses de esas potencias extranjeras y a una multitud de diosecillos menudos vinculados a cultos supersticiosos que solo necesitaban cuatro piedras en la cumbre de un cerro.

Hay que dotar al pueblo de una religión nacional, pensaron Josías y sus más íntimos colaboradores. Una religión que defina la identidad de sus habitantes frente a los dioses foráneos. Así que decidieron revitalizar la vieja religión, un proyecto estatal en el que puso a trabajar a todo un equipo de sacerdotes, escribas y oficiales de su confianza.

¿Por dónde empezamos? Lo primero es crear una epopeya nacional que explique al pueblo el pacto que sus padres fundadores contrajeron con Yahvé, que permita al pueblo identificarse con este dios y sentirse orgulloso de la grandeza de sus orígenes. Con este propósito redactaron las bases del Génesis, Éxodo... hasta lo que podía ser un registro de la historia nacional, un conjunto de leyes y leyendas que más tarde formaron los libros del Deuteronomio, Josué, Jueces, 1 Samuel, 2 Samuel, 1 Reyes y 2 Reyes o «historia deuteronomista», una historia mítica de los israelitas cuyo objetivo es justificar las ambiciones territoriales del rey Josías.[52]

Esa obra o conjunto de obras que constituyen el núcleo fundamental de la Biblia no partieron de cero sino que se basaron en poemas épicos, leyendas, historias, profecías, cuentos y poemas transmitidos oralmente que, una vez elaborados de acuerdo con las necesidades de la propaganda monárquica adepta a Josías, sonarían familiares a los habitantes de la región. Especialmente hacían hincapié en el hecho de que Yahvé había prometido a su pueblo la posesión de aquella tierra (la Tierra Prometida) y en que ya había habido una edad de oro cuando dos grandes monarcas, David y su hijo Salomón, crearon un gran y poderoso imperio que el propio Josías aspiraba a recuperar.[53]

En el caso del Deuteronomio, el código fundamental de las rela-

52. La definitiva forma de este material se debería al trabajo de unos cuantos eruditos en el exilio de Babilonia y tras su regreso a Israel.

53. Ya describiremos, cuando toque, las grandezas de ese imperio, no se me impaciente el lector, pero adelantemos que la investigación arqueológica ha demostrado que tanto David, el mítico fundador de la dinastía, como Salomón nunca pudieron ser los grandes reyes que cuenta la Biblia. Como mucho serían jefes tri-

ciones con Yahvé, su formulación, resulta «llamativamente similar a la de los tratados asirios de vasallaje del siglo VII a. C. que hacen hincapié en los derechos y obligaciones de un pueblo súbdito para con su soberano (en este caso Israel y Yahvé)».[54]

Hay algo más: en la historia de Moisés liberando al pueblo de Israel de la opresión egipcia se adivina la antipatía que en ese momento el entorno del rey hebreo siente hacia el faraón Psamético, que se está expandiendo por la costa levantina y amenaza la propia expansión del reino de Josías.

Aceptemos que la Biblia no es tan antigua como se pensaba. Su parte teológicamente esencial —el Pentateuco o Torá— no se compuso hacia el año 900 a. C. sino unos doscientos años después, en el siglo VII a. C. y con el deliberado propósito de sistematizar una religión nacional que consolidara la monarquía de Josías y justificara sus apetencias sobre los territorios del entorno, los de la supuesta Tierra Prometida.

La moderna crítica pone en duda lo del pacto de Dios con Israel simplemente porque del estudio profundo de la Biblia se deduce que los judíos participaban de las creencias religiosas de los pueblos de su entorno: fueron politeístas, practicaron la prostitución sagrada,[55] adoraron piedras y más tarde ídolos (del Baal local, el genio del entorno)[56] y practicaron sacrificios humanos.[57] Como todos.

La capital del reino de Josías era Jerusalén, un pueblecito de unos quince mil habitantes medio defendido por una muralla que apro-

---

bales de un conjunto de pastores de ovejas y cabras que vivía pobremente en chozas miserables y pasaba más hambre que un caracol en un espejo.

54. Finkelstein, 2003, p. 309.

55. *No traerás la paga de una ramera ni el sueldo de un perro a la casa del Señor tu Dios para cualquier ofrenda votiva, porque los dos son abominación para el Señor tu Dios* (Dt. 23, 18). El perro se refiere a la prostitución masculina, que también se practicaba en los templos.

56. Gén. 12, 7; Gén. 13, 18; Gén. 28, 18-19; Gén. 35, 14; 1 Re. 11, 7.

57. 2 Re. 16, 1-4; 2 Re. 21, 1-9; 2 Re. 23, 10 y 17, 17; Sal. 106, 36, 38; Jer. 7, 31; Jer. 19, 5; Jer. 23, 35; Ez. 20, 25-26.

vechaba el barranco del torrente Cedrón. No sería gran cosa, pero era lo mejor que tenían, de manera que instalaron allí las dos grandes instituciones del Estado: el palacio del rey Josías, no mayor que un chalecito moderno, y el único templo donde podían realizarse sacrificios a Yahvé, una construcción modesta que cabría holgadamente dentro de una de esas iglesionas que encontramos en los pueblos de España.[58]

Josías conocía el paño: la dificultad de las comunicaciones, el aislamiento de las aldeas de su reino, la vida nómada de parte de sus habitantes y la tentación de adoptar dioses y ritos foráneos exigían una centralización y un control de la religión nacional que estaba diseñando. Por lo tanto determinó que el dios de los judíos, Yahvé, no pudiera adorarse en cualquier parte, como las demás divinidades, sino solo en un único santuario, el Templo de Jerusalén, donde habitaría en una sala reservada al sumo sacerdote, el *sanctasanctórum*, donde colocarían el Arca de la Alianza, la sede material de Yahvé, su asiento.

58. Una planta rectangular de 31,5 × 10,5 m y una altura de 15,75 m.

CAPÍTULO 13

El alefato

En el alfabeto hebreo (más precisamente denominado *alefato*, por la letra *alef*, a, con la que comienza) solo se escriben las consonantes y todo corrido, sin espacios que separen las palabras.[59] Algo así como si en español dijéramos:

Nnlgrdlmnchdcynmbrnqurcrdrm

Insertando las vocales y los espacios precisos, como hacemos en español, quedaría:

En un lugar de la Mancha de cuyo nombre no quiero acordarme

¿Cómo se entendía el hebreo semicarente de vocales? Por el contexto y por la costumbre. Solo entre los siglos VII y X unos escribas, o masoretas, idearon unos signos y puntos que se colocan debajo o encima de las consonantes para indicar las vocales y que reciben el nombre de *signos y puntos masoréticos*.

La palabra sagrada que designaba el nombre de Dios, יהוה, nunca se pronunciaba y por lo tanto no se le asignaron vocales masoréticas. Ese grupo de cuatro consonantes יהוה, se ha transliterado como YHWH o *Tetragrammaton* (en griego, «cuatro letras») Para

59. En puridad tiene dos semivocales que sí se escriben; la *vav* (*wau*): å, que representa los sonidos /o/ y /u/, y la *yod*, é, que representa los sonidos /i/ y /e/.

hacerla pronunciable solemos intercalar una *a* y una *e*. En puridad la primera y la tercera letras (comenzando por la derecha, tal como se lee en hebreo) son la transcripción de un fonema aspirado (por eso a veces se transcribe *Yahvéh*, acabado en hache).[60]

60. Los judíos dicen Adonai (אֲדֹנָי) durante la plegaria y así evitan el sacratísimo nombre de יהוה. YHWH se vocaliza adjudicándole las vocales de «adonai». Cuando el tetragrama aparece (raramente) después de la palabra *adonai* (אֲדֹנָי יהוה, *adonai YHWH*, mi Señor YHWH), evitan repetir «*adonai, adonai*» usando las vocales de אֱלֹהִים (*'Elohîm*, «Dios»). También se utilizaron las vocales del hebreo y arameo *'Elohá*, de donde deriva el «Jehová», más propio de las Biblias protestantes.

CAPÍTULO 14

El nombre secreto de Dios

El *Shem* es el Nombre que Dios reveló en el Sinaí a Moisés, la clave fónica que permitía evocar su Presencia. El Día de la Expiación, una vez al año, el sumo sacerdote revestido con el pectoral de las doce facetas o piedras penetraba en el sanctasanctórum (קֹדֶשׁ הַקֳּדָשִׁים, *Kodesh HaKodashim*) del Templo de Jerusalén y, en presencia del Arca de la Alianza, el asiento de Yahvé, pronunciaba en voz baja el *Shem Shemaforash* o Grandísimo Nombre, el nombre secreto de Yahvé, la combinación de sonidos que concentran la energía divina.[61]

De esta manera, Israel renovaba la alianza entre Dios, la Humanidad y la Creación.[62] El sacratísimo nombre de Yahvé podía escribirse pero, desprovisto de vocales, no se podía pronunciar. Esto quedaba reservado solo al sumo sacerdote, llamado por ese motivo *Baal Shem* («Maestro del Nombre»).

61. El *Shem Shemaforash* (del hebreo שם המפורש, *Sem-ha Mephorash*) «es la designación de un epíteto del nombre de Dios compuesto por 216 letras, que deriva de cabalistas medievales del Libro del Éxodo, mediante la lectura de las letras de tres versos en un orden específico. El nombre se compone de 72 grupos de tres letras, cada uno de estos tripletes es el nombre de un ángel o inteligencia. En el lenguaje oral y escrito, el término *Shemaforash* suele sustituir para más brevedad al nombre actual de 72 letras y, como con el epíteto Tetragrámmaton, para evitar profanar el nombre verdadero» (Rosenroth, 1986, p. 22).

62. El acercamiento a este *Shem Shemaforash* o Nombre del Poder o Grandísimo Nombre es el fundamento, al parecer, de la Cábala judía, que busca el nombre secreto y verdadero de Dios que custodiaba el *Baal Shem* o Maestro del Nombre.

Cada *Baal Shem* instruía a un discípulo que había de sucederle en el misterio del *Shem Shemaforash* de manera que la tradición no se perdiera. Por esto, en puridad, puede decirse que los poseedores del secreto eran siempre dos, aunque solamente uno compareciera en presencia del Santísimo para la renovación de la Alianza.

«La verdadera pronunciación del nombre de Dios es el mayor de los arcanos secretos, es decir, es el secreto de los secretos. Aquel que pueda pronunciarlo correctamente hará que tiemblen y se sacudan la tierra y el cielo, porque este es el nombre que corre a través del Universo.»[63]

Que la propia Creación surge de la palabra está implícito en muchos escritos de la Biblia: el evangelio esotérico cristiano, el de san Juan, también lo establece claramente: «Al principio fue el Verbo», es decir, la palabra, y de ella, del enunciado de Dios, se derivaron todas las cosas.

La palabra trascendental, el *Shem Shemaforash*, viene a ser una materialización del pensamiento divino que origina el fraccionamiento de la unidad que llamamos Creación. Esa expresión hebrea tiene sus equivalentes en otras culturas: es *saabda* en sánscrito y es *logos* entre los cristianos y los gnósticos. Su naturaleza es pura vibración, es la esencia de cuanto existe. Sus ondas vibratorias se expanden concéntricamente hacia innumerables centros y sus superposiciones o esquemas de interferencia forman nódulos de energía atrapada que se convierten en ígneos cuerpos rotatorios del firmamento. Ese sonido emitido, esa enunciación de la idea de Dios, es lo que los pitagóricos llamaron «la música de las esferas».

Jorge Luis Borges, que estudió algo la ciencia de los cabalistas, lo expresa en un poema:

Si (como afirma el griego en el Cratilo)
el nombre es arquetipo de la cosa
en las letras de «rosa» está la rosa
y todo el Nilo en la palabra «Nilo».

63. Rosenroth, 1986, p. 37.

Y, hecho de consonantes y vocales,
habrá un terrible Nombre, que la esencia
cifre de Dios y que la Omnipotencia
guarde en letras y sílabas cabales.

Tiene además el maestro argentino un cuento, «La escritura del dios», en el que un sacerdote azteca, Tzinacán, descifra el nombre secreto de Dios a través del estudio de las manchas del jaguar: «Tzinacán supo el nombre de eso que está detrás del nombre y que no debería nombrarse porque al conocer esa fórmula mágica el hombre renuncia a su humanidad».[64]

64. Sosnowski, 1976, p. 67.

CAPÍTULO 15

El jeroglífico de Salomón

Según una tradición de inciertos orígenes muy manipulada por novelistas y sectas esotéricas en nuestros pecadores días, el rey Salomón conocía el *Shem Shemaforash* y, para evitar su pérdida en caso de que el *Baal Shem* y su sacristán murieran, ideó un jeroglífico geométrico que encriptaba esta información[65] y lo hizo grabar en una plancha de oro que se guardaba en el sanctasanctórum del Templo.

Cuando los romanos destruyeron el Templo en el año 70, esta placa jeroglífica, a partir de entonces conocida como *Mesa de Salomón*, se depositó en el templo de Júpiter en Roma.[66]

65. El jeroglífico se relaciona con la *Shekinah*, figura geométrica a partir de la cual hay que deducir valores fónicos. La naturaleza se supedita a la aritmética y a la geometría: de la proporción geométrica se deducen frecuencias vibratorias, ondas armónicas de energía, formas melódicas. La geometría es ordenación de la materia; a la relación espacial le corresponde una formulación sonora. Esta ciencia tuvo en la antigüedad tres versiones o trimurti, los tres semblantes: la Cábala hebrea, el hermetismo egipcio y la gnosis griega. Solamente la Cábala hebrea ha resistido el paso del tiempo, en ocasiones transformada en Cábala cristiana. Algunos cristianos la practicaron. San Bernardo de Claraval definió a Dios como «longitud, anchura, altura y profundidad». *Shekinah*, la «Presencia», es una de las designaciones ideadas para evitar el nombre de Yahvé. Esta palabra encierra un juego de palabras hebreo-griego en Jn. 1, 14: «Y puso su morada entre nosotros»; en griego, ἐκένωσεν (*ekénōsen*): «plantó su tienda», σκηνή (*skené*): Las palabras *tienda* y *presencia* tienen en griego y hebreo las mismas consonantes *skn* (no se distingue aquí entre *shin* y *sámej*).

66. El historiador Flavio Josefo, testigo presencial y cronista de la conquista

En el año 410 el jefe godo Alarico saqueó Roma y se llevó consigo la Mesa de Salomón, junto con el resto de los tesoros imperiales, a la capital de su reino, Toulouse (sur de Francia). La fama del tesoro godo, acrecentada por la reputación de los objetos del Templo de Jerusalén, se divulgó entre los pueblos del entorno e incluso alcanzó a otros bastante lejanos.[67] El historiador bizantino Procopio de Cesarea (siglo VI) comenta: «Los ostrogodos ganaron la batalla, matando a la mayor parte de los visigodos y a su jefe Alarico (el joven). Entonces tomaron posesión de la Galia, la dominaron y asediaron Carcasona con gran entusiasmo, porque sabían que estaba allí el tesoro real que había tomado Alarico (el viejo) como botín en los primeros tiempos, cuando asaltó Roma. En este depósito figuraban los tesoros de Salomón, el rey hebreo, que tenía el más extraordinario aspecto: la mayor parte estaba adornado con esmeraldas y había sido tomado en Jerusalén por los romanos en tiempos antiguos».[68]

De Toulouse pasó el tesoro a Toledo cuando se trasladó la capital de los visigodos. Allí permaneció hasta que en 711 los moros invadieron Hispania. Y en el siglo y medio que se extiende entre la obra de Procopio de Cesarea y la de los cronistas árabes de la conquista de España, la Mesa de Salomón no vuelve a mencionarse, pero es presumible que permaneciera en Toledo con el resto de los tesoros. Es a partir del año 711 cuando adquiere una súbita notoriedad que se refleja en las crónicas árabes de la conquista.

El historiador Aben Al Hakam escribe: «Cuando Muza conquistó España, se apoderó de la Mesa de Salomón, hijo de David, y de la corona. Le dijeron a Muza que la Mesa estaba en un castillo

---

romana de Jerusalén, escribe: «entre la gran cantidad de despojos, los más notables eran los del Templo de Jerusalén, la mesa de oro, que pesaba varios talentos, y el candelabro de oro» (1997, p. 88).

67. Orlandis, 1977, pp. 68 y 222.

68. Procopio de Cesarea, 2007, libros VII-VIII. Procopio asistió a la conquista de Rávena por parte de Belisario en 540, cuando hacía quince años que el tesoro godo se había trasladado a Toledo, pero aún quedaba memoria de él.

llamado Faras, a dos leguas de Toledo. La Mesa tenía tanto oro y aljófar como jamás se vio nada igual. Tarik le arrancó un pie con el oro y perlas que tenía y le mandó poner otro semejante. Estaba valorada en doscientos mil dinares, por las muchas perlas que tenía».[69]

Otro historiador, al-Maqqari, escribe: «la Mesa era de oro puro, incrustado de perlas rubíes y esmeraldas, de tal suerte que no se había visto otra semejante [...] los musulmanes la encontraron sobre el altar de la iglesia de Toledo e inmediatamente voló la fama de su magnificencia. Ya sospechaba Tarik lo que después sucedió de la envidia de Muza, por las ventajas que había conseguido, y que le había de ordenar la entrega de todo lo que tenía, por lo cual discurrió arrancarle uno de los pies y esconderlo en su morada, y esta fue, como es sabido, una de las causas de que Tarik y Muza disputasen ante el califa sobre sus respectivas conquistas, disputa en la que Tarik quedó vencedor».[70]

El califa de Oriente reclamó la tan famosa Mesa y esas son las últimas noticias que se tienen de ella.[71] Su paradero, si es que existe, es desconocido. Diversos autores especulan sobre ello. A finales del

69. Ben Abu Al-Hakam, *Kitab Futuh Misr*, traducción de Lafuente Alcántara, pp. 211-212 (Sánchez Albornoz, 1978, vol. 1, p. 65).

70. *Ibid.*, p. 66. Procede de Al-Maqqari, *Nafh al-tib*, traducción de Lafuente Alcántara, p. 190.

71. Las noticias sobre la Mesa de Salomón proceden de dos fuentes, una egipcia y otra andalusí que postulan tres posibles edificios toledanos donde se encontró la Mesa: en la Casa de los Reyes; en la casa de los Cerrojos o en una iglesia. Otros creen que estaba en el castillo de Firas, a dos días de Toledo (lo que equivale a unos cincuenta kilómetros), donde quizá la interceptaron los conquistadores cuando los godos intentaban ponerla a salvo, y otros finalmente hablan de la «Ciudad de la Mesa» (*madinat al-ma'ida*). Cabe dentro de lo posible que las fuentes confundan dos objetos distintos situados en dos emplazamientos diferentes. Algunos godos desmentían que hubiera pertenecido a Salomón y aseguraban que era el producto de la fundición de una serie de objetos de oro donados por devotos a la Iglesia (lo consigna al-Himyari). Quizá intentaban restar importancia a la Mesa para protegerla o preservar su secreto (Hernández Juberías, 1996, p. 242).

siglo XIX y principios del XX existió una sociedad llamada Los Doce Apóstoles, que decía poseer una copia del jeroglífico contenido en la Mesa de Salomón.[72]

72. Una copia de ese jeroglífico inscrita en una lápida de mármol adornaba el panteón neobizantino de uno de los componentes de la sociedad, el barón de Velasco. Actualmente la lápida se encuentra empotrada en uno de los muros del ayuntamiento de Arjona. A este que escribe le inspiró una novela publicada bajo el pseudónimo Nicholas Wilcox.

CAPÍTULO 16

Un sospechoso hallazgo

En la vecindad del Templo, a un tiro de piedra, estaría la residencia de Josías, un modo plástico de subrayar la íntima relación entre la religión yahvista y la monarquía sagrada que él representaba como descendiente de David, el rey ungido.

Los sacerdotes del entorno real crearon los documentos necesarios para apoyar la nueva orientación religiosa. La historia oficial —probablemente falsa, pero es la que cuenta la Biblia— asegura que durante las obras de restauración del Templo, en el año 622 a. C., el sumo sacerdote Jelcías encontró un códice, el *Libro de la Ley*. Veamos: *Entonces dijo el sumo sacerdote Jelcías al escriba Safán: He hallado el libro de la Ley en la casa de Yahvé. Y Jelcías entregó el libro a Safán, y lo leyó* (2 Re. 22, 8).[73]

Era un descubrimiento sensacional. Acudieron con él al rey Josías, que naturalmente decretó que, en adelante, ese era el reglamento, rescatado de los tiempos de gloria de Israel, por el que habría de regirse el culto a Yahvé.

Los estudiosos están convencidos de que el códice en cuestión no es sino un primer borrador del libro bíblico que llamamos Levítico, o quizá del Deuteronomio, y que seguramente tenía la tinta aún fresca cuando se produjo su milagroso hallazgo, si es que no lo

73. El Templo de Salomón, construido hacia el año 940 a. C., había sufrido grandes desperfectos en 925 a. C. cuando el faraón Sisac (Sheshonq I) saqueó Jerusalén.

habían redactado unos años antes durante el reinado del abuelo de Josías, Manasés.

El Deuteronomio es, por decirlo así, el minucioso contrato de Yahvé con su pueblo que viene a complementar el más sucinto y fundacional suscrito por Moisés en el Sinaí.[74]

¿Quién había escrito este libro? Digamos que Moisés, para ampliar el primer contrato con Yahvé y acentuar los aspectos que convenían al proyecto de Josías, a saber, la unidad de Dios, del Culto y de la Ley. Josías obedeció la voluntad de Dios, suprimió los santuarios de los otros dioses y concentró el culto a Yahvé en su morada, el Templo de Jerusalén (2 Re. 22, 8; 23, 24).

Una vez establecida su renovada religión yahvista, Josías resucitó su fiesta esencial, la Pascua, que *no se había celebrado desde los tiempos en que los jueces gobernaban a Israel, ni en todos los tiempos de los reyes de Israel y de los reyes de Judá* (2 Re. 23, 22).

De esta manera el yahvismo, que había sido la religión de los israelitas desde la época de los patriarcas, siempre en competición con otros dioses de los pueblos del entorno, se asienta como exigente y única religión del pueblo y se sistematiza en la forma que aún conserva actualmente: el judaísmo.

El lector educado en la cultura cristiana quizá se extrañe de que los judíos solo tengan un templo, el Templo con mayúscula, el Templo por antonomasia, el de Jerusalén. ¿Entonces qué son las sinagogas?

Las sinagogas son lugares de reunión de la comunidad judía, aunque una de sus actividades sea la oración comunitaria. En ellas se discuten minucias de la Biblia, del Talmud o de la Misná (uno de los pasatiempos favoritos de los judíos piadosos). Son también lugares de estudio donde los sabios de la comunidad explican a los menos sabios los pasajes más intrincados del texto sagrado. A los judíos

74. La palabra *Deuteronomio* procede del griego δευτερος νομος, *déuteros nómos* o «Segunda Ley». Se entiende que la «Primera Ley» fue la recibida por Moisés en el monte Sinaí.

les encanta argumentar, discutir. Recuerden: dos judíos, tres opiniones.[75]

Las sinagogas carecen de ese sentido sacralizado de nuestras iglesias, en las que el cura, al decir misa, reitera el increíble prodigio de la transustanciación y hace que Dios mismo comparezca ante la comunidad para ser ingerido en forma de Hostia Santa.[76] Es acojonante, si se piensa bien.

75. Me perdonarán si la comparanza les parece frívola, pero ver discutir a dos eruditos judíos sobre algún intrincado matiz de las Escrituras se parece bastante a esas discusiones de aficionados al fútbol que pretenden saberlo todo sobre su equipo favorito y pueden pasar horas la mía sobre la tuya intentando no convencer al adversario sino meramente demostrar que saben más que él.

76. Por la comunión con el pan consagrado, el cristiano ¡ingiere al propio Dios! No se trata de nada simbólico. Cristo, aquel judío que vivió hace dos mil años, se hace carne y sangre verdaderas en el pan y el vino consagrados, un milagro que no por su cotidianeidad deja de ser prodigioso. Los judíos no pueden oponer nada ni remotamente parecido. Su Dios, que es el nuestro en una versión más antigua, recordémoslo, está también en todas partes, pero solamente manifiesta su presencia en el Templo de Jerusalén, el del monte Moria.

CAPÍTULO 17

El asiento de Yahvé

La historia nos dice que albergar a Yahvé en el Templo de Jerusalén fue una ocurrencia de alcance político del rey Josías y su entorno sacerdotal. Pero el Templo, a lo largo de tantos siglos de asendereada existencia, ha inspirado también una serie de leyendas, algunas de las cuales proceden directamente de la Biblia, inspiradas o incorporadas por el grupo de Josías. Leyendas del todo inocentes si no fuera porque tienen fuerza suficiente para influir en la historia actual y originar conflictos.

El Templo se levantó en un cerrete no muy elevado de meseta plana que en los papeles del catastro aparecía como «monte Moria». Aprovechando su elevación, que lo hacía lugar ventilado y expuesto a la brisa, el propietario, un jebuseo llamado Arauna, había instalado allí una era para aventar la parva.

¿Qué tenía de extraordinario aquel monte? La tradición judía sostiene que el monte Moria «se asienta encima del Tehom, de las aguas del abismo primordial descrito en el primer versículo del Génesis. La roca del Templo penetraba profundamente en esas aguas primordiales y, según la tradición, cerraba la boca del Tehom».[77]

Sobre esa piedra fundacional, el propio Yahvé tomó asiento para crear el mundo.[78] En aquel mismo lugar está la sepultura de Adán,

77. Ardèvol Piera, 2003, p. 150.

78. Piedra Fundacional, אבן השתייה, *Even Hashetiá* en hebreo; صخرة, *Sajrah*, en árabe.

la misma sobre la que Abraham se disponía a sacrificar a su hijo Isaac cuando el ángel enviado por Yahvé detuvo su mano (los musulmanes aseguran que el hijo al que iba a sacrificar era Ismael, el padre de los árabes, ya se ve que aquí cada cual arrima el ascua a su sardina). Sobre aquella piedra descansaba Jacob cuando quedó dormido y soñó la escalera por la que subían y bajaban criaturas angélicas y al despertar, o quizá estuviera todavía dormido, luchó contra el misterioso oponente que resultó ser un ángel.

El rey David se propuso construir en aquel sagrado lugar el Templo de Yahvé, para lo cual adquirió la parcela y levantó en ella un altar a Yahvé (2 Sam. 24, 18). Sin embargo la construcción del Templo le estaba reservada a su hijo Salomón, quien se preocupó de asentar el depositario del Arca de la Alianza, el sanctasanctórum, precisamente sobre «la piedra del sacrificio de Isaac» (la Sagrada Piedra de Abraham). Por lo demás el Templo se construyó siguiendo las proporciones y trazas reveladas por el propio Yahvé a Moisés y contenidas en la Biblia.

Este primer Templo, proyectado por el rey David y construido (supuestamente) por su hijo Salomón hacia 957 a. C., sería desmantelado por los babilonios en 586 a. C.[79] Herodes el Grande lo reedificó hacia el año 20 a. C., con gran magnificencia, pero este segundo Templo lo destruyeron los romanos el año 70 d. C. El único vestigio existente hoy es el Muro de las Lamentaciones, al que acuden a orar los devotos judíos.[80]

Cuando los romanos reestructuraron Jerusalén construyeron en el arrasado monte Moria, y probablemente sobre la Piedra Sagrada

79. Antes había sufrido dos destrucciones parciales: la primera a manos del faraón Sheshonq I en 925 a. C. y la segunda por Senaquerib, rey de Asiria, en 700 a. C. Al regreso de la cautividad de Babilonia el rey persa Ciro II el Grande autorizó la reconstrucción del Templo en 538 a. C.

80. Un reportero de la BBC interrogó a un devoto que llevaba acudiendo al Muro más de cuarenta años, sin faltar un día: «¿Qué le pide a Yahvé?», preguntó. «Le pido la regeneración de la Humanidad —respondió—, pero es como hablar con la pared.»

de Abraham, un templo a Júpiter Capitolino que fue demolido a su vez tras la conquista islámica para levantar, en 691, la Cúpula de la Roca.

Este edificio de planta central, con la famosa cúpula dorada que destaca en la imagen más divulgada de Jerusalén, es el obstáculo que impide a los judíos reedificar su añorado tercer Templo. La Cúpula de la Roca se considera el segundo lugar más santo del islam (detrás de la Kaaba en La Meca). Desde la mentada piedra del sacrificio aseguran los creyentes que Mahoma ascendió al cielo en cuerpo y alma montado en su caballo (y la huella de la herradura se puede ver en la piedra).

La situación política de la región es tan volátil que el Estado de Israel ha aplazado *sine die* la construcción del tercer Templo. Ni siquiera se ha planteado la posibilidad de trasladar la cúpula de la Roca a otro lugar y despejar el solar, la denominada explanada de las Mezquitas. Saben bien que cualquier alteración del *statu quo* provocará un conflicto de incalculables consecuencias. Pensemos que la segunda Intifada de septiembre de 2000 estalló solo porque el por entonces líder de la oposición Ariel Sharon visitó la explanada de las Mezquitas, algo que los palestinos consideraron una provocación a la que respondieron apedreando a los judíos que acudían a rezar al Muro de las Lamentaciones.

Puedo adivinar la pregunta. Si el Estado de Israel es laico, ¿cómo es posible que aspire a restaurar el tercer Templo?

¡Ay, amigo! El judaísmo es, además de una religión, una cultura, en lo que tiene de conjunto de signos identitarios que definen a una comunidad. Esta en concreto, la judía, se ha mantenido unida a través de los tiempos, a pesar de los destierros y de las persecuciones, gracias a esa cultura religiosa. Desde el siglo XVIII los judíos dispersados por diversos países de Europa han participado también de la Ilustración. Muchos de ellos, la mayoría, se han apartado de la observancia religiosa y puede decirse que son laicos, lo que no les impide practicar las ceremonias esenciales de la religión judía que son ritos de paso de la comunidad.

Ha sido un proceso parecido al que hemos seguido (o seguíamos hasta antes de ayer) los cristianos. Bautizamos a los hijos, nos gastamos un patrimonio en que hagan la primera comunión vestidos de princesas o de marineritos, nos casamos delante del cura, nos entierran después de hacernos una misa de cuerpo presente en la capilla del tanatorio, pero eso no indica necesariamente que seamos practicantes de la religión católica. Los que asisten a misa dominical, confiesan regularmente sus pecados y comulgan siguiendo las instrucciones del cura son una minoría. La nuestra es una religiosidad superficial. Lo mismo ocurre en el Estado de Israel. La mayoría de sus ciudadanos están apartados de la práctica religiosa pero, como son culturalmente judíos, mantienen viva la esperanza de que un día pueda reconstruirse el tercer Templo.

Una anécdota que ayudará a comprender esa añoranza del Templo. El 7 de octubre de 1973, durante la guerra del Yom Kippur («Día de Expiación»), no menos de 1.200 tanques sirios del último modelo soviético arrollaron las posiciones israelíes de los Altos del Golán.

Para los israelíes, que solo disponían de 170 tanques (una proporción de 7 a 1), la situación era crítica. Si los sirios rompían su débil línea defensiva podrían continuar su victoriosa cabalgada hasta los valles y las tierras del lago de Galilea y quizá, quién sabe, hasta Tel Aviv, la principal ciudad de Israel.

O sea que existía un peligro cierto, inminente incluso, de que los árabes cumplieran su sempiterna amenaza de empujar a los judíos al mar.

Consciente de lo apurado de la situación, el general Dayán, que se había trasladado en helicóptero a los Altos del Golán, regresó a Tel Aviv y convocó precipitadamente al general Peled, jefe del arma aérea.

—Tiene que concentrar todos sus aviones en el frente del Golán —le dijo—. ¡De lo contrario el tercer Templo está en peligro!

El general Dayán no era un judío practicante, pero en la suprema ocasión de defender su patria no adujo razones estratégicas sino la íntima razón cultural: el Templo de Salomón.

TERCERA PARTE

La historia que cuenta la Biblia

CAPÍTULO 18

Una epopeya nacional

En páginas venideras trataremos con detalle la epopeya del pueblo de Israel que cuenta la Biblia (casi toda ella, repetimos, inventada por el *entourage* del rey Josías). Ahora solo vamos a esbozarla antes de entrar en la historia de la monarquía israelita, pues muchos científicos cuestionan sus líneas maestras.

Suponían los judíos que el héroe fundador de su estirpe fue un babilonio, Abraham, al que Yahvé ordenó abandonar la ciudad de Ur para establecerse con su familia en las tierras del norte. Abraham tuvo un hijo, Isaac, que a su vez tuvo dos hijos, Esaú y Jacob. Jacob engendró doce hijos, cada uno de ellos el patriarca fundador de una de las doce tribus de Israel. Estos doce hijos se establecieron en Egipto, primero como invitados y después como virtuales esclavos hasta que un caudillo surgido entre ellos, Moisés, los liberó del faraón y los condujo, a través del desierto del Sinaí, a Canaán (en el actual Israel), la Tierra Prometida. Por el camino, Yahvé se apareció a Moisés e hizo con él el pacto de la Alianza.

Los descendientes de Abraham llegaron a la Tierra Prometida, la conquistaron y se establecieron en ella, pero durante un tiempo tuvieron que luchar contra los cananeos nativos y otros pueblos que se la disputaban. Este fue el tiempo de los jueces, al que seguiría el establecimiento de la gloriosa monarquía de David y de Salomón.

Suponían también los judíos que Abraham había vivido hacia el 1850 a. C., que los hebreos habían escapado de Egipto hacia el 1300 a. C., que la conquista de Canaán (la Tierra Prometida) ocurrió entre 1230 y 1220 a. C y que la monarquía de David había comenzado hacia el año 1000 a. C.

El problema es que, como veremos, toda esa epopeya de los judíos no tiene más base que la Biblia. Dicho de otro modo: es una historia enteramente imaginaria. Empieza a ser constatable más o menos por la época de David y Salomón, que sin duda existieron, aunque su reino no se extendía, como quiere la Biblia, desde el Éufrates al mar Rojo. Más bien era un diminuto reino tribal con una población de unos cinco mil súbditos, pastores seminómadas que apacentaban sus ovejas en las colinas pedregosas que rodean Jerusalén.

CAPÍTULO 19

Los arqueólogos excavan en busca de la verdad

Si lo de Abraham, las doce tribus, la cautividad en Egipto, Moisés y la conquista de Canaán es un mito, ¿de dónde procede el pueblo hebreo?

Existen varias hipótesis:

1. Invasión y conquista violenta de Canaán. Es lo que sostiene la Biblia, pero la arqueología ha demostrado que esto no sucedió.
2. Infiltración pacífica. Los israelitas eran pastores nómadas que entraron pacíficamente en Canaán, comenzando por las tierras altas, más improductivas, y descendiendo paulatinamente a las bajas, que estaban habitadas por una población autóctona, mayormente agrícola, con la que acabaron enfrentándose.

Revolución social. Los hebreos se mencionan por vez primera en fuentes egipcias como *apiru*, un grupo social cananeo mayormente campesino que al sentirse oprimido por los recaudadores de las ciudades-Estado se rebeló e incluso adoptó como seña de identidad la adoración de un dios denominado Yahvé, distinto al de los opresores reyes cananeos. «En lugar de confiar en un panteón de divinidades y complejos rituales de fertilidad (que solo podían realizar el rey y sus sacerdotes oficiales), el nuevo movimiento religioso ponía su fe en un Dios único que imponía unas leyes igualitarias de comporta-

> miento social. [...] Fue así como un número elevado de campesinos cananeos derrocaron a sus señores y se convirtieron en israelitas [...] La remota frontera y las regiones boscosas resultaban naturalmente atrayentes para los rebeldes que habían huido de las llanuras más densamente pobladas para implantar un nuevo modo de vida [...] Los israelitas crearon una sociedad más igualitaria.»[81]

Tengamos en cuenta que en la época en que ocurrió la supuesta conquista de Canaán por los hebreos, aquella región era una provincia de Egipto integrada por una serie de ciudades-Estado (Siquem, Megido, Hazor, Laquis...) cuyos príncipes pagaban tributo al faraón.

Ramsés II, el poderoso monarca de Egipto, controlaba un imperio que abarcaba hasta los modernos Líbano y Siria, donde se situaba su frontera con el poderoso reino hitita, que se extendía por la península de Anatolia (y cuya capital era Hattusa).

Todo ese mundo perfectamente ordenado se alteró en pocos años debido a un cataclismo político-económico. ¿Qué ocurrió?

81. Finkelstein, 2003, p. 365. Es posible que las nuevas ideas de igualdad procedieran de un pequeño número de egipcios monoteístas asentados en las tierras altas (recordemos el monoteísmo impuesto fugazmente por el faraón Akenatón en el siglo XIV a. C.).

CAPÍTULO 20

Irrumpen los Pueblos del Mar

En torno al siglo XII a. C. los llamados *Pueblos del Mar*, procedentes de Occidente, invadieron Oriente Medio y provocaron un cataclismo histórico al que algunos autores atribuyen el hundimiento de los Estados micénico e hitita y el empobrecimiento del egipcio, que a duras penas sobrevivió a esta prueba.

Las invasiones de los Pueblos del Mar terminaron con el próspero comercio mediterráneo oriental, redujeron a ruinas las principales ciudades y provocaron un cataclismo social que empobreció la economía.

¿Quiénes eran los Pueblos del Mar? En los relieves egipcios estos guerreros aparecen protegidos por cascos adornados con cuernos y tocados de plumas. ¿Eran egeos, troyanos, ítalos, minoicos, anatolios que huían de la hambruna? ¿Eran «una confederación variopinta de filibusteros, marineros desarraigados y campesinos empujados por la hambruna, la presión demográfica o la escasez de tierras»?[82] Vaya usted a saber. Quizá la causa última del cataclismo estuviera en un cambio climático que arruinó la agricultura de aquellas regiones.

En lo que toca a la Biblia parece que podemos identificarlos con los filisteos que se establecieron en las costas de Canaán y fundaron una serie de prósperas ciudades. En cualquier caso, la irrupción de los Pueblos del Mar acabó con el sistema cananeo de ciudades-Esta-

82. Finkelstein, 2003, p. 99.

do. Muchas de ellas fueron incendiadas y abandonadas a lo largo de un periodo de más de un siglo.

En torno al 1200 a. C., cuando las ciudades-Estado cananeas se encontraban en un proceso de decadencia y descomposición, surgieron en las colinas del interior de Canaán una serie de modestos asentamientos autosuficientes que podrían ser el origen de los primeros israelitas. Una sociedad agropecuaria poco estructurada, aislada de las rutas de comercio tradicionales, en la que la riqueza estaba muy repartida.

¿De dónde procedían estos primitivos israelitas?

Por el tipo de urbanismo, aldeas formadas por un cerco ovalado de cabañas que imita la distribución tradicional de las tiendas de los pastores nómadas, parece que eran pastores trashumantes que poco a poco se habían ido asentando y convirtiendo en agricultores, especialmente cuando el hundimiento de la economía de las ciudades-Estado cananeas los obligó a producir su propio cereal (antes intercambiaban queso y carne por el trigo que producían los cananeos). Estas comunidades formarían, al correr de los años, los reinos de Israel y de Judá.

Por lo tanto, «la aparición del primitivo Israel fue el resultado del colapso de la cultura cananea, no su causa. Y la mayoría de los israelitas no llegó de fuera de Canaán, sino que surgió de su interior. No hubo un éxodo masivo de Egipto. No hubo una conquista violenta de Canaán [...] los primeros israelitas fueron también —ironía de ironías— ¡cananeos!».[83]

Estos asentamientos en lugares altos han dejado pocos restos materiales, pero hay un detalle que llama la atención: no se encuentran entre sus restos huesos de cerdos, lo que quiere decir que estos animales eran un alimento prohibido. En cambio, los pueblos del entorno (filisteos, moabitas, amonitas) sí consumían cerdo.

«Quizá los protoisraelitas dejaron de comer cerdo simplemente porque los pueblos circundantes —sus adversarios— lo comían y

83. Finkelstein, 2003, p. 133.

ellos habían empezado a considerarse distintos [...] El monoteísmo y las tradiciones del éxodo y la Alianza llegaron, al parecer, mucho más tarde. Quinientos años antes de la composición del texto bíblico con sus exigentes regulaciones dietéticas los israelitas —por razones que no están del todo claras— decidieron abstenerse de cerdo.»[84]

84. Finkelstein, 2003, pp. 134-135.

CAPÍTULO 21

Canaán disputado

Ya hemos visto que el supuesto Pueblo Elegido es uno más de los pueblos cananeos que empieza a cobrar cierta personalidad tribal hacia el siglo XIII a. C., tras la decadencia de las ciudades-Estado.

No comían cerdo, parece, pero no lo hacían por devoción a Yahvé. Probablemente este era un dios más entre muchos y ellos eran tan politeístas como sus vecinos, los pueblos del entorno.[85]

Tampoco parece que se consideraran con derecho a conquistar ninguna Tierra Prometida. En aquellos tiempos recios, la tribu más fuerte expoliaba a la más débil. Los israelitas fueron una pieza más en ese complicado tablero de fuerzas, unas veces víctimas y otras verdugos, como todos.

Al final, después de mucho tiempo, los israelitas consiguieron imponerse pero su conquista de aquella disputada tierra fue una labor trabajosa, lenta y llena de fracasos. Históricamente podemos dividirla en cuatro etapas:

1. La de los jueces
2. La monarquía unificada (David y Salomón)
3. La de la división en dos reinos: norte (Israel) y sur (Judá)

85. «Algunos antecesores de los israelitas probablemente escaparon a la esclavitud de Egipto, en el siglo VII a. C., pero no hubo una conquista militar de Canaán y muchos, si no casi todos los israelitas, en tiempos de la monarquía, fueron politeístas. El monoteísmo fue un ideal de los escritores bíblicos» (Dever, 2006, p. 38).

4. La sumisión a potencias extranjeras: asirios, babilonios, persas, romanos.

Comencemos nuestro recorrido más minucioso por el tiempo de los jueces, en lo que podríamos considerar una monarquía electiva, solo que se daba por sentado que al juez o caudillo lo elegía el propio Yahvé haciéndolo destacar como líder del pueblo.

¿Qué hay de cierto en lo que se nos cuenta sobre los jueces? «Su fiabilidad histórica no se puede valorar por la posible inclusión de cuentos heroicos de épocas anteriores —escribe Finkelstein— [...] nos presenta la historia como un ciclo de pecado, castigo divino y salvación.»[86] Los israelitas traicionan a Yahvé adorando a dioses extranjeros, este los castiga sometiéndolos a otros pueblos, ellos se arrepienten —plegarias, ceniza en las cabezas— y Yahvé los perdona y los saca de la dominación del extranjero hasta que caigan de nuevo y se repita el proceso. Y en realidad de eso va toda la Biblia modelada por el entorno del rey Josías.

Generalmente, estos jueces procuraban contar con la aprobación de los profetas, los celosos defensores de la Alianza. También entre estos últimos solía destacar alguno que en cierto modo oficiaba como líder del resto.

Alguna vez coincidían ambos cargos, el de juez y el de profeta, o sea jefe militar y religioso. Ese fue el caso de Samuel, hacia el año 1100 a.C.

86. Finkelstein, 2003, p. 135.

CAPÍTULO 22
La Tierra Prometida

Es hermosa esa historia de un pueblo vagando cuarenta años por el desierto bajo la promesa engañosa de que el exigente Dios invisible que han escogido les ha prometido una tierra «que mana leche y miel».

Canaán no manaba leche ni miel, por supuesto. Ni siquiera entonces, cuando quedaban algunos bosquecillos en pie porque todavía no los habían talado para fabricar reliquias de la Vera Cruz. Sin embargo el texto sagrado insiste en que Josué, el hermano y sucesor de Moisés, envió espías a explorarla y regresaron con la noticia de una tierra singularmente rica. Quizá les pareció un vergel en contraste con el desierto del que salían. La verdad es que era un secarral con algunas zonas verdes.

Canaán tenía al norte el Líbano; al oeste el Mediterráneo; al sur el desierto del Néguev; al este, cruzando el Jordán, más desierto (al otro lado del cual fluían los caudalosos ríos Éufrates y Tigris).

Este territorio que ha cargado tanta historia y se ha denominado sucesivamente Canaán, Judea, Siria-Palestina,[87] Tierra Santa o Israel es sorprendentemente pequeño: unos 20.000 o 25.000 kilómetros cuadrados (dependiendo de dónde pongamos sus límites), lo que viene a ser la superficie de la provincia de Badajoz.

87. Denominación oficial dada por el emperador Adriano desde el año 135 para fastidiar a los judíos, ya que el nombre significa «tierra de los p(h)ilisteos», sus más enconados enemigos.

Canaán es pequeño, pero de variada geografía. Veamos:

1. La llanura litoral;
2. El valle del Jordán;
3. Galilea;
4. El valle de Jezreel;
5. El corredor de Jerusalén;
6. El Néguev, el desierto de Judea y la Arava.

El norte es más rico que el sur. En el macizo norte destaca el monte Hermón (2.000 metros de altura), que tiene a sus pies el mar de Galilea (o lago Tiberíades). Del monte descienden los arroyos que rinden sus aguas al río Jordán, que corre hacia el sur, paralelo al mar, hasta desembocar en el mar Muerto, un gran lago salado hundido en una depresión que queda 400 metros por debajo del nivel del mar.

CAPÍTULO 23

La conquista de Canaán

Yahvé había prometido Canaán a los israelitas, pero aquella tierra estaba habitada por una serie de pueblos a los que el propio Yahvé había decidido expulsar o, mejor aún, exterminar. A este no le interesaba que su Pueblo Elegido se estableciera entre ellos porque intuía que fácilmente caerían en la adoración de otros dioses.

Esto requiere una explicación: Yahvé, debido a su carácter celoso y excluyente, quería monopolizar su culto. Sabía que con la cantidad de normas y prohibiciones que había impuesto a su pueblo, las cuales dificultaban (y dificultan) la vida del creyente, sus seguidores cambiarían de religión a las primeras de cambio. No era lo mismo, pongo por caso, sentirse estrechamente vigilado desde una nube por un tipo malhumorado que te prohíbe el jamón y el marisco que postrarse ante una diosa de estupendos muslos y pechos enhiestos (Astarté) que te anima a fornicar para hallar gracia a sus ojos.

O sea, había que vaciar Canaán antes de instalar en ella a las doce tribus. Y, puestos a conseguir el territorio por las bravas, lo primero y más elemental era reconocer con qué fuerzas contaban los cananeos. Para ello Yahvé aconsejó a Moisés que enviara espías a explorar la región, un hombre por cada una de las tribus y que fuera de los más despabilados, *un príncipe entre ellos*, dice el texto:

—*Subid por aquí, por el sur, y subid al monte, y observad cómo es la tierra, y si el pueblo que la habita es fuerte o débil, si es poco o numeroso; cómo son las ciudades habitadas, si son de tiendas o amuralladas* (Núm. 13, 17-19).

—Oír es obedecer —respondieron los espías, y se encaminaron a la misión que se les había encomendado.

Regresaron a los cuarenta días y declararon que, en efecto, tal como Yahvé les tenía prometido, allí *fluye leche y miel* y como probanza traían con ellos higos, granadas y un racimo de uvas recogido en el valle de Escol. El racimo era tan grande que tenían que llevarlo colgando de un palo entre dos porteadores (hoy el logotipo del turismo israelí representa a estos dos exploradores con un hermoso racimo).

—Esa era la buena noticia —convino Moisés—. ¿Y la mala?

—La mala es que *el pueblo que habita aquella tierra es fuerte, y las ciudades muy grandes y fortificadas* (Núm. 13, 28) y sus gentes son más fuertes que nosotros, con hombres como gigantes a cuyo lado parecemos langostas.

Al oír aquello, los israelitas se acojonaron:

—*¡Ojalá hubiéramos muerto en este desierto!* —decían—. *¿Y por qué nos trae Yahvé a esta tierra para caer a espada y que nuestras esposas y nuestros pequeños sean su botín? ¿No nos sería mejor volvernos a Egipto?* (Núm. 14, 2-3).

Viendo que flaqueaban y la poca fe que tenían en su poder, Yahvé sufrió uno de esos malos prontos que a veces lo pierden y pensó en exterminar a su pueblo, pero Moisés lo calmó con palabras templadas y lo hizo entrar en razón. No obstante, Yahvé, más calmado, decidió que aquella falta de confianza no quedara sin castigo:

—*¿Hasta cuándo he de soportar esta depravada multitud que murmura contra mí? Todos los que vieron mi gloria y las maravillas que hice en Egipto y en el desierto, y me han tentado ya diez veces, y no han escuchado mi voz, no verán la tierra de la cual juré a sus padres; no, ninguno de los que me han menospreciado la verá. Vuestros cuerpos caerán en este desierto. Y vuestros hijos andarán pastoreando en el desierto durante cuarenta años* (Núm. 14, 22-23 y 27, 32-33).

Si atendemos a los restos arqueológicos, lo que encontramos es que después de aquella súbita decadencia y destrucción de las ciudades cananeas en el siglo XII a.C. siguió una lenta recuperación, y cuando empezaban a florecer con el esplendor de antaño les sobrevino una nueva destrucción, esta vez más completa y definitiva. Ocurrió hacia el 925 a. C., cuando Egipto volvió a ser la potencia dominante después de una larga decadencia y su faraón Sisac (Sheshonq I, fundador de la XXII dinastía) asoló todo Canaán destruyendo no solo Jerusalén y saqueando su templo[88] sino el fértil valle de Jezreel y todas las grandes ciudades del litoral y del norte (Rehob, Beisán, Taanac y Megido).[89]

El debilitamiento de los cananeos después de este golpe coincidió con el crecimiento demográfico de las comunidades israelitas asentadas en las tierras altas del norte y las animó a colonizar las más fértiles tierras bajas, en las que la presencia cananea se había debilitado.

88. *Al quinto año del rey Roboam subió Sisac rey de Egipto contra Jerusalén, y tomó los tesoros de la casa de Yahvé, y los tesoros de la casa real, y lo saqueó todo; también se llevó todos los escudos de oro que Salomón había hecho* (1 Re. 14, 25-26).

89. Indicios arqueológicos permiten suponer que las destrucciones tradicionalmente atribuidas al faraón Sisac pudieran ser obra del rey sirio Jazael, que devastó Israel hacia el 835 a. C. (Finkelstein, 2003, p. 226).

CAPÍTULO 24

Trompetas de Jericó

A partir de ahora vamos a examinar lo que la Biblia dice del tiempo de los jueces, un periodo que abarca del siglo XII al IX a. C. El lector debe saber que casi todo lo que contemos será pura invención porque en ese tiempo Canaán estaba sometida a Egipto, que dominaba el territorio por medio de fuertes y guarniciones.

Asegura la Biblia que cuando los israelitas llegaron a Canaán lo encontraron ocupado por diversos pueblos, que vivían del pastoreo y de la agricultura. Solo tres hebreos salidos de Egipto llegaron a ver la Tierra Prometida: Moisés (aunque no entró en ella), Josué y Caleb.

Yahvé le dijo a Josué:

—Pasa el Jordán, que estoy contigo y te defenderé.

El Jordán es un riachuelo modesto, cuya anchura oscila entre los 30 y los 40 metros, pero tiene una profundidad de metro y medio y fluye lo suficientemente rápido para arrastrar a una persona. Vadearlo no era fácil. Puentes no había y los israelitas llegaban con todo el lote, ancianos, niños y bestias de carga. Un asno cargado no es fácil que pase el Jordán aunque encuentre un vado propicio.

Consciente de la dificultad, Yahvé ayudó y repitió el milagro del mar Rojo; las aguas se separaron y el río dejó de fluir mientras atravesaba su lecho el Arca de la Alianza con Josué en el centro del cauce dirigiendo la operación.[90]

Fue un buen comienzo. La noticia del prodigio se divulgó entre

90. *Mas los sacerdotes que llevaban el arca del pacto de Yahvé estuvieron en seco,*

los habitantes de Canaán, que se desmoralizaron al ver que un Dios tan poderoso ayudaba a los invasores.[91]

Pasado el Jordán, los israelitas acamparon en Gilgal. Allí celebraron la Pascua y circuncidaron a los incircuncisos. Hasta ahí, bien. La mala noticia es que Yahvé los destetó del maná que los había alimentado durante cuarenta años, puesto que ya podían comer los frutos de su nueva tierra. Los que habían salido del desierto hacían estupendas parrilladas de espigas tiernas.

La primera ciudad era Jericó, defendida por fuertes murallas. Josué envió a dos espías para que lo informaran sobre la disposición de la ciudad. Quizá no escogió a las personas adecuadas porque lo primero que hicieron fue irse de putas, lo que muestra muy escasa profesionalidad. No obstante, como Yahvé protegía a su pueblo, dieron con una profesional, Rahab, que estaba suficientemente informada de que los israelitas iban a ser los nuevos amos y por consiguiente más valía congraciarse con ellos: *Sé que Yahvé os ha entregado esta tierra. Los indígenas están desmoralizados porque han oído que Yahvé secó las aguas del mar Rojo delante de vosotros cuando salisteis de Egipto, y que habéis aniquilado a los dos reyes de los amorreos que estaban al otro lado del Jordán, a Sehón y a Og. Oyendo esto, ha desmayado nuestro corazón* (Jos. 2, 9-11).

Rahab, que vivía en una casa adosada a la muralla, ocultó a los espías y les suministró cuanta información necesitaban. Sin embargo supo el rey de Jericó que Rahab albergaba a dos forasteros sospechosos y envió a sus municipales a indagar, pero ella ocultó a los espías y desvió la atención de los guardias:

---

firmes en medio del Jordán, hasta que todo el pueblo hubo acabado de pasar el Jordán; y todo Israel pasó en seco (Jos. 3, 17).

91. *Y aconteció que cuando todos los reyes de los amorreos que estaban al otro lado del Jordán hacia el occidente, y todos los reyes de los cananeos que estaban junto al mar, oyeron cómo el Señor había secado las aguas del Jordán delante de los hijos de Israel hasta que ellos habían pasado, sus corazones se acobardaron, y ya no había aliento en ellos* (Jos. 5, 1).

—Se han ido ya. Solo querían un casquete rápido. Si os dais prisa los alcanzaréis.

Después puso a salvo a los espías y ellos le prometieron respetar a los suyos cuando cayera Jericó.

Hasta aquí todo marchaba a pedir de boca. Un ángel enviado de Yahvé se apareció a Josué para decirle cómo debían rendir la ciudad:

—Rodearéis la ciudad todos los hombres de guerra, yendo alrededor de la ciudad una vez; y esto haréis durante seis días. Y siete sacerdotes llevarán siete bocinas de cuernos de carnero delante del Arca; y al séptimo día daréis siete vueltas a la ciudad, y los sacerdotes tocarán las bocinas. Y cuando toquen prolongadamente el cuerno de carnero, así que oigáis el sonido de la bocina, todo el pueblo gritará a gran voz, y el muro de la ciudad caerá (Jos. 6, 4).

Eso hicieron y, en efecto, las murallas se desmoronaron como si hubiesen sido de arena. El ejército hebreo penetró impetuoso en el poblado profiriendo gritos de guerra.[92] Yahvé, el misericordioso, había dispuesto que pasaran a cuchillo a *hombres y mujeres, jóvenes y viejos, hasta los bueyes, las ovejas, y los asnos* (Jos. 6, 21) y que incendiaran la ciudad después de saquear sus pertenencias. Tan solo respetaron a la prostituta Rahab y a su parentela, que se había refugiado en su casa. Los objetos de plata y oro del botín engrosaron el tesoro de Yahvé.

Josué maldijo al que reedificara la ciudad. El caso es que la re-

92. Los primeros asentamientos de Jericó se remontan al 10.000 a. C., lo que la convierte en una de las ciudades más antiguas de la Tierra. Diversos arqueólogos han excavado Jericó y han encontrado que fue devastada entre el 1617 y el 1530 a. C., o sea antes de los tiempos bíblicos. Esta teoría es rebatida por un excavador más reciente, el creacionista Bryant G. Wood, que adelanta su destrucción a 1400 a. C. para que encaje con el relato bíblico. Las últimas conclusiones, que provienen de un análisis de seis muestras de cereal carbonizado del estrato quemado, señalan la fecha aproximada de 1562 a. C., o sea mucho antes de la llegada de los israelitas. Sin embargo, los maximalistas insisten en adelantar las fechas de Josué hasta mediados del segundo milenio (y no ubicarlo en el siglo XIII a. C., como Finkelstein asegura) para que la destrucción de las murallas corrobore el relato bíblico. ¡Ay, esas rencillas entre académicos, qué falta de caridad!

construyeron y hoy cuenta con unos quince mil habitantes que viven de la agricultura —plátanos, dátiles y melones—, de los rebaños de cabras y del incipiente turismo que visita el Monte de la Tentación de Cristo y el sicomoro al que supuestamente se subió Zaqueo, el corto, para alcanzar la predicación del Señor.

CAPÍTULO 25

Yahvé castiga a Israel

Había advertido Yahvé que, aparte del oro y la plata, reservados para el tesoro del Templo, la gente no tomara nada de Jericó a fin, suponemos, de que fueran ligeros de equipaje como cuando llegaron del desierto y no se aficionaran prematuramente a la vida muelle de los sedentarios. No obstante, como era de temer, un israelita, Acán, hijo de Carmi, hijo de Zabdi, hijo de Zera, de la tribu de Judá, ocultó diversos objetos *y la ira de Yahvé se encendió contra los hijos de Israel.*

Yahvé se lo tomó muy a mal. Ya hemos notado lo puntilloso que es. Cuando ordena algo quiere que lo obedezcan ciegamente, sin vacilaciones. Por lo tanto determinó castigar al pueblo de Israel y que pagaran justos por pecadores (una actitud propia de aquel tiempo en que las culpas se consideraban colectivas).

El segundo objetivo de Aarón era la ciudad de Hai o Ai, al oriente de Betel. Mandó Josué a unos exploradores para que estudiaran el terreno y regresaron diciendo:

—Pan comido. No hace falta ir con toda la fuerza. Con dos o tres mil hombres sobrará, porque ellos son pocos.

Eso hizo Josué y Yahvé permitió que sufrieran una derrota memorable: los de Hai les mataron a unos treinta y seis hombres y pusieron en fuga al resto.

Por lo cual el corazón del pueblo desfalleció y vino a ser como agua. Entonces Josué rasgó sus vestidos, y se postró en tierra con el rostro en el polvo delante del Arca de Yahvé hasta caer la tarde, él y los ancianos de Israel; y echaron polvo sobre sus cabezas. Y Josué dijo: ¡Ah, Señor Yahvé!

¿Por qué hiciste pasar a este pueblo el Jordán, para entregarnos a los amorreos, para que nos destruyan? ¡Ojalá nos hubiéramos quedado al otro lado del Jordán! (Jos. 7, 5-7).

Yahvé informó a Aarón de que la derrota había sido un castigo, porque alguno de los suyos había desobedecido y tomado de lo prohibido. Hizo Aarón las averiguaciones necesarias y el tal Acán, de la tribu de Judá, confesó:

—*Vi entre los despojos un manto babilónico muy bueno, y doscientos siclos de plata, y un lingote de oro de peso de cincuenta siclos, lo cual codicié y tomé; y he aquí que está escondido bajo tierra en medio de mi tienda* (Jos. 7, 21).

Josué le aplicó el castigo sugerido por Yahvé: *tomó al culpable, el dinero, el manto, el lingote de oro, sus hijos, sus hijas, sus bueyes, sus asnos, sus ovejas, su tienda y todo cuanto tenía, y llevó todo el lote al valle de Acor, donde todos los israelitas los apedrearon y los quemaron después de apedrearlos. Y levantaron sobre las cenizas un gran montón de piedras, que permanece hasta hoy. Y Yahvé aplacó su ira. Aquel lugar se llama el valle de Acor, hasta hoy* (Jos. 7, 24-26).[93]

Más calmado, Yahvé aconsejó a Josué que volviera de nuevo a Hai; porque esta vez triunfaría. Josué se curó en salud esta ocasión y escogió a treinta mil hombres de armas que fingirían huir como la primera vez a fin de que los cananeos los persiguieran, mientras otro grupo, que permanecería oculto, irrumpiría en la ciudad desguarnecida y la incendiaría. Esta vez salió a pedir de boca: pasaron a cuchillo a todos los habitantes de la ciudad, que eran doce mil, y al rey lo capturaron vivo y lo colgaron de un madero.[94]

Cuando la noticia de lo ocurrido en Jericó y Hai se divulgó por

93. El valle de Acor se ha identificado con los llanos de el-Buqeiah, un terreno pedregoso de ocho por cinco kilómetros de extensión que comienza a unos cinco kilómetros al suroeste de Khirbet Qumrán, es decir las «ruinas de Qumrán», al noreste del desierto de Judea.

94. ¿Lo ahorcaron, lo crucificaron, lo empalaron? Vaya usted a saber. Las tres formas de ejecución eran típicamente asirias y por lo tanto conocidas y padecidas por los cananeos. Hay que suponer que Josué no escogería la más liviana.

todo Canaán, los reyes *heteos, amorreos, cananeos, fereceos, heveos y jebuseos* unieron sus fuerzas para combatir al israelita invasor.

Pero había un poblado cercano que decidió usar de la astucia y envió a Aarón unos embajadores astrosamente vestidos, con asnos matalones mal aparejados y unos mendrugos mohosos por dieta de viaje. De este modo querían dar la impresión de que venían de muy lejos y que las cabalgaduras y los equipos se habían desgastado de tan largo camino. Aarón picó el anzuelo y los tomó por aliados, pero días después supo que procedían de ciudades cercanas, de Gabaón, Cafira, Beerot y Quiriat-Jearim.

Descubierto el engaño, Josué los llamó a capítulo y les dijo:

—Como os juramos alianza por Yahvé, ahora no podemos tocaros porque incurriríamos en la ira divina, pero que sepáis que de ahora en adelante tendréis que servirnos como aguadores y leñadores [dos oficios humildes].

Entonces Josué tuvo que atender a la amenaza de los reyes cananeos coaligados contra Israel y con un gran ejército fue a acampar cerca de Gabaón, sus aliados (quizá para que si el resultado de la batalla era adverso, estos fueran los primeros en lamentarlo).[95]

Josué, que ya iba siendo un notable táctico, atacó a sus enemigos por sorpresa después de una marcha nocturna que estos no se esperaban *y los hirió con gran mortandad; y los persiguió por el camino que sube a Bet-Horón, y los hirió hasta Azeca y Maqedá* (Jos. 10, 10).

Yahvé colaboró eficazmente apedreándolos con una lluvia de granizo con rocas del tamaño de una pelota de tenis *y fueron más los que murieron por las piedras del granizo, que los que los hijos de Israel mataron a espada* (Jos. 10, 11). En este apurado momento, los israelitas no daban abasto matando enemigos, pero eran tantos que no

95. *Por lo cual Adonisedec rey de Jerusalén envió a Hoham rey de Hebrón, a Piream rey de Jarmut, a Jafía rey de Laquis y a Debir rey de Eglón, diciendo: Subid a donde yo estoy y ayudadme, y combatamos a Gabaón; porque ha hecho paz con Josué y con los hijos de Israel. Y cinco R de los amorreos, el rey de Jerusalén, el rey de Hebrón, el rey de Jarmut, el rey de Laquis y el rey de Eglón, se juntaron* (Jos. 10, 3-5).

terminarían la faena antes de que cayera la noche, con lo que en cuanto oscureciera escaparían los supervivientes. Miró Josué hacia el cielo y rogó a Yahvé que detuviera el Sol para darles tiempo a acabar la faena.

¡Y Yahvé detuvo el Sol en Gabaón y la Luna en el valle de Ajalón para que la matanza de los amorreos fuera completa! A ver qué Baal mejora ese milagro. Cuando Yahvé está inspirado y contento con su pueblo, es imbatible.

Los cinco reyes derrotados se habían refugiado en una cueva de Maquedá.[96] Josué los hizo detener y cuando comparecieron en su presencia los hizo tender a sus pies para que los guerreros más distinguidos les pisaran el cuello, tras de lo cual los hirió y los colgó de sendos maderos (¿horca, crucifixión o empalamiento?) en los que permanecieron hasta que anocheció.[97]

Prosiguiendo con su triunfante campaña, Josué (y Yahvé) pasaron a cuchillo las poblaciones de Libna y Laquis, donde también derrotó al rey de Gezer, que había acudido en su ayuda, y exterminó a todos los suyos. De allí pasó a Eglón, Hebrón y Debir y al resto de las poblaciones del Néguev.

Con esto ya había conquistado el sur de Canaán. Veamos qué ocurría mientras tanto en el norte.

Cuando oyó esto Jabín, rey de Hazor, envió mensaje a Jobab rey de Madón, al rey de Simrón, al rey de Acsaf, y a los reyes que estaban en la región del norte en las montañas, y en el Aravá al sur de Cineret, en los llanos, y en las regiones de Dor al occidente; y al cananeo que estaba al oriente y al occidente, al amorreo, al heteo, al fereceo, al jebuseo en las montañas, y al heveo al pie de Hermón, en tierra de Mizpá. Estos salie-

96. La cueva de Maquedá pudiera ser Tell Maqdûm, once kilómetros al sudeste de Beit Jibrîn. Albright prefiere Tell ets-Tsâft, a unos doce kilómetros al noroeste de Beit Jibrîn.

97. Las traducciones tiquismiquis suelen usar horcas pero en aquellos tiempos era más frecuente el empalamiento. *Y Yahvé dijo a Moisés: Toma a todos los príncipes del pueblo, y empálalos cara al sol, y el ardor de la ira de Yahvé se apartará de Israel* (Núm. 25, 4). El verbo usado es *tâlâh*, «empalar».

ron, y con ellos todos sus ejércitos, mucha gente, como la arena que está a la orilla del mar en multitud, con muchísimos caballos y carros de guerra. Todos estos reyes se unieron, y vinieron y acamparon unidos junto a las aguas de Merom, para pelear contra Israel (Jos. 11, 1-5).

Eran palabras mayores: ejércitos numerosos de pueblos aguerridos y además provistos de carros de guerra, aquellos vehículos ligeros de dos ruedas tirados por dos caballos que se desplazaban veloces por el terreno llano con tres hombres a bordo: el conductor, el lancero que arrojaba jabalinas y el escudero. Los hicsos, un pueblo de origen desconocido que había conquistado Egipto en el siglo XVIII a. C., los habían introducido allí, desde donde habían irradiado a Canaán.

—*No temas* —tranquilizó Yahvé a Josué—, *yo entregaré a todos ellos muertos delante de Israel; desjarretarás sus caballos, y sus carros arderán en una pira* (Jos. 11, 6).

Con esa conformidad, Josué llevó a sus guerreros a las aguas de Merom, donde derrotaron a los cananeos del norte y los persiguieron hasta Sidón la grande e incluso Misrefotmaim, y hasta el llano de Mizpá, al oriente. Tal como había pedido Yahvé, Josué *desjarretó sus caballos, y sus carros quemó a fuego.*

Desjarretar: esta odiosa palabra significa «cortar los tendones por el jarrete», que es la articulación de las patas traseras de los cuadrúpedos, con lo cual el caballo queda inútil para el trabajo o la guerra.

Para completar la faena, Josué se volvió contra la ciudad de Hazor, la capital del norte *y mató a espada a su rey; y a todo cuanto en ella tenía vida, destruyéndolo por completo, sin quedar nada que respirase; y después la incendiaron* (Jos. 11, 10-11).[98]

Sin tomarse un descanso Josué exterminó *a los anaceos de los montes de Hebrón, de Debir, de Anab, de todos los montes de Judá y de todos los montes de Israel*; de manera que solo quedó sin conquistar la franja costera, Gaza, Gat y Asdod.

98. Algunos arqueólogos consideran la destrucción de Hazor a mediados del siglo XIII a. C. una prueba de la historicidad del relato del Libro de los Jueces.

Completada la conquista de la Tierra Prometida, Josué la repartió entre las doce tribus, excepto la de Leví, que ya vivía del monopolio de los sacrificios, *y la tierra descansó de la guerra.*

El único problema es que muchas de las ciudades que Josué destruyó supuestamente a finales del siglo XIII a. C. habían pasado a mejor vida mucho antes. Hazor resultó destruida unos cincuenta años antes y Ai estaba ya desierta antes del 2000 a. C.

CAPÍTULO 26

Pulgares amputados

Judá, el más dispuesto y claro sucesor de Josué, propuso a su hermano Simeón proseguir la conquista.

Yahvé entregó en sus manos al cananeo y al fereceo. Hallaron a Adoni-bezec en Bezec, pelearon contra él y derrotaron al cananeo y al fereceo y les hirieron a diez mil hombres. Adoni-bezec huyó, pero ellos lo persiguieron, lo prendieron, y le cortaron los pulgares de las manos y de los pies. Entonces dijo Adoni-bezec: «Setenta reyes, con los pulgares de sus manos y de sus pies amputados, recogían las migajas debajo de mi mesa. Como yo hice, así me ha pagado Dios (Jue. 1, 4-7).

¿Por qué cortaban estos bestiajos los pulgares de los pies y las manos a los prisioneros? En las guerras de la época, una de las armas más temibles era el arco, que una persona privada del pulgar no puede tender. Tampoco puede sostener la espada con la necesaria firmeza. En cuanto a los pulgares de los pies, es bien sabido que cuando faltan no se mantiene el equilibrio.

¿Y las demás tribus? El resto de las tribus de Israel conquistaron la parcela de Canaán que le correspondía a cada una: Judá conquistó Jerusalén y Hebrón y, si no pudo exterminar a los cananeos del llano, fue porque *tenían carros de hierro* (Jue. 1, 19).

José conquistó Betel y pasó a cuchillo a sus moradores. El resto de los hijos de Israel fracasaron en sus conquistas.[99] Cuando se esta-

99. *Manasés no consiguió expulsar a los de Bet-Sean, ni a los de Taanac, ni a los de Dor, ni a los de Ibleam ni a los que vivían en Megido. Todo lo más, andando el*

bilizó la situación la frontera de los amorreos *quedó en la cuesta de Acrabim, desde Sela hacia arriba* (Jue. 1, 36).

O sea, la conquista de la Tierra Prometida fue relativa, pues los hijos de Israel solo consiguieron las tierras altas, mayormente improductivas, de Canaán.

Siendo Josué ya viejo, convocó al pueblo en Siquem para darle las leyes por las que habría de regirse *y tomando una gran piedra la erigió bajo la encina que había junto al santuario de Yahvé* (Jos. 24, 26). Poco después falleció a la edad de ciento diez años.

La erección de piedras, modestos monolitos sacralizados, es bastante corriente en el mundo antiguo para consagrar lugares o acontecimientos de los que debe quedar memoria. Los romanos usaban lápidas bellamente inscritas. Hoy utilizamos placas de metacrilato, una horterada que afortunadamente no desafiará al tiempo.

¿Cuál era la situación después de la conquista? Según la Biblia, Yahvé había entregado al pueblo hebreo la tierra de Canaán sin exigirle otra cosa que obediencia absoluta y el exterminio de la población idólatra que allí habitaba, con lo cual —como ya dijimos— Yahvé se aseguraba que su pueblo no tendría la tentación de adorar los dioses del vecino.

Yahvé es consciente de que las otras religiones son más permisivas y practicables que la suya. Por eso se esfuerza en aislar a su pueblo y evitar que se contamine. Sabe por experiencia que la gente va a lo fácil, pero una vez más falló en sus designios. La generación que siguió a la de la conquista, los hijos cómodamente asentados en las tierras arrebatadas a los cananeos, *no conocía al Señor, ni la obra que*

---

tiempo, los pudo someter a tributos (Jue. 1, 27-28). Lo mismo se puede decir de Efraín, quien no conquistó Gezer; Zabulón no conquistó Quitrón ni Naalal; Aser no conquistó Aco, ni Sidón, ni Ahlab, ni Aczib, ni Helba, ni Afec ni Rehob; Neftalí no conquistó Bet Semes ni Bet-Anat. Como la historia la están escribiendo los apesebrados del rey Josías les interesa mostrar que Judá y Simeón, las dos tribus nucleares del reino del Sur, habían conquistado el territorio asignado, pero las otras diez, las que formaron el reino de Israel, estaban lejos de cumplir con lo prometido y nunca consiguieron expulsar a los cananeos autóctonos de sus tierras.

'El había hecho por Israel. Entonces los hijos de Israel hicieron lo malo ante los ojos del Señor y sirvieron a los baales (Jue. 2, 10).

Baales, o sea, a otros dioses.

El caso es que, si nos atenemos a la propia historia que cuenta la Biblia, el pueblo de Yahvé distaba de haber conquistado Canaán. En los siglos siguientes tuvo que coexistir con los cananeos, con el consiguiente peligro de que estos les contagiaran su idolatría. *Y los hijos de Israel moraron en medio de los cananeos, los hititas y los amorreos y los perizitas y los heveos y los jebuseos. Y se casaron con sus hijas y dieron las suyas a los hijos de ellos, y adoraron a sus dioses* (Jue. 3, 5-6).

Por otra parte, los cananeos eran culturalmente más avanzados: tenían ciudades y mejores armas. *Y Yahvé continuó con Judá, de modo que tomó posesión de la región montañosa, pero no pudo desposeer a los habitantes de la llanura baja, porque tenían carros de guerra guarnecidos con hoces de hierro* (Jue. 1, 19).

Murió Josué y, digamos la verdad, el trabajo seguía sin hacer: las mejores parcelas de la Tierra Prometida estaban en manos de los cananeos.

CAPÍTULO 27

El tiempo de los jueces

Repartida entre las tribus la Tierra Prometida, sucede el tiempo de los Jueces, que abarca desde la muerte de Josué hasta la monarquía, o sea entre los años 1200 y 1020 a. C. según el cómputo tradicional.

En vista de que los israelitas adoraban a los dioses cananeos Baal y Astarté, Yahvé se abstuvo de protegerlos y los dejó a merced de los bandidos y saqueadores.

En circunstancias excepcionales, cuando tenían que enfrentarse a una rebelión o a un enemigo exterior, la tribu escogía un caudillo o juez que era a un tiempo legislador, juez y jefe militar.

Yahvé enviaba jueces que los sacaran del apuro, *pero al morir el juez, ellos se volvían y actuaban más ruinosamente que sus padres, andando tras otros dioses para servirles e inclinarse ante ellos* (Jue. 2, 19).

La Biblia menciona dieciocho jueces. Tradicionalmente se pensaba que todos extendieron su autoridad a las doce tribus (suponiendo que alguna vez hubieran existido). Ahora sabemos que no es así. Algunos jueces consiguieron que los obedecieran varias tribus, otros solo la suya. Tampoco existe entre ellos una continuidad temporal, es decir, no se suceden unos a otros. El Libro Santo los presenta en una narración bastante incoherente que es el resultado de la yuxtaposición no siempre armoniosa de distintos textos o tradiciones.

Indignado por la infidelidad de su pueblo, Yahvé lo sometió ocho años al dominio de Cusán-risataim, el rey de Mesopotamia.[100]

100. Este rey es difícil de identificar. Häusler cree que puede ser Tushratta,

Cuando pidieron perdón y se arrepintieron, Yahvé les envió el primer juez, Otoniel, que derrotó a Cusán-risataim y gobernó en paz durante cuarenta años.

¿Habían escarmentado los israelitas? Nada de eso; volvieron a adorar dioses foráneos y Yahvé los castigó de nuevo sometiéndolos al dominio de Eglón, rey de Moab, durante dieciocho años. Clamaron al cielo de nuevo, vistieron de saco, se raparon las cabezas y se las espolvorearon con ceniza, y Yahvé se apiadó de ellos y les envió a un nuevo juez, Ehúd, el benjaminita.

Era este un hombre zurdo, peculiaridad que no le impedía manejar como nadie su espada de dos filos. *La ocultó debajo de sus vestidos y se presentó ante Eglón para llevarle los tributos. El rey, que era muy gordo, recibía a sus aparceros en una cámara fresquita. Ehúd le hizo reverencia y le dijo que tenía que comunicarle un secreto muy de su incumbencia. El gordo hizo salir a sus cortesanos. Cuando quedaron a solas se le acercó Ehúd y sacando la espada de entre los pliegues de su ropa se la clavó con tal impulso que el mango entró tras la hoja, de modo que la grosura se cerró sobre la hoja, porque él no le sacó la espada del vientre, y la materia fecal se escapaba por la herida. Y Ehúd cerró las puertas y les echó el cerrojo y escapó por el respiradero* (Jue. 3, 20-24).

Alarmados por la tardanza, los cortesanos de Eglón acudieron a la cámara y, cuando por fin se atrevieron a forzar la puerta, se encontraron a su rey cadáver y al asesino huido.

Ehúd se puso al frente de los israelitas y ocupó los vados del Jordán. Cuando llegaron los edomitas los derrotó y les mató a más de diez mil hombres, *todos robustos y valientes. No escapó ni uno* (Jue. 3, 29).

Después de esa derrota se invirtió la situación: Moab se sometió a Israel y se impuso una paz que duró ochenta años.

---

rey de Mitani, del siglo XIV a. C.; Malamat se inclina por Irsu de Siria, del siglo XIII a. C. En hebreo parece ser que se transcribiría (añadiendo las vocales que faltan) como *Kûshan Rishâthayim*, lo que podría significar «negra iniquidad» o «jefe del gobierno». Ya sé que no es lo mismo.

El siguiente juez fue Samgar, cuya más notable hazaña fue abatir a seiscientos filisteos con una aguijada o vara terminada en pincho de las que se usan para estimular a los bueyes. No figura como juez, que conste, pero hazañoso como es, se acostumbra a incluirlo en la lista.

Pecaron nuevamente los hijos de Israel, y el Señor volvió su mano contra ellos y los sometió a Jabín, el rey de Hazor, quien los oprimió con dureza durante veinte años. No iba a ser fácil sacudirse este vasallaje porque el taimado poseía *novecientos carros de guerra guarnecidos con hoces de hierro.*

Por cifras que no quede.

CAPÍTULO 28

La profetisa Débora

En el libro de los Jueces hay un pasaje, la Canción de Débora, que seguramente es la parte más antigua de la Biblia, un canto ancestral que seguramente se compone de varios fragmentos aleatoriamente dispuestos, lo que dificulta su interpretación. Veamos la historia:

Surgió en Israel una juez, Débora, que impartía justicia bajo una palmera en las montañas de Efraín y los litigantes acudían a ella. Inspirada por Yahvé, Débora convocó a Barac, el jefe militar, y le ordenó desplegar a diez mil hombres sobre el monte Tabor, para presentar batalla a Sísara, el general de Jabín, rey de Hazor, el de los carros de guerra.

Barac le dijo a Débora:

—Solo iré si tú me acompañas.

Y Débora abandonó la sombra de la palmera para ir con él.

Cuando supo que los israelitas lo esperaban en el monte Tabor, Sísara lanzó contra ellos a sus novecientos carros en cuyas ruedas giraban las hoces de hierro. De nada sirvió tanta potencia: los israelitas los derrotaron, los pasaron a cuchillo y les ocuparon el campamento.

Un pasaje intermedio del canto ha dado mucho que pensar:

Maldecid a Meroz, dijo el ángel de Yahvé; maldecid severamente a sus moradores, porque no vinieron al socorro de Yahvé contra los fuertes (Jue. 5, 23).[101]

101. El lugar de Meroz se ha identificado con Khirbet Marus, a unos cuatro

Huyendo del desastre, Sísara llegó a un campamento de beduinos y se refugió en una tienda que resultó ser la de Heber, el quenita. Estaba en la tienda Yael, la esposa del dueño, a la que Sísara, sediento, pidió agua. Ella, solícita con las leyes de la hospitalidad, le dio a beber leche recién ordeñada y le ofreció manteca en el cuenco destinado a huéspedes insignes. Luego, viendo llegar a sus perseguidores, lo ocultó bajó unas frazadas y, cuando llegaron preguntando por él, les respondió: «Aquí no hay hombre alguno» y ellos continuaron buscándolo por otro lado.

Se durmió Sísara, fatigado de las emociones del día, y en cuanto empezó a roncar creyéndose a salvo (había alcanzado la fase REM, de sueño profundo), Yael se proveyó de la maza que servía para clavar los vientos de la tienda, así como uno de los clavos que la sostenían, lo apoyó en la sien del durmiente cuidando de no despertarlo y descargó tal mazazo que el hierro atravesó la cabeza y se clavó en el suelo terrizo. A pulso se ganó el título de heroína de Israel y hoy en día uno de los nombres femeninos más usados en el país es precisamente Yael (יעל).[102]

Existe una serie de comentarios o exégesis de la Biblia, los *midrashim*, que admiten que, entre las tostadas de mantequilla y la estaca asesina, Yael copuló siete veces seguidas con su huésped, no por pecado ni por vicio sino para agotarlo e infundirle un sueño profundo que favoreciera su plan de asesinarlo.[103] Mientras tanto la

---

kilómetros al oeste-noroeste de Hazor. En la Edad Media algunos comentaristas pensaron que podría ser un planeta poblado por criaturas. En su obra *Libro de la Alianza* (ספר הברית *Sefer HaBerit*), publicado en 1797, el rabino de Vilna Pinchas Eliyahu Horowitz no descarta que en otros mundos puedan existir criaturas *ba'alei Sekhel u'medah* («maestros de la inteligencia y la ciencia») pero privadas del libre albedrío.

102. Algunas cantantes israelíes se llaman Yael, y una de ellas, la también compositora Yael Naim, se considera entre la peña aficionada como la cantante más sexy del mundo. Yo lamento disentir, le veo poca chicha y demasiados dientes.

103. Tamar Kadari, «Jael Wife of Heber The Kenite: Midrash and Aggadah», *Encyclopedia, Jewish Women's Archive*. Uno, o sea, este que escribe, no quisiera poner en duda la veracidad del testimonio de la esforzada Yael (única testigo, muerto

madre de Sísara, nerviosita, no se apartaba de la ventana, aguardando el regreso de su amado hijo.

Regresemos a la Biblia. La madre de Sísara se asoma a la ventana *y por entre las celosías a voces dice: ¿Por qué tarda su carro en venir? ¿Por qué las ruedas de sus carros se detienen? Las más avisadas de sus damas le respondían, y aun ella se respondía a sí misma: ¿Se estarán repartiendo el botín. Le habrá tocado a cada uno una doncella, o dos. Y a él vestiduras de colores para Sísara; las vestiduras bordadas de colores; la ropa de color bordada de ambos lados, para los jefes de los que tomaron el botín* (Jue. 5, 28-30).[104]

La tradición judía sostiene que cuando la madre de Sísara supo la muerte de su hijo profirió cien gritos. En memoria de ese número, en la fiesta del Rosh Hashana, el Año Nuevo judío, es costumbre tocar cien veces el *shofar* o cuerno ritual.

Después de la derrota de los cananeos de Hazor, la paz duró cuarenta años hasta que los hijos de Israel nuevamente adoraron a los dioses extranjeros y Yahvé los puso en manos de Madián por siete años. No escarmentaban nunca.

Sísara, del maratón sexual). De hecho tenemos documentados casos de amantes capaces de reiterar sin agotar la cuerda, pero me permito dudar que un general que ha combatido todo el día contra el enemigo y después ha tenido que poner pies en polvorosa esté en condiciones de cumplir siete veces, por más que lo apremie la dama que le ofrece hospedaje. Más sensato sería pensar que se limitó a una prestación, por no despreciar lo que se le ofrecía más que por verdadero rijo, y que después Yael dijo lo de seis veces para que notaran su esfuerzo como benefactora de Israel.

104. Cuando enumera el botín, el traductor de la Biblia ha escrito una o dos doncellas, pero el texto original resulta algo más directo: lo que pone es vagina, o sea no se anda con paños calientes al designar el pormenor anatómico de la doncella que busca el vencedor.

CAPÍTULO 29

Las jurisdicciones de los dioses

En este punto conviene explicar un concepto religioso, el henoteísmo, imprescindible para entender cabalmente los textos que estamos manejando.

El henoteísmo (del griego: ἕν, *hén*, «uno», y θεός, *theós*, «dios») es la creencia religiosa que admite la existencia de otros dioses aunque se adore a solo uno. No se trata de politeísmo, cuidado, sino de un monoteísmo que reconoce la existencia y el poder de otros dioses que forman, por así decirlo, un club celestial en el que cada uno pastorea a sus fieles.

En cierto modo, si uno lo piensa, nuestra liga de fútbol es henoteísta: yo adoro al Real Madrid (pongo por caso, igual podría haber escrito el Barça), pero reconozco que existen otros equipos poderosos que compiten con él. ¿Cuál es el mejor? Según y cómo: unas veces gana uno, otras veces gana otro. Ahora bien, tiene mala pata que nos derroten en nuestro propio campo, el Bernabéu, donde el Real Madrid es Dios.

Los pueblos de la Biblia son henoteístas: reconocen la existencia de varios dioses, cada uno de los cuales tiene especial influencia sobre la comarca en la que habitan sus seguidores, cada cual con su hinchada, que es la de su región dominante, que crece o decrece según el número de fieles.

El propio Yahvé es henoteísta: reconoce la existencia de otros colegas que le hacen la competencia. Por eso al manifestarse a Moisés le dice: *Yo soy Yahvé tu Dios, que te saqué de la tierra de Egipto, de casa de servidumbre. No tendrás dioses ajenos delante de mí* (Éx. 20, 2-3).[105]

O sea: hay otros dioses, pero si yo te saco de Egipto es para que me adores a mí en exclusiva. Por eso, y por un posible sentimiento de inferioridad que a veces le apunta (y eso que es Dios), agarra esos monumentales cabreos cada vez que sospecha o ve (por su omnisciencia) que su pueblo elegido le ha puesto los cuernos con el dios de los vecinos. Duele decirlo, pero es que Yahvé no se percata de que lo que él ofrece a sus seguidores es solamente la propiedad de un pegujal, bueno apenas para mantener un hato de cabras, mientras que los otros dioses, Baal pongo por caso, y no digamos Astarté, la del *topless*, remuneran a sus fans con toda clase de placeres terrenales como la prostitución sagrada y otros gajes, ya descritos páginas atrás. Por muy yahvistas que seamos, y el que esto escribe admite serlo como católico acérrimo que es, se debe reconocer que no hay color.

Yahvé escogió como hinchada a la estirpe de Abraham y la condujo a la Tierra Prometida porque aquella era su finca, el territorio a él reservado, la comarca en la que deseaba ser venerado sin interposiciones de otros dioses. ¿Por qué eligió una tierra tan pobre, habiendo podido optar por la fértil Mesopotamia o la ubérrima Egipto? Probablemente porque las mejores tierras ya estaban ocupadas por clubes más poderosos: Marduk y Amón, dos gigantes de primera división. Lo que nadie pudo imaginar es que aquel equipo modesto de tercera regional, el de Yahvé, iría creciendo con el tiempo

105. Recordemos el cántico de Moisés después de pasar el mar Rojo reconociendo a Yahvé que era más poderoso que los otros dioses, los de los egipcios, a los que reiteradamente había derrotado: *¿Quién como tú, Yahvé, entre los dioses?* (Éx. 15, 11). También los Salmos están llenos de referencias al hecho de que existan otros dioses, aunque inferiores a Yahvé, que por algo es el nuestro: *Porque grande es el Señor, y digno de suprema alabanza; terrible sobre todos los dioses* (Sal. 96, 4). *Porque Tú eres el SEÑOR, el Altísimo sobre toda la tierra, muy excelso sobre todos los dioses* (Sal. 97, 9). *Alabad al Dios de los dioses, porque para siempre es su misericordia* (Sal. 136, 2).

hasta hacer sombra a cualquier otro club de la liga mundial y que otros tan reputados como aquellos acabarían desapareciendo.

En las tierras de Canaán, Yahvé es todopoderoso porque es su reino natural. Del mismo modo, Camos, el dios de los moabitas, es el más poderoso en el territorio de Moab.

Si echaran un pulso Yahvé y Camos, ¿quién ganaría? Si fuera en Canaán, Yahvé, sin duda; pero si fuera en Moab, a la derecha del mar Muerto, vencería Camos. Cada uno es más fuerte en su territorio, así de simple.

Si eso es cierto, ¿por qué algunas veces llegan los adoradores de un dios extraño y prevalecen sobre los de la divinidad titular del terreno que supuestamente debería ser más poderosa que el invasor? Pues porque el dios del terreno está enfadado con su pueblo y consiente que gane el equipo visitante, para castigar a los suyos y darles una lección.

Esto ocurre a cada paso en la Biblia. Yahvé, cuya severidad ya conocemos, en cuanto su pueblo elegido se descantilla lo mínimo, le da la espalda, le dice «Ahí te pudras» y lo deja a los pies de los caballos. Es un dios vengativo, cierto, pero esa es su justicia. Luego, si bien se piensa, es un cacho de pan porque, si el pecador se pone una estameña basta, se da de latigazos con un vergajo, se trasquila el pelo, se espolvorea de ceniza, se revuelca desnudo en un ortigal, duerme en el suelo y ayuna, Yahvé se enternece y le perdona los pecados o les transfiere el castigo acordado a los hijos y a los nietos. Más justo y considerado no se puede ser. Quitar el castigo, no; porque entonces podrían tomarlo por el pito de un sereno, pero transmitirlo a los hijos o a los nietos le parece de lo más razonable. Y en esto a Yahvé no le duelen prendas.[106]

106. Sin ir más lejos pensemos que por el pecado original de nuestros primeros padres (comieron una manzana, mejor un higo, del árbol reservado) toda la humanidad sucesiva heredó el pecado original y que para lavarlo el propio Yahvé tuvo que desdoblarse en un Hijo al que envió a la tierra para que lo crucificaran y así redimir a la Humanidad (por eso lo conocemos como el Redentor).

Cada pueblo de la Biblia cree que su dios es el más poderoso. Natural. Si creyera que lo es otro, se iría con él. Los judíos creían que el más poderoso era Yahvé, que los había sacado de Egipto y fumigaba con su aliento de fuego a los sacerdotes de Baal. Lo que pasa es que, como veremos, a veces se deja vencer por castigar a su pueblo.

CAPÍTULO 30

Gedeón, astuto estratega

Estaban muy menguados los israelitas y nuevamente clamaron a Yahvé que los socorriera. Este no se hizo de rogar y envió a un ángel que se presentó ante el juez escogido, Gedeón, un fornido muchacho que en ese momento estaba aventando una parva de trigo en la era de la familia.

—Yahvé está contigo, oh, valiente y poderoso —le comunicó el ángel.

—Disculpa, señor —respondió el mozo, un pelín insolente—, pero si Yahvé está con nosotros, ¿entonces por qué nos vemos tan acogotados? ¿Dónde están esos actos maravillosos que cuentan los ancianos?

Insistió el ángel en lo de Yahvé y Gedeón le solicitó una señal:

—Que yo vea que efectivamente está conmigo.

Fue el ángel a buscar la señal y Gedeón, que era un muchacho de lo más competente y conocía las obligaciones del hospedaje, mató un cabrito, lo frotó bien con ajo machacado, tomillo y romero y lo puso a asar en un espeto. Mientras se hacía, preparó unas tortas de flor de harina de trigo (la tradicional pita) y dispuso la mesa a la sombra de un castaño frondoso.

Sabido es que los ángeles, al ser espíritus puros, no comen, aunque aparenten hacerlo si se tercia, por no despreciar. Regresó el ángel de Yahvé y le dijo a Gedeón:

—Ya tengo la señal. ¿Ves aquella piedra? Pon encima la carne y las tortas y vierte el caldo.

Era una lástima estropear el asado, pero Gedeón obedeció por ver en qué quedaba aquello. En cuanto vertió el caldo ascendieron llamas de la piedra y el fuego devoró la comida.

Comprendió Gedeón que el visitante era un ángel y temió morir por haberle visto el rostro, pero Yahvé lo tranquilizó y aquella misma noche le habló en sueños y le dijo:

—*Tala el poste sagrado y derriba el altar que tu padre levantó a Baal, y con las piedras me levantas otro a mí en el que sacrificarás a ese toro joven de siete años que tiene tu padre y lo quemas con los pedazos del tronco sagrado que talaste* (Jue. 6, 25-26).

Imaginemos el alcance de la escena. Es como si Yahvé se le apareciera en sueños a un muchachote del Movimiento Neocatecumenal que se está preparando para el primer escrutinio bautismal y le dijera: «Toma el Mercedes Citan de tu padre y lo tiras al pantano, que os quiero examinar a ti en obediencia y a él en paciencia cristiana».

Gedeón no dudó. Convocó a unos cuantos amigos y puso en práctica el mandato del ángel. Con nocturnidad y alevosía. Cuando amaneció y los fieles de Baal vieron el estropicio, lo buscaron para matarlo pero su padre dijo:

—Si tan poderoso es Baal, ¿por qué no se defiende él mismo?

Ya juez designado por Dios, Gedeón capitaneó a los israelitas contra sus enemigos. Antes de la batalla le dijo a Yahvé:

—Si piensas salvarme, dame una señal. Extenderé una zalea en la era y si el rocío de la mañana solo moja la lana pensaré que vas a protegerme.

Yahvé le mojó la lana pero Gedeón, desconfiado como buen campesino, lo puso nuevamente a prueba: que ahora pase al contrario, que la zalea quede seca y el resto de la tierra mojado.

Yahvé lo hizo nuevamente. Más tranquilo por estas señales, Gedeón fue a la batalla, pero antes le advirtió Yahvé:

—Llevas tanta gente que, cuando venzan, dirán que el mérito fue de ellos y no mío. Diles a los que tienen miedo que se retiren.

Lo hizo Gedeón y de veintidós mil que eran quedaron diez mil.

—Muchos son —dijo Yahvé, torciendo el gesto—. Cuando lleguemos al arroyo y vayan a beber despide a los que doblen la rodilla para hacerlo y quédate con los que beban en el cuenco de la mano.

Así lo hicieron solo trescientos y Yahvé dijo:

—Más que suficientes. Despide al resto.

O sea, que quede claro que el Dios verdadero soy yo y no esos Baal y Astarté.

No eran muchos trescientos para enfrentarse con *Madián y Amalec y todos los orientales. Se habían extendido por la llanura y negreaba como si estuviera cubierta por una nube de langosta; con sus camellos, tan numerosos como los granos de arena que están en la orilla del mar* (Jue. 7, 12), pero Gedeón tenía fe en Yahvé.

Note el lector que el enemigo llevaba una muchedumbre de camellos en tiempos de Gedeón (siglo XII a. C.). Por análisis de huesos de camello sabemos que el simpático animal solo colonizó tierras bíblicas en el último tercio del siglo IX a. C. ¿Por qué entonces aparecen camellos continuamente en los relatos de Abraham, Jacob, José y demás patriarcas? Muy fácil: porque todos esos relatos datan de la época en que el rey Josías (siglo VII a. C.) mandó escribir la epopeya del pueblo judío, los primeros libros de la Biblia. En su tiempo los camellos eran esenciales, especialmente para cubrir la ruta del incienso que iba de África a la India a través de Israel.

Regresemos a Gedeón. Formó a sus trescientos, los dividió en tres compañías y les suministró cántaros con antorchas encendidas en su interior. De esta guisa, guardando perfecta oscuridad y sigilo, rodearon el campamento enemigo y en cuanto cerraron el círculo Gedeón hizo sonar el cuerno y gritaron al unísono: ¡Por Yahvé y por Gedeón! Al tiempo que tañían los cuernos de guerra (el *sofar*) y tras romper los cántaros con estrépito asían las antorchas y gritaban:

—¡La espada de Yahvé y de Gedeón!

La confusión fue tal, que todo el campamento huyó y los israelitas fueron al alcance de los fugitivos degollando y matando. *De los dos príncipes de Madián, Oreb y Zeeb, Oreb fue capturado y muerto en la que hoy se llama la roca de Oreb, y Zeeb en la tina de lagar de Zeeb. Y continuaron persiguiendo a Madián, y trajeron la cabeza de Oreb y la de Zeeb a Gedeón, en la región del Jordán* (Jue. 7, 25)

Gedeón, incansable, pasó el Jordán para perseguir a Zébah y Zalmuná, reyes de Madián y así llegó primero a Sucot y luego a Penuel. En los dos lugares pidió a los vecinos que le alimentaran a sus hombres que venían muy fatigados y hambrientos de la persecución, pero en ningún sitio los quisieron socorrer.

—Os vais a enterar —advirtió Gedeón—. Cuando vuelva os demuelo la torre.

Finalmente alcanzó a Zébah y Zalmuná, que creyéndose a salvo habían montado sus tiendas en Qarqor y los atacó de noche, cuando dormían desprevenidos. La victoria fue completa, con Zébah y Zalmuná prisioneros. Regresaba Gedeón con ellos de reata cuando capturó a un joven de Sucot y lo interrogó sobre los príncipes de su pueblo y sus ancianos munícipes. Setenta y siete hombres en total tenía la lista.

Cuando llegó a Sucot *apresó a los príncipes y a los ancianos y los hizo azotar con espinos del desierto y abrojos. Después demolió la torre de Penuel, y procedió a matar a los hombres de la ciudad* (Jue. 8, 16-17).

Zébah y Zalmuná eran responsables de la muerte de los hermanos de Gedeón. Quizá por eso se ocupó de ejecutarlos personalmente *y tomó los adornos en forma de luna que adornaban los pescuezos de sus camellos* (Jue. 8, 21).

Después ordenó a sus hombres que se desprendieran de los zarcillos del botín (los derrotados ismaelitas usaban zarcillos en las orejas, como los progres de hoy), que pesaban en total veintidós kilos, y los hizo fundir para adornar un *efod*, una especie de casulla sacerdotal que envió a su pueblo, a Ofrá. Quizá no fue buena idea porque el *efod* sirvió finalmente para revestir a los sacerdotes de los baales.

Vivió Gedeón muchos años más en paz, relativa ya que tenía que atender a un harén que le dio setenta hijos.

CAPÍTULO 31

Israel vuelve a las andadas

Gedeón hubiera preferido que lo sucediera su hijo Abimélec, pero este temía que sus otros sesenta y nueve hermanos reclamaran los mismos derechos. Por lo tanto *fue a la casa de su padre, en Ofrá, y mató a sus hermanos, los hijos de Gedeón, sesenta y nueve hombres, sobre una misma piedra. Solo se le escapó Jotán, el menor, que se había escondido* (Jue. 9, 5).

Pasaron los años y Abimélec reinó sobre los israelitas hasta que una vez, sitiando una torre donde se habían refugiado los habitantes de Tebec, *cierta mujer arrojó una piedra de molino que le acertó en la cabeza y le hizo añicos el cráneo. Moribundo, llamó a su escudero y le dijo: «Saca tu espada y mátame, que no quiero que digan que me ultimó una mujer». Enseguida su servidor lo atravesó, de modo que murió* (Jue. 9, 53-54).

Ya vamos notando algunas peculiaridades de la Biblia. Una: que cuando hay muchos candidatos al trono (hijos del rey), el más espabilado se ocupa de asesinar al resto. Dos: que lo peor que le puede suceder a uno de estos machos alfa es que lo mate una mujer. Recordemos que Yahvé castigó a Sísara haciéndolo víctima de una mujer —¡y de qué manera (un clavo de tienda en la cabeza)!— cuando su señora madre lo hacía ufano, victorioso y desvirgando doncellas.

A Abimélec lo sucedió en la judicatura un tal Tola, que, fiel a su nombre (תּוֹלָע, *Tôlā*, «larva»), apenas dejó memoria de sus veintitrés años de gobierno. Lo sucedió Jaír, el galaadita, que tuvo treinta hijos que cabalgaban en sendos asnos y tenían treinta ciudades a su cargo.

Conviene advertir que el asno, especialmente si es blanco, es el animal por excelencia del Israel patriarcal. La fortuna de una familia se calculaba en asnos.

El pueblo de Israel, incorregible como siempre, volvió a las andadas: *Adoraban baales e imágenes de Astoret y a los dioses de Siria, y a los de Sidón, y a los de Moab, y a los de los hijos de Amón y a los de los filisteos* (Jue. 10, 6). O sea, a todos menos a Yahvé, que les parecía demasiado exigente y aburrido.

Yahvé hizo lo de siempre: les retiró su protección y permitió que los pueblos del entorno los sometieran y explotaran. Cuando clamaron en busca de ayuda, les dijo:

—Pedídsela a esos dioses a los que adoráis y que ellos os salven en este tiempo de angustia.

Los israelitas, compungidos, reconocieron que habían pecado y se apartaron de los dioses extranjeros para servir nuevamente a Yahvé.

Hubo otra guerra. Los amonitas acamparon su ejército en Galaad y los israelitas en Mizpá. En vísperas de la batalla todavía no sabían quién los iba a capitanear. Llamaron a Jefté, el galaadita, sin que les importara —tan apurados estaban— que fuera hijo de una prostituta.

CAPÍTULO 32

Una experiencia personal

Permítanme ahora que les relate una experiencia personal que pondrá de relieve cómo estas historias bárbaras de la Biblia pueden irrumpir negativamente en nuestra vida cotidiana de personas civilizadas del siglo XXI.

El 21 de agosto de 2015 asistí en mi pueblo, Arjona, provincia de Jaén, a la celebración de los patronos (Fiestasantos, como allí la llamamos), una entrañable fiesta familiar que, debido a su origen religioso, entraña la asistencia a una misa oficiada por el cura titular de la parroquia.

No es Arjona pueblo acostumbrado a las misas largas. De hecho, durante bastantes años, sus párrocos fueron plusmarquistas olímpicos en el oficiado de misas breves. En tiempos del nacionalcatolicismo, cuando a nadie se le ocurría faltar a la misa dominical, los cazadores domingueros de los pueblos del entorno se citaban en las que oficiaba don Basilio (el párroco), seguros de que los despacharía en un pis pas. No sé si será cierto lo que se cuenta de que, en una ocasión, dicha la misa, al retirarse hacia la sacristía en esa actitud recogida con que suelen hacerlo los curas, llevando entre las manos los artilugios sagrados, se detuvo de golpe, se propinó un manotazo en la frente y exclamó:

—¡Coño, que se me ha olvidado consagrar!

Volviendo al día de marras, quiso nuestra mala fortuna que en la Fiestasantos de aquel año le correspondiera oficiar al presbítero don Miguel José Cano López, pionero del tremendismo en la liturgia de la palabra, quien, sin pararse a considerar lo improcedente de su acción, escogió los dos pasajes más espeluznantes de la Biblia. En su primera parte leyó este que veníamos comentando. Antes de la batalla, Jefté hizo un voto a Yahvé: *Si me concedes la victoria, te daré en sacrificio como holocausto a la primera persona de mi casa que salga a mi encuentro cuando vuelva de la batalla* (Jue. 11, 30-31).

Resultó ser su hija muy querida, que, ignorante de la insensatez de su progenitor, cometió la imprudencia de salir a recibirlo *con panderetas y danzas.* Cuando él le comunicó su promesa a Yahvé, ella se resignó —lo propio de las mujeres de entonces— pero antes le suplicó: *Padre, déjame andar un par de meses por los montes, llorando mi virginidad con mis amigas.* Él se lo otorgó de buen grado (nueva sorpresa de los sencillos fieles que intercambiaron miradas alarmadas. Natural: cualquier persona con dos dedos de frente comprende que unas mozuelas en edad de desbravar que vagan por esos montes, entre pastores, cabreros, arrieros y leñadores, pueden fácilmente perder la virginidad).[107]

Ajeno a tales cautelas, el presbítero Miguel José Cano López desveló el ilógico, pero igualmente truculento, final de la historia: *Acabado el plazo de los dos meses, volvió la muchacha a casa, virgen como era, y su padre cumplió con ella el voto que había hecho* (Jue. 11, 39), o sea, la degolló y quemó el cadáver en el altar de Yahvé, noticia que las Hijas de María presentes en la misa de Fiestasantos, ancianas aprensivas muchas de ellas, recibieron con un suspiro de alivio al comprobar que, después de todo, la infeliz muchacha moría entera e intacta y no estuprada.

107. Digo «edad de desbravar» desde nuestra perspectiva occidental y moderna, en que la edad de consentimiento se sitúa en los dieciséis años. En sociedades más primitivas la edad se reduce. En una reciente boda musulmana colectiva celebrada en la franja de Gaza las novias tenían menos de diez años. El propio Profeta se casó a los cincuenta y tres años con la niña Aixa, de nueve, que todavía jugaba con muñecas. En la Misná judía (en tiempos bíblicos) la edad límite estaba en tres años y un día, no antes, porque acceder carnalmente a una más joven sería como «meter un dedo en el ojo» (Koning, 1976, p. 91).

Algunos fieles estábamos lamentando *in pectore* que la elección de don Miguel José no hubiera sido del todo acertada, con la de historias hermosas y nada truculentas que guarda la Biblia, cuando, aún no repuestos de la sorpresa, el desalmado párroco nos reafirmó en nuestra impresión negativa al dar curso a la segunda lectura de la liturgia de la palabra, la correspondiente al Nuevo Testamento, en la que explicó la parábola del rey que asesinó a los invitados que no acudieron con presteza a la boda de su hija y además les incendió la ciudad. Perpetrada tan tremenda acción, se serenó algo y atrajo con la promesa de barra libre a cuantos viandantes encontraron sus criados por los caminos, pero uno no iba vestido de domingo y lo expulsó del banquete atado de pies y manos, lo que terminó de espantar al incauto auditorio de personas sencillas que habían acudido a misa con el ánimo conciliador y apacible que requieren las fiestas patronales de un pueblo.

CAPÍTULO 33

¿Vírgenes o no tanto?

Se quejaba la desventurada hija de Jefté, el hijo de puta (como con toda propiedad podemos llamarlo), de que moriría virgen, lo que nos lleva al tema, que será recurrente a lo largo del Antiguo Testamento (y ni digamos del Nuevo) de la virginidad.

El lector, persona mundana como es, sabe perfectamente que el virgo de la mujer, esa membranita que suele romperse en el primer coito, está culturalmente sobrevalorado.[108] Todavía hoy en sociedades supuestamente desarrolladas se valora que una mujer sea virgen (antes incluso se les exigía ese precinto de garantía a las jóvenes esposas, pero del contrayente se valoraba que llegase al matrimonio convenientemente fogueado).

En la sociedad patriarcal que describe la Biblia, la mujer que no llega virgen al matrimonio se convierte en rea de muerte por lapidación.

Veamos: *Si un hombre toma a una mujer por esposa y resulta que no es virgen, entonces llevarán a la joven a la puerta de la casa de su padre, y los hombres de su ciudad la apedrearán hasta que muera, porque ella ha cometido una infamia en Israel prostituyéndose en la casa de su padre* (Dt. 22, 20-21).

108. El propio coito está sobrevalorado. ¿Qué tiene el coito para que resulte tan atractivo? El orgasmo, me dirán. Bien, ¿han probado a quitarse el calcetín cuando regresan a casa cansados de las faenas del día, las piernas pesadas, y rascarse suavemente el tobillo? Mucho más gustito, dónde va a parar. Y más sostenido y menos fatigoso, cabe añadir.

¿Y si la acusación es falsa y la chica era virgen pero el marido quiere repudiarla acusando en falso?

Si un hombre toma a una mujer y se llega a ella, y [después] *la aborrece, y la acusa de actos vergonzosos y la difama públicamente, diciendo: «Tomé a esta mujer,* [pero] *al llegarme a ella no la encontré virgen», entonces el padre y la madre de la joven tomarán las* [pruebas] *de la virginidad de la joven y las llevarán a los ancianos de la ciudad, a la puerta. Y el padre de la joven dirá a los ancianos: «Di mi hija por mujer a este hombre, pero él la aborreció; y he aquí, él le atribuye actos vergonzosos, diciendo: «No encontré virgen a tu hija». «Pero esta es* [la prueba de] *la virginidad de mi hija.» Y extenderán la ropa delante de los ancianos de la ciudad. Y los ancianos de la ciudad tomarán al hombre y lo castigarán, y le pondrán una multa de cien* [siclos] *de plata, que darán al padre de la joven, porque difamó públicamente a una virgen de Israel. Y ella seguirá siendo su mujer; no podrá despedirla en todos sus días* (Dt. 22, 13-18).

¿Y si la violan? En este caso pueden darse dos casos: que el asalto se produzca en parcela rústica o en parcela urbana. Si ocurrió en la primera y la chica estaba comprometida, lo tiene francamente mal:

Si una muchacha virgen desposada con alguno fuera violada en la ciudad los sacaréis a los dos a la puerta de la ciudad, y los apedrearéis, y morirán; la joven porque no dio voces en la ciudad, y el hombre porque humilló a la mujer de su prójimo (Dt. 22, 23-24).

La violación rústica admite dos variedades, que la joven estuviese comprometida (en matrimonio) o que no lo estuviese. Si estaba comprometida *morirá el violador y no harás nada a la joven; no hay en ella pecado digno de muerte, porque la joven comprometida dio voces, pero no había nadie que la salvara* (Dt. 22, 25-26).

¿Y si la joven virgen no estaba comprometida? Este caso tiene mejor arreglo: *entonces el que se acostó con ella dará cincuenta siclos de plata al padre de la joven, y ella será su mujer porque la ha violado; no podrá despedirla en todos sus días* (Dt. 22, 27).

O sea, indemnización al padre y cargar con los platos rotos.

Como en las antiguas cacharrerías en las que había un cartel que rezaba: «el que rompe paga y se lleva los tiestos a su casa».

¿Qué idea subyace a todo esto? La mujer es una mercadería. Si estaba comprometida, la violación atenta contra el honor del hombre al que estaba asignada y, por lo tanto, se condena al agresor a pena de muerte. Si no lo estaba, simplemente le pagas una indemnización al propietario, el padre en este caso, y cargas con la chica de por vida. Una vez casado con ella, puede argumentarse que simplemente tomaste anticipadamente lo que te estaba destinado, no hay mayor problema, pelillos a la mar.

Que la virginidad era un valor añadido lo vemos mucho más claro en los textos de la Misná: «Incluso si diez hombres han copulado analmente con una virgen prometida, ella continúa siendo virgen».

Ítem más: la aclaración de la Guemará es reveladora: «Si la herida del ano debiera considerarse sujeta a las mismas restricciones que la herida del himen no habría mujer alguna que pudiera considerarse virgen digna de desposarse con un sacerdote, puesto que no hay ninguna que no haya experimentado coito anal. Pues está dicho: tomará por esposa a una virgen. A la viuda, a la mujer repudiada o a la prostituta no tomará por esposa, sino solamente a una virgen entre los suyos. No profanará su descendencia levítica».[109]

Se deduce que el coito anal para preservar la virginidad del himen estaba muy extendido. La costumbre existe todavía en las sociedades de Oriente Medio, donde es bastante normal la cópula anal con solteras que quieren llegar vírgenes al matrimonio.

109. Koning, 1971, p. 99.

CAPÍTULO 34

Pronuncia *šibbólet*, colega

La señalada victoria de Jefté sobre los amonitas molestó a la tribu de Efraín, cuyos bravos protestaron porque no los habían invitado a la batalla, lo que les hubiera reportado no poca gloria. Y por este olvido pretendían quemarle la casa a Jefté, pero él los rechazó diciendo: «Os convidé a la batalla y no quisisteis venir».

Ofendidos por el desaire, le declararon la guerra a Galaad, la ciudad de Jefté, pero este los derrotó y ocupó los vados del Jordán por los que forzosamente debían pasar los efraimitas para regresar a sus casas. Cada vez que llegaba un fugitivo, la guardia le pedía que dijera la palabra *šibbólet* («espiga de trigo») y, si la pronunciaban «*sibbólet*», como se hacía en el dialecto efraimita, allí mismo lo degollaban. La Biblia asegura que murieron cuarenta y dos mil efraimitas, pensemos piadosamente que se trate de un error del copista y que solo fueran cuatrocientos veinte.

A propósito de números, tenga en cuenta el lector que cuando se escribió la Biblia, los buenos contables no abundaban en la oficina del rey Josías (aún no se había inventado el cero y la gente contaba con los dedos o haciendo rayas en el yeso), lo que determina que el redactor se haga un lío con los números. Por eso cuando tiene que decir unos pocos suele escribir «siete» (por otra parte, un número considerado mágico) y para señalar que hay muchos anota «cuarenta» o, a veces, «siete veces siete». Para cifras mayores usa guarismos a veces exagerados: veinte mil, treinta mil, setenta mil y lo que se le ocurra.

En fin, Jefté gobernó Galaad otros seis años, muy honrado de todos sin que nadie se acordara de que era hijo de una prostituta, fuera de los dolidos efraimitas y de la madre de su hija degollada en el altar de Yahvé.

El siguiente juez es Ibzán de Belén, un hombre intensamente consagrado a la procreación que engendró treinta hijos y treinta hijas, a todas las cuales consiguió marido. Fue el suyo un periodo de paz que le permitió gobernar siete años y a su muerte este se prolongó con la judicatura de su sucesor Elón el zabulonita, durante diez años de gobierno, y con la de Abdón el piratonita, que engendró *cuarenta hijos y tuvo treinta nietos que cabalgaban en setenta asnos adultos* (Jue. 12, 14).

Aquí terminó el periodo de paz. Los hijos de Israel recayeron en la adoración de otros dioses y Yahvé los castigó sometiéndolos durante cuarenta años a los filisteos.

CAPÍTULO 35

Las bodas de Sansón

Había un danita llamado Menoah cuya mujer era estéril y sufría por ello. Envió el Señor a un ángel que tenía conocimientos de ginecobstetricia y le aconsejó:

—Cuídate y no bebas vino ni licores porque estás preñada y al hijo que tengas no le rapes la cabeza porque debes entregarlo a Yahvé como nazareo.

Los nazareos son personas consagradas a Yahvé que tienen que cumplir ciertos preceptos como abstenerse de vino, no cortarse el pelo y alejarse de los muertos.

La esposa embarazada no advirtió que quien le aconsejaba era un ángel del cielo, así que se lo presentó a su marido y Menoah, que era hombre hospitalario, ofreció matar un cabrito y hacer unas tortas de flor de harina para agasajar al forastero.

—Se agradece —dijo el ángel—. Pero mejor lo ofreces en sacrificio a Yahvé.

Ya vimos más arriba que los ángeles, al ser espíritus puros, no comen, ni sudan, ni tosen, ni copulan ni hacen ninguna de las funciones a las que el organismo somete a los mortales. Por cierto que en Bizancio se llegó a discutir si tienen sexo. Unos sabios decían que sí; otros, que no. Los del sí argumentaban que lo tendrían como los mulos, o sea bien presentado de tamaño y forma, aunque no lo ejercieran (sabido es que los mulos no copulan). Los negacionistas estaban convencidos de que esa parte los ángeles la tendrían lisa como los muñecos, dado que ni siquiera orinaban y que, por su propio carácter espiritual, el ángel era de sexo indefinido como esos muchachos lampiños a los que todavía no les encaña la voz.

Regresemos a Menoah, al que dejamos poniendo a las brasas el cabrito sacrificado. Cuando se alzó la llama, el ángel ascendió en ella al cielo. Al verlo, Menoah y su mujer se postraron con sus rostros en la tierra y dijo el hombre:

—Seguro que morimos, puesto que hemos visto el rostro de Yahvé.

—No lo creo —dijo la mujer— porque Yahvé ha aceptado el cabrito y el trigo.

A los nueve meses cumplidos, la mujer dio a luz a un robusto niño al que pusieron por nombre Sansón.

Creció Sansón sano y robusto y, cuando llegó a la edad de casarse, se prendó de una muchacha filistea que había visto en Timná y quiso tomarla por esposa.

—Hijo, ¿no podrías buscarte a una israelita? Mira que esa chica es filistea —le advirtió la madre.

Sabido es que a Yahvé no le agradan los matrimonios con extranjeras por el peligro de que induzcan a los maridos a adorar a otros dioses. En el caso de Sansón, que era nazareo, lo de casarse con una filistea estaba fuera de lugar.

—Es la que me gusta —insistió Sansón.

Los padres se resignaron (pueden más dos tetas que dos carretas, debió de pensar el paciente Menoah) y fueron a hablar con la familia de ella para pedir su mano. Por el camino vio Sansón un león que merodeaba buscando presa y sin que lo notaran ellos se fue a él y lo desgarró en dos mitades como si fuera un cabrito asado.

Poco después se volvió a ver el cadáver del león y descubrió que había crecido en él un enjambre de abejas. Sansón raspó la miel y fue comiendo de ella y también les dio a sus padres cuando los alcanzó.

Se arregló el matrimonio entre las familias. En el banquete nupcial, que duraba siete días, se levantó Sansón (luego dicen que los nazareos no beben) y desafió a treinta invitados con una apuesta:

—Os propongo un acertijo. Si en siete días lo acertáis os daré treinta mudas de ropa, pero si no es así tendréis que dármelas a mí.

Aceptaron el desafío y Sansón dijo:

—*Del que come salió algo de comer, y del fuerte salió algo dulce.*

Cuando los invitados vieron que pasaban los días y no daban con la solución llevaron aparte a la novia y le dijeron:

—Mira a ver si puedes sonsacar a Sansón y nos das la respuesta, porque nos está pareciendo que nos habéis invitado a la boda para despojarnos. Si no lo haces quemaremos la casa de tu padre con él dentro.

Los filisteos eran así, gente sencilla y expeditiva. La mujer insistió a Sansón para que le confiara la solución y, aunque él se resistía, al final suplicó tanto que el hombre no tuvo más remedio que decírsela. Excuso decir que a ella le faltó tiempo para ir con el cuento a los filisteos.

Los invitados fueron entonces ante Sansón y dijeron:

—¿Qué es más dulce que la miel y qué es más fuerte que un león?

Cuando Sansón vio que había perdido la apuesta replicó:

—Si no hubieran arado con mi ternera, no habrían resuelto mi enigma.

Le molestó que su mujer lo hubiera traicionado antes incluso *de que él pudiera entrar en el cuarto interior*, o sea conocerla bíblicamente, o sea, hablando en plata, cepillársela.

Conocer, en la Biblia significa «copular». En ella se emplean esos circunloquios por los niños y las doncellicas en flor que pudieran escandalizarse ante los fornicios descritos en sus páginas.

¿Qué hizo Sansón? ¿Entregó a los ganadores los treinta vestidos? *Y el espíritu de Yahvé entró en operación sobre él*, y bajó a Ascalón, despojó de sus ropas a los primeros treinta hombres que encontró y subió con sus vestidos a donde se celebraba la boda para pagar su deuda. Después de esto regresó a su casa sin atender a la novia pues *su cólera continuaba ardiendo*. No lo dice la Biblia, pero hemos de suponer que Sansón debió pensar: ¿qué otras intimidades habrá tenido mi mujer con los que la convencieron para sonsacarme la respuesta del acertijo?

El suegro, cuando vio que la niña se le había quedado compuesta y sin novio, le buscó un filisteo.

Pasaron meses. Llegado el tiempo de la siega, Sansón, más apaciguado, bajó a la casa del suegro a ver a su esposa, pero el hombre le dijo:

—Mejor quédate con mi hija menor, porque tu esposa se la di a un filisteo.

A Sansón la que le gustaba era la mayor, no la otra, así que salió de la casa enfadado y *procedió a atrapar trescientas zorras y a tomar antorchas y a volver cola contra cola y a poner una antorcha entre dos colas, justamente en medio. Tras aquello prendió fuego a las antorchas y envió a las zorras a los campos de cereal de los filisteos. Lo incendió todo, desde hacina hasta grano en pie, y las viñas y los olivares* (Jue. 15, 4-5).

Supieron los filisteos que el causante del estrago había sido Sansón y quemaron en una hoguera al suegro y a la hija, la fallida esposa del primero.

—¿Conque esas tenemos? —dijo él.

Y como si estuvieran compitiendo en salvajadas, fue a ellos y mató a no se sabe cuántos amontonando *piernas sobre muslos con gran matanza* (Jue. 15, 8).

Más calmado, y dándose ya por satisfecho, el grandullón estableció su hogar *en una hendidura del peñasco de Elam.*

Después del estrago, los filisteos reclamaron compensaciones a los ancianos de Israel y pidieron que les trajeran ante ellos a Sansón para castigarlo. Estos no vieron más salida que enviar tres mil hombres a la hendidura de Elam para rogar a Sansón que se entregara, pues los filisteos lo reclamaban atado. Así lo hicieron los israelitas, fuertemente atado *con dos sogas nuevas.* Los filisteos, al recibirlo maniatado, mostraron tanto júbilo que el prisionero se incomodó y *el espíritu de Yahvé entró sobre él.* Resultado: *las sogas que inmovilizaban sus brazos se quebraron como si fueran hilos de lino chamuscados* (Jue. 15, 14) y Sansón aprovechó la coyuntura de verse tan acompañado de filisteos para agarrar una quijada fresca de asno y descalabrar con ella a más de mil. Esta faena le causó una sed devastadora y no había en aquellos contornos fuente o regato donde beber. Yahvé acudió en su ayuda e hizo manar agua de una peña.

Después de esto los israelitas lo eligieron como juez y ofició durante veinte años sin nada importante que consignar excepto la hazaña de las puertas de Gaza.

CAPÍTULO 36

Sansón se va de putas

Acaeció que Sansón fue a Gaza, la capital filistea, a yacer con una prostituta. No es que en la tierra de Israel no las hubiera, sino que hemos de entender que, dado que era juez, prefería practicar el fornicio fuera de su jurisdicción, como esos notarios vascos que en tiempos de Franco venían a Madrid a echar una canita al aire con el pretexto de arreglar papeles.

Otra posible justificación es que a Sansón le iban las filisteas, como estamos notando en este relato. Y algunos, no muchos, estudiosos de la Biblia se han preguntado: ¿qué tenían las filisteas que no tuvieran las israelitas? Eso no lo sabemos, ni el Libro Santo lo aclara, pero si admitimos, y en ello nos dejamos arrastrar por la corriente historicista dominante, que los filisteos pudieran proceder del mar Egeo y más concretamente del mundo micénico, empezaremos a sospechar que las mujeres quizá resultaban algo más divertidas que las israelitas.

¡Micenas! La sensual heredera de la civilización cretense, la de las diosas de erectos pechos desnudos. ¿Qué nos sugieren esas damas que aparecen en los frescos de Micenas, de busto prominente y níveos y torneados brazos? Que Agamenón, Menelao y sus compadres sabían disfrutar de la vida, eso nadie lo duda. Por eso pusieron el mundo patas arriba para rescatar a la bella y escultural Helena, huida o secuestrada por Paris, el troyano.

Asentado que los filisteos habían aportado las sensuales costumbres del Egeo a sus cinco ciudades costeras, todas portuarias y con su barrio chino incluso antes de que se conociera la existencia de China, hemos de admitir que sus mujeres serían más liberadas y desde luego más duchas en las artes del amor que las israelitas de las tierras altas del interior, las que vivían en chozas y crecían entre cabras, perfumadas de aprisco y requesón rancio, con los andares propios del que se ha criado entre terrones, siempre sometidas al escrutinio y constante vigilancia del celoso y controlador Yahvé, que a la menor señal de coquetería las abroncaba.[110] En lo que parece que la mujer israelita aventajaba a la filistea era en capacidad. El inevitable Koning señala que cuando el Talmud (23, 32) dice: «Beberás el cáliz de tu hermana: es ancho y profundo, el cáliz de tu hermana Samaria de gran capacidad», «se refiere al órgano sexual espacioso de la mujer israelita promiscua y al cunnilingus, pues la palabra hebrea que designa la copa es *kôs* (כּוֹס), que también significa "vulva"».[111]

Regresemos a Sansón. Cuando los filisteos supieron que se encontraba en Gaza se dijeron:

—En cuanto raye el alba, lo matamos.

Y dejaron pasar las horas nocturnas para favorecer que Sansón hiciera sus cabalgadas en campos de pluma, lo que le restaría fuerzas. El lector practicante sabe que, realizado el acto, si se ha puesto en ello un mínimo de interés, queda uno flojo de las rodillas. Recuerde, sin salirnos de la Biblia, lo que aconteció al pobre Sísara tras

110. Ejemplo: *las hijas de Sion se ensoberbecen, y andan muy derechas, contoneándose, mirando a la cara y tintineando las ahorcas de los tobillos. A esas el Señor les rapará la cabeza y les descubrirá las vergüenzas. Aquel día el Señor les quitará las sandalias indecentes, las redecillas, las lunetas, los collares, los pendientes y los brazaletes, las cofias, las pulseras de las piernas, las peinetas, los frasquitos de perfume, y los zarcillos, los anillos, y los aros de las narices, los vestidos de fiesta, los mantoncillos, los velos, las bolsas, los espejos, el lino fino, las gasas y los tocados. Y en lugar de los perfumes vendrá hediondez; y una cuerda en lugar de cinturón, y la cabeza rapada en lugar del peinado de peluquería; en lugar de vestidos de fiesta, cilicios apretados, y en lugar de piel tersa, cicatrices de quemaduras* (Is. 3, 16-24).

111. Koning, 1976, p. 237.

sus siete cabalgadas con la taimada Yael. Seguros de que esta vez no se les escapaba, los filisteos le tendieron una emboscada a las puertas de la ciudad, que previamente habían cerrado con todos sus cerrojos y sus barras.

Sansón debió de olerse la tostada y, después de cumplimentar debidamente a la prostituta, *se levantó a la medianoche y agarró las hojas de la puerta de la ciudad con sus dos postes laterales y arrancándolos de las quicialeras junto con la barra, se los echó a la espalda y los llevó arriba a la cima de la montaña que está enfrente de Hebrón* (Jue. 16, 3).

Los acojonados filisteos no se atrevieron a acercarse, claro.

Era bruto, ya lo estamos viendo, de esos que tienen el pescuezo más ancho que la cabeza, pero no tan descerebrado como para ponerse en peligro innecesariamente. Visto que los filisteos se la tenían jurada y que reiterar las visitas a la prostituta podía costarle un disgusto, determinó buscarse novia fija y se enamoró de una tal Dalila, natural del valle del Soreq, donde el torrente.[112]

Lo supieron los príncipes de los filisteos y le ofrecieron a Dalila mil cien piezas de plata cada uno si descubría el secreto de la fuerza hercúlea de Sansón.

Dalila no es que fuera mala persona, pues tenía buen corazón como tantas de su oficio, y por otra parte se había aficionado a aquel bruto de imponente musculatura y olor a chotuno que cuando bajaba a visitarla irrumpía en ella impetuoso sin siquiera despojarse de la pelliza.

Todo el mundo tiene un precio, como es sabido. No culpemos a Dalila; ¿quién se resistiría a aquel dineral? Por otra parte ya nos advierte la Biblia que *una mujer seductora es una trampa más amarga*

112. Si se parecía a su versión cinematográfica (1949), la actriz austríaca Hedy Lamarr, una mujer notablemente bella e inteligente, nada más excusable que el encoñamiento de este noble bruto. A Hedy le debemos el primer desnudo y el primer orgasmo de la historia del séptimo arte (en *Éxtasis,* 1933) y la invención de un sistema de salto de frecuencias de comunicación, precursor del actual wifi.

que la muerte. Su pasión es una red, y sus manos suaves son cadenas. Los que agradan a Dios escaparán de ella, pero los pecadores caerán en su trampa (Ece. 7, 26).

De la misma opinión son los Proverbios, atribuidos a la sabiduría de Salomón: *Una prostituta es una trampa peligrosa; la mujer promiscua es tan peligrosa como caer en un pozo estrecho* (Prv. 23, 27).

En un pozo estrecho, amigo lector. Imagine la situación con los bomberos echando sogas y un equipo de la televisión china divulgando sus apuros vía satélite.

Con Sansón rendido a sus mañas, Dalila empezó a sonsacarlo y le preguntaba si había forma humana de atarlo sin que se escapara. En esto hemos de ver un indicio de que la muy taimada era experta en las lides del sexo, lo que incluye el *bondage*, o sea una práctica erótica de dominación o sadomasoquismo que consiste en la inmovilización del partenaire por medio de cuerdas.[113] La Biblia pasa por alto muchas cosas, no la culpo, que quienes hemos consagrado nuestras vigilias a su atento estudio debemos consignar.

Sansón, buenazo como era, y en el fondo un pobre pastor ignorante en las lides del sexo, pero deseoso de aprender los sofisticados usos de las pecaminosas ciudades filisteas, se prestó gustosamente al juego.

—Si me atan con siete tendones frescos, no me puedo ni rebullir.

A Dalila le faltó tiempo para contárselo a los filisteos y ellos le suministraron los tendones.

Sansón debía de tener el sueño muy pesado, especialmente después de solazarse con la taimada Dalila, porque en la siguiente visita ella lo ató firme con los tendones mientras los filisteos que iban a prenderlo aguardaban en el cuarto contiguo. Cuando lo tuvo bien frazado hizo la prueba:

113. Mejor no usar cinta americana ni cinta adhesiva de polipropileno, vulgarmente conocida como *cinta de embalar*, porque como seas velludo, al sacártela no veas lo que duele. Como dice Lope de Vega en su célebre soneto: «quien lo probó lo sabe».

—¡Sansón, que vienen los filisteos!

Y este, al despertarse de golpe y saltar de la cama, rompió los tendones como si fueran copos de lana.

Ella se enfadó.

—Ya veo lo poco que me quieres —le reprochó compungida—. Para una cosa que te pido no me la concedes. Te has burlado de mí.

No lo dice la Biblia, pero hemos de suponer que el enfado de Dalila trajo consecuencias.

—Venga, mujer, que ha sido una broma —diría él—. Tú no sabes lo enamorado que estoy de ti. Anda, reconciliémonos y regresemos al catre que cuando te enfadas no sabes lo que me excitas, fierecilla mía.

Algo así debió de ser, pero la taimada Dalila seguía enfurruñada.

—¡No me toques, que no tengo ganas, que estoy muy enfadada! Si de verdad me quisieras, me dirías con qué se te puede atar para que no te sueltes.

Sansón finalmente cedió.

—Con sogas nuevas que no se hayan usado.

Dalila hizo la prueba. Primero durmió a Sansón en un profundo sopor por el procedimiento habitual y luego, cuando lo tuvo bien atado, le gritó al oído:

—¡Que vienen los filisteos!

Despertó Sansón alarmado y las sogas estallaron como si fueran hilos.

Otra escenita de Dalila: que no me quieres, que solo estás conmigo para aprovecharte, que me tienes escocida en mis partes y no eres quién para darme ese capricho tonto, lo único que te pido, etc.

—Bueno —dijo Sansón—, en realidad si se tejen mis siete trenzas con el hilo de la urdimbre del telar no me puedo soltar.

Nueva dormida del coloso y Dalila le teje las trenzas y para mayor seguridad se las ata al puntal del telar.

—¡Sansón, los filisteos!

Ni estaca, ni urdimbre, ni nada. Se levantó de un salto dispuesto a despanzurrar al que se le pusiera por delante, y el telar quedó como para la pila de la leña.

A todo esto, los del comando filisteo estaban ya cansados de esperar en el cuarto trasero a que Dalila les avisara, pero no se atrevían ni a respirar no fuera Sansón a advertir su presencia y los despedazara como dos tiernos cabritos.

Ya nos podemos imaginar cómo se puso Dalila. ¡Un torrente de lágrimas, un tsunami de reproches! ¡Tú a mí no me quieres, tú aquí vienes para aprovecharte…! ¡Ya me advertía mi pobre madre que tú no eres trigo limpio! ¡Ay, que desgraciada soy, yo quiero morirme!

Y el resto del repertorio.

Sansón, esta vez no tuvo más remedio que ceder y le confió el secreto de su fuerza:

—Nunca me he cortado el pelo porque soy nazareo desde el vientre de mi madre. Si me pelara, me debilitaría y vendría a ser como todos los demás hombres.

Dalila lo durmió nuevamente, la Biblia confiesa que *sobre sus rodillas* (frito lo dejaba después de la reiterada refriega) y esta vez llamó a uno de los filisteos expectantes para que le esquilara la cabeza. Trenza a trenza se las cortó el filisteo, que las tenía como maroma de barco, un pelazo puigdemontano, y esta vez sí, Sansón sucumbió a las malas artes de la taimada Dalila porque cuando la oyó gritar:

—¡Sansón, los filisteos!

—Y se incorporó alarmado, los filisteos se lanzaron sobre él, lo agarraron y no pudo zafarse de ellos.

Había perdido su legendaria fuerza.

Ahora viene lo crudo: lo inmovilizaron y le arrancaron los ojos.

Ciego y atado lo bajaron a Gaza y con grilletes de cobre lo fijaron y lo uncieron como un asno a un molino y lo condenaron a dar vueltas al rulo.

Pasó el tiempo y el cabello le volvió a crecer espeso e hirsuto en la cabeza con lo que la fuerza hercúlea volvió a sus miembros. Por aquel entonces los príncipes de los filisteos se reunieron para conmemorar la fiesta del patrón, el dios Dagón en la que celebrarían que les hubiera entregado a su gran enemigo Sansón, *el que multiplicaba nuestros muertos.*

Para amenizar la fiesta se les ocurrió sacar a Sansón del molino y exhibirlo en medio del jolgorio. La casa estaba llena de hombres y mujeres, príncipes y dignatarios filisteos, y en la azotea había una muchedumbre de ellos que habían acudido a mofarse de Sansón con butaca de palco.

Este se afirmó entre las dos columnas principales que sostenían el edificio y elevó una súplica a Yahvé:

—¡Señor soberano, Yahvé, Dios verdadero, acuérdate de mí, y dame la fuerza para que me vengue de los filisteos *con venganza por uno de mis dos ojos*!

Y empujó con toda su fuerza las columnas, una con la mano derecha y otra con la izquierda, mientras decía:

—¡Perezca mi alma con los filisteos!

Cedió el edificio y la casa se desplomó sobre sus moradores y sobre los que abarrotaban la azotea, de manera que el número de filisteos difuntos superó a todos los que Sansón había matado a lo largo de su vida.

Más tarde sus hermanos y toda la casa de su padre bajaron hasta allí, rescataron su cadáver, lo llevaron arriba y lo enterraron en la sepultura de su padre.

Había juzgado a Israel veinte años.

¿Y Dalila? No sabemos qué fue de ella. El traidor no es menester, siendo la traición pasada. ¿La carcomía algún sentimiento de culpa? ¿Añoró alguna vez los abrazos de Sansón?

CAPÍTULO 37

¿Ejerció Sansón de semental?

El Talmud comenta que la fuerza hercúlea que Yahvé concedió a Sansón tenía también un componente sexual.

«El rabino Judá dijo en nombre de Rab: Su potencia viril era como un río tumultuoso. ¿Qué quiere decir eso?, le preguntaron. Que durante su actividad sexual el flujo de semen no cesó nunca.»[114]

En la Guemará se explica el pasaje en el sentido de que, prendido por los filisteos y cegado, lo ponen a mover la piedra del molino (Jue. 16, 21): «Dar vueltas a la muela no quiere decir otra cosa que tener comercio carnal, pues ya se dijo: "Si mi corazón fue seducido por una mujer, si espié a la puerta de mi vecino, que mi mujer dé vueltas a la muela de otros y que otros tengan comercio con ella". Eso nos enseña que los filisteos llevaron a sus mujeres a la cárcel de Sansón de suerte que pudiese engendrar en ellas hijos tan fuertes como él.

»El rabino Papa continuó: "El rabino Eleazar ha dicho que mientras estaba en la prisión dio vueltas a la muela con tres mil mujeres".

»El rabino Johanán respondió: "Raba ha dicho: 'No puede haber coacción en el comercio carnal, pues la erección depende completamente de la voluntad'".[115]

114. Koning, 1976, p. 155.
115. Koning, 1976, pp. 155-156.

»Dijo el rabino Hiyya: "Lo apresaron cuando jugaba con Dalila y estaba en estado de erección"».[116]

«El rabino Papa continuó: "Está escrito que cerca de tres mil hombres y mujeres miraban los juegos de Sansón delante del edificio".»[117]

Alega Koning que, según otros escritos rabínicos, «los filisteos querían utilizar a Sansón para engendrar hijos fuertes [...] así como la tesis de que le habían reventado los ojos para aumentar su deseo sexual».[118]

116. «*Jugar con una mujer* es una de las expresiones hebraicas para el comercio carnal. Las palabras del rabino Papa indican que ese era el juego al que se obligaba a Sansón ante el templo del dios Dagón de los filisteos, un dios fálico con cola de pez que tenía santuarios en Gaza, Asdod y Ascalón» (Koning, 1976, p. 157).

117. Tres mil mujeres es la cantidad de conocimientos bíblicos que se le calculan al cantante Julio Iglesias. Un número razonable, nada exagerado si se compara con las seis mil a las que confesaba haber atendido el novelista belga Georges Simenon. Fieras auténticos.

118. Koning, 1976, p. 159.

CAPÍTULO 38

Miká devuelve la plata

En las montañas de Efraín existió un tal Miká que un buen día le dijo a su madre:

—Madre, las mil cien piezas de plata que te robaron las cogí yo. Aquí las tienes.

Conmovida por el gesto de honradez, la madre dijo:

—¡Bendito sea mi hijo de Yahvé!

Y tomando doscientas piezas del lote se las entregó al platero para que fundiera con ellas una imagen.

Miká, conviene advertir, tenía una casa de dioses, o sea una especie de templo, e hizo un *efod* y unos *terafim.*

Recordemos que el *efod* es una especie de casulla bordada con oro y plata y engastada con pedrería. Los *terafim* son unas figurillas de dioses de la familia que se suponían protectores del lugar.[119]

Miká guardaba estos artefactos religiosos, porque andaba interesado en que uno de sus hijos se dedicara al sacerdocio.

Aconteció que se hospedó en su casa un joven levita procedente de Belén de Judá y Miká se ajustó con él para instruirlo en el sacerdocio a cambio de un salario de diez piezas de plata al año, aparte de vestido y mantenido.

Un buen día, o malo, según se mire, pernoctaron en casa de Miká cinco individuos procedentes de Zorá y Estaol, dos lugarejos

119. *Terafim*, תרפים, siempre en plural; el singular sería *teraf*, תרף.

de la tribu de Dan.[120] Iban de exploración, eso dijeron, y le preguntaron al joven sacerdote de Belén, ya iniciado en las artes de la adivinación, si tendrían éxito en su empresa, a lo que él respondió que mucho.[121]

Siguieron los danitas su camino hacia Lais *y vieron que sus moradores eran gente confiada, tranquila y sin recelo* (Jue. 18, 7). Después de merodear entre ellos y constatar que, en efecto, aquello era pan comido, los danitas —ahora vemos que eran espías— regresaron a su tierra con la noticia de aquel lugar bueno y fácil de conquistar. La siguiente visita que hicieron fue ya con *seiscientos hombres ceñidos con armas de guerra* y, al pasar por la casa de Miká, dijeron a los suyos:

—En este lugar hay un *efod* y *terafim,* una imagen tallada y una estatua fundida.

No se lo pensaron dos veces: entraron y cogieron los objetos sagrados. Al ver el abuso, el sacerdote (el joven levita) les dijo:

—¿Qué estáis haciendo?

Y ellos le respondieron:

—Calla, y vente con nosotros. Te conviene más ser sacerdote de toda una tribu que de un solo hombre.

La propuesta era razonable, así que se unió a ellos, al *efod*, los *terafim* y la imagen tallada.

Se habían alejado ya del pueblo cuando Miká y los suyos los alcanzaron y les reprocharon.

—Así que nos despojáis de nuestros *efod*, *terafim* e imagen y además os lleváis a nuestro sacerdote.

120. Recordemos que los de la tribu de Dan no tenían tierra asignada, por lo que andaban siempre en busca de parcelas.

121. Esto de los adivinos antiguos se parece bastante a los modernos, los tarotistas de la tele: te dicen lo que quieres oír para que aflojes la pasta con la debida conformidad. Yo he perdido bastante la confianza en ellos desde que la bruja Lola me cobró cien euros por una vela rosada que, consumida sobre una foto de Sharon Stone en la noche de San Juan, me aseguraría un encuentro interesante con la estrella. Desde entonces Charito Piedra ha pasado por tres maridos y esta es la hora en que estoy esperando que me llame o me escriba para quedar.

Pero no pudieron evitarlo de ninguna manera, porque los danitas eran más fuertes, así que regresaron a casa con las manos vacías.

Los danitas prosiguieron hasta la ciudad de Lais, la confiada; la tomaron, pasaron a cuchillo a sus moradores y prendieron fuego a las casas. En el solar, calcinado y todo como había quedado, levantaron una nueva ciudad que llamaron Dan, el nombre de su tribu. Allí entronizaron la imagen tallada que traían de la casa de Miká.

CAPÍTULO 39

La venganza del levita

Por aquel tiempo, un levita que habitaba en las montañas de Efraín tomó por concubina a una mujer de Belén. Se conoce que ella era de corazón inquieto porque a poco de casada cometió adulterio y, huyendo del marido, fue a refugiarse a casa de sus padres, en Belén.

Fue el esposo a buscarla con palabras consoladoras y el padre de ella lo recibió y albergó durante tres días *y comían y bebían, y él pasaba allí la noche.*

Parece que los asuntos entre la pareja se arreglaron porque el levita decidió regresar a casa con su esposa. Se pusieron en camino y fueron a pernoctar al lugar de Guibeá que pertenecía a la tribu de Benjamín. Llegado allí, el viajero se detuvo en la plaza como era costumbre en espera de que alguien le ofreciera albergue. Ningún benjaminita le ofreció alojamiento, excepto un anciano que, aunque moraba allí, procedía, como el levita viajero, de las tierras altas de Efraín.

El anciano llevó al levita y a su mujer a su casa *y les dio agua con la que se lavaran los pies y después se sentaron a cenar* (Jue. 19, 21).

En ello estaban, reconfortados con la hospitalidad del anciano, cuando *los hombres de la ciudad —hombres que simplemente no servían para nada*, precisa la Biblia— *cercaron la casa y, empujándose unos a otros contra la puerta, gritaban:*

—Saca al hombre que entró en tu casa, para que tengamos ayuntamiento con él.

El anciano salió y les dijo:

—*No, hermanos míos, no hagáis nada malo, por favor, puesto que este hombre ha entrado en mi casa. No cometáis esta locura deshonrosa. Aquí están mi hija virgen y la concubina de él. Dejadme sacarlas, por favor, y forzadlas y hacedles lo que os parezca, pero a este hombre no lo deshonréis* (Jue. 19, 22-24).

Ya se ve lo que valía una mujer en estos tiempos bíblicos. Como señala Christopher Hitchens, y no le falta razón, el Antiguo Testamento considera a la mujer como «un objeto del uso y la comodidad del hombre».[122] Esa es la tónica general, pero también podemos encontrar algunos ejemplos que probarían lo contrario (las cacareadas heroínas de la Biblia). Ya queda dicho que se trata de un libro contradictorio.

El anciano efraimita había ofrecido a las dos mujeres de la casa, pero los libertinos agolpados a su puerta rechazaban el ofrecimiento: querían al hombre. Viendo que no se avenían a razones, el viajero sacó a la calle a su concubina y cerró la puerta como diciendo «Ahí la tenéis».

Los hombres abusaron de ella toda la noche y solo se retiraron satisfechos cuando despuntó el alba. Entonces ella regresó a la casa y se desplomó junto a la puerta. Cuando amaneció, el viajero abrió la puerta para proseguir su camino y se encontró a su concubina tendida en el suelo, las manos en el umbral.

—Levántate y vámonos —le dijo.

Pero la mujer no respondió. Él la levantó, la ayudó a subir al asno y marchó.

Cuando llegó a su casa *tomó el cuchillo de degüello y cortando por las coyunturas de los huesos la despiezó en doce trozos*, que envió a las doce tribus de Israel, una macabra misiva que conmocionó a todo el mundo.

¿Había muerto la mujer o la hizo pedazos todavía viva? Eso no lo aclara el Libro Santo, pero supongamos piadosamente que ya estaba muerta o tan malherida que la remató para evitarle sufrimien-

122. Hitchens, 2007, p. 54.

tos. Esta parte no queda clara y mejor dejarla estar. Lo sustancioso es que el levita troceó a su mujer y la repartió entre las tribus con su petición de justicia.

Los jueces de las doce tribus, todo Israel desde Dan a Beerseba, se juntaron en consejo para escuchar al esposo de la mujer asesinada. Cuando oyeron lo ocurrido acordaron por unanimidad castigar al poblado de Guibeá y a la tribu de Benjamín. Para ello juntaron un numeroso ejército.

Llegaron los hijos de Israel contra Guibeá y los tres primeros días perecieron muchos a manos de los benjaminitas, pero al cuarto consiguieron que salieran a perseguirlos mientras una tropa que se había emboscado entraba en la ciudad y la incendiaba. Cuando los benjaminitas creían estar ganando *volvieron la vista, y vieron que de la entera ciudad subía el humo hacia el cielo* (Jue. 20, 40).

Aquel día los hijos de Israel vencieron a los benjaminitas e hicieron gran mortandad entre ellos. A los habitantes de la malvada Guibeá los pasaron a cuchillo, animales incluidos, según la bárbara costumbre. De esta manera castigaron el ultraje y la muerte de la concubina del levita. Además, juraron que en adelante ningún hombre de Israel daría a una hija por esposa a un miembro de la tribu de Benjamín. De esa manera, la tribu desaparecería.

Esa fue la decisión en caliente, pero pasado el furor se volvieron a reunir en Betel, la morada de Yahvé, y repararon en que quizá era un castigo excesivo. Por otra parte, si la de Benjamín desaparecía les faltaría una tribu para completar la docena. ¿Qué hacer? Como no podían volverse atrás en su juramento (entonces las promesas eran así de exigentes, ni siquiera Yahvé podía arrepentirse de las suyas), arbitraron medios para conseguir esposas a los pocos benjaminitas que habían sobrevivido.

CAPÍTULO 40

Donde los israelitas arreglan un entuerto cometiendo otro mayor

Había un poblado, Yabés-Galaad, que no había aportado tropas a la batalla contra la tribu de Benjamín y que tampoco había estado presente en el juramento de no dar mujer a sus miembros. «Ahí debe haber mujeres que podamos dar a los benjaminitas supervivientes», pensaron los jueces de las tribus.

Dicho y hecho: enviaron a una tropa que pasó a cuchillo *a todo varón y a toda mujer de Yabés-Galaad que haya tenido la experiencia de acostarse con varón* (Jue. 21, 11), pero respetaron a las cuatrocientas vírgenes del lugar, que entregaron por esposas a los benjaminitas.[123]

Surgió otro problema: cuatrocientas no eran suficientes. Faltaban esposas.

—Que las rapten de la feria de Silo —propuso uno.

Era Silo un lugar al norte de Betel donde cada año se celebraba una feria a la que acudían las gentes de la comarca con sus asnos, sus quesos, sus zaleas y sus productos.

Acordaron que los benjaminitas que no tuvieran esposa se ocultaran al acecho en las viñas que circundan el lugar. Lo convenido era

123. Curiosa ley esta de asesinar a las mujeres estrenadas y quedarse con las vírgenes. ¿Puede concebirse una actitud más machista? En el Libro Santo debe ser respetable puesto que la había promulgado el propio Moisés, el venerado autor de la Alianza con Yahvé: *Matad, pues, a todos los niños varones. Y a toda mujer que haya conocido varón, que haya dormido con varón, matadla también. Pero dejad con vida para vosotros a todas las muchachas que no hayan dormido con varón* (Núm. 31, 17).

que cuando salieran las hijas de Silo para bailar en corro, como solían hacer, los mozos irrumpirían en la fiesta y cada cual se llevaría por la fuerza a la que hubiera escogido (al fin y al cabo era una feria de ganado). Eso hicieron y de este modo se aseguró que la tribu de Benjamín no desapareciera.

El episodio se parece como una gota de agua a otra al rapto de las sabinas, un episodio de la mitología romana que hemos de considerar no menos verdadero que estas «historias» que nos ofrece la Biblia. Veamos: en la Roma recién fundada por Rómulo y Remo escaseaban las mujeres. Rómulo, el rey (pues ya había matado a Remo), convocó a una fiesta a las tribus vecinas, especialmente a la de los sabinos, cuyas mujeres gozaban de justo renombre por ser bellas, robustas en el trabajo y esforzadas en el amor. Iba ya mediada la fiesta, cuando sonó el trompetazo de salida para que cada cual se sirviera y arramblara con aquella a la que hubiera echado el ojo. Eso hicieron.

Consumado el acto matrimonial, lo que dadas las circunstancias debió realizarse a la brava, sin la delicadeza que en circunstancias normales se requiere, los romanos intentaron aplacar a las muchachas con el argumento de que no las habían estuprado por vicio, sino con el honesto deseo de convertirlas en sus esposas, y que ellas, en lugar de gimotear, deberían alegrar el semblante y sentirse orgullosas de haber ingresado en un pueblo que había sido elegido por los dioses.

A las sabinas no les hizo gracia el procedimiento y a los sabinos, mucho menos, pero al final se impuso la razón y ellas pensaron: si se hacen la guerra nos vamos a quedar sin padres ni hermanos por un lado y sin maridos por el otro. Más vale contemporizar. Hablaron con unos y con otros, los amistaron y en adelante los dos pueblos se llevaron bien como parientes que eran. Eso sí, las sabinas impusieron una condición a sus maridos romanos: me tienes que tratar como una reina, nada de trabajos domésticos que para eso están las esclavas, yo solamente el telar, que es labor de señoras. Y ellos accedieron, qué otra cosa podían hacer.

No es por hacer sangre, pero si comparamos la actitud hacia la mujer de una y otra cultura, la oriental representada por la Biblia y la occidental representada por Roma, advertimos por qué unas civilizaciones progresan y otras se estancan en la ignorancia. En Oriente la mujer es poco más que un animal. De hecho vemos en la Biblia que la violación se castiga no como un delito sexual sino como un delito contra la propiedad, porque el violador ha usado indebidamente un bien que pertenecía a otro (al esposo o al padre). Tiene bemoles, ¿no? Sin embargo entre los romanos ya vemos: «A mí me tratas como a una señora». Y entre los griegos, tan influyentes sobre los romanos, otro tanto. Recordemos la comedia *Lisístrata* de Aristófanes: las mujeres de Atenas, hartas de la guerra que tanto parece complacer a los hombres, se declaran en huelga sexual: «Tú a mí no me toques; si tienes ganas, te la cascas o te arreglas con tus conmilitones». Al final comparecen todos en el escenario itifálicos a rendirse a las exigencias de las esposas.[124]

124. *Itifálicos*: ya sé que es un cultismo. Es que me daba reparo usar la palabra habitual. Intento que este libro tenga un nivel. Ya para terminar mencionemos que recientemente se han producido huelgas sexuales en distintos países de África, Asia, Sudamérica e incluso en Bélgica. Con sinceridad lo digo: novias y esposas, no abuséis del chantaje sexual. El macho alfa de entonces, el que se quitaba los calzoncillos como si los hubiera almidonado, pasó a la historia. El musculitos depilado y rapado que ha venido a sustituirlo anda cada vez más inapetente, puro suflé. No forcéis la situación, no sea que os llevéis una sorpresa.

CAPÍTULO 41

Las partes deshonestas

Abundando en el tema, examinemos ciertas prohibiciones de la Biblia que podrían ilustrar el origen de la moral eclesiástica en lo relativo al sexo.

Cuando dos hombres se pelean, si la mujer de uno de ellos interviniera para ayudarlo y en el proceso asiera al contrincante por sus partes vergonzosas, le cortarás entonces la mano. No le tendrás ninguna lástima (Dt. 25, 11-12).

La brutal disposición nos muestra los dengues que usaba la Ley mosaica con lo relativo a las «partes vergonzosas». Que los rabinos intérpretes de la Ley se la cogían con papel de fumar se evidencia sobradamente en los comentarios talmúdicos y sus derivados. Veamos: «El rabino Eleazar ha dicho que el que se agarra el miembro para orinar es como si inundara la tierra». El rabino habla en metáfora, claro, pero lo que quiere decir es que esa manera de orinar es impropia porque «los hombres son muy sensibles y se le debería amputar la mano antes de caer en la tentación de masturbarse».[125]

El comentario de la Guemará es más explícito: «Un día el rabino Judá y el rabino Samuel estaban en el tejado de la sinagoga de Shaf we-Yatib en Nehardea [el centro del judaísmo rabínico en Babilonia] cuando Judá dijo a Samuel: "Tengo que mear". El otro respondió: "Tú, hombre paciente, coge tu miembro y mea fuera del tejado". Pero ¿cómo podía decir esto el rabino Judá si el rabino Eleazar

125. Koning, 1976, p. 85.

había enseñado que el que sostiene el pene al orinar es como si inundara la tierra? El rabino Abaya respondió: "Era un hombre casado y, en lo que les concierne, el rabino Nahmán ha decidido: 'Si un hombre está casado le está permitido [sostener el pene]'". Si lo prefieres, podría decirte también lo que ha enseñado el rabino Abba, el hijo del rabino Benjamín ben Hiyya: "Pero también puede sostener desde abajo, abarcando con la mano los testículos". O, si lo prefieres, podría decirte lo que ha dicho el rabino Abbahu, en nombre del rabino Johanán: "Hay un límite; de la corona abajo el contacto está permitido, pero de la corona hacia arriba está prohibido el tocamiento en dirección hacia el cuerpo"».[126]

Considerando la corona mencionada como el anillo resultante de la circuncisión, se deduce que de ahí hacia el bálano se puede sostener el miembro mientras se orina sin incurrir en falta, pero si se agarra de la parte de la piel retráctil (donde se suele asir en el acto de la autosatisfacción), entonces es falta y grave. Se deduce que, efectivamente, aquellos rabinos babilonios se excedían en circunspección. También es cierto que entonces el mondongo se llevaba al aire, sin calzoncillos ni nada parecido. Bastaba con abrirse un poco de piernas para evacuar a chorro libre, como hacen las vacas, si uno no era demasiado escrupuloso con las salpicaduras. De hecho, en nuestro medio rural evacuaban así las mujeres, hasta que se divulgó el uso de las bragas ya en el siglo XX. Los hombres hacía siglos que sostenían el manubrio para orinar debido a las imposiciones de la vestimenta masculina (zaragüelles, calzones, pantalones, braguetas, portañuelas, etc.).

126. Koning, 1976, p. 86.

CAPÍTULO 42

Rut, esposa y nuera ejemplar

Estamos asistiendo en estas páginas a los hechos de una sociedad propia de la Edad del Bronce (del Hierro como mucho) en la que la mujer cuenta poco y el hombre dispone de ella a voluntad, una tierra sin ley en la *que lo que era recto a sus propios ojos era lo que cada uno acostumbraba hacer* (Jue. 21, 25). El juez de la horca protagonista de la película homónima de John Houston (1972), no hubiera desentonado en ese contexto.

Pero después del libro de los Jueces, tan lleno de violencia, trae la Biblia un soplo de aire limpio y refrescante, el libro de Rut, con su conmovedora historia.

Hubo hambre en el país y un hombre de Belén llamado Elimélec decidió mudarse con su esposa Noemí y sus hijos a los campos de Moab (al otro lado del Jordán, hoy Transjordania), que eran más fértiles. Pasaron los años y Elimélec falleció dejando viuda a Noemí. Sus dos hijos, que se habían casado con mujeres moabitas, también murieron, de manera que Noemí quedó sola con sus nueras.

Las nueras entonces, cuando enviudaban, quedaban al cuidado de la suegra. Hoy sería espantoso, lo sé, pero en aquel momento era la costumbre.

Pasaron los días y Noemí decidió regresar a su Belén natal, donde le quedaba alguna familia, de lo que las nueras tuvieron gran pesar (eran dos mujeres encantadoras y se llevaban bien con la suegra, al parecer).

Noemí les dijo:

—Vale más que marchéis a vuestro pueblo y rehagáis vuestra vida en lugar de uniros a una anciana que ya solo os puede dar trabajos.

Una de las nueras obedeció a Noemí y se volvió a su pueblo y a sus dioses, pero la otra, que se llamaba Rut, se quedó junto a la suegra y no consintió en marcharse.

—*No me pidas que te deje, y que me aparte de ti: porque dondequiera que tú fueres, iré yo; y dondequiera que vivieres, viviré. Tu pueblo será mi pueblo, y tu Dios mi Dios. Donde tú mueras, moriré yo, y allí seré sepultada: permita Yahvé que solo la muerte nos separe* (Rt. 1, 14-18).

¿No es una conmovedora declaración de amor? Casi todos los comentaristas lo toman por fidelidad de la nuera hacia su suegra, pero una minoría de observadores cree notar cierta tendencia homosexual entre las dos mujeres. El caso es que en la Biblia no se menciona jamás la homosexualidad femenina: como no se producía eyaculación no le concedían mayor importancia. Sin embargo a los homosexuales varones se les apedreaba o se les colgaba de la cruz.[127]

Regresó Noemí a Belén y Rut con ella. Era el tiempo del estío en que se estaba segando la cebada. Rut, la moabita, rogó a su suegra que le permitiera sumarse a la gente humilde que acudía a espigar a los campos de cebada y Noemí se lo concedió. Eran pobres y de algo tenían que alimentarse.

Espigar consiste en ir detrás de los segadores y recoger las espigas caídas o desgranadas que se abandonaban en el campo. Este ha sido un recurso de los pobres desde la más remota antigüedad.

127. *No te echarás con varón como con mujer: eso es abominación* (Lev. 18, 22). *Cualquiera que tuviere ayuntamiento con varón como con mujer, abominación hicieron: entrambos han de ser muertos; sobre ellos será su sangre* (Lev. 20, 13). Los Soprano, la familia mafiosa de la famosa serie de la tele, tienen también hábitos bíblicos. Por eso asesinan a Vito Spatafore cuando averiguan que es gay. Ya que estamos en el tema de las supuestas desviaciones, añadamos que la Biblia también abomina del travestismo: *No vestirá la mujer hábito de hombre, ni el hombre vestirá ropa de mujer; porque abominación es a Yahvé tu Dios cualquiera que esto hace* (Dt. 22, 5).

anuscrito del mar Muerto en exhibición en las cuevas del Qumrán.

Ruinas de la ciudad de Khirbet Qeiyafa.

asijas que
ntenían los
anuscritos
l mar Muerto
Auseo del Libro,
rusalén).

uevas del Qumrán,
onde se encontraron
s manuscritos del
ar Muerto.

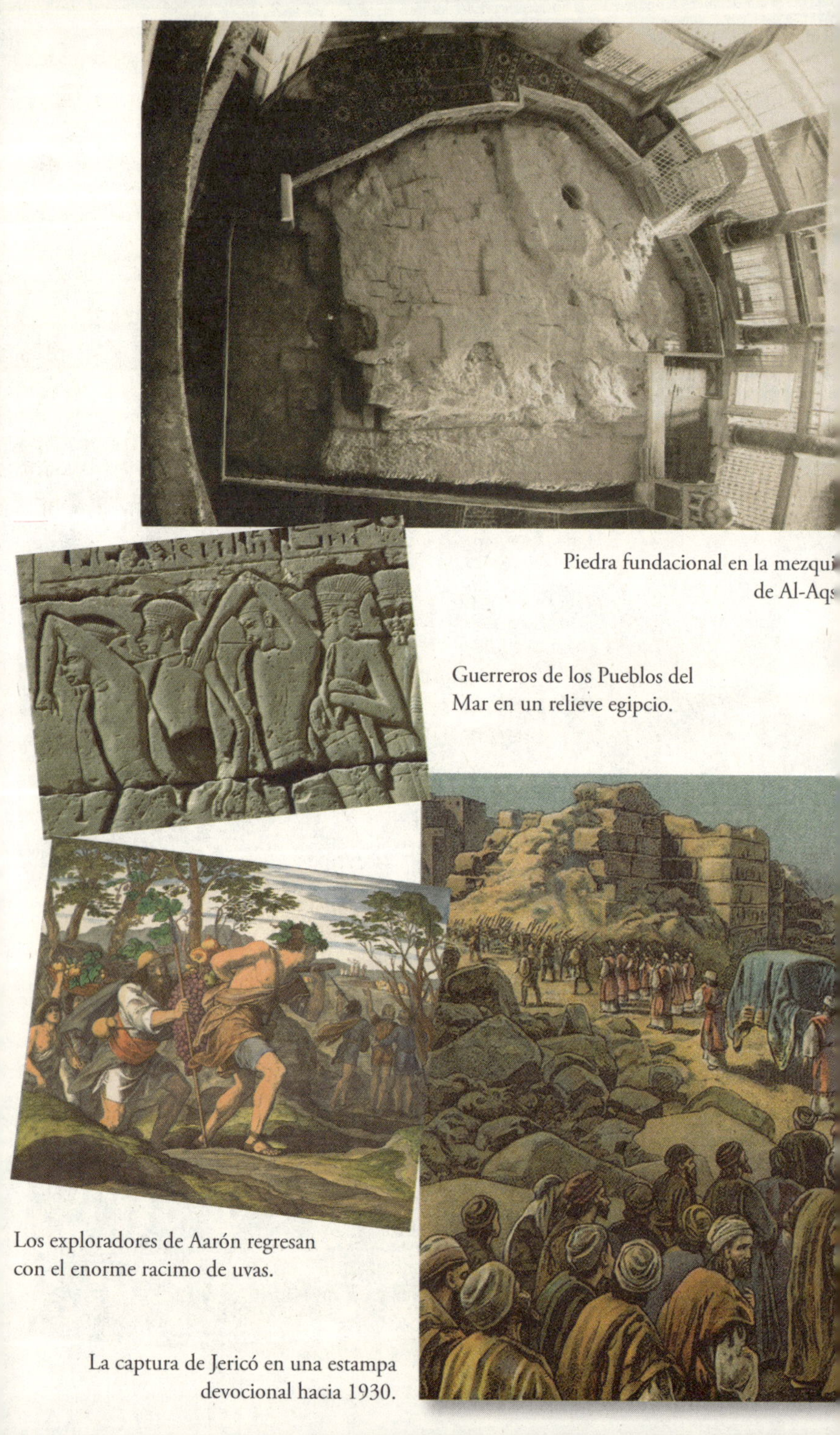

Piedra fundacional en la mezqui
de Al-Aqs

Guerreros de los Pueblos del
Mar en un relieve egipcio.

Los exploradores de Aarón regresan
con el enorme racimo de uvas.

La captura de Jericó en una estampa
devocional hacia 1930.

sué le pide a Yahvé que detenga el sol (óleo de Joseph Marie Vien, 1782).

Carro de guerra en un relieve egipcio que representa la batalla de Kadesh.

Guerreros empalados en un relieve asirio del Museo Británico.

El dios Baal.

La diosa Astarté con sus símbolos.

Ehúd mata al rey Eglón en un códice medieval.

Yael agasaja al general Sísara y cuando está dormido le atraviesa la cabeza con un clavo (ilustración de la Biblia Morgan, mediados del siglo XIII).

Estela de Mesha que relata la conquista del territorio moabita por el rey de Israel Omrí escrita en alfabeto paleohebreo (siglo IX a. C.).

Gedeón selecciona a su ejército (Biblia Alba, 1383).

Sansón y Dalila (óleo de Rubens, 1610).

Hedy Lamarr en su papel de Dalila, 1949

Sansón y el león (óleo de Leon Joseph Florentin, 1895).

El voto de Jefté (óleo de Edwin Longsden, 1885).

Ruth (óleo de Julius Schnorr, 1825).

Figurillas de dioses cananeos (Museo de Israel).

El levita descuartiza a su concubina (ilustración de la Biblia Morgan, mediados del siglo XIII).

El profeta Samuel unge rey a Saúl (pintura de Julius Schnorr).

La *Sainte Ampoule* de la catedral de Reims.

David decapita al gigante Goliat (óleo de Tiziano, 1542).

vid danza delante del Arca de la Alianza
stración de la Biblia Morgan, mediados
siglo XIII).

David y Jonatán (vidriera del siglo XIX en la iglesia de San Marcos Portobello, Edimburgo).

David espía la *toilette* de Betsabé (óleo de Jean Léon Gérômen, 1889).

Amón acosa a su hermana Tamar (óleo de Alexandre Cabanel, 1875).

Muerte de Absalón (tapiz de Conrado Gianquinto, 1817).

David y Abigaíl (óleo de Pedro Américo, 1879).

Bajorrelieve de una nave fenicia del siglo II a. C. en un sarcófago de Biblos (Museo Nacional de Beirut).

Juicio de Salomón, litografía del siglo XIX (Nicolas Poussin, 1649).

El Templo de Salomón.

El sumo sacerdote en el siglo VIII a. C.

Altar de ofrendas con sus cuernos característicos.

Querubín en forma de toro alado para protección de las puertas de la ciudad (Museo de Ankara).

Serafín en la Cripta del Barón de Velasco (Arjona, Jaén).

puestos establos de Salomón en la ciudad de Hazor.

La reina de Saba (óleo de Gema von Giovanni Demin, 1820).

Cartel de la película *Salomón y Saba*, 1951.

La actriz Betty Blythe en la película muda *La reina de Saba*, 1921.

Figurillas mesopotámicas.

l dios Moloc en una litografía.

Panorámica de la ciudad de Megido.

Placa de marfil, siglo XIII a. C.

Túnel de Megido.

Cabeza de pato de marfil
encontrada en Megido.

Puerta de Megido, Isr.

Noemí le concedió permiso a su nuera y Rut comenzó a espigar en el campo de un hombre llamado Booz, pariente lejano del difunto Elimélec. Llegó su dueño a vigilar la siega y reparó en Rut. Preguntó quién era aquella mujer tan apañada y los segadores le dijeron:

—Es la moabita que regresó al pueblo con Noemí.

—A esa mujer me la respetáis —les ordenó a los segadores. No era infrecuente entonces que una mujer sola en el campo experimentara fuertes emociones.

Booz se acercó a Rut y le dijo:

—Ven siempre a espigar a mi campo, y cuando tengas sed no te dé reparo ir al hato y beber en los cántaros de los segadores.

Ella, al verse tan favorecida, *cayó sobre su rostro y se inclinó a tierra y le dijo: «¿A qué se debe que yo haya hallado favor a tus ojos de modo que te fijes en mí, cuando soy extranjera?»* (Rt. 2, 10).

Y dijo Booz:

—*Sé que has dejado a tu padre y tu madre y la tierra de tu parentela para acompañar a tu suegra a un pueblo desconocido. ¡Que Yahvé te recompense y que te proteja el Dios de Israel bajo cuyas alas has venido a refugiarte!* (Rt. 2, 11-12).

Quedó ella muy agradecida y siguió espigando. Cuando llegó la hora del almuerzo, Booz, que mientras tanto la había contemplado a hurtadillas pensando que ella no lo advertía, volvió a dirigirse a ella y le dijo:

—*Acércate acá, y coge de nuestro pan y moja tu pedazo en el vinagre* (Rt. 2, 14).

Segadores y vinagre, una combinación muy mediterránea. Antes de que en España hubiera cosechadoras, cuando el cereal se recolectaba trabajosamente a hoz, los segadores que bajo el inclemente sol de julio sudaban hasta el punto de que las camisas se les ponían blancas de salitre, solían hidratarse con vinagrillo, mezcla de agua y vinagre con algo de sal. También los legionarios romanos lo usaban, con el nombre de *posca*, y eso fue lo que piadosamente le tendieron en una esponja a Cristo en la cruz.

Rut se sentó a almorzar al lado de los segadores y Booz le brindaba grano tostado en miel, una rústica golosina en tiempos de siega. Comió Rut con agrado y aún reservó una porción para la suegra.

Terminado el almuerzo, volvieron todos al tajo, Rut rebuscando espigas caídas en la rastrojera, aunque no sabemos si notaría que el enamorado Booz le había impartido instrucciones a la cuadrilla para que no apuraran demasiado y dejaran caer algunas espigas fuera de las gavillas a fin de aliviar el trabajo de la mujer.

Aquella noche, a la vuelta del tajo, cuando Noemí supo que su nuera había hallado gracia a los ojos de Booz, bendijo a Yahvé y se regocijó en su corazón de que su nuera hubiera encontrado un buen valedor.

Booz, según era costumbre, iba a aventar su cebada en la era y después dormiría sobre la parva para evitar robos. Noemí aconsejó a su nuera que fuera a la era de Booz y cuando él estuviera durmiendo se acostara a sus pies después de descubrírselos para que el frío de la mañana lo despertara. Eso hizo Rut y cuando él despertó y la encontró a sus pies, ella le recordó que tenía la opción de la recompra del campo que había pertenecido al difunto Elimélec con todo el lote, lo que incluía a su viuda.[128]

Al día siguiente Booz fue a los ancianos del pueblo y declaró solemnemente:

—*Compro de mano de Noemí todo lo que pertenecía a Elimélec y todo lo que pertenecía a Kilyón y Majlón. Y también a Rut, la moabita, la esposa de Majlón, la compro para mí, sí, por esposa, para hacer que el nombre del muerto se levante sobre su herencia* (Rt. 4, 9-10).

128. ¿La recompra? Recordemos que, según la ley divina, Booz, como pariente de la familia de Noemí, tenía cierta obligación hacia la viuda: *En caso de que unos hermanos moren juntos y uno de ellos haya muerto sin tener hijo, la esposa del muerto no debe llegar a ser de un hombre extraño. Su cuñado debe ir a ella, y tiene que tomarla por esposa y consumar con ella el matrimonio de cuñado. Y tiene que suceder que el primogénito que ella dé a luz debe suceder al nombre de su hermano muerto, para que el nombre del difunto no se pierda de Israel* (Dt. 25, 5-6. y Lev. 25, 25).

Así fue como Booz desposó a la viuda Rut y tuvieron un hijo al que llamaron Obed, que estaba destinado a ser el abuelo del rey David.

Es la historia más hermosa de la Biblia.

CAPÍTULO 43

Los filisteos capturan el Arca de la Alianza

En este tiempo que estamos narrando existía una mujer llamada Ana que era estéril y prometió al Señor que, si concebía un hijo, se lo consagraría. Concibió un hijo al que llamó Samuel y, en cumplimiento de su promesa, lo depositó en el santuario de Silo, en las montañas de Efraín, donde estaban el tabernáculo y el Arca de la Alianza al cuidado del sumo sacerdote Elí (1 Sam. 1, 2).

Por aquel entonces los más poderosos enemigos de los israelitas eran los filisteos, que ocupaban la franja costera. Como suele ocurrir con los pueblos que se asoman al mar, estaban más desarrollados que los judíos de tierra adentro. Por otra parte, estos estaban muy menguados por las últimas guerras con las tribus transjordanas (moabitas, amonitas, madianitas y amalequitas).

Creció Samuel a la sombra del templo y, cuando hombreó, capitaneó a los israelitas contra los filisteos. Su estreno militar fue desafortunado: lo derrotaron. Insistieron los ancianos de Israel en que el descalabro se podría haber evitado si hubieran llevado al campo de batalla el Arca de la Alianza, el talismán de Yahvé, en quien tanto fiaban, pero se conoce que este estaba enfadado y no solo dejó a los israelitas de su mano sino que incluso permitió que los filisteos les arrebataran el Arca de la Alianza y la llevaran como trofeo al santuario de su dios, Dagón.

Era una costumbre de los pueblos antiguos depositar las imágenes de los pueblos conquistados en el tesoro del templo de su dios. De esta manera reforzaban su poder, al incorporarle el del dios vencido.

El anciano sumo sacerdote Elí, cuando le dieron la funesta noticia de la pérdida del Arca, a lo que se añadió la de la muerte de sus dos hijos, Ofni y Finees, cayó de espaldas, se golpeó el occipucio y falleció.[129]

Los filisteos llevaron el Arca capturada a su ciudad de Asdod al *templo de Dagón y la expusieron al lado de la imagen de su dios.*

Atentos, que ahora viene la sorpresa, para que se vea quién manda aquí:

A la mañana siguiente, los asdoditas más madrugadores encontraron a Dagón caído en el suelo, boca abajo, ante el Arca del Señor. Lo recogieron y lo repusieron en su sitio, pero a la mañana siguiente lo encontraron nuevamente en el suelo y otra vez boca abajo, ante el Arca del Señor. La cabeza de Dagón y las dos palmas de sus manos yacían cortadas sobre el umbral, y no le quedaba más que el tronco. Por eso, hasta el día de hoy los sacerdotes de Dagón y los que entran en su templo, en Asdod, no pisan el umbral (1 Sam. 5, 2-5).

Los israelitas, hemos de suponer, se consolaban mucho contando esta historia, pero atentos que el incordio yahvista no acaba aquí. La gente de Asdod y su comarca comenzó a padecer tumores con una frecuencia desconocida hasta entonces. Algunos los atribuyeron a la cercanía del Arca.

¿Qué clase de tumores? El tema, como cualquiera relacionado con la Biblia, ha producido una copiosa bibliografía rabínica. Algunos comentaristas aseveran que se trataba de molestas hemorroides (sería un chiste de Yahvé, en uno de sus contados rasgos de humor, que el cautiverio del Arca, su asiento, condenara a los filisteos a no poder sentarse).[130]

129. Las de Ofni y Finees no fueron grandes pérdidas para Israel. Aunque estaban dedicados al sacerdocio, eran un par de sinvergüenzas que, aprovechando el puesto del padre, surtían sus despensas con la carne de los sacrificios en las propias narices de los devotos y, por si ello fuera poco, se acostaban con las devotas apetecibles que velaban ante el tabernáculo.

130. «Según los rabinos, inflamaciones en el ano» (Keil y Delitzsch). «Derrotando a Dagón sobre su propio muladar, y golpeando a sus adoradores en su parte

Otros se inclinan por una epidemia de peste bubónica; hay quienes opinan que la epidemia fue de ratas y ratones; otros, finalmente, se decantan por una refinada forma de estreñimiento, lo que nos devuelve al punto de partida: problemas de antifonario.[131]

En vista de los trastornos que el Arca acarreaba, aparte del descrédito que atraía sobre su dios principal, acordaron trasladarla a Gat y después a Acarón: en vano la movían porque por dondequiera que iba el Arca causaba desgracias. Algunos recordarán que el Arca de la película de Indiana Jones provocaba que la carne del malo se cayera a pedazos. Algo de eso pasaría con la original, pero sin concurso de efectos especiales.

¿Estaba el Arca encantada? Los judíos suponían que era el asiento terrenal del airado y suspicaz Yahvé. Los filisteos comenzaron a pensar que llevaba consigo alguna maldición. Los pueblos antiguos creían en el poder de los dioses, incluso de los del enemigo. Trasladaron de nuevo el Arca, primero a Bet Semes y luego a Quiriat-Jearim, en territorio de Judá dominado por los filisteos.

En estos años juzgaba Samuel sobre Israel y les hacía la guerra a los filisteos, más bien guerra de guerrillas porque los filisteos eran demasiado poderosos para enfrentarse con ellos en campo abierto.

Samuel es el último juez y el primer profeta.

---

postrera, pegando sus posaderas, como los hombres solían lidiar con los chicos enclenques» (Trapp). «La palabra *apholim*, de *aphal*, "estar elevado", probablemente se refiera a la enfermedad llamada hemorroides hemorrágicas, que se asocia a la disentería, con flujo sangriento, y úlceras anales» (Clarke). Todo ello muy humillante y doloroso, como podemos suponer.

131. Cuando un filisteo intentaba defecar, la acechante rata abandonaba su madriguera y le mordía en el delicado capullo de la rosa (*rosebud*), como poéticamente llaman los pornófilos ingleses al rosetón del recto. Allá clavaba sus incisivos la rata cortando en seco la placentera operación. Algunos aficionados más industriosos trataron de proteger la delicada zona proveyéndose de un canuto metálico a través del que intentaban obrar manteniendo la rata a distancia, pero ni aun así lograban evitar la intrusión del cruel roedor (Ginzberg, 1909).

CAPÍTULO 44

Los escarmentados filisteos devuelven el Arca de la Alianza

Llevaba el Arca siete meses en manos filisteas y habían experimentado tal sucesión de calamidades que los más sensatos entre ellos convencieron al resto de que era mejor devolverla a sus legítimos propietarios.

Consultaron a los israelitas y estos, que estaban informados de los infortunios causados por el Arca, comprendieron que se les aparejaba la ocasión de sacar algún provecho a la operación.

—Vale, la recibimos, pero tenéis que enviar con ella una reparación adecuada, porque ya veis los descarríos que causa al que la tiene cerca. Dejémosla en *cinco tumores de oro y cinco ratones de oro, uno por cada uno de los príncipes filisteos, dado que la misma plaga la habéis padecido vosotros y ellos.*[132]

—Vale —concedieron los filisteos—, pero ¿cómo la enviamos? Es que nadie se atreve a tocarla.

—La ponéis sobre un carro nuevo al que unciréis dos vacas paridas que nunca hayan llevado yugo. Las crías de las vacas las dejáis en el establo. Con el Arca, en un cofre aparte, ponéis los ratones de oro y las imágenes de los tumores.

Dicho y hecho: las vacas tomaron el camino de Bet Semes y, sin que nadie las guiara, entraron en tierras de Israel. Sucedió que era el tiempo de la siega y los de Bet Semes estaban segando el campo

132. *Un tumor de oro por cada una de las ciudades filisteas: Asdod, Gaza, Ascalón, Gat y Ecrón y un ratón de oro por cada una de las ciudades principescas* (1 Sam. 6, 4).

cuando vieron venir a lo lejos el carro con el Arca. Las vacas se detuvieron en el campo de Josué, donde había un peñasco que les cerraba el paso. Creyendo que era una señal, los de Bet Semes pusieron el Arca y el cofre ratonil sobre el peñasco, hicieron leña el carro y con ella una hoguera en la que ofrecieron las dos vacas en sacrificio a Yahvé.

Los príncipes de los filisteos, que desde lejos asistían a la escena, regresaron a Ecrón aquel mismo día, tan contentos.

Los de Bet Semes estaban tan felices quemando las vacas y sirviéndose alguna que otra tajada del sacrificio, como era costumbre, cuando Yahvé decidió castigarlos *porque habían mirado el Arca del Señor. Como él hirió a setenta hombres, el pueblo estuvo de duelo porque el Señor les había infligido un castigo tan grande* (1 Sam. 6, 19).

«Hirió a setenta hombres» quiere decir que los mató. No es para menos, porque se les ocurrió abrir el Arca para examinar su contenido, con lo que incurrieron en la ira de Yahvé.

Los habitantes de Bet Semes comprendieron que era mejor que el Arca estuviera en otra parte, dado que *¿Quién podrá resistir en la presencia del Señor, este Dios tan santo? ¿A quién enviársela, para que esté lejos de nosotros?* (1 Sam. 6, 20).

Y cursaron mensajeros a Quiriat-Jearim, a un día de marcha de Jerusalén, ofreciendo el Arca. Los de allí, encantados con la propuesta, se llevaron a su pueblo el Arca del Señor, la depositaron en la casa de Abinadab, sobre la colina, *y consagraron a su hijo Eliezer para que la cuidara* (1 Sam. 7, 1).

CUARTA PARTE

Los grandes monarcas

CAPÍTULO 45

Samuel unge a Saúl

Los ancianos de Israel acudieron a Samuel y le dijeron:

—*Samuel, ya eres viejo y tus hijos no dan la talla para sucederte* [dos tenía, a cual más sinvergüenza]. *Designa a un rey que nos gobierne. Todas las naciones tienen rey, nosotros necesitamos el nuestro.*

Samuel lo consultó con Yahvé y el Señor le respondió:

—No creas que te rechazan a ti. Esos desagradecidos vienen por mí: desde el día en que los liberé de la esclavitud de Egipto no han hecho otra cosa que adorar dioses extranjeros. Elígeles un rey como quieren, pero hazles las advertencias pertinentes sobre los derechos que tienen los reyes.

Samuel fue a los ancianos de las tribus y les dijo:

—Que sepáis que un rey os tomará vuestros hijos y los pondrá en carros de guerra y les hará cultivar sus campos, y a vuestras hijas las empleará como perfumistas, cocineras y panaderas. Y os confiscará vuestros mejores campos para dárselos a sus leales y os cobrará diezmos de cosechas y rebaños para alimentar a sus eunucos y criados y os reducirá a la esclavitud. Entonces clamaréis a Yahvé y no lo encontraréis.

Bien se nota que Yahvé es republicano o quizá simplemente teocrático, como le corresponde.

El pueblo no escuchó a Samuel: eran unos noveleros y querían rey, corte, trompeteos, solemnidades, como todas las naciones de su entorno.

—Vale —se resignó Samuel—. Ahora mismo os busco un rey.

Samuel se fijó en Saúl, un muchacho en la flor de su edad, que sin duda hoy hubiera sido Míster Israel, a juzgar por las palabras del Libro: *era joven y guapo. No había entre los israelitas otro más apuesto que él; de los hombros para arriba, sobresalía por encima de todos los demás* (1 Sam. 9, 2).

El guaperas pertenecía a una buena familia de la tribu de Benjamín y, a la sazón, andaba perdido por los montes de Efraín buscando unas asnas de su padre que se le habían extraviado.

Saúl y el criado que lo acompañaba habían registrado montes y collados sin encontrar las burras cuando acertaron a pasar cerca de la ciudad de Suf, donde moraba el profeta Samuel, quien, como todos los de su clase, era, además, vidente y consejero.

—Consultémosle —propuso el criado— a ver si nos da alguna pista sobre dónde buscar las burras.

Entraron en el pueblo y Yahvé le dijo a Samuel:

—De un momento a otro va a entrar por esa puerta el hombre que regirá a mi pueblo: *úngelo como rey porque liberará a Israel del poder de los filisteos. Porque yo he visto la aflicción de mi pueblo, y su clamor ha llegado hasta mí* (1 Sam. 9, 16).[133]

Samuel se acercó a Saúl y lo tranquilizó:

—Ya han encontrado las burras extraviadas. Ahora acompáñame a un banquete.

Y lo llevó a una sala donde había unos treinta invitados. Para sorpresa del muchacho lo acomodó en la cabecera de la mesa. El cocinero, que estaba avisado, le sirvió una ración especial, el muslo y la cola de una oveja.[134]

133. No es por nada, Yahvé, pero me estás pareciendo un veleta con menos criterio que el doctor Pedro Sánchez. Así que primero te quejas de que te desprecian porque no quieren a un profeta, sino a un rey… y ahora mismo acabas de decir que «los escuchas y te apiadas de su aflicción y les otorgas un rey para que libere al pueblo del poder de los filisteos». A ver si te aclaras de una vez que nos tienes desnortados a tus devotos.

134. O sea, dos exquisiteces propias de un futuro rey. El muslo asado sobre brasas y solo untado con su propia grasa, tomillo y sal. Por fuera crujiente y por

Al día siguiente, cuando despuntó el alba, Samuel acompañó a Saúl a las afueras de la ciudad y le dijo:

—Detente un momento porque oirás la palabra de Dios.

Obedeció Saúl y el anciano Samuel sacó un frasco de aceite y se lo derramó por la cabeza, la ceremonia de la unción que significaba que el ungido había de ser rey de Israel. Después lo besó y le dijo:

—Yahvé te ha ungido como príncipe de su heredad. Sigue tu camino y cuando llegues a Selsa, junto al sepulcro de Raquel, hallarás dos hombres que te dirán que ya se encontraron las burras extraviadas y que ahora tu padre está preocupado por tu paradero. Proseguirás tu camino y al llegar a la encina de Tabor encontrarás tres hombres que suben al santuario de Betel. Uno llevará tres cabritos; otro, tres tortas de trigo y el tercero, un frasco de vino. Sigue tu camino hasta el collado de Yahvé, donde está la guarnición filistea, *y cuando entres en la ciudad encontrarás un grupo de profetas que descienden del lugar alto, precedidos de salterio, y pandero, y flauta y arpa, y profetizando* (1 Sam. 10, 5). Te unes a ellos y notarás que entra en ti el espíritu de Yahvé y sentirás que te has cambiado en otro hombre: esa es la señal de que Yahvé está en ti.

Después de eso, Samuel convocó a las doce tribus en Mizpá y les anunció que ya tenían rey:

—Saúl de la tribu de Benjamín. ¡Viva el rey!

---

dentro jugoso y aromático, exquisito. Los rabos hay que suponer que procedían de un desrabe. Sepa el lector urbanita que a las ovejas se les corta el rabo a cierta edad, lo que se llama desrabe, para que el órgano reproductor que suelen cubrirse con el rabo quede aireado y no críe parásitos. Los rabos de oveja se pueden hacer a la brasa, ya casi apagada, pero lo suyo es cocerlos en laurel, ajo y sal y luego escabecharlos con vinagre, tomillo, comino, azafrán y perejil.

CAPÍTULO 46

A propósito de la unción

La ceremonia de consagrar a un rey derramando aceite sobre su cabeza parece que es de origen mesopotámico. Desde tiempo remotos el olivo se ha considerado un árbol sagrado y el jugo de sus frutos, el aceite, ha servido para untar las imágenes sagradas que la divinidad debía habitar. La unción le correspondía aplicarla a la más alta autoridad religiosa (en este caso el profeta Samuel; en tiempos de Salomón, el sumo sacerdote).

La unción con aceite reaparece en el ceremonial de consagración de los reyes cristianos medievales cuando las monarquías eran electivas. Estar bendito de Dios después de que te ungiera un arzobispo parecía que salvaguardaba al rey de los intentos de asesinato de los pretendientes al trono. En la práctica no servía de mucho, y además parecía que subordinaba el poder real a la Iglesia, por lo que muchos monarcas prescindieron de la unción.

El más notable ungido fue Clodoveo I, un jefe tribal franco al que su esposa, Clotilde, convenció para que se convirtiera al cristianismo. Lo bautizó en 496 el obispo de Reims, el futuro san Remigio, quien también lo consagró como rey. Sostiene la leyenda que descendió del cielo el Espíritu Santo en forma de paloma llevando en el pico la Ampolla Santa (*Sainte Ampoule*) con el mismo aceite sagrado que consagró a David y a los otros reyes de Israel. De este modo, Clodoveo se convirtió en rey sagrado «por la gracia de Dios», en un «Nuevo David».

El rey ungido con aceite santo era inviolable en su persona puesto que el propio Dios lo legitimaba, a través de su vicario, para regir al pueblo que le había confiado. El que atentara contra él, o intentara derrocarlo, se aseguraba la excomunión y la condenación eterna.

Clodoveo inició la dinastía merovingia, en la que se consolidó como parte esencial del ritual que cada nuevo rey se consagrara con aquel aceite santo descendido del cielo. La ceremonia se mantuvo hasta la consagración de Carlos X, en 1825.

La *Sainte Ampoule* era una redomilla engastada en plata, con su cadenita para colgarla del pecho del arzobispo, que contenía un óleo santo o *Saint-Chrême* (del griego χρῖσμα, *khrĩsma*, «ungüento») hecho de aceite de oliva aromatizado con bálsamo de Judea (la resina del árbol *Commiphora opobalsamum*).[135]

El aceite santo, tras su bendición por los obispos, sigue siendo parte esencial de ciertos ritos de la Iglesia. En toda catedral existe una crismera o aceitera de la que se abastecen las parroquias del aceite aromatizado que constituye uno de los tres óleos santos empleados en el bautismo y la confirmación; en la consagración de cálices e iglesias, de obispos y sacerdotes y en la bendición de campanas mayores.

135. Esta redomilla se conservaba como lo más sagrado en la basílica de Saint Denis. Durante la Revolución francesa, en 1793, la Convención Nacional decretó que se destruyera por considerarla un símbolo de la opresión real y comisionó a tal efecto al diputado Philippe Rühl, hijo de un pastor luterano, que la hizo añicos públicamente, con un martillo, sobre el pedestal de una estatua de Luis XV y después remitió los pedazos al Parlamento. Dos años más tarde se suicidó de una puñalada, más por razones políticas que por remordimientos, a lo que se me alcanza.

CAPÍTULO 47

Los bueyes despedazados

Regresemos a Saúl, primer rey de Israel. Por aquel tiempo subió con su ejército Najás el amonita, sitió la localidad israelita de Yabés y la conminó a rendirse. Los sitiados le ofrecieron un tratado de alianza.

—Vale —concedió Najás, generoso—, pero con una condición: os sacaré a todos el ojo derecho.

A los de Yabés les pareció una cláusula abusiva y acordaron prolongar la resistencia a ver si mientras tanto llegaban los anhelados refuerzos de las otras tribus de Israel a las que habían enviado mensajeros con demandas de ayuda.

Regresaba Saúl con sus bueyes después de una jornada de trabajo en el campo cuando un mensajero le comunicó que Najás el amonita pretendía entortar a todos los habitantes de Yabés. Saúl sintió tan gran cólera que mató a los bueyes, los desmembró y envió los pedazos a todo Israel con un mensaje: «Esto haré con los bueyes de todo el que no me acompañe a esta guerra».

Con este persuasivo procedimiento reunió un ejército de trescientos mil hombres, al frente de los cuales cayó sobre el campamento de los amonitas, entrada la noche, y estuvieron matándolos hasta que el sol estuvo bien alto.[136]

136. ¡Trescientos mil hombres! ¡Hala, hilo a la cometa! Ya se sabe que los números de la Biblia, como los de casi todos los documentos antiguos, son muy exagerados. En el contexto pastoril en el que nos movemos rebajar la cifra a unos cuantos cientos, miles como mucho, parece más razonable.

Después de esta hazaña invistieron rey a Saúl en Guilgal y ya no quedó quien protestara por su nombramiento. Menos entusiasmo mostraron cuando el flamante monarca convocó a las doce tribus y les anunció que iban a enfrentarse a los filisteos, que sometían a Israel a vergonzosos tributos y no le permitían tener herreros que fabricaran armas.

Saúl reunió a su ejército en Guilgal. Los filisteos le salieron al paso con treinta mil carros, seis mil jinetes y no se sabe cuántos infantes. Los israelitas eran numerosos pero iban mal armados, muchos de ellos con azadones y aperos de labranza.

A la vista de tan gran desventaja, muchos flaqueaban y menudearon las deserciones. Ante esta situación, Saúl no quiso aguardar, como había prometido, a la llegada del anciano Samuel y realizó él mismo los sacrificios a Yahvé.

Estaba en ello cuando llegó el irascible Samuel y, al ver que se había adelantado con los sacrificios, se encolerizó y le anunció que su reino no sería duradero porque Yahvé ya tenía a un sustituto.

Ya vamos viendo los piques que suele haber entre los profetas, gente muy suya y quizá un poco trastornada por su familiaridad con Yahvé, y los reyes de Israel, políticos al fin y al cabo, que tienen que resolver cantidad de asuntos terrenales. Al final solían prevalecer los incordiantes profetas; por eso el rey Josías hizo bien en asociarlos a la monarquía y concederles la debida importancia para que colaboraran y no conspiraran.

Comenzó la batalla, que se resolvió como una gran victoria para Israel. Saúl y los suyos persiguieron a los filisteos fugitivos por toda la comarca y al caer la tarde estaban tan hambrientos que se arrojaron *sobre el botín, y tomaron ovejas y vacas y becerros, y los degollaron en el suelo; y el pueblo los comió con la sangre* (1 Sam, 14, 32).

A Yahvé no le hizo gracia que su pueblo comiera carne que no estuviera previamente desangrada, gran pecado a sus ojos. Desangrar la carne es uno de los preceptos sagrados de la comida *kosher*.

CAPÍTULO 48

La comida *kosher*

Kosher es la palabra yídish para כָּשֵׁר (*kasher*, «correcto, apto, que cumple las reglas dictadas por Yahvé a Moisés en el Sinaí»). Como veremos cuando toque, Yahvé puso una serie de trabas a sus fieles en lo tocante a la dieta. Por ejemplo: no pueden confeccionar platos que combinen carne y leche. ¿Por qué? Porque un versículo de la Torá dice: *No cocinarás al cabrito en la leche de su madre* (Éx. 24, 19; Dt. 14, 21).

En las instituciones públicas judías (hospitales, cuarteles, residencias, hoteles, etc.) las cacerolas y sartenes van por duplicado, unas para la carne y otras para la leche. También tienen dos fregaderos y en las casas más pudientes incluso dos cocinas.

En las penitenciarías de Estados Unidos el recluso puede elegir entre el menú cristiano, que lo admite todo; el musulmán, que restringe ciertos alimentos, cerdo o vino, por ejemplo, y el judío, el *kosher*. Lo mismo ocurre en los aviones. Aquí el que escribe voló recientemente de Tel Aviv a Madrid en un Boeing 737 en el que casi la mitad del pasaje eran rabinos camino de un encuentro ecuménico en Buenos Aires. Me tocó al lado un rabino joven, un mocetón entrado en arrobas, carirredondo, coloradote, con esos tirabuzones coquetamente ensortijados, los *peiot*, que los devotos se dejan crecer en los temporales en cumplimiento de la remota ocurrencia de algún plumilla de la curia del rey Josías.[137]

137. *No cortaréis el pelo de los lados de su cabeza* (Lev. 19, 27). La Biblia no

Lo primero que hizo fue quitarse el *caftan*, esa especie de levita, que plegó cuidadosamente y guardó en el compartimento superior de la cabina. Ya en camisa, que era amplia, de seda e inmaculadamente blanca, con transparencias de humedad en las axilas, ocupó su asiento y parte del mío, se volvió hacia mí, me hizo una leve y severa reverencia como diciendo «vamos a llevarnos bien y a no molestarnos», y se enfrascó en la lectura de su breviario o lo que fuera, un librito en hebreo, encuadernado en flexible cuero negro con cremallera protectora. No sé si sería una novela de Georges Simenon: desde luego el texto debía entusiasmarle porque respiraba entrecortado y sudaba copiosamente bajo el sombrero. Llegó la hora de la cena y las gráciles azafatas recorrieron el avión repartiendo cajitas de poliuretano: a mí, la normal; al rabino, la marcada como *kosher*. Ahora viene el agravio comparativo: abiertas las cajitas y manifestado el contenido, la cena del rabino tenía un aspecto mucho más apetitoso que la mía. Esto me pasa por ser cristiano, me dije, y encima poco practicante, hay que joderse.[138]

---

dice más pero para eso está el Talmud que aclara que se trata de la zona entre las orejas y las sienes, o sea los temporales.

138. Me vino a la memoria un suceso ocurrido no hace mucho en una penitenciaría femenina del estado de New Jersey. Notó el director que las reclusas convertidas al judaísmo que reclamaban menú *kosher* habían aumentado notablemente. Sospechando que lo hacían con dolo, las sometió a un examen de conocimientos bíblicos. Incluso las judías de toda la vida suspendieron. La única que aprobó fue una religiosa católica.

CAPÍTULO 49

Saúl, el depresivo

Y Saúl tomó posesión de Israel, e hizo la guerra a todos sus enemigos del entorno: contra Moab, y contra los hijos de Amón, y contra Edom, y contra los reyes de Soba y contra los filisteos; y adondequiera que se volvía, era vencedor (1 Sam. 14, 47).

Pasada la rabieta de marras, el profeta Samuel transmitía a Saúl los designios de Yahvé, todos por el estilo de *Marcha, pues, y ataca a Amalec, y destruye todo lo que tiene y no te apiades de él; mata a hombres y a mujeres, a niños y hasta a los de pecho, y vacas y ovejas, camellos y asnos* (1 Sam. 15, 3).

¡Pasar a cuchillo hasta los niños de pecho! ¡Si esto es palabra de Dios, como dicen los que tienen la Biblia por Libro Santo, que venga Dios y lo vea! ¿Por qué, entonces, no reconocemos que la Biblia es, simplemente, una recopilación de historias de una sociedad primitiva en un entorno brutal?

Obviamente los rabinos, los curas y los predicadores en general, oficios que tienen fama de vender humo y de embaucar a los incautos, han realizado y realizan denodados esfuerzos para persuadir a su clientela de comulgar con ruedas de molino y reconocer como suyo al Dios cruel y sanguinario que inspira tales salvajadas. No hay más que asomarse a los predicadores que cuelgan sus gallardas mentales en internet para ver los esfuerzos de imaginación que tienen que hacer en su afán por concordar ese Dios cruel con el Dios manso y piadoso del Evangelio (teóricamente el mismo).

Saúl no respetó a ningún amalecita pero, pastor al fin y al cabo, permitió que sus hombres tomaran como botín los terneros y ovejas más lustrosos de los rebaños del enemigo en lugar de degollarlos, lo que le valió una buena bronca del irritable Samuel, que de este modo le transmitía el enfado de Yahvé.

—Pero es que estos animales más gordos los hemos respetado para sacrificarlos a Yahvé —se defendía Saúl.

—¡No cuela! —se sulfuraba el anciano—. A Yahvé no se le gana con sacrificios, a él le agrada más que se obedezcan sus órdenes al pie de la letra y tú te tomas demasiadas libertades. ¡Si Yahvé dice que hay que pasar a cuchillo a todo bicho viviente, no hay que dejar con vida ni a las pulgas! Que sepas que Yahvé ha decidido destronarte.[139]

Antes de marchar, Samuel tomó al rey Agag, lo despedazó y sacrificó ante el altar de Yahvé.[140]

Regresado Samuel a su casa, Yahvé le ordenó: Prepara el cuerno del aceite porque vas a ungir al nuevo rey.

Esta vez el afortunado fue David, un joven pastor de Belén, que, el Libro Santo lo sugiere, no tenía una gran apariencia: *No mires a su parecer ni a lo grande de su estatura, porque yo lo he desechado; porque Yahvé no mira lo que el hombre mira* (1 Sam. 16, 7).

O sea, que escarmentado de escoger al guaperas de la tribu, Yahvé optó por un ovejero de escasa presencia.

Algo contradictorio nos está resultando este Yahvé porque un poco más abajo dice: *Y era rubio, de ojos hermosos y de buen parecer.* Y más abajo todavía: *Es valiente y vigoroso y hombre de guerra, prudente en sus palabras y hermoso* (1 Sam. 16, 18).

¿Con cuál nos quedamos? Puede que la culpa no sea de Yahvé. Al fin y al cabo lo más probable es que entre sus características no figu-

139. *Y Samuel dijo: ¿Acaso se complace Yahvé tanto en los holocaustos y en los sacrificios como en la obediencia a sus palabras? Ciertamente el obedecer es mejor que los sacrificios, y el prestar atención que la grosura de los carneros. Porque como pecado de adivinación es la rebelión, y como iniquidad e idolatría la obstinación. Por cuanto tú desechaste la palabra de Yahvé, él también te ha desechado para que no seas rey* (1 Sam. 15, 22-23).

140. Esto es lo que se dice condenar al anatema: que nadie escape.

re la existencia objetiva. Más bien hemos de suponer que estas incoherencias son obra de los copistas que añaden al texto lo que les parece sin mirar cuando ponen blanco que dos líneas más arriba pusieron negro.

En fin, que Samuel ungió al pastorcillo con el aceite que traía prevenido.

Pero ¿se contentó Yahvé con destronar a Saúl y apartarlo de su favor? Nada de eso. Para redondear la faena le infundió *un espíritu malo que lo atormentaba* (1 Sam. 16, 14), lo que en términos modernos hemos de interpretar como una depresión de caballo.

Consultados los galenos (los psicólogos judíos son famosos), le recetaron un músico que con su arte contribuyera a levantar el ánimo del rey y lo apartara de aquella negra melancolía. Algún cortesano se acordó de un pastorcillo, David de Belén, que era virtuoso con el arpa.

¿David de Belén, arpista? Otro gazapo del Libro Santo, me temo: ¿un pastor de ovejas, virtuoso arpista? ¿No hubiera resultado más de recibo que el mozalbete supiera tocar la flauta o el caramillo, en lugar del instrumento más sofisticado del concierto?

El joven David le cayó bien a Saúl. Cada vez que se sentía deprimido llamaba a su arpista y la música le serenaba el espíritu y lo reconciliaba con su mismidad atormentada.

Saúl estaba depresivo, pero la guerra no espera. Supo que un ejército filisteo había acampado en Efes-damim. No tuvo más remedio que hacer de tripas corazón y ponerse al frente de sus tropas. Atajaron al enemigo en el valle de Elah, o del Terebinto.

Imaginemos a los dos ejércitos frente a frente, con una llanura de por medio, como la escena de apertura de la película *Troya*. Cuando estaban en orden de batalla se destacó de entre las filas filisteas un paladín, Goliat de Gat, un gigante de seis codos y un palmo de estatura, o sea 2,90 metros. *En la cabeza llevaba un casco de bronce y cubría su cuerpo con una cota de malla que pesaba 57 kilos. Su lanza era como el rodillo de un telar, con un hierro que pesaba 6,8 kg. Las piernas las protegía con grebas de bronce* (1 Sam. 17, 4-7). Era uno de los *refaím*, es decir, de los gigantes.

El gigante desafió a voces a los israelitas a un combate singular. Si aceptaban debían presentar un campeón que se enfrentara con él y el bando del que venciera se declararía ganador y podría cautivar al otro. A veces, cuando las fuerzas estaban igualadas, se decidía la batalla en un combate singular para evitar mayores daños a las dos partes.

Oyendo al coloso (cuya voz sería tan amedrentadora como su presencia) *los israelitas se turbaron y tuvieron gran miedo.*

Sucedió que el joven David tenía tres hermanos mayores en el ejército de Israel y de vez en cuando su padre lo enviaba a llevarles víveres. Así que llegó David con la cesta de la merienda en el preciso momento en que el ejército estaba formado y Goliat lo desafiaba a grandes voces.

—¿No hay voluntarios? —fanfarroneaba Goliat—. ¿Os tiemblan las rodillas, hato de gallinas?

David, con esa inconsciencia de la juventud, se ofreció a enfrentarse con Goliat. Lo vistieron con una armadura, pero era tan pesada que apenas podía moverse con ella.

—No —dijo—, me enfrentaré a él con mis armas de pastor.

Escogió cinco peladillas del arroyo, las puso en su zurrón y salió de entre las filas israelitas volteando la honda.

Goliat lo vio venir hacia él y le dijo:

—¿Soy yo un perro para que vengas a mí con palos? Acércate y daré tu carne a las aves del cielo y a las bestias del campo (1 Sam. 17, 43-44).

David le respondió:

—Yahvé te entregará hoy en mis manos. Te mataré, te cortaré la cabeza; y daré hoy los cuerpos de los filisteos a las aves del cielo y a las bestias de la tierra; y sabrá toda la tierra que hay Dios en Israel (1 Sam. 17, 46).

No dijo más David. Fue hacia el filisteo sin dejar de voltear la honda y cuando lo tuvo a conveniente distancia le soltó la pedrada. La peladilla se clavó en la frente de Goliat y el gigante *cayó en tierra sobre su rostro.*

¿Aturdido? ¿Muerto? Da igual. David no se paró a pensarlo. Corrió hacia el gigante abatido, le sacó la espada de la vaina y lo decapitó de un par de tajos. No consta que posara en plan cinegético con un pie sobre la enorme cabeza del filisteo, como luego lo retratara el escultor Donatello.

Viendo a su paladín muerto, los filisteos huyeron perseguidos por los israelitas, que hicieron gran mortandad entre ellos y les saquearon el campamento.[141]

Este enfrentamiento ocurrió —si es que tuvo lugar— en el valle de Elah, al suroeste de Jerusalén. Los arqueólogos maximalistas (los que dan crédito histórico a la Biblia) han excavado allí los restos de una ciudad fortificada fechada entre el 1050 y el 915 a. C., Khirbet Qeiyafa, lo que les parece suficiente probanza de que, en tiempos del rey David, Israel era una monarquía organizada y no meramente una tribu de pastores, como sostienen los minimalistas.

141. Lo de David y Goliat es la simple y emocionante historia de un adversario débil que vence al fuerte. Podríamos decir que vale más maña que fuerza y no iríamos descaminados, pero para que se vea como los predicadores le buscan cinco pies al gato y a menudo le encuentran tantos como a un ciempiés, copiaré el comentario de uno de ellos: «La piedra que lanzó David (nombre que significa "amado") contra Goliat (nombre que significa "sin tierra") representa uno de esos cinco libros de la Torá —yo podría intuir que se refería al Levítico o al Deuteronomio pero cualquiera de esos cinco libros tiene el poder de derribar fortalezas y destruir argumentos propios y ajenos— y que al dar en la frente de Goliat (lugar donde habitan nuestros pensamientos, nuestra fe, lugar donde tenemos las guerras espirituales y donde también ocurren las revelaciones), destruye toda intención del adversario de desplomar y dañar a Israel (o sea, a ti)». Hay que jorobarse, ¿eh? Con la historia de David persuade al creyente de que no acepte los argumentos de la razón (representada por la frente) y que lo que vale es la Verdad revelada en el Libro Santo.

CAPÍTULO 50

Gigantes en la Biblia

Los gigantes *refaitas* o *refaím* habitaban un fértil valle cercano a Jerusalén y Belén, en la frontera entre las tribus de Judá y Benjamín. Al parecer los habían casi aniquilado en guerras anteriores pero algunos supervivientes refugiados en las montañas bajaban a veces de las alturas y asustaban a los campesinos. Josué invitó a los hijos de José a cortar madera en los bosques de Refaím: *Sube tú al monte, y corta para ti allí en la tierra del fereceo y de los gigantes* (Jos. 17, 14-18).

Mientras luchaban contra los filisteos, David y sus siervos mataron a cuatro gigantes que les habían *nacido a los refaím en Gat*, una de las cinco ciudades filisteas (las otras eran Gaza, Ecrón, Ascalón y Asdod) que ya no vuelve a mencionarse en la Biblia.

Entonces Isbi-benob, uno de los descendientes de los gigantes, cuya lanza pesaba trescientos siclos de bronce, y quien estaba ceñido con una espada nueva, trató de matar a David; pero Abisay hijo de Sarvia llegó en su ayuda, e hirió al filisteo y lo mató. Entonces los hombres de David le juraron, diciendo: Nunca más de aquí en adelante saldrás con nosotros a la batalla, no sea que apagues la lámpara de Israel (2 Sam. 21, 16-17).

Otra segunda guerra hubo después en Gob contra los filisteos; entonces Sibecai el husatita mató a Saf, uno de los descendientes de los gigantes. Hubo otra vez guerra en Gob contra los filisteos, en la cual Eljanán, hijo de Jaare-oregim de Belén, mató a Lajmí, hermano de Goliat, el geteo, el asta de cuya lanza era como el rodillo de un telar. Después hubo otra guerra en Gat, donde había un hombre de gran estatura, el cual tenía doce dedos en las manos, y otros doce en los pies, veinticuatro en total; y también era descendiente de los gigantes. Este desafió a Israel, y lo mató Jonatán, hijo de Simea, hermano de David. Estos cuatro eran descendientes de los gigantes en Gat, los cuales cayeron por mano de David y por mano de sus siervos (1 Cr. 20, 4-8).

¿Eran estos gigantes el resultado de alguna anomalía genética padecida por una estirpe o familia de Gat? Es de creer, pero que esas criaturas pudieran dedicarse a la milicia resulta algo más difícil de admitir.[142]

142. Goliat medía, según la Biblia, 2,90 metros. Un norteamericano llamado Robert Pershing Wadlow que se exhibía como gigante en los circos hacia 1930 medía 2,72 metros, pero andaba de manera vacilante con ayuda de unas férulas que ocultaba bajo los pantalones. Los mismos problemas ambulatorios tuvieron los gigantes españoles Mikel Joakin Eleizegi Arteaga, «el Gigante de Altzo» (1818-1861), que alcanzaba los 2,42 metros, Fermín Arrudi Urieta (Sallent de Gállego, 1870-1913), el «Gigante de Sallent», de 2,29 metros, y Agustín Luengo Capilla, «el Gigante Extremeño» (1849-1875), de 2,35 metros, cuyo esqueleto se exhibe en el Museo de Antropología de Madrid.

CAPÍTULO 51

Saúl enajenado

Tenía Saúl cinco hijos: *tres varones, Jonatán, Isúi o Abinadab y Malquisúa, y dos hembras, Merab y Mical* (1 Sam. 14, 49). El profeta no cuenta los numerosos hijos habidos con concubinas ni a Is-boset, que lo sucedería en el trono.

Cuando llevaron a David a presencia de Saúl, Jonatán, el primogénito del rey, que acompañaba a su padre, *sintió su alma ligada con la de David, y le amó como a sí mismo* (1 Sam. 18, 1). Jonatán *se quitó el manto que tenía sobre sí y se lo dio a David, y otras ropas suyas, y aun su espada, y su arco y su cinturón* (1 Sam. 18, 4).[143]

143. Algunos eruditos, no todos bienintencionados, se preguntan si no hay materia en la Biblia para corroborar la existencia de una relación homosexual entre David y Jonatán. Otros pasajes son igual de reveladores: *Entonces se encendió la ira de Saúl contra Jonatán, y le dijo: Hijo de la perversa y rebelde, ¿acaso no sé yo que tú has elegido al hijo de Isaí para confusión tuya, y para confusión de la vergüenza de tu madre?* (1 Sam. 20, 30). O este otro: *Angustia tengo por ti, hermano mío Jonatán, que me fuiste muy dulce. Más maravilloso me fue tu amor que el amor de las mujeres* (2 Sam. 1, 26). ¿Se puede decir más claro? Jonatán vivió para siempre en el recuerdo de David. Cuando ya era rey y estaba instalado en Jerusalén supo que Jonatán había tenido un hijo que estaba lisiado de los pies. Lo hizo llamar y le concedió una pensión generosa y la herencia de Saúl. El pobrete protestaba sin explicarse por qué David lo favorecía tanto (*¿Quién es tu siervo, para que mires a un perro muerto como yo?*; 2 Sam. 9, 8), ignorante de la íntima relación que el rey había mantenido con su padre. A lo largo de la Historia algunos homosexuales notorios se han sentido cautivados por este precedente bíblico. En la iglesia de San Marcos Portobello, Edimburgo, un vitral fechado en 1882 representa a David y Jonatán. En la parte

A la vuelta de la batalla, por doquiera que iban salían las mujeres a agasajar a los vencedores e iban cantando:

Saúl hirió a sus miles,
y David a sus diez miles.

Saúl se enceló de David hasta el punto de que un día en que se sentía especialmente melancólico y este último tañía el arpa para alegrarlo, le arrojó una jabalina que de no errar el tiro lo hubiera clavado en la pared.

El odio de Saúl creció hasta el punto de prometerle la mano de su hija Mical, la mayor, si aportaba como dote cien prepucios filisteos, con la secreta esperanza de que pereciera en el empeño. Aceptó David el reto y, para que se viera que iba sobrado, en lugar de cien le trajo doscientos.

En vista de que el ardid no daba resultado, Saúl pidió directamente a sus fieles que asesinaran a su yerno, pero Jonatán, que lo amaba, le avisó para que se ocultara.

Pasada su crisis nerviosa, prometió Saúl que no mataría a David y él regresó confiado, pero el rey recayó en su odio y nuevamente envió a sicarios para asesinarlo. Mical, su esposa, le avisó para que huyera.

Oculto en las montañas con unos pocos seguidores, David se convirtió en una especie de Robin Hood, huido de la justicia. Saúl organizaba batidas para buscarlo, pero nunca dio con él. En una de estas le entraron ganas de cagar y entró en una cueva para aliviarse, sin advertir que David se ocultaba allí con los suyos. El fugitivo se acercó a él mientras exoneraba el vientre y sin que lo advirtiera (tan concentrado estaba en la operación) le cortó la orla del manto para demostrar, en su momento, que lo había tenido a su merced y le había perdonado la vida.

---

inferior el donante ha escrito: «En memoria cariñosa de George Frederick Paterson, Castillo de Huntly, que murió en Portobello el 30 de septiembre de 1890, a los 33 años».

Todavía le perdonaría la vida una segunda vez. Una noche se coló subrepticiamente en el campamento y entró en la tienda de Saúl. El escudero que acompañaba a David se ofreció a clavarlo en el suelo con su lanza, pero este se contentó con llevarse un par de trofeos, la lanza y la cantimplora de la que bebía el rey. A prudente distancia del campamento David aguardó a que amaneciera para mostrarle al rey sus trofeos, demostración de que lo había tenido a su merced, y preguntarle por qué lo perseguía.

Esta vez Saúl se sintió conmovido en lo más íntimo y dijo:

—Bendito seas tú, David, hijo mío; sin duda tú harás grandes cosas, y prevalecerás.

Parecía que quería hacer las paces, pero David, cauto, no se fiaba ya de los estallidos de cólera del rey y se trasladó a vivir con sus dos esposas, Ahinoam la jezreelita y Abigaíl, a la tierra de los filisteos donde sirvió a Akís, el rey de Gat.

¿No se parece a la historia del Cid Campeador, perseguido por Alfonso VI, que marcha al destierro y sirve al rey moro de Zaragoza?

Sin embargo, lo que le faltaba a David es la nobleza de corazón del Cid Campeador. En el tiempo en que practicó la almogavaría bajo la protección del rey filisteo tomó la precaución de eliminar a los testigos para que nadie pudiera relacionarlo con el delito. *Y asolaba David el país, y no dejaba con vida hombre ni mujer; y se llevaba las ovejas, las vacas, los asnos, los camellos y las ropas, y regresaba a Akís. Y decía Akís: ¿Dónde habéis merodeado hoy? Y David decía: En el Néguev de Judá, y el Néguev de Jerameel, o en el Néguev de los ceneos. Ni hombre ni mujer dejaba David con vida para que viniesen a Gat; diciendo: No sea que den aviso de nosotros y digan: Esto hizo David. Y esta fue su costumbre todo el tiempo que moró en la tierra de los filisteos* (1 Sam. 27, 9-11).

Por aquel tiempo los filisteos fueron contra Israel y Saúl les salió a su encuentro con ánimo conturbado, *porque consultaba a Yahvé pero el Señor no le respondía, ni por sueños, ni por el Urim, ni por profetas* (1 Sam. 28, 6). En vísperas de la batalla, Saúl, preocupado por el poderío que veía en los filisteos, fue a Endor a consultar con una adivina que invocaba a los muertos. En esta sesión, que los espiritistas decimonónicos esgrimían como prueba de la licitud bíblica de sus prácticas, apareció el espíritu del difunto profeta Samuel para anunciar a Saúl que al día siguiente él y sus hijos morirían a manos de los filisteos.

David iba a intervenir en la batalla enrolado en las tropas filisteas del rey de Gat, pero los príncipes de los filisteos no se fiaban de él y lo despidieron. Regresó David a Siclag y encontró que los amalecitas habían quemado la ciudad y cautivado a sus habitantes, entre los que figuraban las dos mujeres de David, *Ahinoam, la jezreelita, y Abigaíl, la que fue esposa de Nabal, el de Carmelo.*

David salió en persecución de los saqueadores y los tomó por sorpresa cuando comían y bebían del botín, los derrotó y recuperó lo robado: ovejas, burras y esposas.

Mientras esto ocurría, los filisteos derrotaban a Saúl y tal como la adivina había predicho mataban a sus tres hijos, Jonatán, Isúi o Abinadab y Malquisúa. *Saúl, gravemente herido de flecha, dijo a su escudero: Saca tu espada y traspásame con ella, para que no vengan estos incircuncisos, y me traspasen y me escarnezcan. Pero el escudero se resistía espantado ante la idea de matar al rey. Entonces tomó Saúl la espada y se echó sobre ella. Cuando el escudero vio a su señor muerto, él también se echó sobre su espada y murió con él. Así murió Saúl en aquel día, juntamente con sus tres hijos, y su escudero y todos sus hombres* (1 Sam. 31, 3-6).

El primer rey de Israel había muerto. Los filisteos llevaron sus armas como trofeo al templo de Astarot y colgaron su cadáver decapitado en el muro de Bet-sán. Israelitas piadosos recuperaron el cadáver, lo cremaron y sepultaron sus cenizas y sus huesos debajo de un árbol en Yabés.

CAPÍTULO 52

Rey David

Cuando David supo la muerte del rey, subió a Hebrón y allí lo ungieron rey de Judá mientras que otro hijo de Saúl, Is-boset, se proclamaba rey de Israel.

Siguió una disputa por el trono entre las casas de David y de Saúl que se resolvió cuando dos capitanes del primero mataron a Is-boset y llevaron a David su cabeza.

—¿Qué habéis hecho, desgraciados? —les riñó David—. ¿Cómo habéis osado poner vuestras manos sobre un rey?

Y los hizo ajusticiar. *Les cortaron las manos y los pies, y los colgaron junto al estanque, en Hebrón* (2 Sam. 4, 12).

Después de esto David conquistó Jerusalén a los jebuseos y reinó sobre Israel y sobre Judá, desde Dan hasta Beerseba.[144] Incluso recuperó a su primera esposa, Mical, la hija de Saúl (aquella por cuya mano Saúl le exigió cien prepucios filisteos, pero él, generoso y sobrado, le había llevado doscientos).[145] El caso es que Mical se había

144. No entendamos que el reino estuviera muy unido. Probablemente los reyes tenían que entronizarse en dos santuarios que competían entre sí: Jerusalén y Siquem. Para ratificarse también como rey de Israel tuvo que jurar el cargo en el santuario de la tribu de Efraín, en Siquem.

145. Nuevamente salen a relucir los prepucios como trofeo de guerra. Hemos de interpretarlo como una delicadeza del autor bíblico, como una sinécdoque (la parte por el todo), porque en realidad la bárbara costumbre era castrar a los cadáveres escroto y testículos incluidos y exhibir tan íntima casquería en las plazas o en los templos para que la gente comprendiera la magnitud de la victoria. Los lectores

casado de nuevo con un tal Paltiel que la siguió buena parte del camino, deshecho en llanto, hasta que comprendió que con lágrimas no la iba a recuperar y, más resignado, se volvió a su casa.

Estos pequeños episodios menores, que a veces aparecen en la Biblia como islitas de verdor en medio del océano de sangre y crueldades, los agradece el lector, sea o no creyente.

En Jerusalén, David conoció el cenit de su gloria. Para sustentar debidamente su monarquía se hizo edificar una buena casa con madera de cedro, y carpinteros y canteros que le envió Hiram el fenicio, rey de Tiro (ya se ve que en Israel, pueblo de pastores trashumantes, no había quien supiera construir un edificio como Dios manda).

Bella historia, ¿eh? Pero no olvide el lector que seguramente es falsa. David existió, de eso no cabe duda, porque con él se inicia una dinastía que, a trancas y barrancas, durará siglos, pero los datos arqueológicos revelan que su reino debía de ser un conglomerado de aldehuelas pastoriles formadas por unas docenas de chozas y algunos apriscos.

---

que hayan viajado a Egipto recordarán que a los guías indígenas les encanta mostrar a las señoras los montones de penes cortados, con sus testículos y todo, que aparecen a los pies de Ramsés II en los bajorrelieves de Abu Simbel o a los pies de Ramsés III en el templo de Medinet Habu.

CAPÍTULO 53

El traslado del Arca

Sigamos con el relato bíblico. Jerusalén era la capital política de David, pero para que realmente asentara su poder debía hacerla capital religiosa de Israel. Por lo tanto dispuso que el Arca de la Alianza, la sede de Yahvé, estuviera en Jerusalén, cerca de su palacio, en el templo que pensaba construirle.

Recordemos que el Arca, *sobre la cual era invocado el nombre de Yahvé de los ejércitos, que mora entre los querubines* (2 Sam. 6, 2), estaba a la sazón, desde que la devolvieron los filisteos, al cuidado de Abinadab, en Balaa de Judá. Allá fue David con lucido séquito y colocaron el Arca sobre un carro nuevo, hecho ex profeso para llevarla a su nueva morada.

El traslado se solemnizó con una procesión memorable. El carro que transportaba el Arca lo conducían los hijos de Abinadab, Uza y Ahío, y delante, como abriendo procesión, iban *David y toda la casa de Israel danzando al son de toda clase de instrumentos de madera de haya, con arpas, salterios, panderos, flautas y címbalos* (2 Sam. 6, 5).

El memorable acontecimiento se deslució por un infortunado accidente: al llegar a las eras de Nacón, los bueyes que tiraban del carro tropezaron y el Arca se tambaleó y parecía que iba a caer a tierra. Entonces Uza la sostuvo y, al tocarla, *el furor de Yahvé se encendió contra él, y allí mismo lo hirió Yahvé por ese yerro, y cayó allí muerto junto al Arca* (2 Sam. 6, 7).

O sea, recapitulemos sobre la catadura de Yahvé: acude el pobre Uza a proteger su Arca del batacazo y Él le manda un rayo que lo deja frito. Un descreído podría pensar: ¿puede entenderse la irracionalidad de Yahvé, siempre malhumorado e iracundo, que asesina a su bienintencionado benefactor? Pero recordemos que *los caminos de Dios son inescrutables* (Eci. 11, 5).

CAPÍTULO 54

A vueltas con el Arca

Bien mirado, y usando de cierta racionalidad, hay que reconocer que el propio Yahvé había advertido que su asiento en la tierra, o sea, el Arca, era un artefacto peligroso y que al trasladarlo había que tomar ciertas precauciones: *Pero no tocarán cosa santa, no sea que mueran* (Núm. 7, 9; 8, 3). De hecho, en el tiempo en que el pueblo de Israel anduvo errante por el Sinaí, cada vez que había que desmontar la tienda en la que se guardaba el Arca (el Tabernáculo) los sacerdotes encargados de la operación colocaban un biombo que impedía verla y la cubrían con un manto de pieles de foca y una tela azul, para impedir que alguien la mirase accidentalmente y muriese.[146]

Nikola Tesla, el famoso pionero del electromagnetismo, expresó en 1915 su sospecha de que el Arca de la Alianza fuera un condensador gigante que almacenaba cargas eléctricas, una idea que en nuestro tiempo ha refrendado, con su irrefutable autoridad, el investigador paranormal J. J. Benítez.

Aceptemos, por lo tanto, que el pobre Uza murió electrocutado porque el Arca era un condensador de electricidad, no porque Yahvé lo fulminara por poner la mano sobre su asiento, el Arca. Ahora bien, en su calidad de Omnipotente, Omnisciente y todos los «omnis» que el Libro Santo le atribuye, ya podría haber estado al quite

146. En la Biblia hallamos múltiples testimonios: Éx. 40, 3, 9, 20 y 21; Núm. 3, 30, 31; 4, 5, 6, 19 y 20; 7, 9, y Dt. 10, 8; 31, 9.

para evitar que el buey tropezara y el Arca se deslizara peligrosamente por la caja de carga hasta provocar el accidente del pobre Uza.

El Arca aparece de vez en cuando en los primeros tiempos de la Biblia, pero a raíz de su establecimiento en el Templo de Jerusalén no vuelve a mencionarse. Cuando la Biblia guarda silencio nos quedan los comentarios de la Misná y del Talmud. Asegura el segundo que Salomón, previendo en su sabiduría que podrían sobrevenir tiempos difíciles en los que peligrara el Arca, habilitó bajo el propio Templo de Jerusalén un escondite donde ponerla a salvo de eventuales enemigos.

Siglos después, su sucesor, el tantas veces mentado rey Josías, se preguntó: ¿por qué no instalar el Arca definitivamente en ese escondite secreto que le procuró Salomón? Al fin y al cabo, los devotos de Yahvé llevaban trescientos años sin verla. Desde que se construyó el Templo jamás había salido del sanctasanctórum, cuyo acceso estaba restringido al sumo sacerdote y a su sacristán.

Basándose en este supuesto, algunos fundamentalistas judíos piensan que el Arca no se ha perdido, sino que hacia el final de los tiempos reaparecerá para restaurar el reino de Yahvé.

De la misma opinión, aunque por distintos motivos, son algunos arqueólogos émulos de Indiana Jones que sueñan con encontrarla. El autodenominado «arqueólogo bíblico» Ronald Eldon Wyatt (1933-1999) aseguraba haber dado con la cámara secreta donde se oculta el Arca (también, por cierto, reivindicaba haber encontrado el arca de Noé). Otro arqueólogo, Leen Ritmeyer (1945), sugiere que los judíos que construyeron el Segundo Templo sobre las ruinas del primero conocían la existencia del Arca y seguían considerando el peñasco del monte Moria un lugar sacratísimo. Por eso no descarta que en aquel lugar pueda en su día edificarse el Tercer Templo.[147]

147. Dudoso me parece, porque los musulmanes consideran aquel peñasco el segundo lugar sagrado en importancia dado que, aparte de su vinculación con el sacrificio del padre Abraham, desde aquel preciso lugar tomó impulso Buraq, el caballo de Mahoma, para ascender al cielo.

Otro erudito convencido de la existencia del escondite del Arca era el rabino Yehuda Getz (1924-1995) quien, en 1981, abrió una mina bajo el solar del Templo pensando encontrar el Arca en la vertical del sanctasanctórum.[148]

La otra fuente de la tradición judía, la Misná, que recoge tradiciones antiquísimas (según los eruditos hebreos), cuenta que el Arca se ocultó lejos del Templo, en el lado este de un barranco y sepultada a cierta profundidad. ¿Hasta qué punto podemos dar crédito a estas consejas de ancianos que sueñan con que el Arca se encuentre algún día?

Para nuestra sorpresa, la Misná también mencionaba la existencia de una lámina de cobre en la que se detallaba la ubicación de varios objetos pertenecientes al ajuar del Templo. Otra historia de tesoros ocultos en la que nadie creyó hasta que la lámina descrita se encontró.[149]

Otra posible sede del Arca, si creemos una tradición inspirada en el segundo libro de los Macabeos, estaría en una cueva del monte Nebo, en el lado oriental del mar Muerto, el punto donde Moisés vio la Tierra Prometida y donde se encuentra su tumba.

Fuentes árabes (y es bien sabido que son dignas de todo crédito) aseveran que el Arca se encuentra a buen recaudo en la Kaaba, el edificio cuadrangular objeto de veneración en el santuario de La Meca. Allí la habría depositado la tribu yurhum, que velaba por el

148. De hecho su equipo encontró un túnel antiguo de seis metros de ancho, que se internaba veintiocho metros en el corazón de la montaña pero al final estaba taponado por agua y barro. Iban a eliminar este obstáculo cuando los musulmanes al cuidado de las mezquitas superiores descubrieron el proyecto y armaron tal escándalo a nivel internacional, con acusaciones de profanación de su espacio sagrado, que el gobierno de Menájem Beguín ordenó tapiar el túnel y precintarlo.

149. El famoso rollo de cobre aparecido en 1952 entre los manuscritos del mar Muerto, con su precisa enumeración de escondites, pero resulta tan difícil de interpretar que nadie ha podido encontrar tesoro alguno. Se encontraba en tan mal estado que no podía desplegarse, así que para leerlo lo cortaron a lo largo, como las lamas de una persiana. Los fragmentos se exponen en el Museo Arqueológico de Amán, Jordania.

lugar y por los ídolos tribales venerados en él antes de que Mahoma difundiera el islam.[150]

No faltan opiniones que sitúan el Arca en África. Como veremos en su momento, el faraón Sheshonq I (que la Biblia llama Sisac) pudo hacerse con el Arca cuando conquistó Jerusalén en el 926 a. C., durante el reinado de Roboam: *Sisac, rey de Egipto, vino y atacó Jerusalén. Saqueó los tesoros depositados en el templo del Señor y los del palacio del rey; se llevó todo, incluso los escudos de oro que Salomón había hecho* (2 Cr. 12, 9).[151]

Otro candidato a la posesión del Arca es la iglesia rupestre de Nuestra Señora de Sion, en Aksum, Etiopía. ¿Cómo llegó el Arca a aquella remota región africana?[152] La epopeya nacional etíope *Kebra Negast* («Gloria de los Reyes») sostiene que el rey Menelik, hijo de la reina de Saba y de Salomón, sustrajo el Arca del Templo de Jerusalén y la llevó a su país. Allí edificó la iglesia rupestre donde todavía se encuentra celosamente custodiada por un guardián que jamás se

150. Grierson, 2000.

151. Recordará el lector que es en una cámara subterránea egipcia donde Indiana Jones encuentra el Arca en la película de Steven Spielberg *En busca del arca perdida* (1981).

152. Lo cuenta Graham Hancock en su ingeniosa obra *Símbolo y señal*. Hancock es uno de los defensores de que las grandes civilizaciones del pasado (Egipto, Perú) fueron colonizadas por sabios procedentes de la mítica Atlántida, que a su vez recibieron el conocimiento de seres extraterrestres procedentes de la estrella Orión. Hace años recibí a Hancock en mi casa de Sevilla cuando el escocés iba de paso hacia el pueblo onubense de Niebla, cuyas murallas atribuía a los atlantes. Servidor, que había hecho su tesis doctoral precisamente sobre esa fortificación medieval, le hizo ver que las murallas de Niebla son almorávides o almohades, con reparos y añadidos de época cristiana. Con la típica petulancia británica, Hancock ignoró mis advertencias: lo había leído en el libro *Atlantis in Spain*, de la pseudoarqueóloga victoriana Elena Whishaw, quien, por ser británica y connacional suya, le merecía mayor crédito que los ignorantes arqueólogos españoles. Esta Elena Whishaw fue una dama un tanto excéntrica que a principios del siglo XX vivía en unas dependencias del castillo de Niebla, en cuyo patio de armas se había hecho instalar un piano que tocaba desnuda por las noches, nacaradas carnes bañadas de luna.

separa de ella y que es la única persona que puede ver el Arca. Este puesto se transmite de padres a hijos.

Grierson y Munro-Hay creen que, de ser cierta la historia, el Arca no habría soportado el cambio del ambiente seco de Israel al húmedo de Etiopía. Quizá lo único que se guarda en la peculiar iglesia de Aksum sean unas copias más o menos fidedignas de las tablas de la Ley talladas en piedra que contenía el Arca.

CAPÍTULO 55

La cuarentena del Arca

Prosigamos con el recuento de los grandes hechos del rey David. La muerte de Uza deslució tanto el jubiloso traslado del Arca a Jerusalén que David cambió de idea y decidió no introducir tan peligroso artefacto en la capital de su reino, sino depositarlo durante un tiempo de cuarentena en Quiriat-Jearim, cerca de Jerusalén.

Pasados veinte años, cuando David se tranquilizó sobre las intenciones del Arca, reanudó su traslado a Jerusalén con las mismas músicas, danzas y chirimías de la primera vez y sucedió que su esposa *Mical, hija de Saúl, miró desde una ventana, y vio al rey David que saltaba y danzaba delante de Yahvé, y lo menospreció en su corazón* (2 Sam. 6, 16).

Le pareció a la señora que aquellos brincos y aquellos saltos no eran propios de la majestad real; por eso en cuanto vio al marido entrar por la puerta lo abroncó:

—*¡Cuán honrado ha quedado el rey de Israel, descubriéndose hoy delante de las criadas de sus siervos, como se descubre sin decoro un cualquiera!* (2 Sam. 6, 20).

—Más todavía me pienso humillar tratándose de servir a Yahvé —replicó David a la esposa infatuada.

Y ahí quedó la cosa. El Libro Santo no dice más, pero cuando sabemos que Mical no tuvo hijos, lo que entonces se consideraba una desgracia, podemos imaginar que fue por castigo de Yahvé, que, como estamos viendo, no deja pasar una.

A David le pareció que, ya que Jerusalén iba a ser el santuario permanente del Arca de la Alianza, era conveniente construirle un edificio que la albergara dignamente, pues hasta entonces, desde su salida de Egipto, había estado en un tabernáculo itinerante, es decir, en una tienda de lona que se montaba cada vez que el pueblo errante se detenía a pasar la noche.

Pero Yahvé advirtió a David su decisión de que el templo definitivo lo construyera su hijo y sucesor, Salomón. ¿Por qué Salomón y no David, que fue quien concibió la idea? Porque Yahvé, padre celoso, estaba enfadado con él por algunos deslices en que había incurrido.

Por lo demás Yahvé favoreció a David en sus empresas: derrotó a los filisteos, a los moabitas y a los sirios de Damasco, sometió a los edomitas y por doquier extendió sus fronteras.

CAPÍTULO 56

¿David, un asesino cruel?

David es una de las grandes figuras de la Biblia que la tradición, tanto judía como cristiana, ha respetado y ensalzado, pero si analizamos detenidamente sus actos encontramos un personaje sin más escrúpulos que los relativos a Yahvé, al que tenía calado y sabía que más valía no contrariarlo.

Observemos la catadura del sujeto: *Acaeció que, levantándose David de su lecho al caer la tarde, se paseaba por el terrado de la casa real, cuando vio a una mujer muy hermosa que se estaba bañando. Preguntó por ella y le dijeron: Es Betsabé, esposa de Urías, el heteo. Y envió David mensajeros y la tomó; y vino a él y él se acostó con ella. Luego ella se purificó de su impureza y volvió a su casa* (2 Sam. 11, 2-4).

O sea, se levanta de la siesta más bien tarde (impropio de un gobernante laborioso), quizá tumefacto el miembro tras una erección casual, se asoma a la terraza desperezándose y bostezando —detalles probables en los que no entra el Libro Santo— y ve a una hermosa mujer desnuda en el baño. Está casada pero no importa: que me la traigan y, como es el rey, se acuesta con ella. Culito veo, culito deseo.

Según la Ley mosaica la mujer debe lavarse después del coito. Dice el Talmud: «Betsabé fue de la casa del rey a su habitación —dijo el rabino Judá en nombre de Tab—. En esa ocasión ella se lavó trece veces».[153] Quiere decir que el fogoso monarca le administró trece prestaciones en una misma sesión.

153. Koning, 1978, p. 169.

¿La aborreció después del hartazgo como esos empleados de pastelería llegaban a detestar lo dulce después de que los sometieran a un empacho de pasteles el primer día de trabajo? Nada de eso. Ahora viene lo peor. El rey se aficionó a la dama y quiso tenerla más a mano para frecuentarla cada vez que le viniera en gana (con descuido, hay que suponer, de las otras siete mujeres legítimas, a las que habría que añadir al menos una docena de concubinas).[154]

Encalabrinado con Betsabé, se le planteaba un problema: ¿cómo suprimir al molesto marido? Nada más fácil: asesinándolo por vía indirecta. Urías servía en el ejército, lejos de Jerusalén; lo hizo llamar y lo *convidó a comer y a beber con él hasta embriagarlo* (2 Sam. 11, 13) y después lo despachó para que regresase a su regimiento con una carta para el coronel. En ella ordenaba: *Poned a Urías al frente, en lo más recio de la batalla, y retiraos de él, para que sea herido y muera* (2 Sam. 11, 15).

¿Cabe proceder más cobarde? Que perezca el marido defendiendo a su rey para que este pueda beneficiarse a la esposa sin estorbo.

Y al oír la esposa de Urías que su marido, Urías, había muerto, hizo duelo por él y pasado el luto, envió David a buscarla y la trajo a su casa; y fue ella su esposa y le dio a luz un hijo (2 Sam. 11, 26-27).

La gente pudo pensar: ¡qué buen rey que se apiada de la viuda del héroe y se casa con ella!, pero a Yahvé, que está en los corazones de los hombres, no le agradó la treta de David para conseguir a la esposa de otro. Ya había advertido: no desearás a la mujer de tu prójimo. Así que fue a David y le dijo: *A Urías, el heteo, heriste a espada, y tomaste por esposa a su mujer. Como castigo tomaré tus esposas delante de tus ojos y las daré a tu prójimo, el que yacerá con tus esposas a la vista del sol* (2 Sam. 12, 9-11).

154. De las mujeres legítimas conocemos los nombres: Mical, la hija de Saúl, adquirida mediante doscientos prepucios filisteos; Ahinoam de Yizreel; Abigaíl de Nabal de Carmelo; Maacá, la hija de Talmai, rey de Gesur, madre de Absalón; Jagguit, Abital y Eglá.

A su debido tiempo Betsabé tuvo un hijo y Yahvé castigó a David haciendo que el bebé muriera a los siete días de nacido. *Y consoló David a Betsabé, su esposa, y llegándose a ella, se acostó con ella; y ella le dio a luz un hijo, y llamó su nombre Salomón, al cual amó Yahvé* (2 Sam. 12, 24).

Ya estamos viendo que en su conducta personal David no parece albergar muchos escrúpulos. Cuando estuvo al servicio del filisteo Akís asesinaba a las víctimas de sus latrocinios para evitar que lo reconocieran. Como rey conquistador se muestra digno sucesor de los monarcas asirios y modelo de otros famosos carniceros de la Historia como Calígula, Nerón, Vlad el Empalador, Gengis Khan y demás genocidas que mataban por placer ideando muertes especialmente truculentas: *Y juntando David a todo el pueblo, fue contra Rabá, y combatió contra ella, y la tomó [...] Sacó también al pueblo que estaba en ella, y cortólos con sierras, y con trillos de hierro, y hachas; e hízolos pasar por hornos de ladrillos: y lo mismo hizo a todas las ciudades de los hijos de Amón* (2 Sam. 12, 26-31, según la traducción de 1909).[155]

O sea a la entera población civil la exterminaba mediante torturas espantosas: con sierras, trillos, hachas o arrojándola a hornos de cocer ladrillos. Tan espeluznante resulta la conducta del venerado rey que en las ediciones más recientes de la Biblia han procurado disimular estas crueldades y leemos:

Sacó a la gente que estaba en ella, y los puso a trabajar con sierras, con trillos de hierro y hachas de hierro, y además los hizo trabajar en los hornos de ladrillos; y lo mismo hizo a todas las ciudades de los hijos de Amón. Y volvió David con todo el pueblo a Jerusalén (2 Sam. 12, 26-31).

155. La denominada Biblia de san Jerónimo, que es católica, lo traduce así: *E hizo aserrar sus habitantes y que pasasen sobre ellos carros herrados, que los destrozasen con cuchillos y los echasen en hornos de ladrillos; así lo hizo con todas las ciudades de los amonitas. Y se volvió David con todo su ejército a Jerusalén* (2 Sam. 12, 31).

O sea, sustituye las horribles ejecuciones por un programa de trabajos forzados. Sin embargo la crítica textual no deja lugar a dudas: estamos hablando de ejecuciones, no de trabajos.[156]

156. El texto de la Septuaginta dice: καὶ τὸν λαὸν τὸν ὄντα ἐν αὐτῇ ἐξήγαγεν καὶ **ἔθηκεν** ἐν τῷ πρίονι καὶ ἐν τοῖς τριβόλοις τοῖς σιδηροῖς καὶ διήγαγεν αὐτοὺς διὰ τοῦ πλινθείου καὶ οὕτως ἐποίησεν πάσαις ταῖς πόλεσιν υἱῶν αμμων καὶ ἐπέστρεψεν δαυιδ καὶ πᾶς ὁ λαὸς εἰς ιερουσαλημ. Esa palabra que subrayamos —**ἔθηκεν**— significa «poner»: καὶ ἔθηκεν ἐν τῷ πρίονι καὶ ἐν τοῖς τριβόλοις τοῖς σιδηροῖς... sería, por tanto, «Y los puso en las sierras y tridentes de hierro».

CAPÍTULO 57

Problemas familiares

Amnón, hijo de David, deseaba a su hermanastra Tamar, *que era muy hermosa*, y sentía tal pasión por ella que enflaquecía y andaba como deprimido. Le contó su cuita a un amigo y este le dio la solución: Hazte el enfermo y pide que *venga tu hermana Tamar y haga delante de ti dos tortas de pita, para que comas de su mano* (2 Sam. 13, 6).

Eso hizo. Fue Tamar a preparar el almuerzo al enfermito inapetente y cuando llegó a la alcoba con las tortas recién cocidas él asió de ella, diciéndole: *Ven, hermana mía, acuéstate conmigo.*

—*No, hermano mío* —respondió ella recatada—, *no me fuerces, porque no se debe hacer así en Israel. No hagas tal vileza. Porque ¿adónde iría yo con mi deshonra? Y aun tú serías estimado como uno de los perversos en Israel. Te ruego, pues, ahora, que hables al rey, porque él no me negará a ti.*

Pero él no la quiso oír, sino que, pudiendo más que ella, la forzó y se acostó con ella. Después Amnón la aborreció con tan gran aborrecimiento, que el odio con que la aborreció fue mayor que el amor con que la había amado. Y le dijo Amnón a la estuprada:

—*Levántate y vete* (2 Sam. 13, 14-15).

Y mandó a un criado de la casa que la echara a la calle y cerrara la puerta. O sea, tras la violación, el desaire.

No era Tamar una doncellica medrosa que aguantara una pedrada en un ojo. ¿Qué hizo? Dar publicidad al asunto: *Tomó ceniza y la esparció sobre su cabeza, y rasgó la ropa de colores que llevaba puesta, el traje de las vírgenes, y, con las manos sobre su cabeza, se fue gritando a contárselo todo a su hermano Absalón.*

Enterado de los detalles del caso, Absalón la tranquilizó:

—*¿Ha estado contigo tu hermano Amnón? Calla pues, ahora, hermana mía; tu hermano es. No se angustie tu corazón por esto.*

Y se quedó Tamar desconsolada en casa de su hermano Absalón (2 Sam. 13, 19-20).

La venganza es un plato que se sirve frío. Pasaron dos años y Absalón aprovechó que estaba inspeccionando el esquileo de sus rebaños fuera de Jerusalén y convidó a Amnón y a sus otros hermanos a la fiesta del fin del esquileo.

Absalón advirtió a sus criados:

—Cuando Amnón esté achispado por el vino, caéis sobre él y lo matáis.

Eso hicieron, y el resto de los hermanos, viendo el apuñalamiento, salieron despavoridos, cada cual en su mula.

Absalón huyó a Gesur y pasó tres años al servicio del rey Talmai. Ignoraba que David lo había perdonado porque era su favorito, y que cada día se acordaba de él y lo echaba de menos. Finalmente lo hizo llamar a Jerusalén para que viviera en su casa y, aunque tardó dos años en recibirlo, al final se reconcilió con él y lo abrazó.

Pero Absalón odiaba a su padre y conspiraba contra él para suplantarlo, así que padre e hijo volvieron a hacerse la guerra, cada cual con sus partidarios.

En una escaramuza *Absalón se encontró con tropas de David; y huyendo de ellas el mulo que montaba pasó por debajo del espeso ramaje de una gran encina, se le enredó la cabellera y quedó suspendido en el aire pataleando mientras el mulo seguía de largo. Lo vieron de esta guisa y avisaron a Joab, el capitán de David, diciendo: «Tenemos a Absalón colgado de una encina». Replicó Joab al mensajero: «Y si lo viste, ¿por qué no le mataste enseguida allí, y lo derribaste? Yo te hubiera recompensado con diez siclos de plata y un cinturón»* (2 Sam. 18, 9-11).

Fue entonces Joab a la encina de la que pendía Absalón y le clavó tres dardos en el corazón. Después descolgaron el cadáver, lo echaron en un hoyo y lo cubrieron con un montón de piedras.

Tomen nota los de las rastas que imitan a los rastafaris y con ellos los maoríes de Nueva Zelanda, los masáis de África, los faquires de la India y otros enemigos declarados del champú: la espesa cabellera de Absalón, tan admirada de todos, fue la causa de su desgracia.[157]

Había que informar a David de lo ocurrido. Joab envió a un etíope con la noticia, no fuera que el irascible rey se cargara al mensajero. David estalló en lágrimas y decía:

—*¡Hijo mío Absalón, hijo mío, hijo mío Absalón! ¡Quién me diera haber muerto yo en tu lugar, Absalón, hijo mío, hijo mío!* (2 Sam. 18, 33).

157. *Cuando se cortaba el cabello* [y era al final de cada año que se lo cortaba, pues le pesaba mucho y por eso se lo cortaba], *el cabello pesaba doscientos siclos según el peso real* (2 Sam. 14, 26). Doscientos siclos, es decir, dos kilos.

CAPÍTULO 58

Otras truculencias

Nuevamente se dividieron los judíos en dos banderías: los de la tribu de Benjamín siguieron al rebelde Seba y los de la tribu de Judá permanecieron fieles a David.

Al capitán Joab lo indignó que David confiara la persecución del rebelde al capitán Amasa, antiguo lugarteniente de Absalón. Veamos cómo manifestó su disconformidad: llegó Joab a *Gabaón, y vestía una túnica ceñida por un cinto que sostenía sobre sus lomos una daga envainada. Le salió Amasa al encuentro y al ir a abrazarlo, la daga se le cayó y él la recogió. Entonces Joab dijo a Amasa: ¿Te va bien, hermano mío? Y tomó Joab con la diestra la barba de Amasa para besarlo. Y como Amasa no se cuidó de la daga que Joab tenía en la mano, este le hirió con ella en la quinta costilla, derramó sus entrañas por tierra, y cayó muerto sin necesidad de rematarlo* (2 Sam. 20, 8-10).

Eliminada la competencia, Joab y su hermano Abisai persiguieron a Seba y supieron que se había refugiado en la localidad denominada Abel de Bet-Maaca. Sitiaron la ciudad y una mujer sabia que había en ella fue al encuentro de Joab.

—¿Por qué ese empeño en destruir esta ciudad pacífica? —lo increpó.

—Tenéis a un tal Seba que ha levantado la mano contra el rey —repuso Joab.

—¿Si te damos su cabeza os largáis? —preguntó la mujer.

—Eso haremos —prometió Joab.

Al rato los de Abel de Bet-Maaca le tiraron la cabeza de Seba por encima del muro.

Asunto concluido. Joab hizo tocar la trompeta y el ejército volvió a sus tiendas.

El reino parecía pacificado, pero sobrevinieron malas cosechas y una hambruna que duró tres años. Preocupado David, consultó a Yahvé para saber por qué castigaba a Israel.

—Os castigo porque Saúl mató injustamente a los gabaonitas.

Ya sabemos la curiosa costumbre de Yahvé de castigar a los hijos por los pecados de los padres. De ella pende todo el asunto de la redención, del que vive la curia vaticana, esos rozagantes cardenales, y el cristianismo en general. Fue David a los gabaonitas y preguntó:

—¿Cómo os puedo compensar por lo que os hizo Saúl?

—No queremos oro ni plata —dijeron los gabaonitas— sino que nos entregues siete hijos de Saúl para que los ahorquemos.

Eso hizo David: los entregó y los gabaonitas los ahorcaron en el monte. Bueno, eso con un poco de suerte, porque también pudiera ser que los empalaran, como sugiere el verbo usado ויקיעם (VeYiQY'aM) (2 Sam. 21, 9).

Después de esto, Yahvé escuchó las súplicas de Israel y volvió la prosperidad a los campos.

Estalló de nuevo la guerra con los filisteos,[158] pero peor aún fue la peste que envió Yahvé en castigo porque a David se le había ocurrido censar a sus súbditos. ¿Qué tiene de malo un censo?, se preguntará el lector acostumbrado a que el Estado lo empapele y lo controle. Nada, en realidad, pero el suspicaz Altísimo lo tomó por prueba de vanidad y orgullo.

La peste duró tres días y con ella Yahvé mató a muchos hijos de Israel y de Judá.

158. La guerra en que apareció un descendiente del gigante Goliat, un tal Isbi-benob, deseoso de matar a David, pero Abisai se interpuso y mató al filisteo.

CAPÍTULO 59

David tenía el frío en los huesos

Con estos y otros sobresaltos llegó David a su vejez y era tan friolero que tuvieron que buscarle a una virgen joven y hermosa para que durmiera con él, a ver si así entraba en calor.[159]

Los cortesanos le trajeron a Abisag, la sunamita, *y la llevaron al rey. Y la joven era hermosa; y ella abrigaba al rey y lo servía; pero el rey nunca la conoció* (1 Re. 1, 3-4).

Nunca la conoció bíblicamente, se entiende, o sea nunca copuló con ella. El Libro Santo no aporta más datos pero, basados en la experiencia, es lícito suponer que el carcamal estaba tan agotado del harén de sus años verdes que ya no daba más de sí y, aunque babeara un poco a la muchacha con el miembro morcillón, nunca alcanzó la firmeza necesaria para consumar. Bien hecho, Yahvé, lo de retirar la potencia a los que han ido por la vida hendiendo bisectrices.

159. También a Gandhi, el taimado apóstol de la resistencia pacífica, le procuraron doncellicas que le calentaran el lecho en la vejez (mucho mejor que una manta eléctrica, dónde va a parar). No sé si será cierto que en Japón han existido «prostitutas dormidas», que aparecen en la novela *Sueño profundo* de Banana Yoshimoto, en *Crónica del pájaro que da cuerda al mundo* de Haruki Murakami o en *La casa de las bellas durmientes* de Yasunari Kawabata: un burdel para ancianos provectos y ricos que pagan un dineral por pasar la noche con una muchacha virgen que no sentirá asco de su decrepitud ni de la fealdad de la vejez porque duerme profundamente tras ingerir un narcótico. Los clientes se contentan con dormir abrazados a ese cuerpo hermoso y joven y rememorar a su lado las glorias de la añorada juventud.

Salió entonces Adonías, otro hijo de David (habido con Haguit, una de sus muchas mujeres) que ambicionaba el trono y que, con la impaciencia de la juventud, no quería aguardar a que su padre muriera.

Adonías, un tipo guapo y malcriado pero simpático, consiguió hacerse con algunos partidarios tanto en lo alto como en lo bajo. Dispuesto a ganarse también la benevolencia de Yahvé, fue a la peña de Zohelet, junto a la fuente de Rogel, y le ofreció un sacrificio de ovejas y vacas cebadas. De este modo mataba dos pájaros de un tiro, porque halagaba a Yahvé y al propio tiempo ofrecía un banquete a sus partidarios más influyentes, entre los que contaba a muchos hermanos suyos, hijos de David como él.

Pero su director de campaña olvidó incluir en la lista de invitados a unos cuantos prebostes importantes: el profeta Natán, el comandante Benaya y su hermano Salomón. Y Natán el profeta vertió palabras envenenadas en el oído de Betsabé, madre de Salomón:

—¿Sabrás que Adonías, hijo de Haguit, reina sin saberlo David, nuestro señor? Me temo que peligra tu cabeza y la de tu hijo Salomón.

A Betsabé, que era de las que se inflaman con poco, le faltó tiempo para informar a David:

—¿No me juraste que nuestro Salomón reinaría después de ti? ¿Cómo es que anda por ahí Adonías diciendo que el rey es él?

David convocó a Sadoc, el sacerdote, y le encomendó que ungiera a Salomón con el cuerno de aceite del tabernáculo.

Los cortesanos prorrumpieron en vivas:

—¡Viva el rey Salomón!

Adonías y los suyos estaban ya en los postres cuando escucharon el tañido de las trompetas y supieron que David había instituido sucesor suyo a Salomón. Se hizo un silencio glacial, tras del cual los convidados se levantaron y se fue cada cual por su lado.

Viéndose solo, Adonías temió por su vida y se agarró a los cuernos del altar de los sacrificios (las cuatro esquinas de estos altares suelen presentar unas prominencias llamadas *cuernos*), pero Salomón le dijo que lo perdonaba. Vete a casa y no incordies.

Cuando David se sintió morir convocó a Salomón, le encomendó que guardara los mandamientos de Yahvé y falleció. Había reinado cuarenta años.

Adonías había prometido no incordiar, pero debió de olvidarlo, porque en cuanto murió David fue a Betsabé, madre de Salomón, y le dijo:

—Ya que nunca seré rey, por lo menos dile a Salomón que me conceda por esposa a Abisag, la sunamita.

Esta pretensión se disculpa si consideramos que Abisag estaba buenísima e intacta, pero acostarse con la concubina de tu padre era un delito grave entre los hebreos.

Cuando supo las pretensiones de su medio hermano, Salomón comentó:

—Adonías se ha condenado a muerte él solito. Hoy mismo.

Y envió a un propio a que lo ejecutara. Y así se hizo. Cuando lo supo Joab, que desde la rebelión de Adonías estaba comprometido con su causa, pensó que él sería el siguiente y se asió a los cuernos del templo temiendo por su vida. No le sirvió de nada, porque allí mismo lo degolló el enviado del rey.

Comenzó Salomón su reinado adoptando otras decisiones menos sangrientas como la de levantar en Jerusalén la casa definitiva de Yahvé, su Templo, amurallar la ciudad y casarse con una hija del faraón, lo que entrañaba una sólida alianza con el poder dominante en la región.[160]

Un buen día se le apareció Yahvé en sueños y le dijo:

—Pídeme lo que quieras, que te lo concederé.

Y Salomón, joven como era, pidió *corazón con entendimiento para juzgar a tu pueblo, para discernir entre lo bueno y lo malo.*

Le agradó a Dios la sensatez y humildad del muchacho y le dijo:

160. Como es natural, la princesa egipcia aportó una dote acorde con su rango y condición: *Faraón, el rey de Egipto, había subido y tomado Gezer, y la había quemado, y había dado muerte a los cananeos que habitaban la ciudad, y la había dado de regalo a su hija, la mujer de Salomón* (1 Re. 9, 16).

—Porque has pedido esto, y no una vida longeva ni riquezas, ni la muerte de tus enemigos, sino entendimiento para discernir y juicio, también te he otorgado las cosas que no pediste, tanto riquezas como gloria, de tal manera que entre los reyes no habrá ninguno como tú en todos tus días (1 Re. 1, 11-13).

Y Dios dio a Salomón sabiduría y entendimiento muy grandes, y grandeza de corazón como la arena que está a la orilla del mar. Y la sabiduría de Salomón fue mayor que la de todos los hijos del Oriente, y que toda la sabiduría de los de Egipto (1 Re. 4, 29-30).

Dios lo hizo sabio entre los sabios, cierto, aunque tan sujeto a error como cualquiera, como en su momento se verá.

CAPÍTULO 60

La disputa de las putas

No tardó en presentársele a Salomón la ocasión de ejercer su sabiduría. Vinieron a su tribunal dos rameras disputando por un mismo bebé del que las dos se postulaban como madres.

—Esta aplastó a su bebé mientras dormía y lo ahogó, y lo ha cambiado por el mío, que está vivo —protestaban al unísono.

—Sin problema —dijo Salomón—. ¡Traed una espada!

El oficial de semana desenvainó la suya.

—Como esta, majestad.

—Parte en dos al niño en disputa —le ordenó Salomón—, y le entregas una mitad a cada madre.

—¡No hagas eso, rey! —dijo una de las litigantes horrorizada—. Prefiero que se lo quede esta entero.

—Te lo quedas tú, que eres su madre —falló el rey sabio con acierto.

No dice el Libro Santo lo que hizo con la otra prostituta. Un lamentable olvido de la Biblia. ¿Qué trabajo le hubiera costado al autor del libro, dado que todo lo que contiene es pura historia que creeremos a pie juntillas como inspirada por Dios mismo, decirnos que el pueblo condujo a la prostituta dolosa al apedreadero de la ciudad y la mató a cantazos, como a un perro rabioso?

CAPÍTULO 61

El Templo de Salomón

El primer libro de los Reyes ofrece el proyecto de construcción de la morada definitiva del Arca de la Alianza, la sede del Dios de Israel. El propio Yahvé se metió a maestro de obras para comunicar a Salomón el diseño detallado del Templo que sustituiría al tabernáculo itinerante que había acompañado a los hebreos desde los tiempos de Moisés.

Salomón concertó una alianza con Hiram, rey de Tiro, para que le suministrara los materiales más preciosos para sus obras, especialmente madera de cedro y de ciprés.

Siete años duraron las obras. No se escatimó nada, *ni piedras costosas, labradas y aserradas con sierras,* ni estupendas vigas de cedro importadas por mar de los bosques del Líbano. El arquitecto ya dijimos que fue el propio Yahvé, pero para verdadero maestro de obras, encargado de la ejecución del proyecto, el rey de Tiro envió a su homónimo Hiram, famoso arquitecto. Este Hiram era *hijo de una viuda de la tribu de Neftalí, y su padre era un hombre de Tiro, artífice en bronce; y estaba lleno de sabiduría, y de inteligencia y de saber en toda obra de bronce. Este, pues, vino al rey Salomón e hizo toda su obra* (1 Re. 7, 13-14).

Partiendo de las medidas del Templo podemos reconstruirlo con bastante fidelidad: constaba de un espacio delantero de oración no mayor que la nave de una iglesia de pueblo española y, detrás de un cuarto reservado, el sanctasanctórum en el que se custodiaba el Arca de la Alianza y algunos objetos sagrados. Ya dijimos que en el sanctasanctórum solo podía entrar el sumo sacerdote y su adjunto.

Hiram *fundió dos columnas de bronce de dieciocho codos de altura, con capiteles de cinco codos de altura y erigió estas columnas en el pórtico del templo. A la columna del lado derecho, la llamó Jaquín; y a la del lado izquierda, Boaz* (1 Re. 7, 21).

Fundió asimismo un caldero de bronce circular, de diez codos de diámetro, que descansaba sobre doce bueyes que agrupados de tres en tres miraban a los cuatro puntos cardinales (1 Re. 7, 23-25).

CAPÍTULO 62

¿Qué eran los querubines?

Dice la Biblia: *Talló también en el sanctasanctórum dos querubines de madera de olivo, cada uno de diez codos de altura, recubiertos con pan de oro. Cada ala medía cinco codos; diez codos desde la punta de un ala hasta la punta de la otra. Los dos querubines eran de un mismo tamaño y hechura. Colocó los querubines en medio del sanctasanctórum, con las alas extendidas de modo que el ala de uno tocaba una pared, y el ala del otro tocaba la otra pared, y las otras dos alas se tocaban la una a la otra en medio de la estancia* (1 Re. 6, 23-27).

La iconografía cristiana ha interpretado esa descripción como dos ángeles arrodillados sobre la tapa del Arca que extienden sus alas hasta casi tocarse con las puntas en el centro.

El caso es que los querubines fueron en un principio los genios alados que guardaban las puertas en las ciudades muradas de Mesopotamia,[161] pero en el imaginario cristiano la palabra evolu-

161. Los asirios, acadios y babilonios creían en la existencia de genios alados que guardaban las puertas de las ciudades (*kuribu* en acadio; *karabu* en babilonio). Solían representarlos en figura de toro con alas de águila y cabeza humana barbada y los colocaban, colosalmente esculpidos, en las puertas monumentales de las ciudades. De los mesopotámicos pasaron los *qerubes* a los persas mazdeístas y de estos a distintos pueblos de Levante, entre ellos el hebreo, cuya palabra *qerub* (כְּרוּב) cedió paso a la forma plural (כְּרוּבִים) *qerubim*, ya que siempre se representaban por parejas (a uno y otro lado de la puerta). En el latín de la Vulgata (*cherubin*) y en el español ha predominado la forma plural (querubín) aunque se refiera a uno solo, al que se le añade el plural español si hablamos de varìos (querubines).

cionó hasta designar a la segunda categoría de ángeles próximos a Dios.

Adivino la pregunta: si los querubines son la segunda división angélica, ¿quiénes militan en la primera? Respuesta: los serafines.

Los serafines están tan cerca del trono de Dios que arden perpetuamente, sin llama ni daño por supuesto. Son una especie de brillos intensos («llamas flameantes»). Esa proximidad a Dios tiene una contrapartida deleitosa (juzgándolo desde nuestra insignificancia de humanos mortales): se ven obligados a repetir de continuo, como un rumor de colmena, el trisagio de alabanza hebreo *Kadosh, Kadosh, Kadosh*... («Santo, Santo, Santo es el Señor de los Ejércitos. Llena está la tierra de su gloria»).

¿Cómo distinguimos a los querubines de los serafines? Es un tema difícil, dado que nadie los ha visto nunca, ya que son revelaciones exclusivas en circunstancias excepcionales de insolación y ayuno subsidiadas con sustancias psicotrópicas.

Veamos los testimonios bíblicos:

> *El año que murió el rey Ozías vi yo al Señor sentado sobre un trono alto y sublime, y sus faldas henchían el Templo. Por encima de él había serafines; cada uno tenía seis alas; con dos cubrían sus rostros, con dos cubrían sus pies, y con dos volaban. Y el uno al otro daba voces, diciendo: Santo, santo, santo, Yahvé de los ejércitos; toda la tierra está llena de su gloria* (Is. 6, 2-3).[162]

Ahora Ezequiel:

> *Vi cuatro semovientes con esta apariencia: había en ellos semejanza de hombre. Cada uno tenía cuatro caras y cuatro alas. Y los pies derechos*

162. El caso es que si nos ponemos a escarbar, la raíz de la palabra *serafín* (שרפים, *śerāfîm*, plural de *śārāf*) significaba en origen «serpiente de picadura ardiente» y se inspira seguramente en el áspid erguido que a guisa de amuleto llevaban los faraones en la cofia. De un estadio inicial de serpientes voladoras se pasó a criaturas bellísimas provistas de seis pares de alas con las que reveladoramente se tapan la cabeza y la cola para disimular su origen reptil.

acabados en pezuñas de becerro que centelleaban como bronce muy bruñido. Debajo de las alas, a sus cuatro lados, tenían manos de hombre; y sus caras y sus alas por los cuatro lados. Con las alas se juntaban el uno al otro. No se volvían cuando andaban, sino que cada uno caminaba derecho hacia delante. Y las caras eran de hombre, con cara de león al lado derecho de los cuatro, y cara de buey al lado izquierdo en los cuatro; asimismo había en los cuatro cara de águila (Ez. 1, 5-10).

Complicadillo, ¿eh? Especialmente cuando el obispo de la diócesis o el abad del convento le pide al artista que lo represente. Algunos optaron por pintar los serafines como ángeles con tres pares de alas, extendidas de manera que un par tapa el rostro (solo Dios puede contemplar sin daño su cegadora belleza, a un miserable mortal le causaría lesiones en la retina como cuando se mira al sol).[163] Con el segundo par de alas se tapan los pies (¿quizá coquetería disculpable porque los tienen de becerro, según queda revelado más arriba?) y con el tercer par de alas vuelan.

Ante tanta confusión, la Iglesia ha desarrollado la angelología, una de esas ciencias tan suyas fundadas en la mera especulación, lo propio de personas instaladas en sinecuras que no tienen otra cosa que hacer más que inventar musarañas. (Otra igualmente prolija es la mariología.)

La angelología distingue tres jerarquías de ángeles, cada una de ellas con tres grados: primera (serafines, querubines y tronos), segunda (dominaciones, virtudes y potestades) y tercera (principados, arcángeles y ángeles). No es este lugar para desmenuzar las características de cada grupo, máxime cuando las jerarquías superiores no se dignan reparar en los pobres mortales, tan altas son, y cuando hay algo que hacer en la tierra, sea aviso (la Anunciación) o incendio provocado (Sodoma), todo lo más que envía Yahvé es un ángel o, como mucho, un arcángel.

163. Las lesiones por mirar al sol se denominan *retinopatías solares*; las de mirar a Yahvé se llamarían *retinopatías yahvistas*.

CAPÍTULO 63

El Templo inaugurado

Llegó el gran día de la inauguración del Templo de Jerusalén.

Salomón congregó en Jerusalén a los ancianos de Israel, a todos los jefes de las tribus y a los jefes de las casas paternas de los hijos de Israel ante el rey Salomón, para hacer subir el Arca del pacto de Yahvé desde la ciudad de David, que es Sion. [...] Fueron todos los ancianos de Israel, y los sacerdotes y los levitas tomaron el Arca y la subieron junto con el tabernáculo y todos los utensilios sagrados que estaban en él (1 Re. 8, 1-4).

El rey Salomón, y con él toda la congregación de Israel que se había reunido junto a él, estaban delante del arca, sacrificando tantas ovejas y vacas que por su gran cantidad no se podían contar ni numerar. Entonces los sacerdotes introdujeron el Arca en su lugar, en el santuario interior del Templo, en el sanctasanctórum, bajo las alas de los querubines (1 Re. 8, 5-6).

¿Qué contenía el Arca? En tiempos de Moisés las tablas de la Ley inscritas por el dedo de Yahvé. Después se agregó un vaso de oro lleno del maná, el alimento que Yahvé hacía florecer en el desierto para alimentar a su pueblo. Finalmente se añadió la vara milagrosamente florecida de Aarón. Sin embargo cuando Salomón instaló el Arca en el Templo *ninguna cosa había en ella, excepto las dos tablas de piedra que Moisés había colocado allí en Horeb, donde Yahvé hizo pacto con los hijos de Israel, cuando salieron de la tierra de Egipto* (1 Re. 8, 9).

Fuera porque Hiram (en realidad Yahvé) no había previsto una salida de humos para su casa, fuera por milagro, el caso es que el recinto del Templo, atestado de sacerdotes, levitas, invitados y demás barandas, se llenó de humo de tal manera que hubo que evacuar el edificio porque algunos de los presentes daban señales de asfixia. Hemos de imaginar que el humazo lo provocarían los pebeteros encendidos para la ocasión y cebados con maderas exquisitas, unidos a los numerosos incensarios, pero el Texto Santo da una explicación más acorde con las esperanzas del creyente: *los sacerdotes no pudieron continuar sirviendo por causa de la nube, porque la gloria de Yahvé había llenado la casa de Yahvé* (1 Re. 8, 11).

Salomón renovó los votos con Yahvé para que protegiera a su pueblo siempre que observara su Ley y le rogó que si lo castigaba por vulnerarla no fuera demasiado severo y le concediera su perdón en cuanto regresara a él arrepentido.[164]

Bien se ve que Salomón no tenía gran confianza en su pueblo.

A los ocho días de inaugurado el Templo, Salomón despidió al pueblo. Concluidos los fastos, Yahvé se le apareció de nuevo (en sueños, queremos creer) para reafirmarse en lo dicho: que protegería al pueblo mientras le fuera fiel, *pero en cuanto se descantille y adore dioses ajenos, le lloverán desgracias*, amenazó.

164. *Si tu pueblo saliere en batalla contra sus enemigos por el camino que tú les mandes, y oraren a Yahvé con el rostro hacia la ciudad que tú elegiste, y hacia la casa que yo edifiqué a tu nombre, tú oirás en los cielos su oración y su súplica, y les harás justicia. Si pecaren contra ti (porque no hay hombre que no peque), y estuvieres airado contra ellos, y los entregares delante del enemigo, para que los cautive y lleve a tierra enemiga, sea lejos o cerca, y ellos volvieren en sí en la tierra donde fueren cautivos; si se convirtieren, y oraren a ti en la tierra de los que los cautivaron, y dijeren: Pecamos, hemos hecho lo malo, hemos cometido impiedad; y si se convirtieren a ti de todo su corazón y de toda su alma, en la tierra de sus enemigos que los hubieren llevado cautivos, y oraren a ti con el rostro hacia su tierra que tú diste a sus padres, y hacia la ciudad que tú elegiste y la casa que yo he edificado a tu nombre, tú oirás en los cielos, en el lugar de tu morada, su oración y su súplica, y les harás justicia* (1 Re. 8, 44-49).

CAPÍTULO 64

Las naves de Ofir y Tarsis

Al hablar de Salomón, los fabulistas de Josías inventaron un reino imaginario que debía ser la imagen especular de las aspiraciones de su rey. El texto sagrado no se para en barras a la hora de contar grandezas:

Hizo también el rey Salomón una flota de naves en Esyón-Guéber, que está junto a Elot en la ribera del mar Rojo, en la tierra de Edom. Y envió Hiram en ellos a sus siervos, marineros y diestros en el mar, con los siervos de Salomón, los cuales fueron a Ofir y tomaron de allí oro, cuatrocientos veinte talentos, y lo llevaron al rey Salomón (1 Re. 9, 26-28).

Ofir es un reino fabuloso, al parecer tributario de Israel.

La flota de Hiram, que había traído el oro de Ofir, traía también de Ofir gran cantidad de madera de sándalo y piedras preciosas (1 Re. 10, 11).

Otras naves comerciaban con Tarsis, que algunos autores han identificado con Tartessos, el Estado o el río del sur de la actual Andalucía donde los comerciantes griegos buscaban metales a mediados del I milenio a. C.[165]

165. El caso es que la palabra *Tarsis* se asocia en la Biblia a varios conceptos:

1. Puede ser una piedra preciosa, crisolito quizá, en Éx. 28, 20 y 39, 13; Ez. 10, 9 y 1, 16; Dan. 10, 6; y Cant. 5, 14.
2. Puede ser un nombre de persona, tal como aparece en Gén. 10, 4; 1 Cr. 7, 10; y Est. 1, 14.
3. Puede ser un tipo de embarcación: 2 Cr. 9, 21; Is. 2, 16; Sal. 48, 8; Is. 23, 1 y 60, 9; Ez. 27, 25; 1 Re. 10, 22 y 22, 48.

Pues el rey tenía en el mar una flota de naves que salía de Tarsis, con la flota de Hiram; una vez cada tres años venía la flota de Tarsis y traía oro, plata, marfil, monos y pavos reales (1 Re. 10, 22).

Si uno de los productos de Tarsis era marfil, estaba claro que había elefantes. ¿Elefantes en España? Algunos autores lo rechazan de plano y tienen la impresión de que el autor bíblico está hablando de otra tierra. No les parece que la Tarsis mencionada en este texto sea Tartessos. Otros creen que el puerto del que partían las naves de Salomón está en el golfo de Akaba y no en el Mediterráneo. En ese caso el puerto de destino debería estar en África a juzgar por los productos enumerados.[166]

El profeta Ezequiel vuelve a mencionar una Tarsis hacia el 586 a. C.: *Era tanta tu riqueza, que Tarsis comerciaba contigo, y a cambio de tus mercancías te daba plata, hierro, estaño y plomo* (Ez. 27, 12). Esta vez sí que pudiera ser que se tratara del Tartessos del litoral andaluz.

166. Sin embargo no debemos precipitarnos a negar que en Europa haya habido en tiempos históricos monos y elefantes. Todavía hay monos en el peñón de Gibraltar (y una leyenda dice que cuando desaparezcan marcharán los ingleses) y, en cuanto a los elefantes, en la época de Tartessos todavía existía en el Magreb una raza de elefantes pequeños, poco más altos que un caballo. Los señores de Tartessos bien pudieran disponer de estos animales que pastaban al otro lado del estrecho. Estos elefantes, por cierto, fueron los que, siglos después, acompañarían a Aníbal a su campaña contra Roma, atravesando los Alpes. Los explotaron tanto para la guerra que consiguieron extinguirlos.

CAPÍTULO 65

La reina de Saba

La reina de Saba oyó de la fama de Salomón en relación con el nombre de Yahvé y vino a probarle con preguntas difíciles. Llegó a Jerusalén con una gran comitiva, con camellos cargados de especias, y oro en gran abundancia y piedras preciosas. Y cuando se presentó ante Salomón, le expuso todo lo que en su corazón tenía. Y Salomón le contestó todas sus preguntas; no hubo ninguna cosa escondida que el rey no le declarase. Y cuando la reina de Saba vio toda la sabiduría de Salomón, y la casa que había edificado, o la comida de su mesa, y los asientos que ocupaban sus siervos, y la apariencia y los vestidos… se quedó sin aliento. *Y dio ella al rey ciento veinte talentos de oro, y mucha especiería y piedras preciosas. Nunca vino tan gran cantidad de especias, como la que la reina de Saba dio al rey Salomón. Salomón le dio conforme a su real generosidad. Y ella se volvió y se fue a su tierra con sus criados* (1 Re. 10, 1-13).

Mucho se ha especulado sobre la reina de Saba, que llega a Salomón irresistiblemente atraída como la mosca a la miel.

¿Era Saba el antiguo país de los sabeos, entre la actuales Etiopía y Yemen?[167] En tal caso la reina de Saba podría ser una de esas beldades etíopes, al estilo de Liya Kebede, que las agencias de modelos

167. El reino preislámico instalado en aquella región destacó por su fértil agricultura, que empleaba avanzadas técnicas de irrigación. La prosperidad terminó para dar paso al desierto cuando se combinó la escasez de lluvias (producto de un cambio climático) con la rotura de la presa de Marib, la más antigua del mundo, fechada hacia el siglo VIII a. C., que los ingenieros no lograron restaurar.

se disputan. Incluso se especula que la reina de Saba fue la sulamita a la que Salomón dedicó el Cantar de los Cantares (*Negra soy, pero hermosa…*). Vaya usted a saber.

El caso es, sigue la leyenda, que la reina de Saba permaneció seis meses en Jerusalén y de las atenciones que le dispensó el sabio Salomón concibió un hijo, Menelik, que inauguraría la estirpe de reyes etíopes que se extingue con el último, el emperador Haile Selassie, cuyo símbolo nacional era precisamente el león de Judá.[168]

168. La exótica reina de Saba ha tenido gran fortuna cinematográfica. La primera fue Betty Blythe, que la representó hermosa y sugerente en sus gasas y transparencias en una película muda, pero no ciega, en 1921. La segunda, igualmente hermosa, pero no tan sensual, fue Gina Lollobrigida en 1959.

CAPÍTULO 66

El harén de Salomón

En la época que estamos tratando era bastante normal que un hombre tuviera tantas concubinas como pudiera mantener. Gente agropecuaria y primitiva, el éxito en la vida lo medían en la posesión de asnas, de ovejas, de cabras... y de mujeres.

Los reyes solían acumular esposas, en parte porque casarse con hijas o hermanas de otros reyes afianzaba los pactos. Esto explica que, según el Libro Sagrado, Salomón allegara *setecientas esposas que eran princesas*, a las que debemos sumar, solo por prestigio, *trescientas concubinas*. Setecientas y trescientas suman mil. Es lícito sospechar que el redactor del texto sagrado ha querido indicar la cifra de mil, en números redondos, anticipándose, por algo es el propio Dios, al sistema decimal, un método, recordemos, basado en los diez dedos de las manos, que inventaron los hindúes y divulgaron los árabes.

Fueran mil las esposas, o fueran algunas menos, no parece, visto desde el sentido común, que sea una decisión sensata acumular un harén tan nutrido.

Las esposas y concubinas de Salomón eran de variada procedencia: moabitas, amonitas, edomitas, sidonias y heteas, todas por cierto procedentes de los pueblos del entorno, *de las cuales Yahvé había dicho a los hijos de Israel: No os llegaréis a ellas, ni ellas se llegarán a vosotros, porque ciertamente harán inclinar vuestros corazones tras sus dioses* (1 Re. 11, 2).

El rey Salomón, tan sabio como era, no tuvo en cuenta el mandato divino y de tanta frecuentación de beldades extranjeras fatalmente sucumbió a la idolatría.

CAPÍTULO 67

El abominable culto de Moloc

Yahvé, en su infinita sabiduría, sabía que, disculpen la crudeza del dicho, dos tetas pueden más que dos carretas, o más tira pendejo de monte de Venus que calabrote de barco. Yahvé había infundido en Salomón un conocimiento superior al de cualquier otro mortal nacido o por nacer: una sabiduría absoluta. Y las mujeres de su harén tendrían muy buena presencia, eso nadie lo duda, pero seguramente no se caracterizaban por unos cocientes intelectuales descollantes. Sin embargo, y aquí reside la paradoja, *sus mujeres le inclinaron el corazón tras dioses ajenos, y adoró a Astarté, diosa de los sidonios, y a Milcom, dios abominable de los amonitas* (1 Re. 11, 4-5).

No queda ahí la cosa: *Salomón hizo construir un gran edificio para Quemós, la abominación de Moab, en la montaña que hay frente a Jerusalén, y Moloc* (*mlk*, מלך),[169] *la abominación de los hijos de Ammon* (1 Re. 11, 7).[170]

O sea, de ser tan devoto a Yahvé en su juventud, construirle el Templo y todo eso, pasa ya de viejo verde desorejado a dejarse enredar por sus mujeres, que lo persuaden a adorar divinidades abominables.

¿Qué tipo de culto era el que se rendía a estos dioses? Comencemos por Astoret. Esta diosa cananea, más conocida como Astarté, suele representarse en la forma de una hermosa mujer desnuda,

169. Recordemos que en hebreo solo se escriben las consonantes: *mlk* es Moloc.

170. Mélek significa «rey» y Baal, «señor»: vienen a ser equivalentes.

aunque algunas veces con garras en lugar de pies, lo que no contribuye a su encanto. Astarté era la versión evolucionada de la diosa de la fertilidad ancestral, aquellas Venus gordísimas de la prehistoria. Su culto mundanalmente considerado podría parecernos más placentero que el de Yahvé, puesto que consistía en fornicios y orgías.

Del dios de los amonitas, Milcom, no sabemos mucho. Parece que sea una variante local de Moloc o Moloc Baal, un dios propio de fenicios y sirios que a veces aparece en la Biblia mencionado como *mlk*.

Este dios no tiene un aspecto precisamente placentero: se suele representar con cuerpo de hombre y cabeza de carnero o toro, y sentado en un trono. A Moloc se sacrificaban los primogénitos en una ceremonia denominada *molk*. El procedimiento no puede ser más terrible: un horno de bronce que por la parte superior adoptaba la forma de Moloc con la boca abierta, «las manos extendidas, las palmas hacia arriba. El niño se colocaba en ellas, se alzaban mediante cadenas y caía por la boca abierta dentro del fuego».[171]

171. Diodoro Sículo (XX, 14) habla de la adoración de este dios en Cartago. Al parecer hubo un tiempo en que criaban niños ajenos para alimentar al dios y ya no sacrificaban a sus primogénitos, pero, ante el apuro de ver al enemigo acampado frente a las murallas de Cartago, resolvieron sacrificar a los adolescentes de las doscientas familias más importantes de la ciudad. A lo largo de la Biblia hemos visto que la bárbara costumbre se practicó también entre los israelitas: recordemos el episodio del frustrado sacrificio de Isaac y el de la hija de Jefté. Por eso se prohíbe expresamente: *No entregarás a ninguno de tu descendencia a Moloc, ni profanarás el nombre de tu Dios: yo soy Yahvé* (Lev. 18, 21). *Cualquier varón de los hijos de Israel, o de los extranjeros que moran en Israel, que ofreciere alguno de sus hijos a Moloc, de seguro morirá; el pueblo de la tierra lo apedreará. Y yo pondré mi rostro contra el tal varón, y lo cortaré de entre su pueblo, por cuanto dio de sus hijos a Moloc, contaminando mi santuario y profanando mi santo nombre. Si el pueblo de la tierra cerrare sus ojos respecto de aquel varón que hubiere dado de sus hijos a Moloc, para no matarle, entonces yo pondré mi rostro contra aquel varón y contra su familia, y le cortaré de entre su pueblo, con todos los que fornicaron en pos de él prostituyéndose con Moloc* (Lev 20, 2-5). El lugar donde los israelitas sacrificaban a Moloc estaba a pocos kilómetros de Jerusalén (según leemos en Jer. 32, 30, 34 y 35). *Y edificaron los altos de Tofet, que es en el valle de Ben-Hinnom, para quemar en fuego sus hijos y sus hijas, cosa que yo no*

Parte esencial de la ceremonia consistía en crear un ambiente frenético con trompetas, tambores y címbalos mientras los sacerdotes encendían el horno en el vientre de la estatua; si la ceremonia se prolongaba, esto calentaba las paredes de bronce hasta ponerlas al rojo vivo. A los familiares se les prohibía llorar durante la ceremonia.

El bárbaro ritual de incineración de los primogénitos les ha parecido a algunos historiadores difícil de admitir, pero es evidente que existió. El que esto escribe visitó hace como veinte años el tofet de Cartago, excavado por Kelsey y Harden en 1925, y por Pierre Cintas en 1947, hoy un melancólico jardín sombreado por grandes árboles, entre los que encontramos numerosas estelas y cipos dedicados a los niños allí sacrificados.

---

les mandé, ni subió en mi corazón (Jer. 7, 31). *Quemó también incienso en el valle de los hijos de Hinnom, y quemó a sus hijos en el fuego, conforme a las abominaciones de los gentiles que el Señor había echado delante de los hijos de Israel* (2 Cr. 28, 3). *Y pasó sus hijos por fuego en el valle de los hijos de Hinnom* (2 Cr. 33, 6).

CAPÍTULO 68

Grandezas de Salomón

La gente de *Judá e Israel era tan numerosa como la arena de la playa, y comía y bebía y se alegraba. Y Salomón gobernaba sobre todos los reinos, desde el río Éufrates hasta Gaza, en la tierra de los filisteos y hasta el límite con Egipto; y le pagaban impuestos, y sirvieron a Salomón todos los días de su vida* (1 Re. 4, 20-21).

La cantidad de alimento que se requería a diario en el palacio de Salomón era: ciento cincuenta canastas de harina candeal y trescientas canastas de harina gruesa, también diez bueyes del cebadero, veinte reses de pasto, cien ovejas o cabras, ciervos, gacelas, corzos y aves de corral de primera calidad (1 Re. 4, 22).

Los gobernadores regionales proveían sin falta el alimento para el rey Salomón y su corte; cada uno se aseguraba de que no faltara nada durante el mes que se le había asignado. También llevaban suficiente cebada y paja para los doce mil caballos que tiraban sus carros de guerra (1 Re. 4, 26-27).

¿No parecen muchos caballos? Otro pasaje de la Biblia insiste en lo mismo:

Salomón llegó a tener cuatro mil pesebres de caballos y carros y doce mil corceles, y los mantuvo estacionados en las ciudades para los carros y junto al rey en Jerusalén (2 Cr. 9, 25-26).

Durante la vida de Salomón, los habitantes de Judá e Israel vivieron en paz y con seguridad. Desde Dan, en el norte, hasta Beerseba, en el sur, cada familia tenía su propia casa con jardín (1 Re. 4, 25).

¿Puede imaginarse uno tanta grandeza? Si creemos a la Biblia, el reino de Israel superó el poderío y la riqueza de Egipto, de Asiria, de Babilonia, de Persia, de Roma y de cualquier otro imperio de la antigüedad. Guiados por la Biblia, los primeros arqueólogos se esforzaron en hallar vestigios de aquellas grandezas, «una organización estatal plena en el siglo x a. C. y el férreo dominio de Jerusalén sobre el norte».[172] Los niveles de destrucción hallados en ciudades cananeas y filisteas se atribuían a las fulgurantes conquistas del rey David. Y las puertas en casamata de las grandes ciudades muradas eran prueba fehaciente de la actividad constructora de Salomón, *cuyo imperio abarcaba desde el Éufrates hasta la tierra de los filisteos y la frontera de Egipto* (1 Re. 4, 24) y *en cuya capital la plata era tan corriente como las piedras* (1 Re. 10, 27).

Supuestamente, Salomón había fortificado grandes ciudades (Hazor, Megido, Guézer) en las que mantenía enormes caballerizas para los cuarenta mil caballos que tiraban de sus mil cuatrocientos carros de guerra y doce mil jinetes.

172. Finkelstein, 2003, p. 170.

CAPÍTULO 69

Nuestro gozo en un pozo

Fue bello mientras duró. Me refiero a esa hermosa historia de las grandezas (y flaquezas) de David y Salomón.

Mientras la Biblia fue el único testimonio todo concordó. Cuando los arqueólogos comenzaron a hurgar en el seno de la Tierra Prometida, la bella historia se fastidió. Era solo un sueño.

El yacimiento de Tell Qasile, al norte de Tel Aviv, mostró una próspera ciudad filistea. Su excavador Benjamin Mazar no lo dudó: el rey David había arrasado la ciudad.

Los primeros excavadores de la ciudad de Megido identificaron unas largas cámaras compartimentadas con las famosas caballerizas de Salomón. Igualmente, la monumental puerta con torre y tres cámaras a cada lado del pasillo de acceso se atribuyó a Salomón. El mismo tipo de puerta se encontró en la otra gran ciudad salomónica de Hazor y en la de Guézer, lo que llevó a sospechar la existencia de «un arquitecto real de Jerusalén que había trazado un plano general para las puertas de las grandes ciudades salomónicas».[173] Un plan tan ambicioso y estructurado testimoniaba la existencia de un Estado poderoso capaz de emprender grandes obras públicas.

El prestigioso arqueólogo Yadin echó las campanas al vuelo y proclamó: «No existe en la historia de la arqueología ningún caso en que un pasaje literario haya contribuido tanto a identificar y fechar estructuras en varios de los tells o colinas más importantes de Tierra

173. Finkelstein, 2003, p. 155.

Santa como el de 1 Re. 9, 15 [...] supimos con seguridad que habíamos identificado la ciudad de Salomón».[174]

En ulteriores excavaciones en Megido, Yadin encontró un palacio de casi dos mil metros de superficie construido en sillería que se parecía como dos gotas de agua a otros palacios construidos en la Edad del Hierro en el norte de Siria (los *bit hilani*) que poseen una entrada monumental a través de la cual se accede a un espacioso salón ceremonial rodeado de pequeños cubículos.

Sin embargo, una tozuda realidad contradecía toda la hipótesis: en el reino del sur, Jerusalén y aledaños, supuesta cabecera del reino de Salomón, no se encontraban más que paupérrimos testimonios arqueológicos.

Otra duda no menos corrosiva: los *bit hilani* de la Edad del Hierro hallados en Siria se construyeron en el siglo IX a. C., como mínimo cincuenta años después del reinado de Salomón. «¿Cómo habrían podido adoptar los arquitectos de Salomón un estilo arquitectónico todavía inexistente?»[175]

Los arqueólogos bíblicos más antiguos se esforzaban en encontrar vestigios de los reinados de David y Salomón, pero a partir de los años ochenta del pasado siglo, una nueva generación de arqueólogos dotada de mejores instrumentos y más desprejuiciada lo ha tirado todo por tierra: ya resultaba sospechoso que un reino tan poderoso no hubiera dejado el menor rastro en los archivos de los vecinos, Egipto y Mesopotamia. También lo era que en Jerusalén, la capital de tan próspero reino, no se encontraran restos del Templo ni del espléndido palacio real.

Poco a poco se fue haciendo la luz y los arqueólogos menos prejuiciados llegaron a la conclusión de que las fechas estaban equivocadas. Los restos palaciegos y las puertas monumentales de Megi-

174. Citado por Finkelstein, 2003, p. 155.

175. Finkelstein, 2003, p. 158. Nuevos análisis más ajustados con carbono 14 confirmaron que las cronologías aceptadas eran erróneas.

do, Hazor y Guézer se construyeron bastante después del reinado de Salomón, a principios del siglo IX a. C.

Las estupendas caballerizas atribuidas a Salomón eran mucho más tardías, de la época de Jeroboam II (hacia 760 a. C.).[176] Al mismo tiempo se despejaba la otra incógnita: en tiempos de David y Salomón, «Judá era todavía una región remota y subdesarrollada», abrumadoramente rural, escasamente poblada y sin indicios de la alfabetización que habría sido necesaria para el funcionamiento de una monarquía propiamente dicha.[177]

David y Salomón existieron, pero el esplendor de sus reinados es una invención del historiador deuteronomista del siglo VII a. C. al servicio del rey Josías. El monarca estaba interesado en reivindicar para sí mismo las tierras que un día supuestamente pertenecieron a aquellos míticos antecesores.

«La fastuosa visita a Jerusalén de la reina de Saba (1 Re. 10, 1-10) y el comercio con lugares lejanos como el país de Ofir (1 Re. 9, 28; 10, 11) reflejan la participación de la Judá del siglo VII a. C. en el lucrativo comercio árabe. Lo mismo puede decirse de la construcción de Tamar en el desierto (1 Re. 9, 18).»[178]

David y Salomón debieron de reinar entre los años 1005 y 930 a. C. De que existieron no cabe duda;[179] la duda está en si fueron algo más que unos reyezuelos de un humilde pueblo de pastores que después de colonizar las sierras descendieron a las faldas rocosas para cultivar olivos y vides, y al mejorar sus ingresos pudieron constituirse en comunidades más complejas, primero con caudillos y luego con reyes.

176. Finkelstein, 2003, p. 235.

177. Finkelstein, 2003, p. 160.

178. Finkelstein, 2003, p. 161.

179. En 1993 se descubrió en Tell Dan, al norte de Israel, un fragmento de un monumento de basalto rojo en cuya inscripción se menciona «la casa de David» y que conmemora el asalto de Jazael, rey de Damasco, al reino israelita del norte hacia 850 a. C. (Por entonces las doce tribus se habían dividido en dos reinos: el del Norte o Israel, con capital en Samaria, y el del sur o Judá, con capital en Jerusalén.)

En el tiempo en que supuestamente florecía el reino de David y Salomón, en el norte más rico de la Tierra Prometida seguían existiendo las ciudades-Estado cananeas y Judá era «un país desprovisto de población permanente, muy aislado y muy marginal, sin centros urbanos de importancia».[180] Es más: no existen pruebas arqueológicas de que Jerusalén estuviese ocupada en el siglo x a. C., supuestamente su gran época. Abundan los testimonios arqueológicos más antiguos (Bronce Medio y Hierro), pero en la época del mayor esplendor bíblico no hay nada, quizá la ciudad se reducía a una pobre aldea de pastores.

La conclusión era desoladora: «Todas las descripciones bíblicas de la historia israelita no son más que construcciones ideológicas hábilmente elaboradas, producidas en Jerusalén por círculos sacerdotales en tiempos posteriores al exilio e incluso en época helenística».[181] En realidad se deduce que David y Salomón fueron todo lo más caudillos tribales sin más alcance que el territorio montañés en torno a Jerusalén.

El historiador predeuteronomista del siglo VII a. C. había ensalzado a David como el gran monarca que erradicó la idolatría del pueblo israelita, gracias a lo cual Yahvé le había ayudado a completar la conquista de la Tierra Prometida inacabada desde los tiempos de Josué. El paralelo con Josías era evidente: el nuevo rey heredero de la estirpe de David restauraba la religión de Yahvé y recuperaría los territorios del desaparecido reino del norte (Israel) que un día pertenecieron a la mítica monarquía davídica.

180. Finkelstein, 2003, p. 149.
181. Finkelstein, 2003, p. 144.

CAPÍTULO 70

Los israelitas se escinden en dos reinos

En vista de que Salomón lo había traicionado adorando a dioses ajenos, Yahvé incurrió en gran cólera y se apareció nuevamente al apóstata para anunciarle:

—No te arrebato el reino por respeto a la memoria de tu padre, David, pero se lo arrebataré a tu hijo.

Un poco absurda nos puede parecer la justicia de Yahvé, este Dios de designios inescrutables: castiga los pecados del padre en la cabeza del hijo[182] y guarda amable memoria de David, el bárbaro que ejecutaba a sus prisioneros con sierras, hachas y hornos, el que asesinó a uno de sus fieles para quedarse con su mujer.

La pérdida del reino comenzó por una serie de rebeliones provinciales: un príncipe edomita, Hadad; el rey de Siria, Redom; el efrateo Jeroboam, al que el profeta Ajías, descontento con la deriva idólatra de Salomón, prometió entregarle diez de las doce tribus de Israel.[183]

Falleció Salomón después de reinar cuarenta años (una vez más el manido cuarenta) y lo sucedió su hijo Roboam.[184] Y mal empezó

182. Puede parecer, lo sé, desde la falible perspectiva humana, que es injusto que los hijos paguen por los pecados de los padres, pero la Biblia es taxativa en ese sentido. Véase nota 9.

183. *Ahías se despojó de su manto nuevo, lo rasgó en doce pedazos y dijo a Jeroboam: Toma para ti diez pedazos, porque así dice Yahvé Dios de Israel: Arrancaré el reino de manos de Salomón, y a ti te daré diez tribus* (1 Re. 11, 30-31).

184. Solo en el trono de Judá, entiéndase. Para ratificarse también como rey

el muchacho. Una comisión de ciudadanos del norte fue a implorarle que bajara los impuestos que su difunto padre había aumentado hasta niveles intolerables y él les respondió con la delicadeza de un bulldozer: *Mi dedo meñique es más grueso que los lomos de mi padre. […]* si *mi padre os cargó con un pesado yugo, yo os pondré otro más pesado; si él os castigó con azotes, yo os castigaré con escorpiones* (1 Re. 12, 10-11).

Un prodigio de delicadeza y diplomacia, pensará el lector, pero en su descargo debemos aducir que, aparte de que estuviera maleducado por ser hijo de quien era, el propio Yahvé lo manipulaba desde su omnipotencia para que metiera la pata y cabreara a los comisionados del norte.

«¿Conque esas tenemos?», pensaron ellos, y pagaron su frustración en Adoram, el ministro de Hacienda, al que lapidaron. Después le ofrecieron el trono de las tribus del norte al rebelde Jeroboam. Los del norte (diez tribus) declararon la secesión y Roboam, sin fuerza para reprimirlos, tuvo que conformarse con reinar en el sur.

A partir de este momento el pueblo elegido que había logrado permanecer unido un siglo escaso bajo los grandes reyes (Saúl, David, Salomón) se escindió en dos reinos mutuamente hostiles: el del sur (o Judá), con capital en Jerusalén y que agrupaba las tribus de Judá y Benjamín, y el del norte (o Israel), con capital en Tirsá[185] (después en Samaria) y habitado por las diez tribus restantes.[186]

Los dos reinos disfrutaban (o padecían) dos ecosistemas distintos. El reino del norte era rico (las llanuras agrícolas de Galilea y su lago, las grandes ciudades, los caminos caravaneros) mientras que el

---

de Israel tuvo que jurar el cargo en el santuario de la tribu de Efraín, en Siquem: *Roboam fue a Siquem, porque todo Israel había ido allí para hacerlo rey* (1 Re. 12, 1).

185. Tirsá, al noreste de Siquem, se ha identificado con el lugar arqueológico de Tell el-Farah.

186. Más bien ocho, pero eso ya importaba menos porque el régimen tribal se había desvanecido bastante durante el siglo de monarquía centralista.

del sur era pobre (desierto y montañas pastoriles en torno a Jerusalén).

En el relato bíblico que examinaremos en las páginas que siguen nos dará la impresión de que el reino importante era el de Judá. Esto se debe a que la historia la escribieron (o inventaron) ellos, los judaítas del rey Josías. La realidad que reflejan las fuentes arqueológicas es que el reino del norte era rico y el del sur, pobre. Aunque en las páginas que siguen encontremos a Judá, el reino del sur, dominando a las tribus del norte, del examen de la historia se deduce justamente lo contrario, que el reino del Judá siempre estuvo sometido al del norte.

Al principio, las consecuencias religiosas de la secesión no parecieron tan importantes como las políticas. El reino del norte (Israel), más abierto a las influencias mundanas, descuidó el culto a Yahvé y frecuentemente lo traicionó con Baal, Astarté y otros dioses más agradables y menos exigentes de los países del entorno, lo que provocaría la ira de los profetas, en especial de Ezequiel.

El reino de Judá, más atrasado y aislado, mostró mayor apego a Yahvé, por algo se había quedado con el Templo y el Arca, aunque eso no lo libró de contaminarse con dioses extraños.

Al dividir sus fuerzas, los dos reinos quedaban más expuestos a los ataques de los poderosos vecinos, Asiria y Egipto, pero, como estamos viendo, el pueblo elegido a veces se muestra también como el pueblo desunido. A pesar de ello, el reino del norte solo se mantuvo algo más de dos siglos hasta que los asirios lo incorporaron a su imperio, pero el del sur prolongó su existencia siglo y medio más porque en realidad nadie ambicionaba aquellas montañas improductivas.

Y desaparecido el colega del norte, pudieron escribir la historia a su manera, más pendiente de la teología que de la verdad.

CAPÍTULO 71

Yahvistas contra idólatras

A Jeroboam, flamante rey del norte, con capital primero en Tirsá y después en Siquem, se le planteaba un problema: si la oficina central de Yahvé es el Templo de Jerusalén, sus súbditos tendrían que peregrinar a los dominios de su rival para cumplir con sus deberes religiosos. Peligroso: allí podrían adoctrinarlos y volverlos contra él.

Dado que la gente necesita un Dios, démoselo, pensó Jeroboam, y creó sus propios santuarios en Betel, en el extremo sur, y Dan, al norte. En ellos no se adoraba a Yahvé sino a sendos becerros de oro.[187]

A Yahvé no pudo hacerle gracia esta traición. Así que había suprimido el reino de Salomón para castigar en su descendencia la idolatría en que incurrió y ahora resulta que el rey al que entregó las diez tribus y la tierra más fértil, Jeroboam, sucumbía a su vez a la idolatría (ya vamos notando que Yahvé tiende a equivocarse en la elección de sus campeones).

En esta época coexistían en el pueblo elegido dos tendencias: la monárquica, más liberal, que imitaba los regímenes políticos de los países del entorno, y la que podríamos denominar *yahvista*, conservadora y teocrática, que aspiraba al cumplimiento estricto de la

187. En vano han buscado los arqueólogos este Betel, santuario del norte que hacía la competencia al Templo de Jerusalén. Debieron de destruirlo a fondo cuando los partidarios de Jerusalén extendieron su poder sobre las tierras de los idólatras.

normativa religiosa y estaba representada por esos personajes estrafalarios y casi siempre malhumorados, los profetas, que se postulaban como intérpretes autorizados de los deseos de Yahvé.

¿Iba el partido yahvista a consentir que el reino del norte reincidiera en la idolatría? Nada de eso: un profeta se presentó ante Jeroboam y le vaticinó toda clase de desgracias: *El altar se quebrará, y la ceniza que está sobre él se esparcirá.* Y vendrá *de la casa de David un rey llamado Josías, el que sacrificará sobre ti a los sacerdotes de los lugares altos que queman sobre ti incienso, y sobre ti quemarán huesos de hombres* (1 Re. 13, 2-3). *Destruiré de Jeroboam todo varón, así el siervo como el libre en Israel; y barreré la descendencia de la casa de Jeroboam como se barre el estiércol, hasta que sea acabada. El que muera de los de Jeroboam en la ciudad, lo comerán los perros, y el que muera en el campo, lo comerán las aves del cielo; porque Yahvé lo ha dicho. Arrancaré a Israel de esta buena tierra que di a sus padres, y los esparciré más allá del río, por haber adorado imágenes de Aserá* (1 Re. 14, 10-15).[188]

Así que Yahvé profetiza a finales del siglo x a. C. a un rey justo que vendrá a enmendar los entuertos de Jeroboam unos dos siglos después, en el siglo VII a. C. Bien se nota que todo eso se inventó en tiempos de Josías, cuando el reino del norte había desaparecido y el rey del sur aspiraba a incorporarlo sus tierras al tiempo que impulsaba la idea de que el culto a Yahvé debía centrarse en el Templo de Jerusalén.

Se sucedieron diversos reyes en los dos reinos y el único que nuevamente se acercó a Yahvé fue Asá, un nieto de Salomón *que quitó a los sodomitas de la tierra y quitó todos los ídolos que sus padres*

188. ¿Aserá? ¿Quién es esta Aserá que sale ahora? Durante un tiempo tanto el reino del norte como el del sur, los parientes mal avenidos, coincidieron en adorar a la diosa Aserá (otro nombre de Astarté) en todo collado alto y debajo de todo árbol frondoso. Ya vimos que era una diosa muy tolerante en lo sexual. Quizá por eso apunta la Biblia que *hubo también sodomitas en la tierra, e hicieron conforme a todas las abominaciones de las naciones que Yahvé había expulsado de delante de los hijos de Israel* (1 Re. 14, 23-24).

habían hecho. Y también privó a su madre Maacá de ser reina, porque había hecho un ídolo de Aserá. Además, destruyó el ídolo de su madre y lo quemó junto al torrente Cedrón (1 Re. 15, 11-13).

En el reino del norte las desgracias vaticinadas comenzaron a suceder. El general Basá dio un golpe de Estado y destronó al rey Nadab, heredero del hereje Jeroboam. Luego, para curarse en salud, *exterminó a la casa de Jeroboam, sin dejar alma viviente,* o sea ejecutó a todos los varones del linaje del rey depuesto.[189]

Basá estrenó su reinado guerreando contra el reino del sur, que, al borde de la derrota, solicitó ayuda al rey de Siria, entonces potencia emergente, y juntos derrotaron al agresor.

El trono del general Basá lo heredó su hijo Elá, al que su jefe de la guardia, el general Zimri, depuso en un golpe de Estado. ¿Será necesario repetir que su primer acto de gobierno consistió en aniquilar a todos los varones de la familia de Basá?

Esta vez la maniobra salió mal. Otro general del norte, Omrí, reunió a un ejército y atacó al golpista, que pereció entre las ruinas humeantes de su palacio.

Parecía que en la ciudad de Tirsá no duraban mucho los reyes. Omrí, supersticioso y práctico, trasladó la capital del reino a Samaria, un emplazamiento estratégico a medio camino entre el Mediterráneo y el río Jordán y a dos horas de camino de la nueva ciudad santa de Siquem. Omrí engrandeció el reino del norte y firmó una alianza con las ciudades fenicias para mantener a raya las apetencias territoriales de Siria. Hacia 880 a. C. mudó definitivamente su capital a Samaria y se hizo construir en la cima de la colina un fastuoso palacio de más de dos mil metros cuadrados rodeado de edificios auxiliares y acuartelamientos para las tropas. De la misma época son otras grandes construcciones en Hazor y Jezreel.

189. Esta prudente costumbre oriental de desarraigar a toda la casta perduraría hasta casi nuestros días. Recordemos que, ya en época musulmana, los abasidas exterminaron a los omeyas (solo escapó el primer Abderramán porque se refugió en España).

Omrí y su descendencia son muy odiados en la Biblia, pero los datos históricos muestran que fueron reyes poderosos al frente de un Estado próspero y bien relacionado con los vecinos que se amplió con extensas conquistas por el norte hasta Damasco y por la Transjordania de Moab. Al extenderse por territorio cananeo y ocupar Megido, Hazor y Guézer, los omritas crearon una economía fuerte al dominar las fértiles tierras bajas (valles de Jezreel y el Jordán) y las rutas comerciales.

Es muy posible que el reflejo de la grandeza de Omrí inspirara al historiador deuteronomista en su descripción de la supuesta grandeza del reino de David y Salomón. Los suntuosos edificios que los primeros excavadores de Megido atribuyeron al reinado de Salomón, las galerías excavadas en la roca por las que se accede a sendos manantiales de agua en las ciudades de Megido y Hazor, la poderosa ciudadela de esta última ciudad y la monumental puerta de la ciudad de Dan son todas obras de la época de los omritas (siglo IX a. C.) y reflejan el poder de esta dinastía, así como la existencia de una compleja organización estatal y una burocracia eficiente, todo lo cual faltaba en la misma época en el reino judaíta del sur, que seguía siendo un conjunto de pobres aldeas de pastores.

En conclusión: «los reyes omritas, y no Salomón, instituyeron la primera monarquía israelita plenamente desarrollada».[190] En realidad el reino de Judá no genera las estructuras administrativas propias de un Estado hasta dos siglos después de Salomón, en el siglo VIII a. C.

Ahora, atentos, porque el fabulador deuteronómico, o sea, la Biblia, los va a poner verdes.

190. Finkelstein, 2003, p. 209.

CAPÍTULO 72

Jezabel, una pájara de cuidado, y Elías, el profeta abducido

Estamos asistiendo (ese es el tema principal de la Biblia) a una reñida competición entre Yahvé y el resto de los dioses. Yahvé, ya lo vemos, intransigente y arbitrario como es, no deja de concitar nuestras simpatías por ese empecinamiento suyo en reinar sobre un pueblo insignificante que a la menor ocasión lo traiciona y adora a otros dioses más simpáticos y tolerantes.

Yahvé podía haber escogido reinar sobre los egipcios, sobre los asirios o sobre los hititas, las grandes potencias de la época. Pues, no: él quiso reinar sobre esos pastores andrajosos de las montañas de Judea. ¿No es conmovedor?

Es difícil penetrar en el pensamiento de un dios *cuyos designios son inescrutables* (Rom. 11, 33). Quizá advirtió su error demasiado tarde, quiero decir que estaba apostando por un jamelgo y no por un purasangre, pero ya vemos que, orgulloso como es, aunque a veces advierte sus errores, persevera en ellos: «sostenella y no enmendalla». Aunque también podría ser que los reinos principales estuvieran ya ocupados por dioses más poderosos y Yahvé tuviera que conformarse con los descastes.

De todos los reyes que se sucedieron en el reino del norte ninguno resultó tan calzonazos como Ajab, hijo y sucesor de Omrí. El caso es que no era mal gobernante: hizo la paz con el reino del sur, lo que Yahvé juzgó con benevolencia, pero disparató al casarse con Jezabel, la taimada hija de su aliado, el rey fenicio de Sidón.

Jezabel, una devota de Baal y de Aserá (Astarté), se hizo odiosa a los yahvistas: no hay más que ver cómo la trata la Biblia (no perdamos de vista que sus redactores suelen ser convencidos yahvistas). Desde luego, motivos no les faltaban: la reina persiguió a los profetas de Yahvé y favoreció a los sacerdotes de sus falsos dioses.[191]

Viéndose maltratado en la cabeza de sus partidarios, Yahvé castigó al reino del norte con una pertinaz sequía a la que siguió la correspondiente hambruna: campos yermos, animales enflaquecidos y sedientos, graneros tan vacíos que las ratas se despanzurraban al caer desde el terrado...

En este tiempo, la cabeza visible del partido yahvista era el profeta Elías, un hombre enérgico y nada complaciente cuando se trataba de defender los intereses del dios verdadero. También es cierto que el propio Yahvé ponía en su mano herramientas tan convincentes como el poder de resucitar a los muertos, como demostró devolviendo a la vida al hijo de una mujer que lo había alimentado y albergado en su casa (note el lector que los profetas suelen ser impenitentes gorrones).

Iban por el tercer año de sequía cuando Yahvé se apiadó de su pueblo y envió a Elías al rey Ajab para que lo invitara a abandonar los dioses extranjeros y volver a su obediencia.

Imaginemos la escena: de un lado Elías, alto, membrudo, sudado, con una melena y una barba nunca violentadas por peine ni champú, el rostro de rasgos enérgicos pavonado por el sol y la intemperie, calzado con unas sandalias remendadas y polvorientas, vestido con un sayal deshilachado por sus bordes que apenas le alcanza hasta las rodillas y en la mano un cayado nudoso tan alto como él mismo. Desde los tiempos de Moisés, el cayado pastoril,

191. Note el lector que en aquel entonces se permitía a las reinas conservar su religión. En la Europa cristiana sigue siendo costumbre que la reina procedente de una dinastía extranjera abrace la religión del país: Victoria Eugenia, esposa de Alfonso XIII, era anglicana pero tuvo que convertirse al catolicismo antes de la boda, al igual que la reina emérita doña Sofía, que era ortodoxa.

arma y apoyo del caminante, es el complemento indispensable para los profetas y hombres de Dios.

Imaginemos ahora a Ajab, en su trono de seis peldaños, con un reposabrazos que remata en dos cabezas de león, las amplias posaderas asentadas en un muelle cojín de crin. Viste túnica palaciega bordada en el pecho y las bocamangas con figuritas de ánades egipcios. No porta corona, que entonces no se estilaba, pero su estatus real se evidencia por la melena tirabuzonada con tenacillas calientes y perfumada con aceite de algalia, a la moda asiria, y por su barbita recortada en las mejillas y larga en la perilla hasta formar dos trencitas rematadas en sendas tachuelas de oro.

La entrevista fue breve. Cuando el rey Ajab tuvo ante sí a Elías, no demasiado cerca porque hay que ver cómo atufaba, le reprochó:

—¿Eres tú el azote de Israel?

—¿Eres tú, rey, el que perturba la casa de Yahvé? —replicó el profeta—. Anda, *convoca en el monte Carmelo a cuatrocientos cincuenta profetas de Baal y a cuatrocientos profetas de Aserá que comen de la mesa de Jezabel,* porque vamos a probar quién puede más (1 Re. 18, 19).

Eso le dijo, con un par. Una competición en los tiempos en que aún no se había inventado el fútbol no era espectáculo al que le hiciera ascos nadie y en una aburrida corte como aquella, aún menos. El rey convocó a las partes a toque de trompeta (más bíblico quedaría a toque de cuerno, quizá) y se juntó allí todo el pueblo a ver en qué terminaba la cosa. Elías, con aquella voz cavernosa, timbrada para anunciar desgracias, dijo:

—Ahora veremos a quién debéis seguir, si a Baal o a Yahvé. *Que traigan dos bueyes, y que los profetas de Baal y Aserá escojan al que prefieran, córtenlo en pedazos, y pónganlo sobre leña, pero no pongan fuego debajo. Yo prepararé el otro buey, y lo pondré sobre leña, sin fuego alguno. Después que cada cual invoque a su Dios y ya veremos quién envía fuego del cielo para su pira* (1 Re. 18, 23-24).

Eso hicieron. Pusieron los bueyes abiertos sobre las piras apagadas y los de Baal evocaron a su dios desde la mañana hasta el mediodía, cantando sus himnos con voces ora roncas, ora cantarinas y saltando al son de los panderos como suelen. Sin resultado. En vano se desgañitaban. Cayó la tarde y sus dioses permanecieron mudos. Baal quedó como Cagancho en Almagro.

Atención ahora, que llega el turno de Elías. Con sus manos sarmentosas amontonó doce piedras, una por cada tribu de Israel, y sobre ellas improvisó el altar donde quemaría el sacrificio. Más difícil todavía, cavó una zanja que rodeaba el altar y baldeó la leña con calderos de agua hasta que la tuvo bien mojada. Hasta tres veces lo hizo, como diciendo: más difícil todavía.

—¡Qué tío, está mojando la leña! —exclamaba el pueblo.

Invocó Elías a Yahvé y al instante bajó del cielo un chorro de fuego como de soplete *que consumió el sacrificio, y la leña, y las piedras, y el polvo, y aun evaporó el agua que estaba en la zanja* (1 Re. 18, 38).

El pueblo que asistía al milagro se postró con el rostro en tierra alabando a Dios:

—¡Yahvé es Dios! ¡Yahvé es Dios! —decían.

Elías aprovechó que los tenía ganados para encizañarlos:

—*Prended a los profetas de Baal, que no escape ninguno.*

Eso hicieron y Elías los hizo llevar al arroyo Cisón, y allí los degolló.

Meditemos un momento sobre la escena: Elías, provisto de un cachicuerno filoso que se ha sacado de entre los harapos, degüella personalmente, uno tras otro, a cuatrocientos cincuenta profetas de los falsos dioses, se supone que con el beneplácito de Yahvé. En verdad que es un Dios celoso y nada misericordioso, podríamos deducir. Ni siquiera se planteó que después de asistir al milagro, aquellos desventurados abjuraran de sus falsos dioses para abrazar al verdadero, a Él.

—A mí lo que me sobran son profetas —podríamos añadir que dijo, si nos atreviéramos a complementar el texto bíblico (es lo que hacen los rabinos de la Misná y del Talmud y nadie los critica por eso).

Elías se volvió entonces hacia Ajab (imaginemos lo aterrorizado que estaba el rey) y le dijo:

—*Sube, come y bebe, porque está tronando como si fuera a diluviar.*

Dijimos más arriba que una pertinaz sequía afligía al pueblo de Israel. De pronto, asomó por el horizonte una nubecilla blanca que fue agrandándose y oscureciéndose hasta que el cielo quedó encapotado y color panza de burra. Un par de relámpagos, unas gotitas gordas y de pronto, como si se abrieran las esclusas del cielo, se puso a jarrear como nunca se había visto desde los días de Noé.

¡Toma milagro, Ajab!

CAPÍTULO 73

El monte Carmelo

Visto lo que acabamos de ver, no debe extrañarnos que el profeta Elías sea probablemente la segunda persona más venerada por los yahvistas después de Moisés. El testimonio de su prodigio al hacer bajar fuego del cielo y de la matanza de los sacerdotes de Baal permanece hasta hoy en un monasterio del monte Carmelo.

El monte Carmelo (de *Karem 'El*, «viñedos de Dios») es el último promontorio, ya asomado al mar, de una cordillera que arranca de Megido y conforma la orilla sur de la bahía de Haifa. El susodicho monte no es nada imponente en términos geológicos (veintiséis kilómetros de largo, unos siete de ancho y poco más de quinientos metros de altura) pero ha generado mucha historia y espiritualidad.

El ascenso hasta la altiplanicie del monte Carmelo es fatigoso, pues hay que salvar una sucesión de torrenteras y barrancos. San Juan de la Cruz, el famoso santo carmelita, nunca estuvo allí, pero hizo de la «subida al monte Carmelo» la oportuna metáfora del difícil ascenso del alma hacia Dios. Servidor si ha estado, en autobús, por cómoda carretera y ha admirado la panorámica sobre el calmo y soleado Mediterráneo, Haifa y los bellos parajes naturales, a veces retocados un poco excesivamente por la fe. Es de admirar, con su aspecto de tarta de merengue, el Centro Mundial Bahai,[192] el Vati-

192. El culto bahai es el resultado del sincretismo religioso entre la Biblia, el Corán y los Evangelios ideado por el iraní Siyyid 'Alí-Muhammad (1819-1850), quien tras proclamar la guerra santa fue ejecutado por un pelotón de 750 soldados,

cano de esta creencia, con su brillante cúpula dorada y sus magníficos jardines aterrazados que descienden por la ladera en dirección al mar.

Al pie del Carmelo, en el extremo septentrional del promontorio, se abre al mar un fértil valle poblado de olivos, vides, higueras y granados, así como pastizales para el ganado. En estos bellísimos parajes (Parque Nacional y Patrimonio Mundial de la Humanidad) existe una fuente llamada de Elías y cueva de *el-khader* («el verde») donde, según la tradición, habitó este profeta, tradicionalmente considerado el fundador del monacato. En aquel lugar se estableció, hacia 1155, en tiempo de las Cruzadas, un grupo de eremitas franceses que aspiraban a vivir en la pobreza y la oración.[193]

Cuando los musulmanes expulsaron a los cruzados de Tierra Santa, los ermitaños carmelitas se vieron obligados a abandonar sus cuevas y, después de un periodo de confinamiento en la vecina isla de Chipre, fundaron comunidades en Sicilia, Francia, Inglaterra y otros países cristianos y extendieron por el mundo la devoción de Nuestra Señora del Monte Carmelo, más conocida como Virgen del Carmen.[194]

---

y por su discípulo y sucesor Mirzá Husayn 'Ali (1817-1892), que modeló la religión bahai en su forma definitiva.

193. En la propia ciudad de Haifa, en la calle Allenby, frente al monasterio Stella Maris, existe una cueva en parte natural de nueve por quince metros, toda ennegrecida por el humo de las velas, con las paredes cubiertas por centenares de centenarios grafitis piadosos, que se tiene tradicionalmente por la cueva de Elías.

194. Los carmelitas se especializaron en los ritos de la buena muerte, en reñida competencia con los franciscanos. En esto mostraron gran agudeza, pues es sabido que, en el supremo trance de morir, cuando el confesor se muestra convincente, hasta el agonizante más tacaño abre la mano y se torna pródigo y limosnero, mucho más si lo persuaden de que, testando a favor del convento, se asegura la eterna salvación de su alma o, al menos, un sustancioso alivio en el inevitable purgatorio. Hasta hace relativamente poco tiempo muchas personas pías escogían como mortaja el hábito carmelita o el franciscano. También eran relativamente frecuentes las promesas de vestir el hábito carmelita durante un determinado número de años.

CAPÍTULO 74

Jezabel contraataca

¿Y Jezabel? Cuando la malvada reina supo que aquel barbudo desharrapado, Elías, había degollado a los profetas de Baal se puso como Yahvé en el Sinaí. Mujer de reposados rencores, pero también de iras explosivas, envió un mensajero a Elías para advertirle: «De poco he de valer, si para mañana a estas horas no estás tan muerto como mis profetas».

La imprudente señora anduvo desacertada en lo de avisar al adversario. Elías, sabiéndose en peligro, porque de aquella tarasca podía esperarse cualquier barrabasada, huyó a Judá, el reino del sur, y, no contento con ponerse al otro lado de la frontera, continuó su fuga y se internó por el desierto dejando atrás Beerseba hasta que, agotado y hambriento, se echó a dormir a la sombra de un enebro. Allí lo despertó un ángel y le dijo:

—Levántate y come esta torta que te he traído, porque te queda un largo camino.

La torta debió de ser un compuesto vitamínico de los que toman los astronautas, porque *Después de comer y beber, Elías caminó con la energía de aquella comida cuarenta días y cuarenta noches hasta Horeb, el monte de Dios.*

Llegó allí y se guareció en una cueva para pernoctar a cubierto (en el desierto, de noche, hace un frío que pela). Estaba por dormirse arrebujado en su manta cuando lo visitó la palabra de Yahvé.

—¿Qué haces aquí, Elías?

—Señor, vengo huyendo de mis enemigos, que mataron a todos tus profetas. *Solo quedo yo, y me buscan para quitarme la vida.*

La voz le ordenó:

—*Sal fuera y ponte en el monte delante de Yahvé.*

Atento ahora, caro lector, porque va a asistir a una de esas exhibiciones en las que Yahvé manifiesta quién es el macho alfa en el concurso de los dioses.

Y he aquí que al paso de Yahvé un grande y poderoso viento rompió los montes y quebró las peñas, pero Yahvé no estaba en el viento. Y tras el viento, advino un terremoto, pero Yahvé no estaba en el terremoto. Y tras el terremoto, un incendio, pero Yahvé no estaba en el fuego. Y tras el fuego, el susurro de una brisa suave (1 Re. 19, 11-12).

Y Yahvé estaba allí. Impresionante, ¿no? Elías quedó anonadado. No es para menos. Una demostración semejante de efectos especiales basados en los elementos naturales no se había visto en el mundo desde los días del Diluvio.

Habló de nuevo Yahvé y dijo:

—Regresa por el desierto de Damasco; y unge a Hazael como rey de Siria y a Jehú como rey del reino del norte; y a Eliseo para que te sustituya en la profecía. Voy a hacer una criba de adoradores de Baal que no se olvidará en mucho tiempo: el que escape de la espada de Hazael caerá en la de Jehú y, si no, en la de Eliseo. En el reino del norte solo van a quedar siete mil personas, los que no doblaron la rodilla ante Baal, las bocas que no lo besaron.

O sea, Yahvé ha notado que Elías necesita un compañero que lo ayude a sobrellevar los trabajos venideros, aparte de un aprendiz que lo suceda en el oficio de cabeza visible de los profetas, el partido yahvista.

CAPÍTULO 75

Elías encuentra a Eliseo

Araba Eliseo el campo con una yunta de bueyes cuando llegó Elías con el recado divino y lo cubrió con su manto. Y Eliseo, sin pensárselo dos veces, sacrificó su yunta, la asó con los propios palos del arado y se la dio a comer al pueblo. Ligero de equipaje, siguió los pasos de Elías y lo servía.

Mientras tanto, el rey Ajab tenía otros problemas que resolver, además del incordio de una esposa enemistada con los profetas de Yahvé. Había recibido un recado del nuevo rey de Siria, Ben Adad II, que hasta el presente se estudia en las escuelas de diplomacia como ejemplo de sutileza:

—*Tu plata y tu oro son míos, y tus esposas y tus hijos hermosos son míos* (1 Re. 20, 3).

O sea, que pensaba florearle el harén y quedarse con los mejores ejemplares, desechando los adefesios.

Lo consultó Ajab con los ancianos de su consejo y le dijeron:

—Niégaselos.

El sirio invadió los dominios de Ajab y sitió Samaria, la capital.

Entonces Yahvé le dijo a Ajab: *Esa gran multitud de enemigos la entregaré hoy en tus manos, para que conozcas que yo soy Yahvé* (1 Re. 20, 13).

Ajab juntó a sus tropas, sus caballos y sus carros y atacó por sorpresa el campamento enemigo en el momento en que el confiado Ben Adad II celebraba un festín bebiendo y embriagándose con los treinta y dos reyes que se le habían sumado al olor del botín.

Ajab celebró su victoria con grandes manifestaciones de júbilo, que solo interrumpió la llegada del profeta, en su asumido papel de aguafiestas, para advertirle:

—No te descuides porque Ben Adad II tornará el año que viene para desquitarse.

Así sucedió, al año siguiente regresó el sirio con un ejército que *llenaba la tierra*, mientras que el del reino del norte parecía *dos rebañuelos de cabras*. Dieron la batalla y nuevamente perdieron los sirios. En solo un día murieron cien mil de ellos (son las cifras redondas que da la Biblia).[195]

Ben Adad II, nuevamente fugitivo con el rabo entre las piernas, comprendió que más valía seguir el consejo de los suyos y solicitar el perdón de Ajab: *Hemos oído —dijeron sus servidores— que los reyes de la casa de Israel son reyes clementes; pongamos, pues, ahora cilicio en nuestros lomos y sogas en nuestras cabezas, y vayamos ante el rey de Israel, a ver si por ventura te salva la vida* (1 Re. 20, 31).

Ajab perdonó a Ben Adad II y solo le arrancó ciertas ventajas comerciales. Tanta clemencia indignó a los profetas del partido yahvista que aspiraban al exterminio de los idólatras. El inevitable profeta compareció ante Ajab para anunciarle el castigo de Yahvé:

—Tú morirás en lugar de Ben Adad II, al que has perdonado.

De poco le sirvió a Ben Adad II el perdón. Desprestigiado por las sucesivas derrotas a manos de un oponente supuestamente inferior (pero que contaba con el auxilio de Yahvé), regresó a su palacio, se metió en la cama deprimido y uno de sus ministros, Jazael, *empapó de agua una toalla, se la puso sobre el rostro y lo asfixió* (2 Re. 8, 15).

195. La batalla se riñó a medio camino entre las respectivas capitales, Samaria y Damasco, en el campo de Afec, actual Fic, cinco kilómetros al oriente del mar de Galilea.

CAPÍTULO 76

La viña de Nabot

Antes de despachar al rey Ajab, cuyo porvenir ya vemos que es dudoso por haber incurrido con su clemencia en las iras de Yahvé (o sea en las de los intransigentes profetas del partido yahvista), desacreditémoslo y de paso evidenciemos lo mala mujer que era su dominante esposa, Jezabel.

Acaeció que un tal Nabot tenía una viña junto al palacio de Ajab.

—Te compro la viña o te la cambio por otra mejor —le propuso Ajab.

—No está en venta, majestad —se excusó Nabot—. Es que le tengo cariño porque la heredé de mis padres y estos de los suyos, etc.

Se acostó Ajab contrariado y su esposa, la malvada Jezabel, se lo notó en el rostro:

—¿Qué te pasa que te veo triste?

—Nada, que Nabot no me vende la viña.

—¿Solo eso? —dijo Jezabel—. ¿Se la niega al rey de Israel? Anda, levántate y come que ya verás como yo te consigo esa viña.

Así que Ajab dejó el asunto en manos de su mujer, cuya insistencia y persistencia conocía bien: «Si algo se le mete entre ceja y ceja, lo consigue», debió de pensar.

En cuanto amaneció, Jezabel escribió a los ancianos unas cartas en las que daba instrucciones para acusar de blasfemia a Nebot con el aderezo de dos falsos testigos. Y selló las cartas con el sello de Ajab.

Los testigos falsos acusaron a Nabot de haber blasfemado contra Yahvé, los jueces lo condenaron, y el populacho lo condujo fuera de la ciudad y lo apedreó, según marcaba la Ley.[196]

Fue Jezabel a Ajab y le dijo:

—Ya puedes tomar la viña porque Nabot ha fallecido.

¿Podía soportarse tamaña injusticia? Yahvé, indignado, envió nuevamente a Elías, el azote del tirano:

—Dios me envía a decirte: has matado y robado. *En el mismo lugar donde los perros lamieron la sangre de Nabot, lamerán también la tuya* (1 Re 21:19). Y los perros devorarán a Jezabel junto al muro de Jezreel.

Ajab comprendió que Yahvé difícilmente perdonaría un acto tan reprobable. Tenía sobre su conciencia la sangre de un inocente. Compungido rasgó sus vestidos, laceró sus lomos con un cilicio, ayunó y se mortificó.

Yahvé, el que mira y evalúa el corazón de los hombres, entendió que el arrepentimiento de Ajab era sincero y le conmutó el castigo por otro más suave: su maldición no recaería sobre Ajab, sino sobre su descendencia (el mismo caso que vimos páginas atrás con Salomón). O sea, nuevamente vuelve la burra al trigo: cometes el pecado, le rezas a Yahvé y él te lo condona y hace recaer la culpa sobre tus hijos. Esto es lo que hay, y al que no le guste que se vaya con Baal.[197]

196. A simple vista puede parecer que castigar la blasfemia con la muerte es propio de tiempos bárbaros atrasados, pero no lo será tanto cuando aún sigue vigente en algunos países islámicos.

197. Ya sé lo que están pensando: ¿Cómo puede Yahvé, que va de infinitamente justo, hacer que paguen los hijos por los pecados de los padres? Es lo que se han preguntado generaciones de devotos y de biblistas. La propia religión católica se basa en el supuesto de que Dios se desdobla en su Hijo y lo envía a la Tierra para que lo crucifiquen a fin de redimirnos de un pecado original que hemos heredado de nuestros primeros padres. A primera vista parece una aberración, lo admito. La solución es simple: no podemos explicar racionalmente esa decisión de Dios porque sus designios son inescrutables, o sea, quedan muy lejos y por encima de la inteligencia humana. Cuando la conducta del Señor reflejada en estas páginas del Sagrado Libro nos parezca absurda y sus decisiones erráticas pensemos en eso, que nuestra limitada inteligencia no alcanza a entenderlo, no que Yahvé sea un enajenado o un tirano sin entrañas.

CAPÍTULO 77

La batalla de Ramot-Galaad

Siguieron tres años de paz entre Siria y el reino del norte, pero el nuevo monarca sirio no había devuelto los territorios tomados al reino del norte tal como su antecesor Ben Adad II prometiera. Por este motivo, Ajab decidió que ya estaba bien de esperar y que iba a recuperar esos territorios *manu militari*, empezando por la ciudad de Ramot-Galaad, en la Transjordania. Para redondear el plan, Ajab concertó una alianza con su colega Josafat, el rey del sur (heredero de Asa).

La opinión de los adivinos consultados, todos de la cuerda de Jezabel y adoradores de Baal, era favorable a la campaña. Uno de ellos, Sedecías, incluso se había hecho unos cuernos de hierro y gritaba: *¡Así ha dicho el Señor: «Con estos cornearás a los sirios hasta que no quede uno»!* (1 Re. 22, 11).

Los pronósticos no podían ser mejores, pero el prudente Josafat prefería una segunda opinión de algún profeta yahvista.

—Queda uno por ahí —dijo Ajab—, un tal Miqueas, pero es preferible no llamarlo porque es un cenizo.

Insistió Josafat y Ajab mandó traerlo a su presencia.

Miqueas compareció ante los dos reyes cuando tomaban el fresco en una era, extramuros de Samaria, sentados en sendos tronos y vestidos con sus atuendos ceremoniales.

—¿Qué opinas de que vayamos contra Ramot-Galaad? —le preguntó Ajab.

Miqueas, al que previamente habían advertido que los adivinos de Baal consultados pronosticaban una gran victoria, manifestó una opinión contraria. Extendió los brazos al cielo, puso los ojos en blanco y con voz cavernosa transmitió su pronóstico:

—*Veo a todo Israel esparcido por las colinas, como ovejas sin pastor. Y el Señor dijo: Esta gente no tiene amo. ¡Que cada cual se vaya a su casa en paz!* (1 Re. 22, 17).

El vaticinio no podía ser más funesto. Ajab se volvió hacia Josafat y comentó:

—*¿No te dije que jamás me profetiza nada bueno? Solo me anuncia desastres* (1 Re. 22, 18). Por eso no lo llamo nunca.

Era la opinión de un profeta (yahvista, eso sí) contra la de cuatrocientos baalistas. Josafat convino en que la otra opinión ganaba por abrumadora mayoría. Los dos reyes aprestaron sus ejércitos y fueron contra la ciudad de Ramot-Galaad.

El día de la batalla los aliados acordaron intercambiar sus respectivos atuendos de manera que el de Israel (Ajab) pareciera el rey de Judá y viceversa (es decir, que Josafat pareciera el monarca de Israel).

¡Ilusos! El cambiazo no engañó a Yahvé.

Comenzó la batalla, que prometía ser muy reñida. A los primeros compases, *una flecha perdida hirió a Ajab por entre las junturas de la armadura, por lo que le dijo a su cochero: Da la vuelta y sácame del campo, que estoy herido.* Pero la batalla era tan recia que no pudieron evacuarlo y al atardecer murió, *y la sangre de la herida corría por el fondo del carro* (1 Re. 22, 34-35).

El cochero baldeó el carro real junto al estanque de Samaria y acudieron perros que lamieron la sangre de Ajab, según lo profetizado por Elías.

CAPÍTULO 78

Ocozías el ventanero

Muerto Ajab, le sucedió en el trono del norte Ocozías, hijo de Jezabel, que acordó con Josafat de Judá constituir una empresa naviera conjunta para explotar el comercio con Tarsis.

La idea era buena, pero no llegó a buen puerto debido a la temprana muerte de Ocozías. Curioseaba el monarca desde las celosías de su alcoba el bullicioso mercado que se celebraba bajo los muros de su palacio y al empinarse al paso de una agraciada joven que discurría por la calle lo hizo con tan mala fortuna que la tabla bajera cedió, él se precipitó por el hueco y fue a dar con su humanidad sobre el empedrado, dos pisos más abajo. Baldado de la costalada, quizá parapléjico, envió a consultar al oráculo de Baal si sanaría de sus heridas.

Lo supo el profeta Elías y le reprochó:

—¿No hay Dios en Israel para que mandes consultar a Baal-Zebub? Pues que sepas que morirás sin haberte levantado de la cama.[198]

198. En tiempos bíblicos Ba'al Z'vûv (זבוב בעל) o Baal-Zebub era el dios de la ciudad filistea de Ecrón, a treinta kilómetros de Jerusalén, una de las variantes locales de Baal. El apellido *Z'vûv* admite en hebreo dos lecturas: que proceda de *tsebal* («casa»), hipótesis de Cheine, o de *tsebub* («mosca»). En el primer caso sería «el señor de la casa», en alusión al templo principal, lo que no les haría gracia a los judíos por su semejanza con el título de Yahvé que habita en el Templo, por lo tanto preferían que fuera el «señor de las moscas». Este título también tendría sentido si sus adoradores quisieran implicar que era el que los protegía de las moscas e insectos propagadores de epidemias y enfermedades. En el Nuevo Testamento su nombre

A Ocozías no le hizo gracia el pronóstico. Envió a un capitán al frente de cincuenta soldados para que prendieran al molesto profeta de Yahvé.

Lo encontraron sentado en una piedra, meditando. En cuanto supo que venían a apresarlo, hizo bajar un fuego del cielo que incineró a sus captores (el mismo milagro del soplete celeste que había provocado en la famosa competición con los tropecientos sacerdotes de Baal).

Ocozías era obcecado: envió a otros cincuenta, que también resultaron incinerados.

El capitán del tercer pelotón, los terceros cincuenta, se lo pensó mejor: atravesó desarmado y en actitud pacífica el rodal quemado donde humeaban los ciento dos cadáveres de sus predecesores, y evitando acercarse demasiado al profeta, que seguía sentado en su piedra en el centro de aquella devastación, le dijo, en el tono más humilde de sus registros:

—Hombre de Dios: te suplico que te apiades de mí y de mis hombres. Solo somos unos mandados y muchos de nosotros, padres de familia.

Elías, cuando vio que lo pedía con educación, asintió con un parpadeo y levantándose de su asiento le dijo:

—Llévame ante el rey.

Ocozías estaba postrado en la cama que, en vistas de que la convalecencia iba para largo, se había hecho instalar en la sala del trono. Antes de que dijera una palabra, el profeta lo amonestó:

—¡Ya te advertí que no sanarías! Como has recurrido a Baal y no a Yahvé, morirás.

Y dándole la espalda, abandonó el palacio y se volvió a su piedra.

En efecto, Ocozías murió poco después y lo sucedió su hermano Joram, otro hijo de Jezabel, la malvada.

---

alude a un espíritu maligno, idea que evoluciona hasta dar en el demonio medieval Belcebú.

CAPÍTULO 79

El carro de Elías

Elías, el gran profeta, el campeón de Yahvé y del partido yahvista en tiempos de tribulación, el que había derrotado (e incinerado) a los sacerdotes de Baal, mereció una consideración especial por parte de Yahvé: ya anciano, no murió, sino que ascendió al cielo en cuerpo y alma. Veamos cómo.

Elías, que como hemos visto era adivino, tuvo la premonición de que había llegado su hora. Por eso, viniendo de Guilgal, le dijo a su sucesor Eliseo:

—Espérame aquí, porque tengo que ir a Betel.

Eliseo se negó. El profeta estaba ya viejo y podía salirle al camino un león o sus enemigos los de Baal podían emboscarlo, así que se empeñó en acompañarlo y fueron juntos a Betel. Allí los sacerdotes de Baal le dijeron a Eliseo:

—¿No sabes que hoy nos dejará el maestro Elías?

Ya se ve que también ellos lo habían adivinado con sus poderes.

—Lo sé —dijo Eliseo fingiendo que estaba al cabo del asunto—. No importunéis más.

Elías le dijo:

—El Señor me envía ahora a Jericó. Tú quédate aquí.

—No, maestro —protestó Eliseo—. Quiero acompañarte a donde vayas.

Y se encaminaron a Jericó y de allí al Jordán, donde Elías tomó su manto, lo enrolló y golpeó las aguas, que se apartaron para dejarles paso, como cuando Moisés lo hizo con las del mar Rojo.

En la orilla opuesta dijo Elías.

—Llegó mi hora, Eliseo. Pídeme lo que quieras.

Eliseo no se lo pensó mucho:

—Dos partes de tu espíritu, eso es lo que quiero.

Humildemente, Eliseo no aspiraba a ser como Elías sino tan solo a parecérsele, merecer la sucesión de tan gran profeta. Ya se ve cómo en aquella época el espíritu era divisible.

—Si cuando me arrebaten, me ves, será señal de que tienes lo que pides —dijo Elías—. Si no me ves, no.

Iban caminando mientras hablaban cuando de pronto *un carro de fuego con caballos de fuego pasó entre ellos y arrebató a Elías, que ascendió al cielo en el torbellino* (2 Re. 2, 11).

Eliseo, testigo del portento, exclamó:

—*¡Padre mío, padre mío! ¡Carro y caballos de Israel! ¡Auriga suyo!* (2 Re. 2, 12).

Fue cosa de un instante, una exhalación, un relámpago cegador, y el carro y Elías desaparecieron en las alturas.

Eliseo tomó el sayal del maestro que había quedado en el suelo (o sea, este subió desnudo en sus carnes al carro divino) y lo desgarró en dos y, de vuelta en el Jordán, golpeó las aguas con él al tiempo que decía:

—¿Dónde está Yahvé, el Dios de Elías?

El conjuro funcionó: las aguas volvieron a dividirse para que Eliseo atravesara el cauce caminando por su lecho a pie enjuto.

Presenciaba la escena, desde la orilla opuesta, un grupo numeroso de profetas. Al ver abrirse las aguas exclamaron:

—¡Eliseo ha heredado el espíritu de Elías!

Y saliendo a su encuentro se postraron ante él en señal de reconocimiento. Después le propusieron registrar los alrededores por si el torbellino divino había arrojado a Elías en alguna parte, pero Eliseo, seguro de que su maestro estaba en el cielo, lo desaconsejó.

La escena de Elías arrebatado por el carro de fuego ha dado mucho juego a los pintores de escenas bíblicas. J. J. Benítez y otros prestigiosos ufólogos aseveran que aquel carro de fuego era un platillo volante y que el profeta fue en realidad abducido por extraterrestres, de lo que cabe poca duda dado que Yahvé es extraterrestre. De hecho está en todas partes.

Quedó en la tradición yahvista la idea de que Elías regresaría al final de los tiempos. El propio Jesús lo creía: *Elías ha venido ya* (Mateo 17, 12).

Eliseo daría a lo largo de su vida sobradas pruebas de haber heredado los poderes de su maestro Elías. Un ejemplo: Namaán, el general sirio que por voluntad de Yahvé, sin cuyo concurso no se mueve una hoja, hirió al rey Ajab con una flecha, tenía una esclava israelita que le aconsejó recurrir al mago Eliseo para curarse de una molesta lepra. Acudió Namaán a Eliseo y el profeta le recomendó bañarse siete veces en las aguas del Jordán. El rey, dudoso al principio (ya dijimos que el río no es gran cosa), al cabo se bañó y sanó. Agradecido, prometió adorar a Yahvé y para cumplirlo cargó dos mulos con tierra de Israel para levantar sobre ella, de vuelta en Siria, un altar donde realizar sacrificios a Yahvé.[199]

Buena gente era Eliseo, ya lo estamos viendo, pero también tenía sus prontos, como cada quisque, y cuando sucedía esto más valía apartarse de él. En una ocasión, subiendo la cuesta de Betel, *unos muchachos del pueblo se burlaban de él, diciendo: ¡Calvo, sube! ¡Calvo, sube! Eliseo levantó la mirada y al verlos los maldijo en el nombre de Yahvé. Al instante salieron dos osos del monte, y despedazaron a cuarenta y dos muchachos* (2 Re. 2, 23-24).

—¡De vuestra madre os vais a reír! —comentó el profeta asistiendo al estropicio.[200]

199. Ya vimos que cada Dios tiene su tierra propicia. A Namaán le pareció que podía instituir en el territorio de los dioses sirios un pequeño islote que fuera tierra de Yahvé. No obstante, advirtió a Eliseo que debido a su puesto en la corte siria tendría que realizar sacrificios también al dios de su país, Adad o Rimón, dios de las tormentas. A Eliseo le pareció bien: «Vete en paz».

200. Este comentario no viene en el Libro Santo, pero me hacía ilusión meterlo para completar el sentido del texto. Después de todo, la Biblia está llena de morcillas semejantes que los distintos amanuenses y comentaristas le fueron añadiendo al texto primitivo.

CAPÍTULO 80

Apagando rebeliones

A la muerte de Ajab, los pueblos que habían estado sometidos por su mano al reino del norte se rebelaron, especialmente Moab, que llevaba sujeto al reino israelita desde que lo sometiera el rey Omrí.

Joram, el heredero de Ajab, contaba con la ayuda de su aliado Josafat, rey del sur, para sofocar la rebelión moabita, que estaba acaudillada por un tal Mesá.

La consulta de los profetas fue positiva: *Venceréis a los moabitas y destruiréis toda ciudad fortificada y toda ciudad principal, y talaréis todo árbol bueno, cegaréis todas las fuentes de agua y dañaréis con piedras todo terreno fértil* (2 Re. 3, 19).

O sea, los profetas, además de profetizar, daban ideas y no siempre bondadosas.

Confiados de la victoria, fueron los israelitas de los dos reinos contra Moab y lo derrotaron en campo abierto,[201] pero cuando intentaban asaltar la ciudad en la que el rebelde Mesá se había refugiado con sus últimas tropas, el muy ladino, viéndose perdido, *tomó a su hijo primogénito, que había de reinar en su lugar, y lo ofreció en holocausto sobre la muralla. Y hubo gran ira contra los israelitas, quienes se apartaron de allí y regresaron a su tierra* (2 Re. 3, 27).

201. *También destruyeron las ciudades y cubrieron con piedras todos los sembradíos. Taparon todos los manantiales y derribaron todos los árboles frutales. La única ciudad que no destruyeron fue Quir-haréset, porque la conquistaron soldados armados con hondas* (2 Re. 3, 26).

Un hijo degollado en situación tan comprometida no tenía más remedio que torcer la voluntad del dios de los moabitas, el titular del terreno de juego (recordemos lo explicado en el capítulo 29 sobre el henoteísmo, la potencia de cada dios sobre el territorio del que es titular).

A la vista de que el dios de su tribu no tenía más remedio que apreciar la magnitud del sacrificio, los moabitas, que ya se batían en retirada, se enardecieron y los que antes huían como liebres se encararon con los invasores como si se hubieran tornado leones.

Paralelamente, los del equipo visitante, los israelitas, al ver que con aquel sacrificio se obligaba al dios contrario, se acobardaron y pusieron pies en polvorosa.

Reparemos en esas palabras del Libro Santo: *Hubo gran ira contra los israelitas, quienes se apartaron de allí y regresaron a su tierra.* O sea, el sacrificio del primogénito del rey Mesá al dios moabita Camos alteró el curso de la batalla y los aliados victoriosos hasta entonces, los reinos del norte y del sur (es decir, Israel y Judá), tuvieron que retirarse y regresar a sus tierras. Es típico de estos dioses de la Edad del Bronce y de la Edad del Hierro lo de ayudar al suplicante cuando este les sacrifica un hijo. Los favores siempre se pagan con sangre.

CAPÍTULO 81

El golpe de Estado

Más guerras: Joram, el recién estrenado rey del norte, resultó herido de gravedad cuando defendía de los sirios la ciudad de Ramot-Galaad. En estas circunstancias cedió la dirección de las operaciones al general Jehú y se retiró a Jezreel a convalecer de sus heridas y disfrutar de los mimos de mamá Jezabel, que tenía allí su residencia.

Jehú era un hombre de toda confianza que había desempeñado la jefatura del Estado Mayor desde los tiempos de Ajab, pero cuando Eliseo se presentó en su campamento para animarlo a destronar y suplantar al rey Joram, no supo resistirse a la voluntad de Yahvé e inclinó la cabeza para que el profeta le vertiera el preceptivo frasco de aceite por el colodrillo.[202]

Fue un golpe de Estado clásico: Jehú fue a Jezreel, donde Joram convalecía. El rey, que no las tenía todas consigo, le salió al encuentro extramuros y le dijo, como tanteando el terreno:

—Paz, Jehú.

A lo que el general, dejándose de cortesías, replicó:

—¿Cómo pides paz después de las prostituciones y hechicerías de tu madre?

Viendo que pintaban bastos, Joram hizo dar la vuelta a su carro

202. Es que Eliseo era muy persuasivo y hablaba de parte de Yahvé: *Así ha dicho Yahvé, Dios de Israel: «Yo, el Señor, te he ungido para que reines sobre Israel, mi pueblo. Vas a acabar con la dinastía de tu señor Ajab, para que yo vengue la sangre de todos mis siervos, incluidos los profetas, que Jezabel ha asesinado* (2 Re. 9, 6).

e intentó huir, pero Jehú tensó su arco y le clavó una flecha en la espalda que le atravesó el corazón.

Llegose Jehú al muerto y, volviéndose a su oficial Bidcar, le dijo:

—Lleva el cadáver a la viña de Nabot de Jezreel.

—¿Tan lejos? —se quejó el oficial.

—Tan lejos, sí. Es menester que cumplamos la promesa de Yahvé. Acuérdate de que cuando tú y yo cabalgábamos con su padre, el rey Ajab, Yahvé le prometió que la sangre de sus hijos regaría la viña que había arrebatado con malas artes a Nabot. Tenemos que llevarlo allí para que se cumpla la maldición de Yahvé.

—Ni media palabra más —respondió Bidcar convencido.

Después, Jehú se dirigió a Jezreel al frente de sus tropas. Cuando Jezabel supo que había matado a su hijo el rey y que ahora venía por ella, se maquilló como para una fiesta, los ojos alcoholados con antimonio, se puso su mejor vestido, se colocó su diadema favorita y de esta guisa engalanada como para una boda se asomó a la ventana y aguardó tranquilamente la llegada de Jehú:

—¿Cómo te va, Zimri, asesino de su rey? —le espetó cuando lo vio aparecer con su carro de guerra en la plaza del palacio.

Lo llamó Zimri, en memoria de aquel general que asesinó al rey Elá y terminó incendiando su palacio y pereciendo él mismo en el fuego.

Jehú ignoró la indirecta y, dirigiéndose a los muchos eunucos que asistían a la escena desde las ventanas de palacio, preguntó:

—¿Hay alguno que esté de mi parte?

Lo estarían todos, a la vista del ejército que lo acompañaba, pero el Libro Santo, prudente, solo habla de dos o tres eunucos que le hicieron reverencia. Eran suficientes. Jehú les ordenó:

—¡Tirad a esa puta por la ventana!

Los eunucos no se hicieron de rogar. La agarraron y la arrojaron al vacío. Quedó la reina maltrecha sobre las losas y Jehú la remató arrollándola con las llantas de hierro de su carro. La sangre de la cuitada salpicó el muro y los caballos.

Jehú aparcó su carro de guerra, entró en palacio, comió y bebió. Más tarde ordenó a los eunucos:

—Ahora id a ver a esa maldita mujer y sepultadla, pues es hija de un rey.

Pero cuando acudieron a hacerlo, no quedaba de ella más que la calavera, los pies y las palmas de las manos. El resto lo habían devorado los perros, cuya función ecológica exalta repetidamente la Biblia.

Cuando Jehú lo supo, comentó:

—Se cumple la palabra de Yahvé, pronunciada por el profeta Elías: «En el campo de Jezreel los perros se comerán el cuerpo de Jezabel y la dejarán tan irreconocible como el estiércol del suelo».

CAPÍTULO 82

Canastas de cabezas

Envió Jehú cartas a los ancianos de Israel pidiéndoles un rey que sucediera al difunto Joram, pero ellos, prudentes y amedrentados por lo ocurrido al anterior, prefirieron no designar a ninguno.

—Haz tú lo que te parezca mejor —le dijeron—. Nosotros somos tus siervos.

En una nueva carta Jehú decía lo siguiente a los ancianos: «Si es cierto que sois mis siervos y queréis obedecerme, venid a verme a Jezreel mañana a esta hora, y traedme las cabezas de los hijos varones del rey».

Los setenta hijos del rey estaban con los jefes de la ciudad, pues ellos los criaban. Cuando estos recibieron las cartas, degollaron a los setenta hijos del rey, los decapitaron y echaron las cabezas en canastas que enviaron a Jehú (2 Re. 10, 6-7).

A la vista de las canastas, dijo Jehú:

—Ponedlas en dos montones a la entrada de la ciudad y dejadlas allí hasta mañana.

Al día siguiente, Jehú convocó al pueblo y dijo:

—He conspirado contra mi señor y le he dado muerte. Pero ¿quién ha dado muerte a todos estos? La palabra del Señor, acerca de la dinastía de Ajab, no dejará de cumplirse. El Señor ha hecho lo que había anunciado por medio de su siervo Elías (2 Re. 10, 9).

O sea, a mí no me pidáis explicaciones, que todo esto es cosa de Yahvé.

Aclarado este extremo, que aquella matanza era, en realidad, el cumplimiento de la voluntad de Yahvé, Jehú se ocupó personalmente de exterminar al resto de los amigos y parientes del rey Ajab, así como a los sacerdotes de su cuerda. Luego se dirigió a Samaria e hizo lo mismo: exterminar la semilla de Ajab, todo en obediencia de la voluntad de Yahvé expresada por Elías.

CAPÍTULO 83

Los sacerdotes de Baal

Jehú reunió nuevamente al pueblo y le dijo:

—Ajab adoraba a Baal, pero no lo hacía con la diligencia debida. Yo lo haré mejor. A ver, que vengan todos los sacerdotes de Baal, sus profetas y sus sacristanes porque quiero inaugurar mi reinado ofreciendo a Baal un gran sacrificio. El que falte, morirá.

Un gran sacrificio llevaba aparejada la correspondiente comilona. Todos los relacionados de uno u otro modo con Baal acudieron gustosos a la celebración y abarrotaron el templo. No hubo uno solo que faltara a la convocatoria. El templo de Baal casi cuadriplicaba su aforo.

Empezaron los sacrificios y holocaustos, y mientras los sacerdotes estaban a lo suyo, Jehú rodeó el templo con sus tropas y les dio las órdenes pertinentes:

—Me matáis a todos los que están ahí dentro: el que deje escapar a alguno lo pagará con su vida.

—¡Oír es obedecer! —respondieron los armados.

Irrumpieron espada en mano en el templo y no dejaron a nadie vivo. Luego, para rematar la faena, despedazaron la estatua de Baal que presidía el altar, quemaron las imágenes de madera y demolieron el edificio. El solar se destinó a muladar, o sea vertedero.

Por ese lado Yahvé podía alegrarse de la conducta del general Jehú, pero se hubiera congratulado más si también hubiese destruido los dos becerros de oro de Betel y Dan. Por eso le dijo a Jehú:

—En recompensa por lo que has hecho, tus hijos ocuparán el trono de Israel hasta la cuarta generación.

Jehú reinó veintiocho años y, aunque suprimió el culto de Baal, fue muy descuidado en cuanto a la observación de la Ley de Yahvé.

CAPÍTULO 84

Ocozías alanceado

Acabamos de ver el desastrado final del rey del norte, Joram, el hijo de Jezabel y de Ajab, asesinado por su lugarteniente Jehú.

En el reino del sur gobernaba su cuñado Yehoás de Judá, casado con su hermana Atalía, hija de Ajab y de Jezabel. Atalía, digna hija de su madre, había procurado apartar a Yehoás del camino de Yahvé para iniciarlo en los cultos de Baal. Yahvé, que hiere sin piedra ni palo, lo castigó permitiendo que se le rebelaran los edomitas.

Murió el débil Yehoás de Judá y lo sucedió su hijo Ocozías de Judá (que no hay que confundir con el Ocozías del reino del norte, hermano de Joram). Este estaba en la ciudad de Jezreel acompañando a su convaleciente tío Joram de Israel y a su abuela Jezabel cuando el general Jehú dio el golpe de Estado y los asesinó. Viéndose en peligro, Ocozías tomó un carro y huyó pero sus perseguidores lo alcanzaron y alancearon en la cuesta de Gur, cerca de Iblean. Con sus últimas fuerzas consiguió llegar a Megido, donde murió (2 Re. 9, 22-28).[203]

203. En 1994 los arqueólogos que excavaban Tell Dan encontraron una inscripción en la que el autor se vanagloriaba de haber asesinado a Ocozías de Judá y a Joram de Israel, o sea al tío y al sobrino. Es posible que el autor de la inscripción sea Hazael, el rey arameo, lo que contradice a la Biblia, donde se sostiene que el matador fue Jehú. Los reyes de entonces, orgullosos como babuinos, a menudo se atribuían victorias y muertes que no habían cometido, así que vaya usted a saber dónde está la verdad.

CAPÍTULO 85

El reino del norte en manos asirias

Recordemos que, páginas arriba, Jazael, ministro del rey sirio Ben Adad II, había asfixiado a su deprimido soberano aplicándole en la cara una toalla mojada. Así pues, heredó el trono sirio y procuró enmendar los errores de su asesinado predecesor. Primero se adueñó de Ramot-Galaad, la ciudad que los del reino del sur habían recuperado. Después reconquistó todos los territorios que este dominaba en la Transjordania.

La situación de Jehú no podía ser más apurada. Acosado por los sirios, no podía pedir ayuda a Fenicia después de asesinar a Jezabel, princesa de la casa real de Tiro, ni tampoco podía recurrir al reino del sur, cuyo soberano estaba presumiblemente mal aconsejado por la reina viuda Atalía, a cuya madre había asesinado. Solo le quedaba recurrir a los asirios, una decisión peligrosa porque nadie le aseguraba que, al constatar su debilidad, no le arrebataran el reino. A pesar de todo, solicitó ayuda a Salmanasar III de Asiria, que se la prestó a cambio de que se declarara vasallo suyo y le pagara tributos.

A Jehú sucedió su hijo Joacaz y a este su hijo Joás de Israel, quien aprovechó la momentánea debilidad de Siria, atacada por los asirios, para recuperar buena parte del terreno perdido con ayuda de los yahvistas. Cuando falleció su valedor, el profeta Eliseo, hizo un sincero duelo.

CAPÍTULO 86

El destino de Atalía

Muertos su marido Joram y su hijo Ocozías, la reina Atalía se hizo cargo de la corona del reino del sur y gobernó con mano firme a pesar de la oposición de los yahvistas porque, al igual que su madre, la odiada Jezabel, había permanecido fiel al culto de Baal-Melkart. Recelando de que algún príncipe de la casa de David le reclamara el trono, procuró exterminarlos a todos pero *Josebá, hija del rey Joram, hermana de Ocozías, tomó a Joás, hijo de Ocozías, y lo sacó furtivamente de entre los hijos del rey a quienes estaban matando y lo ocultó de Atalía, a él y a su ama, en la alcoba, y en esta forma no lo mataron* (2 Re. 11, 2).[204]

A los siete años, cuando el rapaz hubo crecido lo bastante como para hacerse cargo del trono, Josebá se lo entregó a Yehosebá, sumo sacerdote de Yahvé y enemigo declarado de la reina idólatra.[205] Yehosebá vio el cielo abierto: llamó a los capitanes del ejército, les presentó al legítimo heredero de la estirpe de David y lo coronó (o sea, lo ungió).

Los clamores de «¡Viva el rey!» de los capitanes y de la peña

204. Este Joás, por los matrimonios cruzados entre los reinos del norte y del sur, era nieto de Atalía y biznieto de Ajab y Jezabel.

205. Yehosebá fue el inventor de los cepos petitorios, ese ingenioso elemento recaudatorio de la Iglesia: *el sumo sacerdote Joyada tomó un arca e hizo en la tapa un agujero, y la puso junto al altar, a la mano derecha así que se entra en el Templo de Yahvé; y los sacerdotes que guardaban la puerta ponían allí todo el dinero que se traía a la casa de Yahvé* (2 Re. 12, 9).

convocada por los yahvistas traspasaron celosías, puertas, muros y patios del cercano palacio real y llegaron a los oídos de Atalía.

—¿Qué es esto? —se dijo, y acudió al Templo, origen del tumulto.

Al verla entrar, Yehosebá les dijo a los capitanes que lo acompañaban:

—No la matéis aquí, en el Templo, que es sagrado. Sacadla fuera y matad también a quien la defienda. *Le abrieron, pues, paso; y en el camino por donde entran los de a caballo a la casa del rey, allí la mataron* (2 Re. 11, 16).

Muerta Atalía, el sumo sacerdote Yehosebá, el nuevo rey Joás y el pueblo de Israel se encomendaron a Yahvé y para celebrar debidamente el regreso a la ortodoxia se encaminaron al templo de Baal, asesinaron a su sacerdote Matán delante del altar mayor, quebrantaron las imágenes y demolieron el edificio.

CAPÍTULO 87

Joás se topa con la Iglesia

Joás de Judá reinó largos años, unos cuarenta. Podía haber disfrutado de un reinado tranquilo, favorecido como estaba por el partido yahvista y los profetas a los que había devuelto la exclusiva religiosa antes amenazada por el culto a Baal, pero corrían tiempos turbulentos y no pudo morir en la cama bendecido por los sacerdotes y amado por su pueblo como hubiera deseado.

Era anciano Joás de Judá cuando Jazael, el agresivo rey de Siria, emprendió una gran campaña. Primero, se apoderó de la ciudad filistea de Gat, y como le salió bien la jugada, en la misma carambola dirigió sus tropas contra Jerusalén, la capital del sur. Joás de Judá, viendo en peligro la capital de su reino, pactó con él y le entregó buena parte de los tesoros del Templo.

El lector sabe lo sensibles que son los sacerdotes cuando se les toca el bolsillo. Los del Templo no le perdonaron a Joás el despojo. Sin considerar que de todos modos hubieran perdido el peculio si los sirios tomaban Jerusalén, soliviantaron a la guardia para que diera un golpe de Estado y asesinara a Joás.

En cuanto los sirios se retiraron, Zabad el amonita y Jozabad el moabita, lugartenientes del rey Joás, lo asesinaron en la cama donde convalecía de sus heridas (2 Cr. 24, 25).

CAPÍTULO 88

Amasías, el Clemente

A Joás lo sucedió su hijo Amasías (796-781 a. C.), cuyo primer acto de gobierno consistió en ejecutar a los asesinos de su padre. Sorprendentemente, no exterminó también a los hijos de los culpables, anomalía que debemos considerar un gran avance para los usos de la época. Por eso le hemos otorgado como sobrenombre *el Clemente*.

En sus primeros años de reinado le sonrió la fortuna, especialmente cuando reclutó mercenarios con los que sometió a Edom, que llevaba medio siglo en rebeldía y se creía independiente. Después, ensoberbecido, se apartó de la obediencia de Yahvé y adoró a dioses extraños, para variar. Yahvé, que castiga sin piedra ni palo como hemos dicho, lo dejó de su mano y permitió que Joás de Israel lo venciera, le ocupara Jerusalén, aportillara sus muros y saqueara el Templo. Como vimos en casos anteriores, lo más fácil es que los propios colaboradores del rey derrotado den un golpe de Estado y lo asesinen. Y eso es lo que ocurrió.

Sucedió a Amasías su hijo Azarías (al que otros llaman Ozías), que disfrutó de un largo reinado (781-740 a. C.) y se mantuvo en la obediencia de Yahvé, aunque permitió que sus gentes adoraran a otros dioses en los lugares altos (en la Biblia la mención de altares en lugares altos se vincula siempre a cultos de Baal o Astarté). Quizá por esa debilidad, Yahvé le envió una lepra (2 Re. 15, 5) que lo obligó a permanecer encerrado en sus habitaciones de palacio de por vida.

Lo sucedió su hijo Jotam (740-736 a. C.).

CAPÍTULO 89

Jeroboam II de Israel

Mientras tanto, en el reino del norte, a Joás de Israel (798-783 a. C.) lo había sucedido su hijo Jeroboam II (783-743 a. C.), que fue un gran rey. En su tiempo el reino experimentó una apreciable expansión económica debido al aumento de la población en la franja de levante y al intenso comercio de aceite de oliva, vino y caballos con Egipto y Asiria.

Las famosas caballerizas de Megido datan de la época de este gran rey y pudieran corresponder a un centro de remonta donde se criaban caballos para la exportación a Asiria.

Tanta prosperidad permitía a la aristocracia de Israel vivir con desahogo, lo que fatalmente provoca la indignación de los profetas: *Os acostáis en lechos de marfil, arrellanados en divanes coméis carne de carneros del rebaño y terneros del establo, canturreáis al son del arpa, inventáis, como David, instrumentos musicales, bebéis vino en copas, os ungís con perfumes exquisitos* (Am. 6, 4-6).

Jeroboam II aprovechó la transitoria debilidad de Asiria para extender sus dominios. Conquistó Damasco y Hamat, las riberas del río Orontes, sometió a tributo al rey de Siria y recuperó la mayoría de los territorios de Transjordania hasta el mar Muerto. Hubiera alcanzado las mismas fronteras que el reino tuvo (supuestamente) en tiempos de David y Salomón si no llega a ser porque Judá, el reino del sur, se mantuvo independiente, aunque probablemente también era tributario suyo.

La dinastía parecía firmemente asentada después de un siglo, pero terminó abruptamente con Zacarías (743 a. C.), el hijo y heredero de Jeroboam, que a los seis meses de reinado fue depuesto y asesinado en un golpe de Estado capitaneado por un tal Sallum, que se proclamó rey. Fue quizá el reinado más corto de Israel porque, a poco, en el mismo año 743 a. C., el hombre fuerte del régimen, el general Menájem, derrocó a Sallum y ocupó su lugar. En su época (743-738 a. C.) se produjeron frecuentes rebeliones quizá porque oprimía al pueblo con crecidos tributos para satisfacer las parias que le exigía el rey asirio Teglatfalasar III, del que dependió enteramente.

A la muerte de Menájem le sucedió su hijo Pecajías (738-737 a. C.), que fue asesinado por el general Pecaj, caudillo de la facción antiasiria (737 a. C.). Este monarca (737-732 a. C.) se coaligó con Rasín de Damasco e invitó a Jotam de Judá (740-736 a. C., hijo del rey leproso Azarías) a unirse a la alianza contra Asiria. Como Jotam se negara, los aliados fueron contra él y sitiaron Jerusalén, ya en tiempos de su hijo Ajaz.

Consciente de que el reino del sur peligraba, Ajaz pidió ayuda a los asirios y se declaró tributario de Teglatfalasar III, quien tomó Damasco y ejecutó al rey Rasín. Siria dejó de existir entonces como nación hasta su resurrección en nuestros días. El asirio, ya puesto, también conquistó una buena porción del reino del norte (Israel), que en adelante solo ocupó la región del entorno de su capital, Samaria, e impuso en el trono a su protegido Oseas (732-724 a. C.).

CAPÍTULO 90

Donde se termina el reino del norte o Israel

Oseas reinó, pues, ocho años a la sombra inclemente de Teglatfalasar III. Cuando este murió intentó sacudirse el yugo asirio aprovechando la debilidad del nuevo rey Salmanasar V. Para ello se alió con la otra gran potencia de la región, Egipto.

La operación salió mal. A Salmanasar V lo destituyó Sargón II (quizá uno de sus generales), quien conquistó lo que quedaba de Israel, tomó Samaria (721 a. C.), cegó a Oseas y deportó a su aristocracia y clases dominantes, propietarios de la tierra, comerciantes, funcionarios, letrados y artesanos de relieve, unos treinta mil israelitas en total, que asentó a setecientos kilómetros de allí, en Calaj y Jabor, junto al río Gozán.[206]

Yahvé lo había advertido al pueblo israelita, de dura cerviz, por boca del sabio Salomón: *En caso de que te causen enojo, los abandonas al enemigo y que sus captores se los lleven cautivos a un país distante o cercano* (2 Cr. 6, 36).

Recapacitemos sobre este hecho: el reino de Israel desoyó las advertencias del profeta Elías, incurrió en el enojo de Yahvé y los asirios se lo anexionaron. Con la flor de la población en el exilio, se pierde el rastro de las famosas diez tribus de Israel (si es que alguna vez existieron fuera de los papeles del rey Josías).

Quedaba el reino de Judá, el de las dos tribus, que se mantuvo todavía durante más de un siglo. A ello contribuyó su propia pobre-

206. El Jabor bíblico es el río Jabur, afluente del Éufrates.

za e insignificancia y el hecho de que en este tiempo Asiria anduviese a la gresca con el creciente poder de Babilonia.

Menguó Asiria, creció Babilonia y el pueblo del sur que había desoído las advertencias del profeta Isaías siguió la suerte de Israel: los babilonios se lo anexionaron en 587 a. C. y deportaron a las tierras del Éufrates a sus clases superiores y a sus artesanos más cualificados.

CAPÍTULO 91

La parábola de Oholá y Oholibá

Ya sabemos lo que es una parábola: una historia interesante que capta la atención del lector y que tiene una segunda lectura de índole moral.

Ezequiel, profeta de cuando Israel padecía la cautividad de Babilonia, se recrea en una parábola sobre dos hermanas de costumbres libres, quizá no sería excesivo llamarlas pendones desorejados, Oholá y Oholibá, que vienen a representar el castigo de Yahvé al pueblo liviano que le es infiel. Veamos:

Hubo dos hermanas, Oholá y Oholibá, que vivieron su juventud en Egipto y allí se corrompieron, permitieron que les acariciaran los pechos virginales y se aficionaron al fornicio. Con el tiempo dieron a luz hijos e hijas y se llamaron a Oholá, Samaria y a Oholibá, Jerusalén.

Al parecer, las hermanas aprendieron en el depravado Egipto cuanto puede aprenderse en lo tocante al asunto, entre ellas incluso técnicas que reputados pornógrafos consideraban relativamente modernas hasta que la minuciosa investigación bíblica vino a sacarles del error, así cuando el Texto Santo dice *ellos asieron sus pechos virginales, y derramaron sobre ella su fornicación* (Ez. 23, 8) es evidente que aluden al *bukkake*, la técnica sexual japonesa que consiste en turnarse los participantes en una cama redonda para eyacular sobre el rostro de una mujer.[207]

Oholá se entregó al desenfreno sexual con los extranjeros, eso sí,

207. Alegan los japoneses la noble antigüedad de esa práctica, que se remon-

procurando que fueran *jóvenes codiciables de los más escogidos*, apuestos y pudientes.

El desenlace de tanto desenfreno no pudo ser más calamitoso: *la entregué en mano de sus amantes, en mano de los hijos de los asirios, de quienes se había enamorado. Ellos descubrieron su desnudez, tomaron sus hijos y sus hijas, y a ella mataron a espada; y vino a ser famosa entre las mujeres, pues en ella hicieron escarmiento* (Ez. 23, 9-10).

¿Qué hizo la otra hermana, Oholibá, cuando vio el modo terrible en que Yahvé había castigado la liviandad de Oholá? ¿Corrigió su rumbo? ¿Se apartó del vicio? ¿Se volvió más recatada? Nada de eso: arreció su apetito lujurioso (nadie escarmienta en cabeza ajena) y *superó a su hermana en fornicaciones con los hijos de los asirios sus vecinos, gobernadores y capitanes, apuestos jinetes bien alhajados y sobradamente armados que acudían a su lecho caliente* (Ez. 23, 11-13).

El lector no ignora que con los adelantos de internet hay prostitutas y gigolós que se anuncian por catálogo. Pues si apuramos el sentido de este pasaje parece que la ardiente Oholibá hacía algo parecido, aunque adaptándose a los medios de entonces: *vio a hombres pintados en la pared, imágenes de caldeos pintadas de color [...] todos con apariencia de capitanes. Se prendó de ellos y les envió mensajeros y ellos acudieron a su lecho ardiente y se contaminó de ellos y ellos de ella hasta que los aborreció* (Ez. 23, 14-17).

Se entiende que, ahíta de sexo, lo dejó por un tiempo, pero en cuanto se le pasó la flojera, regresó a la práctica con renovados ímpetus y *se ayuntó con asirios [...] todos ellos, expertos jinetes con miembros como los de los burros, y eyaculaciones de caballo* (Ez. 23, 17-20).

O sea, en esta nueva etapa, además de adinerados, exigía que estuvieran excelentemente dotados.

¿Qué significa la parábola? Oholá es Samaria, la capital del reino del norte; Oholibá es Jerusalén, la capital del reino del sur. Las dos son igualmente putas, o sea le ponen los cuernos a Yahvé con los

---

ta al siglo VII a. C., según ellos, y se usaba como castigo sexual hasta que descubrieron su vertiente sadomaso, que con tantos devotos cuenta en aquellas islas.

dioses del entorno (los asirios) y este castiga a Oholá, la más depravada, entregándola a la violencia de sus amantes, los asirios, que suprimieron el reino del norte y ocuparon su territorio.

La otra hermana, Oholibá, la que representa el reino del sur o Judá, no aprende del desastrado fin de Oholá sino que persiste en sus liviandades con los dioses extranjeros, por lo tanto, solo le cabe esperar el mismo penoso desenlace en cuanto el celoso Yahvé decida castigarla.

Yo suscitaré contra ti a tus amantes, y les haré venir contra ti en derredor; los de Babilonia, y todos los caldeos, los de Pecod, Soa y Coa, y todos los de Asiria con ellos [...]; multitud de pueblos que te rodearán con carros, carretas y ruedas, escudos, paveses y yelmos [...] y pondré mi celo contra ti, y para que te corten con la espada la nariz y las orejas y lo que te quede y se llevarán a tus hijos y a tus hijas, y lo que quede lo consumirá el fuego (Ez. 23, 22-25).

Eso fue lo que ocurrió, que primero se perdió el reino del norte a manos de sus amantes (los idólatras asirios), y siglo y pico después el reino del sur a manos de los babilonios. La moraleja: si no os hubieseis prostituido con dioses ajenos yo, Yahvé, no os habría entregado al cautiverio.

CAPÍTULO 92

Los leones que nos manda Yahvé

El Libro Santo asegura que los asirios deportaron a otros lugares de su imperio a casi toda la población del reino del norte y después colonizaron con extranjeros aquella tierra despoblada. No hubo tal. La erradicación de las diez tribus es un invento de los historiadores deuteronomistas para sembrar sospechas sobre la ortodoxia del yahvismo practicado en el norte. Quieren hacernos creer que, en realidad, no eran judíos sino extranjeros convertidos a la religión de Yahvé por conveniencia.

¿Qué ocurrió en realidad? Hubo deportación, desde luego, pero solo de la minoría dirigente del país, la capa de la población que podría rebelarse contra el dominio asirio. A la masa campesina y artesana que constituía la mayoría de la población le permitieron continuar con su trabajo y con su vida bajo la nueva gerencia.

Sin embargo los historiadores deuteronomistas que compusieron el Libro Santo inventaron la deportación masiva solamente por motivos propagandísticos, para persuadir a sus lectores de que el yahvismo practicado en el reino del norte era imperfecto, impostado, falso, debido a que su población no pertenecía al tronco de Jacob-Israel.

Así pues, oficialmente, el hueco que dejaban los deportados de Israel lo ocuparon unos colonos traídos de lejanas regiones del Imperio asirio que al llegar a estas nuevas tierras se vieron forzados a convertirse al culto de Yahvé.

¿Qué circunstancia forzó su conversión? El Libro Sagrado lo explica:

Yahvé envió contra ellos leones que los mataban. Se quejaron los colonos al rey de Asiria: «Señor, nosotros, las gentes que asentaste en las ciudades de Samaria, no conocemos la ley del Dios de esta tierra, y él ha echado leones en medio de nosotros, y he aquí que los leones nos matan, porque no conocemos la ley del Dios de la tierra y no sabemos a quién encomendarnos». Y el rey de Asiria lo entendió y dijo a sus mayordomos: «Llevad allí a alguno de los sacerdotes que trajisteis de allá, y vaya y habite allí, y les enseñe la ley del Dios del país». Así vino a establecerse en Betel un sacerdote que les enseñó como venerar a Yahvé (2 Re. 17, 25-28).

El avisado lector conoce ya que en aquel tiempo los pueblos de la región eran henoteístas: cada Dios es soberano en la tierra de su demarcación y allí lo puede todo, por eso más vale estar a bien con él. En cuando se instruyeron en las reglas y mandamientos de Yahvé, la plaga de leones remitió y se pudo salir al campo en relativa seguridad.

¿Qué interés tenían los historiadores deuteronomistas en inventar esta historia? La religión yahvista había evolucionado de manera distinta en el reino del norte y en el del sur, la prueba es que la Ley, el Pentateuco, no es la misma entre los samaritanos y los judíos. Sembrando dudas sobre las prácticas del norte se demostraba que la religión legítima, incontaminada, era la que se practicaba en el sur, la adscrita al Templo de Jerusalén, y que la del norte estaba bastardeada porque en realidad era una versión heterodoxa practicada por gentes traídas del extranjero, los despreciables samaritanos.

Lo que ocurrió fue que los del norte no fueron tan severos con los casamientos... y se ayuntaron libremente con los otros pueblos cananeos. Por eso los profetas Esdras y Nehemías, regresados del exilio de Babilonia, se mostraban tan exigentes con la pureza de raza y exigían la disolución de los matrimonios con mujeres cananeas. Los del norte se negaron y, dado que eran étnicamente impuros, se les declaró herejes que habían mezclado el yahvismo con otras creencias traídas de sus lugares de origen, por lo que los judíos ortodoxos procuraron apartarse de ellos. Esto nos ayuda a entender el sentido de la parábola evangélica del buen samaritano que destaca por su bondad, lo que parece sorprendente en un contexto judío en el que se supone que los samaritanos son mala gente.

CAPÍTULO 93

¿Qué fue de las diez tribus de Israel?

El destino de las diez tribus que formaban el reino del norte ha sido objeto de mucha especulación a lo largo de los siglos. Lo más lógico es pensar que trasplantadas en otra tierra en la que, según la creencia henoteísta, no estaban bajo la protección de Yahvé, al que de todos modos cornificaban con otros dioses, perdieron su cohesión nacional y se diluyeron entre la población local, más numerosa.

No obstante, ha habido varios intentos de explicar un destino diferente.

Josefo, historiador judeorromano posterior a Cristo, señaló que estas tribus formaban un reino al otro lado del Éufrates. Sin embargo, más enterados que Josefo, nosotros sabemos hoy que esto no era cierto.

Algunos historiadores medievales pensaron que el reino del preste Juan en Etiopía era descendiente de las diez tribus y que algún día se uniría a la cristiandad para atacar al islam tomándolo entre dos fuegos. Ahora también sabemos que no eran las diez tribus, sino descendientes del reino de Aksum, que el monje Frumencio (a quien ellos llaman Abune) convirtió al cristianismo en el siglo IV.

Un ministro judío del califa de Córdoba, Hasday ben Chaprut, creyó descubrir a los descendientes de las diez tribus perdidas en el pueblo jázaro establecido en la actual Rusia meridional, pero ellos le explicaron, para decepción suya, que en realidad eran turcos que se habían convertido al judaísmo hacia el año 679, cuando su rey Bulán abrazó la religión mosaica.

CAPÍTULO 94

¿El pueblo elegido?

Contra Yahvé, a lo largo de su agitada existencia, se han levantado diversos infundios, entre ellos el de hacerlo cambiar de pueblo elegido como don Juan, el del *Tenorio*, cambiaba de novia.

Estamos viendo en la Biblia que, por algún indescifrable designio de su voluntad, Yahvé eligió al pueblo judío *de dura cerviz* como su favorito. También vemos que este pueblo tan rebelde solo le daba quebraderos de cabeza, pues a la menor ocasión lo traicionaba adorando baales y baalas de estupendos pechos.

Ítem más, desde la perspectiva cristiana, cuando llegó el mesías verdadero, o sea Jesús, no solo no lo aceptaron sino que lo crucificaron. (Ya sé que en realidad lo crucificaron los romanos por alborotador, pero hablo desde la perspectiva cristiana. Los primeros papas, que estaban a partir un piñón con Roma desde que Teodosio I el Grande en un decreto del 390 declaró al cristianismo religión «única lícita» y, por tanto, oficial, no podían admitir que un tribunal romano hubiera condenado a muerte a su mesías o Dios encarnado.) Por lo tanto culparon a los judíos, el pueblo deicida, e inventaron lo de que escogió la libertad de Barrabás, *caiga su sangre sobre nosotros y sobre nuestros hijos* (Mt. 27, 25) y todo eso.[208] O sea, despojaron a los judíos del derecho de ser el pueblo elegido.

208. Los romanos, como pueblo politeísta, solían ser tolerantes con las creencias religiosas de los pueblos de su imperio. Si los emperadores Decio y Diocleciano persiguieron a los cristianos fue porque se negaban a sacrificar en el templo del

El primer pueblo elegido de esta nueva etapa (siempre desde la perspectiva cristiana) fue el franco, esa rama germánica instalada en Francia. El año 800, el papa León III coronó a Carlomagno con el antiguo título de los césares romanos, Imperator Augustus (caído en desuso tras las invasiones bárbaras).[209] Fue una vistosa ceremonia en la basílica de San Pedro iluminada con una constelación de lámparas y abarrotada de clérigos y cortesanos. Después de coronado, los concurrentes aclamaron por tres veces al flamante emperador: *Karolo, piisimo Augusto, a Deo coronato, magno et pacifico imperatori, vita et victoria!* («A Carlos, piadoso augusto, por Dios coronado, grande y pacífico emperador, vida y victoria»).

El rey franco se convertía en el defensor oficial de la Iglesia y en su brazo armado. No estaba mal pensada la maniobra: de este modo, la Iglesia disponía de un guardia de la porra, un brazo armado, que le salía gratis. Lo malo es que la dinastía carolingia duró solamente siglo y medio (751-924) y cuando el Imperio se fragmentó en principados feudales (Flandes, Borgoña, Aquitania...) el título imperial cayó en desuso hasta que en 962 otro papa se lo concedió a Otón I, de la casa real de Sajonia.

Bajo la nueva gerencia, el imperio se denominó Sacro Imperio Romano Germánico,[210] pero por entonces los emperadores ya no se

---

deificado emperador, una obligación meramente cívica. Más adelante, Constantino declaró, por un decreto en el 311, el cristianismo religión tan «lícita» como cualquier otra y, por tanto, «no perseguible» (pero nunca la declaró «oficial», como suele proclamar la Iglesia). La existencia de este decreto es dudosa, porque solo lo citan los apologistas Eusebio de Cesarea y Lactancio. Y tampoco es seguro que se convirtiera al cristianismo, noticia que únicamente aparece en la V*ida de Constantino* de Eusebio. Los historiadores paganos posteriores se tragaron el anzuelo y se vengaron describiendo a Constantino como tirano, ambicioso y avaro.

209. Tras la división del Imperio en dos bloques, el romano y el bizantino, la dignidad imperial pasó a Bizancio. Carlomagno, tras su coronación por el papa, no podía admitir que hubiese dos emperadores, él y el bizantino, por lo tanto negoció con el debilitado Bizancio la renuncia al título imperial (*basileus*) a cambio de la devolución de Venecia y otros enclaves comerciales que le había arrebatado.

210. *Sacro* porque lo consagraba el papa, vicario de Cristo en la tierra; *Romano*

sentían tan obligados a ser el brazo armado de la Iglesia. Incluso uno de ellos, nuestro Carlos V, saqueó Roma y puso en fuga al papa.

En tiempo de Felipe II y los Felipes sucesores, el título de pueblo elegido se lo arrogaba España como defensora del catolicismo. Teólogos y pensadores apesebrados por la corona llegaron al convencimiento de que España y Dios estaban unidos por un pacto. Dios la había promocionado al rango de pueblo elegido, la protegía y le otorgaba riquezas y poder (las Américas) a cambio de que ella ejerciese como su brazo armado en la Tierra, paladín de la fe verdadera contra el error de protestantes y turcos. Esa fue nuestra ruina, defender la religión contra la marea protestante y contra el incordiante islam.

Decayó España y parecía que, perdido el favor de Yahvé, el título de pueblo elegido quedaba libre sin que nadie lo reclamara. Entonces surgió el llamado *israelismo británico*, invento masónico que gozó de cierto crédito en los siglos XVIII y XIX: las diez tribus perdidas eran, en realidad, los escitas de la historia posterior que evolucionaron hasta convertirse en las tribus sajonas que invadieron Inglaterra. De este modo tan sencillo y conveniente, los astutos ingleses probaban ser el pueblo elegido por Dios, si bien ampliaron el concepto de tierra prometida a todo el globo en general. Para probarlo sostenían que el Betel de Jacob, el cabezal sobre el que soñó con la escalera que ascendía al cielo el día de su iniciación (lucha con el ángel, cojera, cambio de nombre a Israel, Gén. 28, 10-18) no es otra que la llamada *Piedra de Scone* o *del destino* sobre la que se coronaban y ungían los reyes escoceses hasta que los ingleses se la llevaron a la abadía de Westminster en 1296 y la colocaron bajo la silla de San Eduardo, el trono usado en la coronación.[211] De este modo,

---

porque prolongaba territorial y políticamente el antiguo Imperio romano de Occidente, y *germánico* porque surgió del reino de Germania (la dinastía de la casa real de Sajonia).

211. Desde 1996 se venera en el castillo de Edimburgo junto a las joyas de la corona escocesa.

los monarcas ingleses se coronaban simultáneamente como reyes de Inglaterra y de Escocia.

El último candidato a pueblo elegido, nunca proclamado pero sí convencido de serlo *in pectore*, es el de los Estados Unidos de América, gran nación supuestamente nacida de los ciento dos colonos o «peregrinos» que arribaron a sus costas en 1620 a bordo del navío *Mayflower*, todos puritanos a los que el rigorismo calvinista de Inglaterra le parecía poco ortodoxo. Desde entonces, la creencia en Dios, preferentemente en el de la Biblia, es una de las condiciones del buen ciudadano norteamericano y la presencia de citas bíblicas en su sociedad es abrumadora. Incluso la población afroamericana (antes negra), tan ajena por temperamento a los excesos bíblicos, ha tenido que pasar por el aro para integrarse, si bien lo han hecho por la vía rítmica y musical, más afín, inventando el góspel y los coros comunales que le dan un sentido artístico al cotarro religioso.

En Estados Unidos, el político que quiere medrar puede ser tan sinvergüenza y oportunista como ellos suelen serlo (véase la serie *House of Cards*), pero ante todo debe representar de manera creíble el papel del buen cristiano, devoto hijo, buen padre de familia, fidelísimo esposo y creyente temeroso de Dios: *In God we trust.*

CAPÍTULO 95

El reino de Judá

Regresemos al meollo de la historia bíblica.

Fenecido el reino del norte o Israel, solo quedó Judá, el reino del sur que prolongó su existencia durante siglo y medio bajo el gobierno de reyes de la estirpe de David.

¿Por qué conservó su independencia el más débil reino del sur? Quizá por una combinación de motivos: la tierra era tan pobre que nadie la ambicionaba; por otra parte, los asirios lo tutelaron a cambio de tributos y no estrecharon demasiado su presión sobre él porque andaban muy atareados sofocando rebeliones y guerreando con Elam, Urartu y Egipto.

La caída del reino del norte provocó una masiva emigración de sus habitantes hacia el reino del sur, lo que contribuyó al desarrollo demográfico y económico del país receptor.[212] A finales del siglo VIII a. C. Jerusalén pasa de mil habitantes a unos quince mil y a ocupar una extensión diez veces mayor.[213]

Paralelamente, crecieron las aldeas de su entorno y surgieron nuevos asentamientos que roturaron nuevas tierras. Este renacimiento y la llegada de fugitivos preparados del reino del norte, sumado a las buenas relaciones con los asirios, que integraron a Judá

212. Ocurrió como cuando los turcos conquistaron Constantinopla: una oleada de sabios bizantinos huyeron a Italia, lo que redundó en el progreso de la cultura y en el inicio de la brillante etapa que llamamos *Renacimiento.*

213. Finkelstein, 2003, p. 267-269.

en su activo comercio regional, determinaron la maduración de Judá como Estado gobernado por una élite que dispone de sellos personales, habita en casas razonablemente equipadas y se hace sepultar en tumbas de prestigio talladas en la roca.

La integración de los ancestrales clanes pastoriles en la estructura del naciente Estado repercutió también en las creencias religiosas. De la adoración de las divinidades familiares del clan, el culto a los antepasados, los idolillos y los rústicos santuarios en los «lugares altos» se pasó a una religión nacional, más centralizada, favorecida por el Estado como elemento de cohesión social. De la mano de una creciente clase sacerdotal, el yahvismo se estructura en fiestas, ritos y leyes hasta transformarse en el judaísmo. «En las décadas finales del siglo VIII a. C. y principios del VII a. C. nace la tradición monoteísta judeocristiana [...] la conciencia religiosa moderna.»[214]

Esa elaboración de una conciencia de ortodoxia de culto tiene un fuerte componente político: el deseo de restaurar el dominio de la dinastía davídica sobre todo Israel abarcando las fértiles tierras del desaparecido reino del norte. Esto es lo que refleja la historia deuteronomista que presenta la Biblia y que nosotros seguimos en estas páginas.

Esta gran reforma empezó a definirse en tiempos del rey Ezequías (716-687 a. C.). Su padre, Acaz, adoraba todavía a dioses paganos e ignoraba los profetas yahvistas (Isaías, Oseas, Miká) pero Ezequías cambió la orientación religiosa del reino, restauró el culto a Yahvé y abrió las fronteras al aluvión de fugitivos del reino del norte. Además, amplió las murallas, restauró el Templo y construyó la famosa cisterna de Siloé, capaz de almacenar el agua suficiente para resistir a un asedio.

Algunos autores piensan que en este tiempo hubo un grupo de escribas que asentaron por escrito narraciones tradicionales, los que conocemos como *yahvistas*. Intentaba Ezequías sistematizar los ritos en el Templo y apartar a su pueblo de la adoración de la serpiente

214. Finkelstein, 2003, p. 271.

Nejustán, el culto ancestral que comenzó cuando Moisés subió a recibir las tablas en el Sinaí.

Hacia el final de su reinado, a Ezequías se le subió el Estado a la cabeza, se creyó lo suficientemente fuerte para liberarse de la tutela asiria y se coaligó con Egipto, la otra gran potencia de la región. Nunca lo hiciera, porque el nuevo rey asirio, Senaquerib, invadió el reino del sur, asoló ciudades y fortalezas y sitió Jerusalén.

Según el relato bíblico Yahvé envió un ángel: *ciento ochenta y cinco mil hombres en el campamento de los asirios [...] se levantaron por la mañana, y he aquí que por la tarde todos eran cadáveres.* A la vista de la matanza Senaquerib levantó el asedio y regresó a Nínive *con rostro avergonzado* (Is. 37, 33-37; 2 Cr. 32, 21).

Las crónicas e inscripciones asirias dan a entender que Senaquerib sometió nuevamente a Judá. ¿Qué ocurrió realmente? Vaya usted a saber. Lo que conocemos de cierto es que Ezequías había preparado Jerusalén para un asedio. En 701 a. C. hizo perforar el túnel que conduce desde la ciudad al manantial de Guijón, en el valle de Cedrón, ladera este del cerro sobre el que se asienta Jerusalén, el único que tiene agua durante todo el año.[215]

215. Este túnel tiene un precedente en el canal de seis metros de profundidad que se construyó hacia 1750 a. C. para llevar el agua del manantial de Guijón a la cisterna de Siloé. Este canal se cubrió con grandes losas y se disimuló con tierra y vegetación, pero era evidente que en caso de asedio no pasaría inadvertido al enemigo. Por eso Ezequías optó por horadar un túnel en el subsuelo, como ya se había hecho en Megido y otros lugares. El túnel está abierto a los visitantes infatigables. En agosto de 2017, durante mi última estancia en Jerusalén, yo mismo podría haber recorrido sus 450 metros, que conducen a la bíblica piscina de Siloé (un aljibe en las profundidades de la tierra) si no hubiera decidido ejercitar mi fe (creer sin ver) y renunciado a la exploración para permanecer en el hotel enfrascado en la lectura de la Biblia, sillón de orejas, patas en alto, mientras el resto de los miembros de mi expedición arqueológica se aventuraban por las venerables alcantarillas.

CAPÍTULO 96

Manasés, el conciliador

A Ezequías lo sucedió su hijo Manasés (687-642 a. C.), que incurrió en una especie de sincretismo entre el culto a Yahvé y el de los dioses paganos: *Reconstruyó los pequeños templos que su padre Ezequías había destruido, levantó imágenes de la diosa Astarté, edificó altares para adorar a Baal y adoró a todos los astros del cielo. Manasés construyó altares para esos astros en los patios del templo de Dios, aun cuando Dios había dicho que ese templo sería su casa en Jerusalén por siempre. Instaló un ídolo en el Templo, practicó la hechicería y la brujería, y se hizo amigo de brujos y espiritistas. También hizo quemar a su hijo como un sacrificio en el valle de Ben-Hinnom* (2 Cr. 33, 3-7).

Esta traición a Yahvé indignó naturalmente a los profetas y sacerdotes yahvistas. El castigo divino le llegó al final de su vida, cuando los asirios se volvieron contra él, *lo apresaron y lo humillaron, pues le pusieron un gancho en la nariz, lo ataron con cadenas de bronce y se lo llevaron prisionero a Babilonia* (2 Cr. 33, 11).

Caído en desgracia, Manasés regresó sinceramente al culto a Yahvé *y humillándose grandemente gimió y le dirigió constantes súplicas* (2 Cr. 33, 12-13), por lo que Yahvé se apiadó de él, lo perdonó y lo restituyó en el trono de Judá. En esta nueva etapa de yahvista estricto, Manasés suprimió los cultos extranjeros y destruyó el ídolo de Baal que presidía el Templo.[216]

216. Resulta extraño que los asirios, tan expeditivos como eran y que por menos de nada te despellejaban y colgaban de un palo, se lo lleven cautivo y des-

Dejando aparte las plañideras quejas de los profetas, obsesionados por servir puntillosamente a Yahvé, hay que señalar que en tiempos de Manasés la economía creció, aunque fuera como proveedora de los intereses asirios. El rey comerció activamente con las caravanas de Arabia e incluso puede ser que se casara con una árabe, Mesulémet, hija del jeque Haruz de Jotba, con el que comerciaba.

A Manasés lo sucedió su hijo Amón (642-640 a. C.). Como va siendo norma en Judá, a un rey fiel a Yahvé le sucede otro que peca adorando ídolos extranjeros.[217] Amón no solo ofrecía sacrificios a los dioses, también sumió su reino en una depravación moral como no se había conocido antes.

El profeta Sofonías advirtió que Yahvé estaba preparando un escarmiento como no se recordaba otro desde los días de Sodoma: *se avecina el día del sacrificio de Yahvé que prestará especial atención a los poderosos y a los hijos del rey, y a todos los que llevan atavío extranjero* (Sof. 1, 8).

Es uno de los escasos pasajes bíblicos en los que Yahvé se muestra enemigo de las modas extravagantes o *atavíos extranjeros* que suelen acompañar a los periodos de relajación moral.[218]

---

pués lo liberen y lo repongan en el trono. Cabe dentro de lo posible que el autor del texto haya manipulado la verdadera historia y que Manasés fuera a Asiria simplemente de visita rutinaria para evacuar consultas con el amo, aunque escoltado por una guardia asiria para su propia seguridad. Un texto tardío, bellísimo, la llamada *Oración de Manasés*, se hizo popular y lo recitaban los judíos que después de pecar querían ponerse a bien con Yahvé.

217. Esta repetición de situaciones casi idénticas quizá sea torpeza de los guionistas del rey Josías que van inventado la historia. Digamos en su descargo que en el siglo VII a. C. todavía no se habían desarrollado esas técnicas que hoy usan (y de las que abusan) los guionistas de las series telenocivas.

218. El paralelo con nuestros pecadores días es evidente, si bien ya se ven atisbos de arrepentimiento y regeneración en esos jóvenes que han desgarrado los pantalones vaqueros y van con las carnes al aire. También observo que muchos se han rapado las cabezas. Para concordar con las señales de arrepentimiento que agradan a Yahvé ya solo les falta cubrirse la cabeza con ceniza. Las rastas pueden servir de sucedáneo, no seamos demasiado exigentes.

Y ciertamente daré su merecido a los que evitan pisar el umbral [recordemos que los adoradores de Dagón evitaban pisar el umbral de sus templos], *a los que llenan de violencia y engaño la casa de sus amos. Aquel día se oirán gritos de auxilio desde la puerta del Pescado, gemidos desde el Barrio Nuevo y gran quebranto desde las colinas —afirma el Señor—. ¡Giman, habitantes del Barrio del Mercado! Aniquilaré a todos sus mercaderes, exterminaré a cuantos comercian con plata,* o sea, tenderos y banqueros, tomen nota, pero los rentistas que no se descuiden porque también va a por ellos: *registraré Jerusalén con lámparas para castigar a los que reposan tranquilos como vino en su sedimento, a los que piensan: «El Señor no va a hacer nada, ni para bien ni para mal». En botín se convertirán sus riquezas, sus casas en desolación: «Edificarán casas, pero no las habitarán; plantarán viñas, pero no catarán sus vinos»* (Sof. 1, 10-13).

Amón no llegó a vivir tantas calamidades porque a los dos años de reinado una conjura cortesana lo asesinó para entronizar a su hijo Josías, de ocho años.

CAPÍTULO 97

Josías el grande

Así llegamos a Josías de Judá, el rey judío repetidamente mencionado en páginas anteriores, aquel en cuyo reinado (640-609 a. C.) se compiló y sistematizó la religión yahvista, aquel cuyo círculo cortesano redactó los primeros libros de la Biblia, quizá reforzado por algún escaldado intelectual fugitivo del reino del norte.

Como dijimos, Josías llegó al trono a los ocho años de edad, probablemente tutelado en estos primeros años por profetas del partido yahvista que modelarían su carácter para hacer de él un rey ejemplar y desde luego del todo afín a su ideología.

El joven rey, completamente identificado con el partido yahvista, se apoyó en los profetas para fortalecer el poder real. ¿Qué pedían estos? Lo primero, destruir los santuarios paganos. Eso hizo Josías: no solo asoló los grandes centros de culto, sino los menudos santuarios locales instalados en los «lugares altos». Puso especial empeño en la destrucción del Tofet, donde se sacrificaban a Melkart los primogénitos: *Profanó el Tofet del valle de Ben-Hinnom, para que nadie arrojara al fuego a su hijo o a su hija en honor de Mólek. Suprimió los caballos que los reyes de Judá habían dedicado al Sol, a la entrada de la Casa de Yahvé, cerca de la habitación del eunuco Netán Mélek, en las dependencias, y quemó el carro del Sol. Rompió y demolió los altares que los reyes de Judá construyeron sobre el terrado de la habitación de Ajaz, así como los altares que hizo Manasés en los dos patios de la Casa de Yahvé. Todos los destruyó y arrojó los ripios al torrente Cedrón. El rey profanó los altos que estaban frente a Jerusalén, al sur del monte de los*

Olivos, que Salomón, rey de Israel, había construido a Astarté, monstruo abominable de los sidonios; a Kemós, monstruo abominable de Moab, y a Milkom, abominación de los amonitas. Rompió las estelas, cortó los cipos y llenó sus emplazamientos de los huesos humanos. Lo mismo hizo con el altar que había en Betel y el alto que hizo Jeroboam, hijo de Nebat, el que hizo pecar a Israel. Derribó este altar y este alto, rompió las piedras, las redujo a polvo y quemó el cipo. Volvió la cabeza Josías y vio los sepulcros que había allí en la montaña; mandó tomar los huesos de las tumbas y los quemó sobre el altar, profanándolo, y cumpliéndose así la palabra de Yahvé que había dicho al hombre de Dios cuando Jeroboam estaba en pie junto al altar durante la fiesta. Josías se volvió y vio la tumba del hombre de Dios que había dicho estas cosas (2 Re. 23, 10-16).

Mientras Josías completaba sus magnas reformas religiosas, las grandes potencias de su entorno experimentaban grandes cambios.

Ya hemos visto que el Imperio asirio reinaba sobre naciones a las que sometía con cierta brutalidad (te faltaba un céntimo en la declaración de la renta y te empalaban, cosas así). Esta errónea política provocaba continuas rebeliones que los asirios sofocaban a sangre y fuego: esas canastas de manos y pies cortados que vemos en los bajorrelieves del Museo Británico.

Llegó el tiempo en el que a los cotidianos levantamientos que debilitaban al Imperio asirio se sumaron pueblos invasores que presionaban en sus confines: por el norte los cimerios, por el este los medos y por el sur los emergentes babilonios. El ejército asirio no pudo ya vencer a tantos enemigos y se desplomó. Los invasores persas saquearon la orgullosa capital Nínive y el virrey asirio de Egipto, el general Psamético I, se independizó de la disuelta metrópoli y fundó su propia casa real (los faraones de la dinastía XXVI).

En este ambiente de disolución del poder asirio, el rey Josías y sus colaboradores vieron una estupenda ocasión no solo de recuperar tierras perdidas (las del fenecido reino del norte) sino de extender las fronteras del reino mucho más allá. Para ello firmaron una alianza con los babilonios que les permitiera obtener los gajes del desmembramiento asirio. Para justificar las nuevas ambiciones territoriales, la grandeza que pensaban alcanzar a la sombra benévola del aliado babilonio, se inventaron aquellos reinos míticos de David y Salomón, el modelo de lo que aspiraban a conseguir para el nuevo Israel.

Josías reinó en unos años de calma entre las grandes potencias de la región: su país era razonablemente rico después de ocupar las fértiles tierras del norte y los peligrosos vecinos no molestaban: Asiria estaba en plena disolución y Babilonia, la potencia emergente, todavía no había iniciado sus conquistas.

Como suele suceder, a los grandes sueños suceden los batacazos de los amargos despertares. Las ambiciones de aquel grupo de yahvistas naufragaron en cuanto los gigantes que los rodeaban se pusieron en movimiento y agitaron las hasta entonces quietas aguas.

El faraón Nekó (hijo y sucesor de Psamético I, aquel gobernador asirio de Egipto que se había independizado) acudió en ayuda de sus primos asirios. No es que tuviera ningún compromiso especial con ellos, entiéndase, más bien quería evitar que el fortalecimiento de Babilonia alterara el equilibrio de poderes en la región.

¿Por dónde iría Nekó a Mesopotamia en socorro de los suyos? El camino más cómodo era la Via Maris, la costa de levante, en la que contaría con una cadena de fortines y guarniciones egipcios, además del apoyo de su flota del Mediterráneo. Después tendría que despegarse de la costa y dirigirse hacia el este por el valle de Jezreel.

Pero el valle de Jezreel era parte del reino de Josías. ¿Permitiría el ambicioso rey respaldado por Yahvé y aliado de Babilonia que el ejército egipcio atravesara su país, como asno por trigal, asolándolo todo a su paso? Josías reunió al ejército y salió al encuentro de los egipcios. La batalla se riñó en los fértiles llanos de Megido.

El Libro Santo lo cuenta secamente: *En aquellos días el faraón Nekó rey de Egipto subió contra el rey de Asiria al río Éufrates, y el rey Josías salió contra él en Megido; pero Nekó lo mató al primer encuentro* (2 Re. 23, 29).

En tan solo una hora se consumó el desastre: Josías muerto y desvanecidos los sueños de aquel imperio que aspiraba a emular al enteramente imaginario de Salomón.

¿Cómo es posible que Yahvé dejara de su mano al gran benefactor de su religión, al que reparó el Templo y destruyó los lugares de culto y las imágenes paganas, el que desarraigó de la Tierra Prometida todo vestigio de culto extranjero? Esto requería una explicación para tranquilizar las conciencias de los devotos de Yahvé.

En vísperas de la fatal batalla de Megido el faraón envió un mensaje a Josías: *Déjame pasar en paz, rey de Judá. No vengo contra ti, sino contra otra nación con la que estoy en guerra. Dios me ha ordenado que me dé prisa; así que, por tu propio bien, deja de oponerte a Dios, que está de mi parte, y así no te destruirá* (2 Cr. 35, 21).

Josías, obstinado, desoyó las palabras de Nekó inspiradas por Dios y así le fue. *Y los arqueros dispararon contra el rey Josías. Entonces dijo el rey a sus siervos: «Sacadme de aquí, porque estoy gravemente herido». Entonces sus siervos lo sacaron de aquel carro, y lo pusieron en un segundo carro que tenía, y lo llevaron a Jerusalén, donde falleció* (2 Cr. 35, 23-24).

En realidad murió por haber desobedecido a Yahvé, que se había manifestado por boca del faraón. Con esto quedaban tranquilizadas las conciencias de los yahvistas.

Algunos historiadores ponen en duda que Josías se enfrentara al faraón. En ningún caso tendría el reino de Judá un ejército capaz de presentar batalla a los poderosos egipcios. Más bien creen que a la muerte del anterior faraón Psamético I en 609 a. C., Josías quedó liberado de su juramento de vasallaje. El nuevo faraón Nekó, en su camino hacía Mesopotamia, convocó a Josías en la fortaleza egipcia de Megido para que renovara su juramento de lealtad o quizá para advertirle que estaba yendo demasiado lejos con sus conquistas. La zona costera filistea, por la que Josías intentaba introducirse, era tradicionalmente egipcia, así como las rutas del comercio árabe. Se encontraron los dos reyes, Josías se negó o impuso condiciones que el faraón juzgó inaceptables y al final el egipcio cortó por lo sano ejecutando al ambicioso judaíta.

Fue un golpe mortal para el movimiento de reforma religiosa. Hay que imaginarse la impresión en el núcleo de sacerdotes e intelectuales del entorno del Templo cuando supieron que su líder, el nuevo Salomón, había muerto.

No terminó ahí la cosa. El faraón Nekó prosiguió hacia Asiria, pero resultó derrotado en Karkemish por el virrey asirio de Babilonia, Nabopolasar, que había puesto al frente de sus tropas a su hijo, el bíblico Nabucodonosor II (Nabu-Cudurri-Usur: «Nabu defiende la frontera»). Eso ocurrió en 609 a. C. y, como consecuencia de esa derrota, Egipto tuvo que ceder el título de potencia dominante a Babilonia.

CAPÍTULO 98

La caída de la casa de Judá

Presentamos ahora al profeta Jeremías, un tocapelotas que andaba siempre quejándose (las jeremiadas) y amenazando con que Yahvé castigaría al pueblo por su proclividad a adorar dioses extranjeros.

La derrota de Josías atormentaba a su pueblo. Y además en campo propio. ¿No quedamos, según la creencia henoteísta, en que Yahvé es el dios titular y dominante de la Tierra Prometida?

Jeremías podía explicarlo: No es que Yahvé nos haya fallado; el todopoderoso podría acabar con los egipcios en un santiamén. Es que para castigar a Josías por desobedecerlo y a todos nosotros por nuestros pecados y veleidades ha decidido otorgar la victoria al egipcio.

Cuando el derrotado Nekó regresaba a Egipto con el rabo entre las piernas supo que el nuevo rey de Judá era Joacaz, el segundo hijo de Josías. No le agradó la elección y, al pasar por Jerusalén, lo sustituyó por Yoyaquim, el primogénito de Josías. Al depuesto Joacaz, que solo había reinado tres meses, se lo llevó a Egipto y lo mantuvo en prisión de por vida.

Derrotados los egipcios, Nabucodonosor II ocupó las ciudades egipcias de la costa filistea. El nuevo rey de Judá, Yoyaquim (609-598 a. C.), aceptó la soberanía de Babilonia y le pagó tributo durante un tiempo, pero más adelante se coaligó con filisteos y fenicios para rebelarse contra el amo babilonio. ¿Conque esas tenemos? En justa correspondencia, Nabucodonosor II incitó a la rebelión a los pueblos sometidos a Judá (arameos, amonitas y moabitas) y sitió a Jerusalén.

Un asedio y un virtual saqueo de la ciudad era lo que menos deseaban sus habitantes. Los partidarios de someterse por las buenas a Babilonia asesinaron a Yoyaquim y lanzaron su cadáver al pie de las murallas.

Yoaquim sucedió en el trono (598 a. C.) a su padre Yoyaquim, pero poco pudo hacer: *Nabucodonosor II subió a Jerusalén y le puso sitio hasta que Yoaquim se rindió con su madre, sus siervos, sus jefes y sus oficiales. Nabucodonosor II saqueó los tesoros del Templo y los del palacio real y destrozó todos los utensilios de oro que Salomón, rey de Israel, había hecho en el Templo. Y se llevó en cautiverio a todo Jerusalén: a todos los jefes, a todos los hombres valientes, diez mil cautivos, y a todos los artesanos y herreros. Solo dejó a la gente más pobre del país. También se llevó al rey Yoaquim, a su madre, a sus mujeres, a sus oficiales, a sus eunucos y a los poderosos del país* (2 Re. 24, 10-15).

El reino de Judá pasó de ser tributario de Egipto a serlo de sus nuevos amos de Babilonia.

Desterrados Yoaquim y buena parte de la corte a Babilonia, Nabucodonosor II puso en el trono de Judá a Sedecías, tío de Yoaquim, aunque los profetas y el pueblo continuaron considerando como su legítimo rey al desterrado.

Sedecías, que no se resignó a ser un rey pelele, en cuanto encontró una coyuntura favorable se alió con Egipto contra los babilonios. Nunca lo hiciera porque esta vez regresó Nabucodonosor, con todo su poder, *sitió Jerusalén y levantó torres alrededor*, dispuesto a rendirla por hambre [...] *Abierta una brecha en el muro, huyeron de noche todos los hombres de guerra por el camino de la puerta que estaba entre los dos muros, junto a los huertos del rey, estando los caldeos alrededor de la ciudad; y el rey se fue por el camino del Arabá. Y el ejército de los caldeos persiguió al rey y lo apresó en las llanuras de Jericó, dispersado todo su ejército. Preso, pues, el rey, lo llevaron al rey de Babilonia en Ribla y degollaron a los hijos de Sedecías en presencia suya, y a Sedecías le sacaron los ojos y lo llevaron a Babilonia* (2 Re. 25, 1-7).

Después *envió a Jerusalén a su general Nabuzaradán, que incendió el Templo y el palacio real y todas las casas de Jerusalén; y todas las casas de los príncipes quemó a fuego y demolió las murallas y a la población restante la llevó cautiva a Babilonia. Solamente dejó a los pobres de la tierra para que labrasen las viñas y la tierra* (2 Re. 25, 8-11).

Judá, el reino del sur, siguió la suerte de Israel, el desaparecido reino del norte: el conquistador desterró a las clases superiores para borrar de entre ellos el concepto de nación vinculada a un territorio y a su dios tutelar. Atrás quedó la capa más baja dc la población, una masa analfabeta para que siguiera cultivando la tierra y tributando al fisco babilonio.[219] Algunos, entre ellos el profeta Jeremías y su escriba Baruc, no soportaron esta nueva situación y huyeron a Egipto en busca de una vida más fácil.

La dolorosa destrucción del Templo, sede de Yahvé, la describe el cronista, un intelectual del partido yahvista, con especial detalle: *Y quebraron los caldeos las columnas de bronce que estaban en la casa de Yahvé, y las basas, y el mar de bronce que estaba en la casa de Yahvé, y llevaron el bronce a Babilonia. También llevaron los calderos, las paletas, las despabiladeras, los cucharones y todos los utensilios de bronce con que ministraban los sacerdotes y los incensarios, cuencos, unos de oro y otros de plata* (2 Re. 25, 13-20).

A los intelectuales que podían mantener en el exilio la idea de nación y comunidad los exterminó (un precedente de lo que hizo Stalin con los dirigentes de la sociedad polaca fusilados en las fosas de Katyn): *Tomó el general Nabuzaradán al sumo sacerdote Seraías, al segundo sacerdote Sofonías y tres guardas de la vajilla; y al general que tenía a su cargo los hombres de guerra, y cinco ministros del rey, que estaban en la ciudad, así como al principal escriba del ejército, que llevaba el registro de la gente del país, y sesenta varones del pueblo de la tierra, que estaban en la ciudad y los llevó a Ribla, en tierra de Hamat,*

219. Al frente de esta masa puso como gobernador a Godolías, nieto de aquel escriba que en tiempos de Josías encontró el manuscrito del Deuteronomio durante las obras de restauración del Templo. Este hombre resultó asesinado por los mismos súbditos que administraba (quizá se hizo odioso porque servía a los babilonios).

donde el rey de Babilonia los ejecutó. Así fue llevado cautivo Judá de sobre su tierra (2 Re. 25, 1-9).

¿Qué había fallado? ¿Por qué Yahvé el misericordioso, el omnipotente, permitió que tal calamidad se abatiera sobre su pueblo? Por el motivo sempiterno: porque los reyes y el pueblo habían pecado. *Los príncipes de los sacerdotes y el pueblo prevaricaron* (2 Cr. 36, 14). Como siempre, los profetas anunciaron por boca de Yahvé que lo estaban haciendo mal, pero fue como predicar en el desierto: *los pecadores hicieron escarnio de los enviados de Yahvé y se burlaron de ellos. Por eso se desencadenó la ira de Dios y envió contra ellos a Nabucodonosor II el rey de Babilonia* (2 Cr. 36, 17).[220]

Quede claro que el emperador de Babilonia solo fue un instrumento del castigo divino. En la Biblia, cualquiera que sea el resultado, siempre gana la banca, o sea, Yahvé.

220. Los libros que llamamos Crónicas se escribieron al regreso del exilio de Babilonia. Básicamente vuelven a contar la historia del reino del sur, Judá, por lo que, al traducirlos al griego en la Septuaginta (la Biblia de los 70 ancianos en Grecia) se les llamó Παραλειπομένων, *Paraleipomenon* («Sobre cosas omitidas»), de donde viene el nombre *Paraleipómenos* que les da la Vulgata latina y con el que también los conocemos.

CAPÍTULO 99

La cautividad de Babilonia

Hemos visto que los babilonios deportaron masivamente a las clases más ilustradas de Judá y a sus artesanos, pero no repoblaron el país con colonos venidos de lejos como supuestamente hicieron los asirios cuando deportaron a los habitantes del reino del norte (o Israel). Los babilonios se contentaron con nombrar funcionarios de confianza para asegurarse los impuestos de la población que dejaron en el país.

Los deportados a Babilonia prosperaron y muchos de ellos escalaron socialmente hasta colocarse en la cúspide de la administración y de las finanzas. También, irremediablemente, un gran número de israelitas deportados se contaminaron por las prácticas idolátricas babilonias, como relata el libro de Baruc, el escriba del profeta Jeremías; otros, sin embargo, permanecieron fieles a la religión de Yahvé y nunca olvidaron su patria de origen. Un salmo famoso acierta a expresarlo poéticamente: *Junto a los ríos de Babilonia, nos sentábamos y llorábamos, al acordarnos de Sion. Sobre los sauces en medio de ella colgamos nuestras arpas* (Sal. 137).[221]

221. En la sinagoga Hurva de Jerusalén existe un mural que representa poéticamente el contenido del salmo: un río caudaloso, de orillas verdes y fértiles, de cuyos sauces (llorones, naturalmente) cuelgan arpas y diversos instrumentos musicales. A lo lejos, un zigurat representa a Babilonia. El curioso nombre de esta sinagoga, de Ha-Hurva, החורבה, «la ruina», se debe a que los árabes dinamitaron el venerable edificio decimonónico en 1948 y lo redujeron a cascotes. El actual, construido sobre sus cimientos, data de 2010.

Es muy posible que muchos judaítas pertenecientes a las clases altas e instruidas de la nación se aferraran a su religión como seña de identidad nacional y profundizaran en el proceso ya iniciado por Josías de transformación del antiguo yahvismo en lo que hoy conocemos como *judaísmo*.

Al regreso de la cautividad de Babilonia (que veremos en el capítulo siguiente), estos intelectuales yahvistas revisaron la historia deuteronomista para explicar por qué había fracasado el gran proyecto nacional del rey Josías. Algunos estudiosos han identificado dos redacciones distintas de esta historia, la compuesta durante el reinado de Josías, antes de la catástrofe (Dt. 1), que llega hasta la destrucción de los ídolos, y la compuesta hacia 530 a. C.,[222] al regreso del exilio (Dt. 2), que relata muy esquemáticamente la muerte de Josías y acontecimientos posteriores, además de añadir sustanciosas interpolaciones a la versión Dt. 1.

Esta versión subordina el pacto con David al cumplimiento de la alianza acordada entre Moisés y Yahvé en el Sinaí. La versión del Pentateuco data también de esta época y acusa los arreglos correspondientes para ajustarlo a la orientación dominante al regreso del exilio. La servidumbre de los israelitas en Egipto se equiparaba a la que estaban sufriendo ahora en Babilonia, por eso surge la esperanza mesiánica: algún día vendrá un profeta de gran talla, un nuevo Moisés, que nos redimirá como pueblo, y lograremos nuestra independencia (Dt. 18, 15).

222. Otros estudiosos retrasan la fecha hasta 490 o 480 a. C.

CAPÍTULO 100

El regreso

A Nabucodonosor II lo sucedieron reyes débiles. ¿Recuerdan ustedes lo que se dice de las grandes fortunas: el abuelo las crea, el hijo la mantiene y el nieto la dilapida? Pues eso también ocurre, en otra escala, con los imperios.[223] Babilonia, en su día tan potente, la que abarcaba desde Egipto a la India, decayó y en el 539 a. C. fue a su vez conquistada por los persas, un pueblo procedente del sur del mar Caspio, la región llamada Media (de donde viene el nombre de *medos* con el que también se conoce a los persas). El gran conquistador persa fue Ciro II el Grande, que extendió las fronteras de su imperio hasta Asia Menor y las costas del mar Egeo.

El desaparecido reino de Judá se convirtió en la provincia persa de Yehúd y sus habitantes, los judaítas, se conocieron como *yehú-*

223. Y para mayor abundamiento lo corrobora nuestro filósofo Ortega y Gasset comentando al historiador Ibn Jaldún: «Aquí está el secreto de todos los movimientos históricos. La ciudad, donde reside el saber, el trabajo, la riqueza, los placeres, no tiene nervio para el dominio. El nómada, por el contrario, robustecido en una vida pobre y dura, posee la alta disciplina moral y el coraje. La necesidad, unida a la capacidad, les hace caer sobre los pueblos sedentarios y apoderarse de las ciudades. Crean Estados. Pero estos son irremisiblemente transitorios, porque la ciudad oculta el virus fatal de la molicie. El nómada triunfante se debilita, es decir, se civiliza y aburguesa o urbaniza. Queda, pues, a la merced de nuevos invasores, de otros nómadas aún intactos de lujo y lujuria. Merced a este proceso, perpetuamente repetido, la historia está esencialmente, y no por azar, sometida a un ritmo. Periodos de invasión y creación de Estados, periodos de civilización de los invasores, periodos de nueva invasión. No hay más. Así un siglo y otro» (Ortega y Gasset, 1934).

dim, «judíos». Los persas no eran tan crueles como los asirios. De hecho se mostraban bastante benévolos con los pueblos sometidos, con tal de que abonaran puntualmente los tributos.

Como parte de esta política permisiva, Ciro II permitió que regresaran a Israel los exiliados judíos que lo desearan. Es posible que buscara crear un potente Estado tapón en aquella disputada tierra, un obstáculo que aislara sus fronteras de posibles agresiones.

Muchos judíos que habían prosperado en Babilonia declinaron la invitación, pero otros, quizá los más piadosos (clase que suele coincidir con la menos boyante), regresaron a Jerusalén con la ilusión de restaurar el Templo, la sede verdadera de Yahvé, y vivir en la tierra de sus antepasados.

La adaptación de los judíos que regresaban de Babilonia no fue fácil. El culto de los samaritanos, nombre con el que se conocía a los judíos que habían quedado en la Tierra Prometida, había evolucionado de manera diferente. Aunque adoraban a Yahvé, lo hacían con ritos muy distintos a los que aportaban los nuevos pobladores, lo que ocasionó frecuentes discrepancias y rencillas entre las dos comunidades.

Una fuente perpetua de conflictos fue la reconstrucción de Jerusalén como la gran ciudad que había sido. En este empeño estaban los judíos regresados del exilio, que insistían en dotarla de murallas, pero los samaritanos y los otros pueblos de la región (árabes nabateos) intentaban estorbar este proyecto, incluso sembrando sospechas en los funcionarios persas sobre los supuestos anhelos independentistas del nuevo Israel.

A pesar de estos problemas, los israelitas consiguieron mantener un estatuto semiindependiente hasta el final del Imperio persa.

CAPÍTULO 101

Darío confirma la reconstrucción del Templo

Los israelitas regresados del exilio babilónico produjeron una literatura menuda, cuentos en realidad, que, mire usted por dónde, se abrieron camino hasta colarse en la Biblia; unos porque encierran una moraleja edificante y otros por el mero interés del relato, bellas historias de personajes o acontecimientos supuestamente ocurridos en la época de la cautividad.

Viene en el libro de Esdras que un buen día tres guardias del rey Darío discutían sobre lo mejor que tiene la vida. Uno dijo que era el vino, otro que el rey y el tercero que las mujeres. Lo supo Darío y pensó en convertir la discusión en un divertido certamen en presencia de la corte, de manera que cada guardia tuvo que defender su propuesta en público. El tercero, el que había elegido a las mujeres, se llamaba Zorobabel y dijo:

—Las mujeres son lo mejor, pero por encima de todo está la verdad. ¡Bendito sea el dios de la verdad!

Con tan sorprendente giro, al meter a Dios por medio, la corte se inclinó por darle la victoria ¿Qué otra cosa podían hacer? Entonces el rey Darío le pidió que formulara un deseo y Zorobabel, que era judío, le pidió que confirmara el edicto de Ciro de 520 a. C. por el que se aprobaba la reconstrucción del Templo de Jerusalén.[224]

224. Muchos estudiosos creen que ese edicto nunca se promulgó, que es un mero producto de la imaginación del redactor del Libro Santo.

CAPÍTULO 102
Tobías y el ángel de la guarda

Había entre los judíos deportados a Nínive un hombre piadoso llamado Tobit que extremaba su celo religioso y su bondad hasta dar sepultura a los cadáveres insepultos. Él mismo nos contará su desgracia:

Una noche, después de bañarme, salí al patio y me recosté contra la tapia, con el rostro descubierto a causa del calor. Ignoraba yo que arriba, en el alero del tejado, hubiera nidos de gorriones; me cayó excremento caliente sobre los ojos y me salieron manchas blancas. Acudí a los médicos, pero cuantos más remedios me aplicaban, menos veía hasta que me quedé completamente ciego. Cuatro años estuve sin ver. Todos mis hermanos estaban afligidos; Ajikar, por su parte, proveyó a mi sustento durante dos años, hasta que se trasladó a Elimaida. En aquellas circunstancias, mi mujer, Ana, tuvo que trabajar a sueldo hilando lana para mantenernos (Tob. 2, 9-11).

Tobit, aunque persona bondadosa de natural, se volvió desconfiado y celoso como suelen serlo algunos ciegos. Por ese motivo tuvo una buena agarrada con Ana, su mujer, el día en que ella, pongámoslo en sus propias palabras, *Acabó un tejido y se lo entregó a los dueños, que le dieron todo su jornal y le añadieron un cabrito. Cuando entró ella en casa, el cabrito empezó a balar; yo, entonces, llamé a mi mujer y le dije: «¿De dónde ha salido ese cabrito? ¿Lo has robado? Devuélvelo a sus dueños, porque no podemos comer cosa robada». Ella me dijo: «Es un regalo que me han añadido a mi sueldo». Pero yo no la creí; ordené que lo devolviera a los dueños y me irrité contra ella por este asunto* (Tob. 2, 12-14).

Es cosa comprobada, pero Tobit al parecer la ignoraba, que las esposas suelen malhumorarse cuando el maridito no les trae dinero a casa,[225] así que Ana, aunque era de natural modoso, le replicó:

—*¿De qué te han servido tus limosnas y tus buenas obras? ¡Ahora se ve todo bien claro!* (Tob. 2, 14).

Tobit, persona sensible, sintió el corazón anegado de tristeza, de modo que, suspirando y llorando, murmuró:

—Señor, llévame de este mundo de tribulación, que mi cuerpo pide tierra. *Que yo me disuelva sobre la faz de la tierra, porque más me vale morir que vivir. Tengo que aguantar injustos reproches y me anega la tristeza* (Tob. 3, 6).

Sabido es que Yahvé reparte liberalmente tristezas y miserias entre los creyentes. Por eso, aquel mismo día en que el anciano Tobit deseaba morirse en su pisito de Nínive, muy lejos de allí, en Ecbátana de Media, en una trifulca doméstica, una esclava le reprochaba a la hija de su amo, Sara, que ya se había casado siete veces y las siete se le había muerto el marido sin llegar a consumar.

—*¡Eres tú la que matas a tus maridos!* —le gritaba la deslenguada—. *Ya has tenido siete, pero ni de uno siquiera has disfrutado. ¿Nos castigas* [a las esclavas] *porque se te mueren los maridos? ¡Vete con ellos y que nunca veamos hijo ni hija tuyos!* (Tob. 3, 8).

En realidad lo que ocurría es que un demonio, de nombre Asmodeo, se había enamorado de la muchacha y, celoso como Otelo el moro, le mataba a los maridos antes de que la tocaran.[226]

Sara, con el alma llena de tristeza, se echó a llorar y subió al aposento de su padre con intención de ahorcarse (Tob. 3, 10). No obstante, antes de introducir la cabeza por la lazada, pensó en las consecuen-

225. Dice el sabio refrán castellano: «El hermano quiere a la hermana y la mujer al marido si le gana». Hablo, naturalmente, de los tiempos previos a la liberación de la mujer.

226. Asmodeo es un demonio persa (*spenta daeva*), importado por los judíos. Asmodeo se identifica con Lucifer tras tentar a Eva con la manzana (el higo en realidad). También se dice que se emparejó con Lilit, la primera mujer de Adán, y engendró con ella miles de demonios.

cias: el disgusto se llevaría a su padre a la tumba. Se arrepintió pues y decidió rogar a Yahvé que se le enviara una pronta muerte: *Señor, líbrame de la tierra, para que no tenga que escuchar esos ultrajes. Ya perdí siete maridos: ¿para qué quiero la vida? Si no te place, Señor, darme la muerte, ¡mírame con compasión! y no tenga yo que escuchar injurias* (Tob. 3, 15).

Yahvé la escuchó y le envió el remedio. Es más, con admirable sentido del dominio escénico pensó en matar dos pájaros de un tiro y *envió al arcángel Rafael a curar a los dos: a Tobit, para que se le quitaran las manchas blancas y pudiera con sus mismos ojos ver la luz de Dios; y a Sara, para entregarla por esposa a Tobías, hijo de Tobit, y librarla de Asmodeo, el demonio malvado* (Tob. 3, 17).

En este punto es necesario recordar que, según la Ley judía del levirato, al joven Tobías le correspondía casarse con la viuda negra y engendrar en ella descendencia: *Tobías tenía más derechos sobre ella que todos cuantos la pretendían* (Tob. 3, 17).

El anciano Tobit llamó a su hijo Tobías, todavía un muchacho apenas barbado, y le dijo:

—Hijo, hace veinte años presté veinte talentos de plata a un señor de Raga de Media. Toma el recibo, vas y se los cobras, que es un pastón. Búscate a alguien que te acompañe.

Salió el joven Tobías a la plaza y se encontró al arcángel Rafael caracterizado como simple mortal, de nombre Azarías.

—¿Eres israelita? —le preguntó.

—Sí —dijo el ángel—. Y busco trabajo.

—¿Conoces el camino a Media?

—Lo conozco de sobra. He estado allí y he sido huésped de Gabael, el que vive en Raga.

Tobías llevó al arcángel ante su padre y el anciano, después de asegurarse de que era de buena familia, le ofreció un dracma diario por acompañar a su hijo.

Partió el muchacho en compañía del ángel, y un perro les seguía. Una noche en que acamparon junto al río Tigris bajó el muchacho al río a lavarse los pies, cuando saltó del agua un gran pez que quería de-

vorarle el pie. Gritó Tobías, pero el ángel le dijo: «¡Agarra el pez y sujétalo bien!». El muchacho se apoderó del pez y lo arrastró a tierra. El ángel añadió: «Ábrelo, sácale la hiel, el corazón y el hígado, los reservas, y tira los intestinos. Su hiel, su corazón y su hígado son remedios útiles (Tob. 6, 2-5).

Era Tobías un chico deseoso de aprender. Por tanto le preguntó al arcángel.

—*Hermano Azarías, ¿qué remedios hay en el corazón, el hígado y la hiel del pez?* (Tob. 6, 7).

Respondió el arcángel:

—*Si se quema el corazón o el hígado del pez ante un hombre o una mujer atormentados por un demonio o un espíritu malo, el humo lo hace desaparecer para siempre. En cuanto a la hiel, untando con ella los ojos de un hombre atacado por manchas blancas, y soplando sobre las manchas, queda curado* (Tob. 6, 8-9).

Prosiguieron el viaje y cuando entraron en Media, ya cerca de Ecbatana, dijo Azarías:

—*Esta noche dormiremos en casa de Ragouel, que es pariente tuyo y tiene una hija que se llama Sara, prudente y muy bella. Es de tu mismo linaje y por tu parentesco tienes derechos sobre ella según la Ley de Moisés. Le pediré su mano para ti* (Tob. 6, 13).

Tobías, que conocía el caso, expuso sus dudas:

—He oído que todo el que se casa con ella muere a manos de un demonio enamorado.

—Contigo no va a pasar, estate tranquilo —dijo el ángel—. *Cuando entres en la cámara nupcial, tomas el corazón del pez y parte del hígado y lo pones sobre las brasas de los perfumes. Se difundirá el aroma y cuando el demonio lo huela, huirá y nunca aparecerá ya a su lado* (Tob. 6, 17).

—Eso sí —prosiguió el arcángel—, antes de meteros en la cama para comenzar la faena, orad al Señor para que se apiade de vosotros y os salve.

—¿Quiere eso decir que no es seguro lo de quemar el corazón y el hígado?

—No, hombre, es para que Yahvé bendiga vuestra unión —lo tranquilizó el ángel.

—Vale.

Llegaron a la ciudad, y Ragouel y su mujer Edna recibieron a sus huéspedes con grandes demostraciones de cariño. Tras las preguntas de rigor por los familiares que quedaban en Nínive, el dueño de la casa hizo matar a un cordero para aparejarles un buen almuerzo.

Los huéspedes se lavaron los pies, según la higiénica costumbre, y luego fueron a donde estaba aparejada la comida, pero antes de sentarse a la mesa quiso Tobías formalizar el matrimonio con su prima. El prudente Ragouel le hizo saber lo del demonio enamorado que le mataba los maridos.

—No importa —dijo Tobías—. Me caso con ella.

Ragouel pensaría que era el ímpetu juvenil después de haber visto a la muchacha, ya algo encañada, pero virgen intacta, lo que pone miel sobre azúcar como aquel que dice.

Tobías se negó a comer si no celebraban la boda previamente. («¡Ay, qué impetuoso!», pensaría la suegra, recordando que ella también fue joven.) Trajeron papiro y cálamo y concertaron el matrimonio.

Cumplido esto, se sentaron a la mesa y dieron cuenta con buen apetito del asado de cordero con higos, que, aunque ya algo frío por la demora, estaba exquisito.

Ya estaba el lecho nupcial aparejado en el aposento donde se consumaría el himeneo. Entraron los novios, ella tímida y algo azorada como si fuera la primera vez, Tobías enterizo y enamorado.

Recordando las instrucciones del ángel, Tobías cerró la puerta y, yendo al pebetero donde ardían los perfumes, avivó las brasas con la badila y extendió sobre ellas el corazón y la hiel del pez, lo que produjo una humareda nauseabunda.

Mientras tanto, el prudente Ragouel, dando por hecho que el octavo marido de su niña habría muerto como los siete precedentes, llamó a sus criados e hizo cavar una tumba.

—A ese muchacho lo enterraremos en secreto *para evitar que nos sirva de mofa y escarnio* (Tob. 8, 10).

Fueron Ragouel y su esposa al dormitorio y, tras entrar con sigilo, encontraron a la pareja profundamente dormida, después de haber consumado reiteradamente.

—¡Bendito sea el Señor que nos ha conservado a este marido! —exclamó Ragouel sin contener las lágrimas.

—Aquí huele a demonios —murmuró la prudente Edna según abandonaban la alcoba.

—Será de alguna loción afrodisíaca que habrá traído el sobrino de Nínive —supuso Ragouel—. Allí la gente usa esos remedios para contentar a la parienta.

Siguió una noche toledana. Los criados taparon la fosa; Edna amasó una gran hornada de pan candeal y Ragouel sacrificó dos bueyes y cuatro carneros y los hizo aderezar para un gran banquete nupcial al que pensaba invitar a todos sus parientes, incluso a los primos lejanos, que seguramente se había alegrado de las desgracias conyugales de su pobre Sara.

Amanecieron las banderas del día y, cuando Tobías salió de la alcoba, fue a donde Azarías y le dijo:

—Ya ves que ahora tengo esposa a la que atender. Toma tú cuatro criados y los dos camellos, vete a Raga de Media, busca a Gabael y le cobras la deuda de mi padre. De paso lo invitas al banquete nupcial.

Así hizo el arcángel, cobró la deuda y regresó con el dinero. Todavía permanecieron en casa de Ragouel unos días, hasta que Tobías decidió regresar junto a sus padres, que estarían inquietos por la tardanza.

Ragouel entregó a Tobías su mujer, Sara, y la mitad de sus bienes: criados y criadas, bueyes y carneros, asnos y camellos, vestidos, plata y utensilios, *y les dejó partir gozosos.*

El reencuentro con Tobit y Ana fue conmovedor: *Corrió Ana y se echó al cuello de su hijo, diciendo: «¡Ya te he visto, hijo! ¡Ya puedo morir!». Y rompió a llorar. Tobit se levantó y trompicando salió a la puerta del patio. Corrió hacia él Tobías, llevando en la mano la hiel del pez; le sopló en los ojos y abrazándole estrechamente le dijo: «¡Ten confianza, padre!». Y le aplicó el remedio. Tras aguardar un poco a que hiciera efecto, con ambas manos le quitó las escamas de la comisura de los ojos. Entonces Tobit se arrojó a su cuello, lloró y le dijo: «¡Ahora te veo, hijo, luz de mis ojos!». Y añadió: «¡Bendito sea Dios! ¡Bendito su gran Nombre! ¡Bendito todos sus santos ángeles! ¡Bendito su gran Nombre por todos los siglos!»* (Tob. 11, 9-14).

Aquel día, cuando se divulgó el regreso de Tobías y la curación de la ceguera de su padre, los judíos de Nínive lo celebraron con gran alborozo.

Al término de unos días de banquetes e himeneos Tobit dijo a Tobías:

—Justo es que ahora paguemos su salario a Azarías, a quien ni dándole la mitad de nuestra hacienda remuneraríamos justamente por cuanto ha hecho.

Fueron a Azarías a ofrecerle la recompensa y él anunció:

—*Soy Rafael, uno de los siete ángeles que están siempre presentes y tienen entrada a la Gloria del Señor.*

—¡Un ángel! *—se turbaron Tobit y Tobías, ambos, y cayeron sobre sus rostros, aterrorizados* (Tob. 12, 15-16).

Él les dijo:

—*Bendecid al Señor sobre la tierra y confesad a Dios. Mirad, yo subo al que me ha enviado. Poned por escrito todo cuanto os ha sucedido.*

Y se elevó. Ellos se levantaron, pero ya no vieron más. Alabaron a Dios y entonaron himnos, dándole gracias por aquella gran maravilla de habérseles aparecido un ángel de Dios (Tob. 12, 20-21).

Tobías y Sara residieron en Nínive hasta la muerte de Tobit y Ana. Después se volvieron a la tierra de ella, donde conocieron una ancianidad dichosa y hasta asistieron, de lejos, a la caída de Nínive y al cautiverio de sus gentes por los medos.

El de Tobías es uno de los libros más recientes de la Biblia. Los entendidos discuten si se escribió entre los siglos IV y III a. C. en Egipto o un siglo más tarde en Israel.

CAPÍTULO 103

Judit, más buena que el pan

Nabucodonosor, el de Asiria,[227] había amenazado a los países desobedientes en unos términos que no dejaban lugar a dudas: *Enviaré tantos guerreros que sus pies taparán la tierra y les entregaré el país para que lo saqueen. Los cadáveres de los rebeldes desbordarán los barrancos, ríos y torrentes y a los que sobrevivan los deportaré a los confines de la tierra* (Jdt. 2, 8-9).

El plan estaba claro. Para ejecutarlo designó a su comandante supremo, Holofernes, al que puso al frente de un ejército de ciento treinta mil hombres pertrechado con *una gran cantidad de camellos, asnos y mulas para el transporte de la impedimenta e incontable número de ovejas, bueyes y cabras para el avituallamiento* (Jdt. 2, 16-17).

Meticuloso en su trabajo, Holofernes *incendió todos los cultivos, exterminó los rebaños de ovejas y bueyes, saqueó ciudades, devastó sus campos y pasó a cuchillo a todos los jóvenes* (Jdt. 2, 27).

Cuando el ejército asirio se acercó a Judea, los israelitas fortificaron sus aldeas, dispuestos a resistir. Además recurrieron a Yahvé: *todos los hombres, mujeres y niños de Jerusalén se postraron ante el Templo, cubrieron sus cabezas de ceniza y extendieron las manos ante el Señor. Cubrieron el altar de saco y clamaron insistentemente, todos a una, al Dios de Israel, para que no entregase sus hijos al saqueo, sus*

227. Ya sé que Nabucodonosor II es rey de Babilonia, pero la Biblia dice Asiria y yo lo respeto, no sea que incomodemos a Yahvé, el inspirador de estos textos.

mujeres al pillaje, las ciudades de su herencia a la destrucción y las cosas santas a la profanación y al ludibrio, para mofa de los gentiles (Jdt. 4, 11-12).

Holofernes entró en tierra israelita como un buey ciego en una perfumería y fue primero contra la ciudad de Betulia, dispuesto a rendirla por hambre. Un mes después de sitiada, empezó a escasear el agua y el sediento pueblo fue a Ozías para pedirle que entregara la ciudad al asirio, pues era mejor ser su esclavo que perecer de sed. Él les prometió hacerlo si en un plazo de cinco días no se arreglaba la situación.

Había en Betulia una mujer llamada Judit, viuda acomodada de Manasés, un propietario agrícola que había muerto de insolación mientras vigilaba la siega de la cebada. *Era muy bella y muy bien parecida. Su marido le había dejado oro y plata, siervos y siervas, ganados y campos, quedando ella como dueña, y no había nadie que pudiera decir de ella una palabra maliciosa, porque tenía un gran temor de Dios* (Jdt. 8, 7-8).

O sea una viuda resultona, acomodada y moralmente intachable.

Consciente de lo apurado de la situación, Judit se presentó ante el consejo de ancianos y dijo:

—Tengo un modo de resolver el problema. Tan solo dejadme salir de la ciudad con mi criada y no me preguntéis lo que pienso hacer.

Accedieron y Judit, *rostro en tierra, cubierta su cabeza de ceniza,* rogó a Yahvé que humillara a aquellos asirios fanfarrones que *no te reconocen como Señor. ¡Quebranta su poder con tu fuerza! ¡Abate su poderío con tu cólera!, pues planean profanar tu santuario, manchar la Tienda en la que reposa la Gloria de tu Nombre, y derribar con fuerza el cuerno de tu altar* (Jdt. 9, 7-8).

Acabada su oración a Yahvé, que hemos abreviado por evitar prolijidad, la bella viuda *se despojó del sayal, se desvistió de sus vestidos de viuda, se bañó toda, se ungió con perfumes exquisitos, se peinó la espléndida cabellera, que adornó con una cinta, y se arregló con las galas que usaba en las grandes ocasiones cuando el marido vivía. Finalmente se calzó las sandalias, se puso los collares, brazaletes y anillos, los pendientes y todas sus joyas, con lo que realzó su hermosura cuanto pudo, con ánimo de seducir los ojos de cuantos hombres la viesen* (Jdt. 10, 3-4).

O sea, vestida para matar. Literalmente. Como Michael Caine travestido en la homónima película de Brian de Palma. Y determinada a llevar a cabo su plan, porque *nuestra raza no recibe castigo ni la espada tiene poder sobre ellos, si no han pecado contra su Dios* (Jdt. 11, 10).

Ítem más: *¡Ay de las naciones que se alzan contra mi raza!* (Jdt. 16, 17).[228]

Luego dio a su sierva un odre de vino y una cantarilla de aceite, llenó una alforja con harina de cebada, tortas de higos y panes candeales, empaquetó las provisiones y se lo entregó igualmente a su sierva. De esta guisa se dirigieron a la puerta de la ciudad, donde se encontraron con Ozías y con Jabrís y Jarmís, ancianos de la ciudad (Jdt. 10, 5-6).

Salieron al campo las dos mujeres. Como se esperaba, una patrulla asiria las interceptó.

—¿Adónde se supone que vais? —interpeló el sargento del plumero desmayado.

—No somos fugitivas. Llevadnos ante Holofernes, la bendición de los dioses sobre él, porque queremos mostrarle un camino seguro para tomar la ciudad.

Estaba Holofernes descansando en su lecho, bajo colgaduras de oro y púrpura recamadas de esmeraldas y piedras preciosas, cuando le anunciaron la presencia de una dama. Salió a recibirla a la entrada de la tienda, precedido de lámparas de plata. Cuando Judit llegó ante Holofernes y sus ministros, todos se maravillaron de su belleza y prestancia. Cayó ella rostro en tierra y se postró ante Holofernes, pero sus siervos la levantaron (Jdt. 10, 21-23).

Comprenderá el lector que Judit, además de estar más buena que el pan, motivo más que de sobra para interesar a Holofernes, tenía labia suficiente para liar a cualquiera:

228. Hitler lo ignoró y ya ven en qué acabó su «Reich de los mil años».

—*¡Viva Nabucodonosor, rey de toda la tierra, y viva quien te envía para poner en el recto camino a todo viviente!* —le dijo desde su posición postrada, que, además de exhibir el suculento canalillo entre los grávidos pechos, le realzaba el contraste entre la cintura juncal, la amplitud de las caderas y la firmeza hemisférica del trasero— *y porque gracias a ti no le sirven tan solo los hombres, sino que, por medio de tu fuerza, hasta las fieras salvajes, los ganados y las aves del cielo viven para Nabucodonosor II y para toda su casa. Que sepas que hemos oído hablar de tu sabiduría y de tu prudencia, así como la opinión universal de que no tienes rival ni como sabio ni como estratega.* (Jdt. 11, 7-8).

Holofernes, deslumbrado por la belleza que se desplegaba ante sus asombrados ojos («¡Gracias, Baal, por poner en mi camino este tocinito de cielo!», debió de pensar), le prometió convertirse él mismo al dios de Israel que iba a castigar por su mano a aquella ciudad de dura cerviz (así se lo había explicado ella).

—Te protegeré y te presentaré en la corte —le prometió—. Da por hecho que triunfarás.

Judit permaneció tres días en el campamento asirio. Cada noche se dirigía hacia el barranco de Betulia y se lavaba en la fuente donde estaba el puesto de guardia. A su regreso, suplicaba a Yahvé, Dios de Israel, que diese buen fin a sus proyectos para exaltación de los hijos de su pueblo (Jdt. 12, 7-8).

Al cuarto día el asirio pensó: «Hasta aquí hemos llegado, ya está bien de comportarme como un caballero, hoy mojo como me llamo Holofernes».

Decidido a gozar de la hermosa e incluso de la criada si se terciara, el general impartió instrucciones a su mayordomo, el eunuco, para que le organizara un banquete privado.

—Invita a la *hebrea a que nos acompañe. Sería una vergüenza para nosotros que dejáramos marchar a un bomboncito de ese calibre sin habérnosla beneficiado. Si no somos capaces de gozarla, luego se burlará de nosotros* (Jdt. 12, 11-12).

Obsérvese la apreciación machista del militar: a esta, con lo buena que está, hay que beneficiársela, que de lo contrario nos tomará por maricones. Es repugnante.

Judit aceptó la invitación (lo estaba deseando) y *se engalanó con sus vestidos y todos sus ornatos femeninos* (Jdt. 12, 15). Al verla entrar en todo el esplendor de su belleza, *el corazón de Holofernes quedó arrebatado por ella, su alma quedó turbada y experimentó un violento deseo de unirse a ella, pues desde el día que la vio, andaba buscando ocasión de seducirla* (Jdt. 12, 16).

Llega el momento que el lúbrico Holofernes estaba aguardando desde que conoció al bellezón. Levantados los manteles, marcharon los achispados invitados dándose con el codo, hay que suponer (envidiosos del postre que privadamente iba a saborear el jefe).[229] Detrás de ellos se marchó también el eunuco mayordomo, quien, al salir, cuidó de cerrar la tienda por fuera.

Quedaron en la tienda tan solo Judit y Holofernes, él desplomado sobre su lecho y rezumando vino (Jdt. 13, 2).

La hermosa Judit se encomendó a Yahvé y sin vacilación se acercó a *la columna de la que pendía el tahalí con la cimitarra de Holofernes, la empuñó con decisión, se acercó al lecho y agarrando la cabeza del general por los cabellos, se encomendó a Yahvé: «¡Dame fortaleza, Dios de Israel, en este trance!». Y, con todas sus fuerzas, le descargó dos golpes sobre el cuello y le cortó la cabeza. Después hizo rodar el tronco fuera del lecho, arrancó las colgaduras de las columnas y saliendo de la tienda entregó la cabeza a su sierva, que la metió en la talega de las provisiones, tal como habían trazado* (Jdt. 13, 6-9).

Perpetrada la ejecución (o el asesinato, según se mire), las dos mujeres *atravesaron el campamento, salvaron el barranco, subieron por el monte de Betulia y* regresaron a la ciudad. Judit reunió a los ancianos y sacando de la talega su sangriento trofeo les dijo:

—*Mirad la cabeza de Holofernes y mirad las colgaduras bajo las*

229. Hablo en metáfora por si a algún catequista se le ocurre leerle este cuentecillo a los niños de la doctrina porque con esta gente desaprensiva nunca se sabe. Entienda el lector que la traducción es mía, aunque fiel al original.

cuales se acostaba en sus borracheras. ¡El Señor lo ha herido por mano de mujer! (Jdt. 13, 15).[230]

Dicho esto explicó las circunstancias menudas del suceso, porque la gente es mal pensada: *se dejó seducir por mi rostro para perdición suya, pero no ha cometido conmigo ningún pecado que me manche o me deshonre* (Jdt. 13, 16).

En cuanto amaneció, siguiendo el plan expuesto por Judit, los israelitas salieron armados fuera de la muralla como dando a entender que habían decidido enfrentarse con los asirios. El mayordomo de Holofernes fue a comunicarle la noticia a su jefe y, prudente como era, dio unas palmadas en la entrada de la tienda para llamar su atención (no quería importunarlo si andaba despachando con la bella Judit).

Arrimó el oído. Silencio absoluto. Ni el vuelo de una mosca.

El sargento que lo acompañaba lo apremiaba:

—¡Coño, despiértalo ya, que los sitiados se nos van a echar encima de un momento a otro!

Titubeó el eunuco, pero notando que dentro de la tienda nada rebullía, se atrevió a asomar la cabeza y vio a su jefe sin la suya, por los suelos y desangrado.

¡Aquello era llorar!

—¡Ay, que me lo han matado las putas esas! ¡Ay, madre, que me falta el aire!

Cuando la noticia de lo ocurrido se divulgó por el campamento, los asirios *rasgaron sus túnicas y emitieron grandes lamentos y alaridos*

230. Recordemos que morir por mano de mujer era lo más humillante que le podía ocurrir a un militar. Algo equivalente a lo que en el Toledo de los Austrias se denominaba *morir de cornada de burro* cuando, transitando por una de sus callejuelas angostas, al volver una esquina, te topabas con un pollino de aguador y no te daba tiempo a esquivar el varal de las aguaderas, que te ensartaba a la altura del pecho. La familia del corneado se cuidaba muy mucho de explicar a los deudos presentes en el funeral cómo había sido la muerte. Finalmente el concejo prohibió las aguaderas de palo y obligó a sustituirlas por otras de cestería o de hierro que carecían de tan peligrosas prolongaciones.

(Jdt. 14, 19), cumplido lo cual huyeron todos a la desbandada por los caminos y la montaña.

Viéndolos en fuga, los israelitas los persiguieron e hicieron en ellos una gran matanza. Luego, volviéndose sobre el campamento, lo saquearon con la codicia del botín, *porque había en él una abundancia incalculable.*

El consejo de los ancianos *entregó a Judit la tienda de Holofernes, con toda su vajilla de plata, sus divanes, sus vasijas y el mobiliario completo. Ella lo tomó y lo cargó sobre su mula, preparó sus carros y lo amontonó todo encima. Las mujeres de Israel acudieron para verla y la bendecían danzando en coro. Judit tomaba tirsos con la mano y los distribuía entre las mujeres que estaban a su lado. Ellas y sus acompañantes se adornaron con coronas de olivo; después, dirigiendo el coro de las mujeres, se puso danzando a la cabeza del pueblo. La seguían los hombres de Israel, armados de sus armas, llevando coronas y cantando himnos* (Jdt. 15, 11-13).

¿Qué fue de Judit? *La heroína regresó a Betulia, donde vivió disfrutando de su hacienda y de su fama, que se extendió por la tierra. Muchos hombres la pretendieron, pero ella no tuvo relaciones con ninguno en toda su vida desde que su marido Manasés murió. Vivió hasta la avanzada edad de ciento cinco años, transcurriendo su ancianidad en casa de su marido. A su sierva le concedió la libertad. Murió en Betulia y la sepultaron en la caverna de su marido Manasés* (Jdt. 16, 21-23).[231]

En sus últimos años a Judit le flojeaba la memoria por falta de riego y cuando le preguntaban por su hazaña con Holofernes apenas lo recordaba:

—Sí, hijo, algo hay de un hombre que perdió la cabeza por mí.

231. La decapitación de Holofernes por Judit ha inspirado a muchísimos artistas, entre ellos a Botticelli, Donatello, Caravaggio, Tiziano, Mantegna, Klimt y con especial regodeo la pintora Artemisia Gentileschi. Es natural. ¿Cómo resistirse a una escena en la que puedes meter junto a una mujer hermosa en deshabillé, el lujo de la tienda, el lecho de telas magníficas convenientemente revuelto, las relucientes o pavonadas armas, lo truculento de la escena, esa cabeza cercenada y los chorros de sangre que escapan de los vasos del cuello? ¿Quién se resistiría?

CAPÍTULO 104

Ester, medio imperio te daría

Durante el reinado de Asuero (nombre bíblico del persa Jerjes I), que reinó sobre *ciento veintisiete provincias, desde la India hasta Etiopía,* surgió en el pueblo de Israel una de esas heroínas fuertes y discretas que salvan a su pueblo de grandes calamidades.

Asuero celebró en Susa un festín que duró año y medio, seguido de una celebración privada de solo una semana a la que invitó a los altos funcionarios del reino.

¡Aquello eran festejos! *Había colgaduras de lino blanco y de púrpura violeta, sujetas con cordones de lino fino y de púrpura roja a argollas de plata y a columnas de alabastro. Había divanes de oro y plata sobre un piso de pórfido, alabastro, nácar y mármol negro. Se bebía en copas de oro, ninguna igual a otra, y el vino del reino corría a raudales, gracias a la prodigalidad del rey. La regla era que nadie fuera forzado a beber, porque el rey había ordenado a sus mayordomos que respetaran los deseos de cada uno* (Est. 1, 6-7).

Al mismo tiempo, la reina Vasti dio un banquete, solo para mujeres, en el palacio real.

Al terminar su banquete, Asuero, tan borracho como podemos suponer, exigió que la reina compareciera ante la corte *luciendo la diadema real, para mostrar su belleza a la gente y a los príncipes, porque ella era muy hermosa* (Est. 1, 11-12).

Tal parece que debía comparecer desnuda como una bandeja de plata, con el único adorno de la diadema, símbolo de su realeza. De lo contrario no se entiende que la reina se considerara ofendida y se negara en redondo, lo que provocó en Asuero *gran indignación y un arrebato de ira.*

Ya se sabe cómo son los borrachos cuando se empeñan, pero esta vez el borracho era el rey, así que llamó a un propio y le ordenó:

—Me reúnes ahora mismo a los juristas.

Hay que suponer que no tardaron mucho en localizarlos, porque estarían en el banquete. Llegados a presencia del rey, les preguntó:

—¿Qué hago con esta esposa desobediente?

El caso planteaba un grave problema de Estado, porque si la reina no obedecía al rey, ¿qué argumento tendrían los esposos del dilatado imperio para hacerse obedecer por sus esposas?

—*Su manera de proceder* —argumentó gravemente Memucán, uno de los siete miembros del consejo real— *llegará a oídos de todas las mujeres, y eso hará que desprecien a sus maridos. Dirán: «Asuero mandó que llevaran a su presencia a la reina Vasti, y ella no se presentó». Hoy mismo, las princesas de Persia y de Media que oigan hablar de la conducta de la reina replicarán en el mismo tono a sus esposos, los altos oficiales del rey, ¡y entonces sí que habrá desprecio e irritación!* (Est. 1, 17-18).

El castigo a la desobediencia de la reina debía ser ejemplar. Asuero la repudió y, nuevamente soltero (el surtido harén no cuenta), ordenó que comparecieran ante él las más bellas mujeres del reino, porque elegiría entre ellas a su nueva esposa y reina. *Así, cuando el decreto promulgado por el rey sea conocido a lo largo y a lo ancho de su inmenso reino, todas las mujeres honrarán a sus maridos, desde el más grande hasta el más humilde* (Est. 1, 20).

Había en Susa un judío llamado Mardoqueo que tenía una hija adoptiva bellísima, Ester, a la que los funcionarios reales incluyeron en el grupo de beldades que se reunieron en el harén de Susa *bajo la vigilancia de Hegué, el eunuco del rey encargado de las mujeres. Este les suministró afeites y cremas de belleza* para que se compusieran antes de comparecer ante el rey (Est. 2, 3).

Sepan las interesadas que el tratamiento estético persa no se parecía para nada a esos precipitados planes de belleza en siete días que pregona la publicidad en nuestros días. Entonces la belleza se conseguía de modo más reposado: *el tratamiento comprendía dos etapas: seis meses para ungirse con aceite de mirra, y seis meses más para embellecerse con aromas y otros cosméticos femeninos* (Est. 2, 12).

Ester le cayó en gracia al eunuco Hegué, que *le entregó de inmediato las cremas de belleza, fijó su régimen de comidas y le asignó para su servicio a las siete doncellas más distinguidas del palacio real. Además la albergó con sus doncellas en el mejor departamento del harén* (Est. 2, 9).

¿Cuál sería el régimen de comidas del harenero real, a quien en tan alto cargo debemos de suponer conocimientos de nutricionista, dietólogo y *coach*? Seguramente un régimen calórico combinado con los masajes convenientes para que las chicas más esmirriadas entraran un poco en carnes y alcanzaran el punto exacto de sazón, tipo Anna Marisax, pelín ajamonadas, según la estética de la época, al tiempo que con las justas redondeces que las hicieran apetecibles.

Cuando alcanzaban ese punto de cochura pasaban a la prueba. Asuero iba catando a las candidatas, una por día. Hegué, el harenero real, le presentaba a la candidata por la tarde, luego pasaba la noche con ella y a la mañana siguiente, ya catada y evaluada, la llevaban a otro departamento del harén, el reservado a las concubinas propiamente dichas, donde quedaba a la espera de que el rey se acordara de ella y la hiciera llamar para un segundo encuentro.[232] *Ya no se presentaba más ante el rey, a no ser que este deseara estar con ella y la llamara expresamente.* De muchas no se acordaría más y allá pasarían la vida, en recluida ociosidad, puesto que era norma que una mujer que hubiera yacido con el rey no catara a otro varón en su vida.[233]

232. Por este ambiente de fornicio reinante en la ceremonia de escoger nueva reina, el libro de Ester estaba reprobado entre las comunidades esenias del desierto, no fueran a leerlo los novicios con una sola mano. Esto explica que sea el único libro del canon hebreo que no ha aparecido en los rollos de Qumrán. En efecto, el verano de 2017 estuve en Qumrán, con un calor que derretía las piedras, y allí no hay ni rastro del libro de Ester.

233. Esta curiosa costumbre se ha mantenido en muchas monarquías, inclu-

—¿Quién dice que gobernar un imperio sea tarea fácil? —se lamentaba Asuero tendido en su diván, en cueros, mientras el archiatro de palacio le aplicaba en el miembro algodones con aceite de tomillo y emplastos de miel templada en el bálano, que los tenía en carne viva de las nocturnas evaluaciones.

Cuando le tocó el turno a Ester, ella, siempre aconsejada por el eunuco Hegué, rechazó emperifollarse con toda suerte de joyas y arreos como las otras, que se ponían como una presidenta sudamericana, y se presentó vestida con simplicidad y apenas maquillada, para que resplandeciera su virginal belleza.

Acierto pleno: *Asuero se enamoró de Ester más que de todas las otras mujeres y ella se ganó su favor más que todas las demás jóvenes. El rey le impuso la diadema real y la proclamó reina en lugar de Vasti* (Est. 2, 17).

Por la misma época, Asuero nombró primer ministro a un cortesano llamado Amán, que odiaba a los judíos. Un día este se indignó porque Mardoqueo (el tutor de Ester) no se inclinaba ante él como los demás súbditos de Asuero.

—¿Y tú, por qué no me haces reverencia? —le preguntó.

—Señor, porque mi religión me prohíbe inclinarme ante alguien que no sea mi dios, Yahvé —respondió Mardoqueo.

Así las cosas, supo Asuero que el judío Mardoqueo le había mostrado gran fidelidad denunciando el complot de *Bigtán y Teres, dos eunucos de la guardia de la puerta,* que tenían pensado *poner mano sobre el rey*, o sea, asesinarlo (Est. 2, 19-23).

—¿Cómo podría honrar a un hombre al que debo suma gratitud? —le consultó Asuero a su primer ministro Amán.

Seguro de que se trataba de él mismo, Amán aconsejó a Asuero

---

so en la Europa cristiana, incluida la cristianísima España. Cuando Felipe IV tomaba amante era costumbre que, después de gozar del favor real, se recluyera en un convento. Esta regla no escrita le perjudicó en algunos ligues pues más de una respondió a las solicitudes reales diciendo: «No, majestad, porque no tengo vocación de monja».

que le dedicara grandes honores. Para su gran decepción, aquellas honras y mercedes fueron para el judío que lo afrentaba negándose a inclinarse a su paso.

El rencoroso Amán *buscó la manera de aniquilar a los judíos del reino de Asuero.* Organizaría una matanza de judíos en cuanto le fueran propicios los augurios o *pur* (los persas daban crédito a estos pronósticos basados en confluencias astrales).

Escogido el día, fue a ver a Asuero y le dijo:

—*Majestad, existe cierto pueblo esparcido por las provincias de tu reino que obedece sus propias leyes antes que las leyes reales, lo que no se puede consentir. Si al rey le parece bien, emitiré un edicto contra ellos y les incautaremos los bienes, lo que supondrá un ingreso de diez mil talentos de plata en la tesorería real* (Est. 3, 6-9).

Amán envió cartas a los gobernadores de las provincias con órdenes de *aniquilar, matar y destruir a todos los judíos, tanto jóvenes como viejos y tanto niños como mujeres. La matanza se perpetraría el día trece del mes de Adar*[234] (Est. 3, 13).

La noticia se recibió en el pueblo hebreo con *gran duelo, ayuno, llanto y plañido.* Mardoqueo vistió de saco, se trasquiló el cabello, se espolvoreó la cabeza con ceniza y de esta suerte fue a contárselo a Ester:

—¡Niña, que nos quieren matar a todos!

Conoció Ester la aflicción de su pueblo y meditó qué podía hacer. Ya pasaban treinta días sin que el rey la llamara a su presencia (bien se ve que estaba aún convaleciente de la tuneladora) y, según el estricto protocolo persa, ninguna esposa ni concubina podía comparecer ante el monarca sin ser llamada bajo pena de muerte.

Ester tomó una decisión heroica: se presentaría ante el rey aunque ello le acarreara la muerte. No obstante, por ver si Yahvé le echaba una mano, avisó a Mardoqueo por medio de un eunuco de confianza:

—*Reúne a los judíos de Susa, y que ayunen por mí tres días con sus*

234. Duodécimo mes del calendario judío, que va aproximadamente del 15 de febrero al 14 de marzo. El año comienza por el mes de Nisán.

noches. Yo también ayunaré con mis damas de compañía y después entraré a donde el rey, vulnerando la Ley; y en caso de que tenga que perecer, pereceré (Est. 4, 16).

Compareció Ester ante Asuero sin ser llamada y él extendió hacia ella su cetro de oro en señal de que le otorgaba audiencia. Ella le dijo que venía a invitarlo a un banquete, al que también convidaba a su fiel Amán.

Zeres, la mujer de Amán, una lagarta de cuidado, viendo que su marido no tendría reposo hasta que hubiera acabado con la vida del odiado Mardoqueo, le aconsejó:

—Antes de irte al banquete prepara una horca en la que colgarás a Mardoqueo, verás cómo eso te reconforta.

Eso hizo Amán. Llamó a los carpinteros y encargó la horca con un andamio de cincuenta codos de altura para que el cadáver de Mardoqueo se viera desde toda la ciudad.

Aquella noche, avanzado el banquete y hechas las correspondientes libaciones, cuando ya el vino suelta las lenguas y enturbia las mentes, Asuero preguntó a Ester, que, reclinada a sus pies, lucía canalillo, más hermosa que nunca:

—Pídeme lo que quieras. Aunque sea medio reino te lo daré.

Era el momento que la discreta Ester esperaba. Le habló al rey de su pueblo y de la aflicción en que vivía después de saber que le aguardaba *aniquilación, muerte y destrucción.*

Asuero, impresionado, preguntó:

—¿Quién es el que se ha envalentonado para obrar así?

—El adversario y enemigo de mi pueblo es este miserable Amán —dijo Ester, señalando al culpable.

Como si la tierra se abriera a sus pies, Amán quedó tan anonadado que se desvaneció sobre el mismo lecho donde estaba Ester (recordemos que comían recostados sobre un lecho duro, relleno de crin de caballo), por lo que Asuero hizo un chiste:

—¿También vas a forzar a la reina en mi presencia? (Est. 7, 8).

Rieron los cortesanos adulones la ocurrencia del rey, pero él, con semblante severo, llamó al sargento de la guardia y le encomendó que colgara a Amán del poste que había preparado para Mardoqueo. «Tiran más dos tetas que dos carretas», se oyó murmurar al ministro cuando el verdugo le ajustaba la soga en el gaznate.

Cumplida la sentencia, Asuero confió a Mardoqueo el puesto de primer ministro vacante.

Para los judíos hubo luz y regocijo, alborozo y honra. Y en las provincias y en las ciudades, adondequiera que llegaba la palabra del rey y su Ley, hubo regocijo y alborozo, un banquete y un día bueno (Est. 8, 17).

El recuerdo de Ester y de la salvación de los judíos del exterminio decretado por Amán se celebra en la fiesta nacional del Purim,[235] uno de los días grandes del calendario hebreo. Algún autor sospecha que pudiera ser la versión judía de una fiesta de primavera babilónica que conserva algo de carnavalesco, el Halloween de los judíos. Pudiera ser.

La Iglesia considera a Ester la prefiguración de la Virgen como salvadora del género humano. Algunos pintores no lo tienen en cuenta y la pintan medio desnuda para que su hermosísimo cuerpo justifique el empeño de Asuero.

Entre los judíos, la víspera del Purim se ayuna en recuerdo de aquellos tres días en que los judíos lo hicieron para atraerse la benevolencia de Yahvé y se recita la oración «Por los milagros» (עַל הַנִּסִּים, *Al HaNissim*). En la ceremonia el rabino lee el Rollo de Ester (מְגִילַּת אֶסְתֵּר, *Meguilat Ester*), durante la cual los niños arman gran barahúnda con carracas cada vez oyen el nombre de Amán. Después de la ceremonia se celebra un banquete durante el que se canta el popular *Shoshanat Ya'akov* («La rosa de Ya'akov»)[236] y los amigos intercambian regalos (מנות משלוח, *Mishlóaj Manot*) y hacen obras de caridad con los pobres (לאביונים מתנות, *Matanot La'evionîm*).

En el Purim se come y se bebe en exceso y se degustan unos

235. Literalmente, «suertes».

236. Hay un juego de palabras: la ciudad de Susa, donde ocurrió la historia de Ester, se pronuncia *Shushan*, lo que suena muy parecido al hebreo «rosa», *Shoshaná*.

dulces característicos que en yiddish se llaman *hamantaschen* («bolsillos de Amán») o *oznei Haman* («orejas de Amán»). No es que sean el colmo del buen gusto, pero pensemos que en la fiesta babilónica de primavera lo que se comían eran unas mantecadas en forma de vulva femenina, supuestamente en homenaje a esa pieza anatómica de la diosa de la fertilidad.

CAPÍTULO 105

¿Es el cuento de Ester un mito babilónico?

Parece que sí, que el cuento de Ester se inspira directamente en un mito babilónico. Si la Biblia fuera inspiración divina, como pretenden algunos devotos, tendríamos a un Yahvé plagiario que fusila textos pertenecientes a otros dioses, pero creo que en este libro estamos demostrando que es obra humana, así que dejemos tranquilo a Yahvé que bastante tiene con lo que tiene.[237]

Sí, amigo lector, el Purim es la versión judía de la fiesta de primavera babilonia, una celebración en la que se relajaban las costumbres, se bebía, se comía y se efectuaba toda clase de marranadas y variaciones con los implementos corporales que Yahvé nos otorgó no por vicio, sino para que usándolos correctamente creciéramos y nos multiplicáramos. La prueba de que se trata de una judaización del mito babilonio está en la coincidencia de los nombres de los personajes.

En la fiesta babilónica los personajes principales eran los dioses Marduc e Ishtar, tan parecidos a Mardoqueo y Ester.[238] El nombre del primer ministro Amán guarda un sospechoso parecido con el del

237. Me refiero a la cantidad de sectas que usan y abusan de su nombre: testigos de Yahvé, mormones, anabaptistas, palmartroyanos, menonitas, kikos, kikis, presbiterianos, teósofos, lefevrerianos, adventistas, unificados, armenios, catalufos montserratinos, sirios, metodistas…, así nos lo tienen que no da pie con bola en la administración de la finca (la Creación).

238. Marduk procede del acadio amar-Utu, llamado en la Biblia Merodac o Mordejai (מָרְדַּךְ).

dios máximo de los elamitas, Hammán, que tiene una esposa, Quirisa o Kirisha, de cuyo nombre podría derivar el de Zeres, la esposa del malvado Amán. Igualmente el nombre de Vasti, la esposa repudiada de Asuero, se emparenta con el de la diosa elamita Mashti.

No menos sospechoso resulta que en todo el libro jamás se mencione el nombre de Yahvé, lo que en fecha posterior a su redacción se remedió intercalando diversos textos de contenido piadoso. Pudiera ser que los judíos de Elam se hubieran olvidado una vez más de Yahvé y adoraran por entonces a Marduk.

CAPÍTULO 106

Los aguerridos macabeos

Hemos visto más arriba que, en el 530 a. C., la nueva gerencia persa que se hizo cargo del Imperio babilónico decidió permitir que los pueblos afectados por las deportaciones pudieran regresar, si lo deseaban, a sus lugares de origen.

Muchos judíos se habían establecido en Babilonia y declinaron la invitación, pero otros, seguramente los menos integrados, hicieron el equipaje y regresaron a la tierra de sus ancestros, donde reconstruyeron el Templo de Jerusalén y las murallas de la ciudad.

La antigua Tierra Prometida se escindió en dos provincias del Imperio persa: Judea, ahora denominada Yehúd, y Samaria, que correspondían, más o menos, a los antiguos reinos de Judá e Israel.

Los judíos poblaban Judea y al norte, en el territorio más rico que antaño fuera Israel, estaban los samaritanos, que practicaban una versión primitiva de la religión israelita, ajena a las modificaciones que el judaísmo había incorporado en Babilonia. No mencionamos la costa porque estaba casi enteramente bajo influencia fenicia.

Judíos y samaritanos se tenían mutuamente por herejes y se odiaban, como ya hemos dicho. Al norte de Samaria estaba Galilea, donde habitaban también algunos judíos, pero cuya población era mayoritariamente gentil.[239] Las viejas idolatrías cananeas contra las

239. Como vimos en su momento, la palabra hebrea *nación* (גוי *goy*, en plural *goyim*, גוים o גויים), alusiva a los pueblos extranjeros, se traduce en latín por *gentes*

que habían abominado siempre los judíos habían desaparecido hacía mucho, pero en su lugar había llegado a sus tierras una idolatría mucho más peligrosa: la cultura griega.

Judea y Samaria fueron provincias persas durante dos siglos y pasaron a poder de los griegos en 332 a. C. cuando Alejandro Magno conquistó el Imperio persa. A la muerte de este, sus generales se repartieron el Imperio y Judea-Samaria se convirtió en zona de disputa. Primero perteneció a los Lágidas de Egipto (285 a. C.)[240] y después a los Seléucidas de Siria, con capital en Antioquía (200 a. C.).[241]

Las costumbres de los griegos se estaban difundiendo por el mundo mediterráneo. Hasta los romanos, la potencia dominante, reconocían la superioridad de su cultura y los imitaban en la religión, la literatura, las costumbres, etc.

El proceso de helenización en Judea-Samaria había sido lento mientras estuvo bajo la dependencia de Egipto, pero se aceleró bajo los Seléucidas. Los judíos más conservadores se escandalizaban al ver a algunos de sus conciudadanos helenizados y se aferraban radicalmente a las viejas costumbres.

En 167 a. C. Antíoco IV de Siria conquistó Egipto y, a su regreso, saqueó Jerusalén. Movido por la voluntad de armonizar a sus súbditos, publicó un edicto que sustituía el culto a Yahvé por el de Zeus y suprimía las prohibiciones rituales judías (166 a. C.). Para muchos judíos esto no fue un problema, tan helenizados estaban (incluso los sumos sacerdotes de Jerusalén usaban ya nombres griegos), pero entre los pobres de la tierra y en el medio rural, más tradicional y conservador, quedaban muchos judíos ortodoxos y fieramente monoteístas que rechazaron el edicto real.

Detuvieron a siete hermanos con su madre. El rey quería obligarlos

---

y *fentilis*, de donde procede que en español hablemos de *gentiles* con el significado de pueblos no israelitas.

240. El general Tolomeo, fundador de la dinastía Lágida (por su padre Lago), se quedó con la satrapía de Egipto e instaló su capital en Alejandría.

241. El fundador de la dinastía fue el general Seleuco, al que correspondió la satrapía de Babilonia y Siria.

a comer carne de cerdo, prohibida por la Ley. Los azotaron con látigos y vergajos. Uno de ellos, en nombre de todos, habló así: «¿Qué quieres saber al interrogarnos? Estamos dispuestos a morir, antes que faltar a las leyes de nuestros antepasados». Enfurecido, el rey mandó poner al fuego grandes sartenes y calderas. Cuando estuvieron calientes, ordenó que al que había hablado en nombre de todos le cortaran la lengua, le arrancaran el cuero cabelludo y le cortaran los pies y las manos, en presencia de su madre y de los demás hermanos. Cuando ya estaba completamente mutilado, el rey mandó acercarlo al fuego y, todavía con vida, echarlo a la sartén. Mientras el humo de la sartén se esparcía por todas partes, los otros hermanos se animaban entre sí, y con su madre, a morir valientemente. Decían: «Dios el Señor está mirando y, en verdad, tiene compasión de nosotros. Eso fue lo que Moisés dijo en su canto, cuando echó en cara al pueblo su infidelidad: «El Señor se compadecerá de sus siervos». Así murió el primero y, después de él, los otros seis y la madre (2 Mac. 7, 1-7).

La intransigencia de Antíoco provocó un levantamiento popular liderado por el anciano Matatías, sacerdote de un pueblecito insignificante, y ha llegado hasta dar nombre al club polideportivo Maccabi de Tel Aviv, conocido sobre todo como equipo de baloncesto.

Matatías, uno de esos hombres capaces de creer fieramente en Dios, abominaba tanto de los dioses griegos que asesinó a un judío helenizado al que sorprendió haciendo sacrificios a Zeus. Después de esto se echó al monte con sus cinco hijos, los Macabeos.[242] Muchos judíos piadosos o simplemente fugitivos fueron uniéndose a ellos hasta formar una tropa considerable que, bajo la dirección de su hijo Judas Macabeo, hostigó a los Seléucidas y los trajo de cabeza. *Caía de improviso sobre ciudades y aldeas, y las incendiaba; atajaba de noche, tomaba posiciones estratégicas y ponía en fuga a no pocos enemigos. La fama de su valentía se extendió por todas partes* (2 Mac. 8, 6-7).

Judas Macabeo imponía a Yahvé *manu militari*. Cuando ocupa-

242. Se llamaban Judas, Jonatán, Simón, Juan y Eleazar.

ba una aldea destruía los altares de los dioses, circuncidaba a todo el que conservara el prepucio y alistaba nuevos reclutas.

Decidido a acabar con los Macabeos de una vez por todas, Antíoco envió contra ellos a un ejército al mando de un experto general. Para gran sorpresa de todos, lo derrotaron.[243]

El propio Antíoco no escapó del castigo de Yahvé por haber profanado su morada. Vean el refinamiento de su castigo y cómo se las gasta Dios con los que lo ofenden: *El señor dios de Israel lo castigó con un mal incurable e invisible: un dolor de vientre que con nada se calmaba, y un fuerte cólico de los intestinos [...] además cayó del carro lanzado a toda velocidad* —quizá en apurada busca de las letrinas más cercanas—, *y en su aparatosa caída se le dislocaron todos los miembros del cuerpo. [...] Lo tuvieron que llevar en unas parihuelas.*

No un hueso ni dos: todos los miembros del cuerpo.

No termina ahí el ensañamiento del rencoroso Yahvé: *Los ojos del impío hervían de gusanos, y aún con vida, en medio de horribles dolores, la carne se le caía a pedazos; el cuerpo empezó a pudrírsele, y era tal su fetidez, que el ejército no podía soportarlo. Tan inaguantable era la hediondez, que nadie podía transportar al que poco antes pensaba alcanzar los astros del cielo* (2 Mac. 9, 9-10).

Imposibilitado de moverse, sin portadores que le llevaran las parihuelas debido al hedor que despedía, Antíoco comprendió que debía hacerse perdonar por Yahvé. *Entonces este criminal empezó a suplicar al Señor y ofreció devolver lo robado en el Templo e incluso hacerse judío él mismo* (2 Mac. 9, 13-18).

Pero Yahvé se mantuvo en sus trece y lo dejó morir *con una muerte horrible, lejos de su patria y entre montañas, en medio de atro-*

243. Los judíos conmemoran la victoria de los Macabeos en la fiesta de la Janucá, en realidad una típica festividad agrícola asociada al solsticio que comienza el 25 de Kislev del calendario judío (entre los meses de noviembre y diciembre). Cada día se enciende una lámpara del candelabro de nueve brazos (cuatro en cada lado más el central) para recordar el milagro ocurrido entonces: con aceite apenas suficiente para una jornada, el candelabro del Templo se mantuvo encendido durante diez días.

ces sufrimientos, como los que él había hecho sufrir a otros (2 Mac. 9, 28).

Ahí no estuvo acertado Yahvé. Si quería ensañarse con él, debía haberle permitido circuncidarse para que a los otros dolores se unieran los del corte del prepucio y su molesta convalecencia.

Tras veinte años de devastaciones y matanzas, en los que cuando el Macabeo al mando perecía, tomaba el relevo el hermano siguiente, los hijos de Matatías consolidaron una monarquía judía sobre la región y lograron el reconocimiento de los poderes del entorno e incluso el de Roma.[244]

Simón Macabeo, proclamado «príncipe y sumo sacerdote perpetuo hasta que surgiera un profeta fiel» (141 a. C.), fundó la dinastía asmonea y acuñó moneda.[245] Reinaba felizmente sobre su pueblo cuando en 135 a. C. lo asesinó su yerno Tolomeo, que ambicionaba el trono. Un hijo de Simón, Juan Hircano, reaccionó prestamente y se hizo con el poder sitiando al cuñado golpista en la fortaleza de Dok, cerca de Jericó, donde había cometido el magnicidio.

Viéndose perdido, Tolomeo advirtió que tenía prisioneros a la reina viuda y a dos de sus hijos. Si Juan Hircano asaltaba la fortaleza, los despeñaría desde lo alto de las murallas. El Macabeo se contentó con mantener el cerco pero, en cuanto descuidó la vigilancia, el traidor Tolomeo huyó del castillo después de asesinar a sus rehenes.

244. El libro primero de los Macabeos, compuesto hacia el 100 a. C., narra hechos ocurridos medio siglo antes, por lo que podemos considerarlo relativamente fiable.

245. El nombre de la dinastía asmonea procede del griego *'Asamonaíos* (Ἀσαμωναῖος), que es como el historiador Flavio Josefo llama a los Macabeos (del hebreo חשמונאים, *Hashmonayim*). El nombre podría derivar de Hasmón, el fundador de la familia, bisabuelo de Matatías. La dinastía abarca desde Simón (143-135 a. C.) hasta Antígono (40-37 a. C.). El reino de Judea era, en realidad, una teocracia. Hircano no se titulaba rey sino sumo sacerdote y etnarca de los judíos. En las monedas se leía: EL SUMO SACERDOTE JUAN Y LA COMUNIDAD DE LOS JUDÍOS. Hasta Aristóbulo I (en hebreo, Judas), hijo y sucesor de Juan Hircano, ningún Macabeo se tituló rey.

Atacada Jerusalén por los Seléucidas, Juan Hircano tuvo que prestar vasallaje a Antíoco VII durante unos años, pero recobró su independencia cuando los partos derrotaron y ejecutaron al seléucida.

Juan Hircano consolidó la dinastía asmonea que reinaría en la región desde 134 a. C. hasta que cayó bajo la tutela de Roma, en tiempos de Pompeyo, hacia el 63 a. C.[246] Una de las decisiones de Juan Hircano fue destruir el templo samaritano del monte Garizim, que competía con el de Jerusalén, y persuadir a los samaritanos, cuchillo en la garganta, para que se convirtieran en judíos corrientes.

Los Asmoneos aprovecharon la decadencia de los Seléucidas para ampliar las fronteras de Israel hasta abarcar Samaria, Galilea, Idumea, el Golán, el litoral del Mediterráneo y la Transjordania, prácticamente las tierras del mítico reino de David y Salomón, si alguna vez hubiera llegado a existir fuera de la ardiente imaginación de los redactores de las crónicas judías.[247]

En este tiempo, el consuetudinario partido yahvista se había escindido en dos corrientes: la de los saduceos, más aristocrática y sacerdotal, que apoyaba a la dinastía real, y la de los fariseos, que estaba con el pueblo.

A Juan Hircano lo sucedió su hijo Judás (Aristóbulo I) y a este su hermano Jonatán (en griego, Alejandro Janeo). Este último era un hombre expeditivo, especialmente cuando empinaba el codo más de la cuenta. Como los fariseos andaban un poco remisos con su autoridad, crucificó a unos ochocientos de ellos fuera de las murallas de

246. En el 67 a. C. Siria pasó a ser provincia romana, pero no Judea. En realidad toda Judea seguía teóricamente bajo los Asmoneos: Hircano II, Aristóbulo II y Herodes el Grande, que fue «rey socio y amigo de Roma». Tras la destitución de Arquelao, su sucesor, en el año 6 d. C., Judea y Samaria fueron incorporadas al Imperio como una provincia más.

247. En 1995 se encontraron unos cimientos de mediados del siglo x a. C. que pasan por ser los del palacio del rey David y, en 2010, los de una torre y una sección de un edificio real, y una muralla. Modestito todo.

Jerusalén y, cuando los tuvo clavados y quietos, trajo a sus mujeres e hijos y los hizo degollar delante de sus ojos.[248]

A Jonatán lo sucedió su viuda Salomé (o Alejandra), que reinó nueve años (76-67 a. C.). A su muerte, sus dos hijos se disputaron ferozmente el trono: Hircano II, apoyado por los fariseos, y Aristóbulo II, por los saduceos. En vista de que la situación no se aclaraba, recurrieron a un mediador que ya arbitraba en todo el Mediterráneo, la prestigiosa Roma. En efecto, el problema quedó resuelto cuando el general Pompeyo asaltó Jerusalén, saqueó el Templo, asoló la ciudad y nombro a Hircano II rey y sumo sacerdote. En adelante Judea sería un protectorado de Roma.

A Hircano lo sucedió Herodes el Grande (el que asesinó a los inocentes, según los Evangelios).[249] A pesar de su sometimiento a Roma, fue un gobernante excelente que trajo quietud y riquezas al pueblo en su largo reinado (37-4 a. C.). Cuando este monarca falleció dejando a su pueblo más regocijado que pesaroso, Augusto repartió el reino entre sus hijos.[250]

248. Josefo, *Antigüedades,* XIII, 380.

249. Más que sucesión hubo deposición por parte de Herodes, hijo de Antípatro, el valido de Hircano II, con la ayuda de Roma, que deseaba tener un hombre fuerte y leal al mando de Israel.

250. Herodes Antipas (el que decapitó a san Juan Bautista) heredó Galilea y Perea; Filipo recibió Auranítida, Panea, Gaulanítida y otras provincias del norte; Arquelao heredó Judea, Samaria e Idumea, aunque, debido a su mal gobierno, los romanos se la arrebataron diez años después para administrarla directamente por medio de un prefecto o gobernador, Poncio Pilato.

CAPÍTULO 107

En tiempos de Cristo

Prestemos atención a una figura menor de este cuento, Poncio Pilato, tan mentada en los sermones de Cuaresma. Como gobernador romano de Judea y secarrales adyacentes, Poncio estaba subordinado al legado imperial en Siria. No obstante, gozaba de cierta autonomía, la suficiente para dictar sentencias de muerte (*ius gladii*). Normalmente residía en Caesarea Maritima, la capital administrativa, en la costa, una ciudad más romana que judía, pero en las grandes fiestas religiosas, especialmente en la Pascua, se trasladaba a Jerusalén para recordar a los judíos quién mandaba allí.

Pilato mantenía relaciones cordiales con el sumo sacerdote del Templo, máxima autoridad religiosa, al que permitía cierta autonomía en Jerusalén y sus contornos. Este personaje gobernaba con ayuda del sanedrín, una curia asociada al Templo cuyos miembros procedían de antiguas familias saduceas que vivían estupendamente del negocio religioso.

Los israelitas, población mayoritaria en Judea, Galilea y demás territorios de la antigua Israel, profesaban una única religión, la judía, pero estaban divididos en diversos grupos y sectas religiosos y políticos: saduceos;[251] fariseos (rigurosos observantes de la Ley); ze-

251. Los saduceos eran los sucesores teóricos de Sadoc, sumo sacerdote de la época de David. Solo admitían como revelado el Pentateuco. No aceptaban como sagrados los libros históricos ni los profetas. Consecuentemente no creían en la inmortalidad del alma, ni en la vida futura con sus premios y castigos. Como par-

lotes (independentistas exaltados, pero que profesaban teóricamente la doctrina farisea) y otras sectas más puramente religiosas: bautistas, esenios, qumramitas...

Casi todos aspiraban a independizarse de Roma, aunque discrepaban sobre el procedimiento a seguir. Solo coincidían en creer a pie juntillas la inminencia del cumplimiento de una antigua profecía[252] relativa al advenimiento de un caudillo o mesías que liberaría a Israel y restauraría el Reino de Dios —en cuyo centro y como caudillo de todos los pueblos estaría Israel— y, con él, la paz y la armonía universales. El caso era consolarse de la humillación, que ya duraba varios siglos, de que Israel, siendo el «pueblo elegido» por Dios, estuviese siempre sometido a otros.

---

tido político nacieron probablemente poco antes de la rebelión macabea en el 168 a. C. Una vez quisieron enredar a Jesús con una pregunta capciosa: *«Maestro, a ver si nos despejas una duda: una mujer que se ha casado de nuevo después de enviudar, ¿de quién será esposa cuando los muertos resuciten?». Jesús, sin inmutarse, respondió: «Los resucitados no tendrán esposa ni marido, serán como ángeles del cielo»* (Mc. 12, 18-27; Mt. 22, 23). ¡Planchados los dejó! Esa argucia dialéctica de la pregunta enredona se denomina trampa saducea, una pregunta que no se hace con sincera voluntad de saber, sino para que el interlocutor se perjudique, tanto si responde en un sentido como en otro. La usan mucho los políticos, incluso los de ingenio más romo, que son casi todos. Aquellos infelices saduceos que quisieron confundir a Jesús se creían muy listos. Estaban lejos de sospechar que el que creían charlatán palurdillo recién llegado de Galilea (así lo veían ellos) era Hijo de Dios, nada menos, y les daba a todos cien mil vueltas.

252. Se encuentran en los llamados libros proféticos, especialmente en el de Isaías.

CAPÍTULO 108

En el que se habla de Jesús, la figura más importante de esta historia (y de toda)[253]

En este contexto, algo confuso como vemos, hay que señalar el paso por el mundo de nuestro dulce Jesús, la primera figura de la religión cristiana.

Jesús hablaba arameo, la lengua de Israel, emparentada con el hebreo. Es posible que también chapurreara algo de griego porque Galilea, su patria chica, estaba muy helenizada (recordemos que el helenismo era la cultura internacional de los dominadores romanos). En cuanto a la escritura, casi todos los hipercríticos coinciden en afirmar que probablemente era analfabeto, como la inmensa mayoría de sus contemporáneos, aunque otros opinan que algo sabría de cuentas y letras como para hacer facturas, ya que era carpintero o maestro de obra.[254]

253. Me muestro taxativo porque pertenezco a la civilización cristiana occidental; pero si perteneciera a la civilización islámica occidental y oriental afirmaría que la figura más importante de la Historia es Mahoma, como es natural. Todo es relativo, como dijo Einstein (judío, por cierto).

254. Ya sé que cuesta admitir que todo este tinglado de la Iglesia provenga de alguien que ni siquiera estaba en posesión de un graduado escolar, pero estas incoherencias hay que juzgarlas en su contexto: estamos hablando de una época en que la gente se movía por el mundo con menos papeles que una liebre. Dicho esto, y en honor a la verdad, hemos de consignar que no faltan indicios conducentes a demostrar que, después de todo, Jesús fuese más leído y escribido de lo que se supone: durante el Concilio de Roma del año 745 el papa Zacarías (después santo) leyó ante los cardenales y obispos una carta de Jesucristo que había caído del cielo y que el arcángel san Miguel había recogido y entregado al obispo alemán Edelber-

En aquella encrucijada de culturas que era Israel, los judíos estaban familiarizados con las creencias de otros pueblos mediterráneos y orientales (religiones mistéricas persas, siríacas, egipcias, de Asia Menor, helénicas…) y con la filosofía gnóstica, casi una religión nacida de la confluencia del pensamiento y la religión.[255]

¿Qué panorama religioso encontró Jesús cuando alcanzó la edad de la razón? El judaísmo estricto se practicaba principalmente en Jerusalén, la ciudad del Templo, en la que, recordemos, convivían varias sectas o grupos pertenecientes al *establishment* de Israel. El Templo, sede de la religión mosaica, venía a ser una especie de Vaticano de los judíos: una saneada fuente de ingresos que a los que es-

---

to. No fue esta la única misiva emitida por Jesucristo desde la estafeta celestial: el cabecilla de la denominada *cruzada de los niños*, Pedro el Ermitaño (1050-1115), mostraba a sus seguidores una carta que Jesucristo le había entregado en el Santo Sepulcro de Jerusalén. A Jacobo «Maestro de Hungría» (1190-1251), organizador de la Cruzada de los Pastores, le entregó la Virgen una carta que no lograba leer (no sabía arameo). Lo único objetable es que, incluso si admitimos a un Jesús celestial leído y escribido, eso no demuestra que no fuera analfabeto en la Tierra. Concedamos por una vez a los hipercríticos el beneficio de la duda. Tiempo le ha sobrado a Jesús, desde luego, para obtener el graduado escolar, aunque sea en los cursos de educación a distancia (mucha distancia, sin duda, tratándose del Cielo situado en el lugar más remoto de la supermegaestratosfera, más allá de las puertas de Tannhäuser). Por otra parte, reintegrado en la Santísima Trinidad, como Dios que es (Su Segunda Persona), Jesús reúne vastísimos conocimientos por ciencia infusa y nada se le oculta, idiomas incluidos.

255. ¿Qué es la gnosis? Es un movimiento religioso y filosófico que valora el conocimiento (γνῶσις, *gnosis* en griego) por encima de las creencias (πίστις, *pistis*). Sus practicantes parten de la creencia de que los humanos tenemos una naturaleza humana mortal, material (ειδωλον, *éidolon*), y otra divina o alma/espíritu inmortal (δαίμων, *daimon*). El creyente debe remontar desde el *éidolon* hasta alcanzar la plenitud del *daimon*. Esta iluminación se obtiene al fundir su naturaleza humana con la divina, una ascesis que luego encontramos en el cristianismo con santa Teresa, san Juan de la Cruz y otros místicos. A ese conocimiento se asciende mediante la iniciación y la enseñanza. La gnosis triunfa en los siglos II y III d. C. sobre un sustrato de las religiones iraní, egipcia, griega y judía con aportaciones de la filosofía platónica y aristotélica.

taban en la pomada, los saduceos, les permitía vivir estupendamente sin dar palo al agua.

¿Tan adormecida tenían la conciencia?, se preguntará el lector. Natural; con tal de mantener sus privilegios, no les importaba colaborar con los ocupantes romanos.

La influencia del Templo y sus sacerdotes llegaba a Judea sin problemas, pero apenas a la montaraz Galilea, una región conflictiva en la que mediaba un abismo social entre la clase dominante, helenizada y urbana, y la clase campesina, empobrecida y hostil a lo extranjero.

Los fariseos, puntillosos cumplidores de las abundantes prescripciones mosaicas, creían en el cielo, en el infierno y en la resurrección de los justos dentro de un nuevo cuerpo que duraría eternamente.

Lejos de Jerusalén, en unas comunidades monásticas en el desierto, vivían los esenios, que hacían una interpretación más espiritualista de la Ley.[256]

Terminaremos el catálogo de las sectas con los bautistas, pobres y desheredados seguidores de Juan el Bautista, un predicador que propugnaba una simplificación de los complejos ritos judíos centralizados en el Templo. Lo llamamos el Bautista porque realizaba un rito bautismal con el que, según él, Dios te lavaba los pecados y te eximía de las molestias y los gastos de peregrinar a Jerusalén y hacer sacrificios en el Templo tres veces al año, como marcaba la Ley, lo que ocasionaba un gran trastorno a los pobres y una considerable ganancia a los saduceos.

Para completar el cuadro añadamos a los independentistas y violentos zelotes, unos *abertzales* partidarios de sacudirse el yugo romano por las bravas.

256. Los esenios ocultaron sus libros en las cuevas de Qumrán antes de que los romanos los exterminaran el año 68 d. C. Estos libros se encontraron por casualidad en 1947, cuando un aburrido pastorcillo árabe que apacentaba un hato de cabras lanzó una piedra dentro de una cueva y percibió el sonido de una vasija rota. «¡Coño, ahí dentro hay algo!», se dijo. Trepó por el balate, penetró en la cueva y encontró un depósito de cántaros que contenían una buena parte de los famosos escritos de Qumrán.

En este contexto nace Jesús y crece entre los galileos, los más inclinados a meterse en líos. Los galileos eran pobres de solemnidad y no llevaban camino de mejorar su suerte. Por una parte, como galileos, pagaban tributos al Estado y por otra, como judíos, al Templo de Jerusalén, la autoridad religiosa (la iglesia recaudadora, el negocio de los saduceos).

Las ciudades más importantes de Galilea eran la capital Tiberíades, Cafarnaúm (donde Jesús desarrolló gran parte de su actividad) y Séforis. A escasos kilómetros de esta última estaría Nazaret, el supuesto pueblo natal de Jesús que, en realidad, no existió.[257]

¿Cómo que no existió? ¿Entonces por qué lo ponen en los mapas y por qué lo mencionan a cada paso los Evangelios? Calma, que todo tiene su explicación.

La aparición en las fuentes de este pueblo inexistente en tiempos de Jesús tiene una motivación teológica: la de justificar que Jesús se presente como «el nazareno».[258] La palabra original, *nazarita* o *nazareo*, alude al judío que profesa el *nazir*, un voto ascético propio de los judíos más fanáticos y religiosos. Ya vimos al hablar de Sansón que estos ascetas se dejaban crecer el pelo como señal de la promesa. En este sentido no va descaminada la iconografía al uso que nos presenta a Jesús luciendo cuidada melena.[259]

El cristianismo primitivo se nutriría de bautistas y zelotes, la tra-

257. Otros sostienen con débiles argumentos que estuvo habitada desde el Neolítico y creen haber encontrado restos arqueológicos del siglo I. Nazaret solo se menciona con este nombre a partir del siglo IV. Holley señala que jamás se menciona «en el Antiguo Testamento, ni en el historiador Flavio Josefo ni en los primeros mapas de Tierra Santa». El Nazaret actual es una población cercana a la antigua Séforis que ya contaba con cierta población en el siglo I. Su nombre podría ser una invención cristiana posterior. De hecho, la actual Nazaret está cerca del Monte Carmelo, lo que induce a sospechar que sea una creación de los carmelitas, un *pia fraus*, una mentira piadosa, para aproximar la patria de Jesús a su convento mayor.

258. En los Evangelios se denomina a Jesús seis veces como «nazareno» y catorce como «nazareo».

259. Extrañamente, a las señoras devotas de Jesús que frecuentan los sacramentos y tienen al galileo por modelo de vida, les resultan sospechosos los hombres

dicional clientela de las clases bajas y desheredadas, los podemitas de hoy. Muchos zelotes evolucionaron desde sus iniciales planteamientos violentos a la mansedumbre evangélica tras el descalabro del Gólgota, cuando el héroe independentista Jesús fracasó en su intento de iniciar un levantamiento general contra los romanos. Muchos de sus seguidores lo consideraban el mesías esperado que los liberaría de Roma. Su crucifixión demostró que no era el caudillo político anunciado por las profecías. Después de un primer momento de dolorosa perplejidad, lo reciclaron hasta convertirlo en un mesías espiritual.

Los levantiscos judíos se sublevaron en el año 66. Roma los aplastó, destruyó Jerusalén y les arrasó el Segundo Templo en el 70. Solo quedó, para muestra, el Muro de las Lamentaciones.

El pueblo de dura cerviz no escarmentó y volvió a enfrentarse a Roma medio siglo después con la rebelión del Bar Kokhbá. Esta vez el emperador Adriano perdió la paciencia y decretó la expulsión de los judíos de su tierra, lo que hoy conocemos como *la Diáspora*, fechada en el año 135. Fue tan grande esta derrota, que sus consecuencias duraron muchos siglos.

Algunos judíos de la diáspora han mantenido la esperanza en la restauración de Israel, del Tercer Templo y de la renovación de la Alianza con Dios. Esto ha sido una buena razón para mantener la cohesión de un pueblo disperso por la faz de la tierra y perseguido en todas partes.

Existe entre los judíos un mito relacionado con la restauración de Israel: el «príncipe del exilio» o exilarca.[260] Se supone que la estir-

---

que se dejan crecer el pelo, con la excepción del expresidente Aznar. Lo menciono para señalar la inconsistencia de las opiniones mundanas (y la falta de caridad).

260. En arameo ריש גלותא, *rosh galuta*, que se traduce al griego como *exilarkes*, «exilarca». Según cierta teoría expuesta por Joaquín Javaloys (2000), las principales monarquías europeas, y muy especialmente la española y la inglesa, entroncan con la Casa de David, la monarquía judía del reino de Judá. Se supone que el príncipe Teodorico I (730-796), dueño de ciertas posesiones en el sur de Francia, no era otro que Makhir David, exilarca o heredero de la monarquía judía en el exilio. Este prín-

pe de los reyes israelitas se ha mantenido desde entonces en espera de la restauración de Israel como entidad política.

Los judíos no regresarían a su tierra, como tal comunidad política, hasta 1948, con la creación por la ONU del Estado de Israel.

¿Adónde fueron los judíos expulsados? En realidad se diseminaron por todo el Imperio romano, pero principalmente por Egipto y Babilonia.

Por doquier formaron comunidades más cerradas que abiertas, y siguieron tercamente apegados a su religión incluso cuando todo el imperio aceptó el cristianismo.

Esta fidelidad o contumacia, según se mire, les iba a costar cara a los judíos porque, a lo largo de la Edad Media y hasta nuestros días, las comunidades cristianas descargaron en ellos los malos humores, unas veces porque la Iglesia predicaba que habían sido los asesinos del Señor[261] y otras veces porque los culpaban de las epidemias (se ignoraba todavía la relación entre falta de higiene, contagio y microbios).

En el siglo XIX, cuando el romanticismo impulsó los movimientos nacionalistas, muchos judíos acariciaron la idea de regresar a la tierra de sus mayores y refundar el estado de Judea, o sea, Israel.[262]

---

cipe judío se casó con Auda Martel, hermana de Pipino el Breve, padre de Carlomagno, con lo que sus descendientes legitimaban la dinastía carolingia y, al entroncar con el linaje del propio Jesucristo, le conferían la potestad de regir a toda la cristiandad por derecho divino. Esta dinastía troncal se extendió en distintas ramas dinásticas emparentada con el linaje davídico: Capetos, Valois, Plantagenet, los reyes españoles de la Reconquista, Saboyas, Habsburgos y Borbones.

261. Nadie parecía reparar en que, sin la crucifixión, Cristo nunca hubiera demostrado que era Dios y, por lo tanto, jamás hubiera habido cristianismo, como la propia doctrina de la Iglesia enseña.

262. A ese movimiento político se lo llamó *sionismo*, por Sion, uno de los nombres bíblicos de Jerusalén. Los sionistas suelen ser laicos de ideas avanzadas que sostienen la identidad nacional judía y su derecho a poseer un Estado propio. En Israel existe un movimiento ultraortodoxo opuesto al sionismo, que rechaza la identidad nacional (ni siquiera reconoce el Estado de Israel, al que considera un obstáculo para la esperada venida del mesías).

Dejémoslo aquí, que ya nos estamos saliendo del Antiguo Testamento. El Nuevo Testamento (solo reconocido por los cristianos) lo explicaremos en otro libro, Yahvé mediante.

CAPÍTULO 109

El santo Job

El tema del hombre bueno sobre el que se ceban las desgracias era común en la literatura y el folklore, sobre todo el de los pueblos mesopotámicos. Hasta los niños conocían el cuento de un rey poderoso que se vio destronado y enfermo (ya es raro que no lo destriparan además, vistos los usos de la época) y que, tras rezar a Marduk, se vio repuesto en el trono y recompensado con más hacienda de la que había perdido.

En ese cuentecillo babilónico que reaparece en la Biblia en forma de poema filosófico, el Libro de Job,[263] notamos la mano de los sacerdotes que, en cualquier religión, predican conformidad y fe en Dios, que es el único que puede remediarte cuando tus asuntos terrenales se descarrían. O sea, paciencia, que esto es un valle de lágrimas. No te rebeles contra el poderoso o contra la injusticia. Sin embargo en el caso de Job, y ahí reside la enjundia filosófica del diálogo, el hombre injustamente tratado pone en duda la justicia divina.

Hubo en tierra de Us un varón llamado Job; y era este hombre perfecto y recto, temeroso de Dios y apartado del mal. Y le nacieron siete hijos y tres hijas. Era propietario de siete mil ovejas, tres mil camellos, quinientas yuntas de bueyes, quinientas asnas y muchísimos criados; y

263. El asiriólogo Samuel Noah Kramer, traductor del libro de Job sumerio, ha demostrado que es la fuente de la que se nutre el Job bíblico (Kramer, 1981, p. 111 y ss.).

era aquel varón más grande que todos los orientales. Sus hijos organizaban banquetes en sus casas, cada uno en su día; e invitaban a sus tres hermanas para que comiesen y bebiesen con ellos (Jb. 1, 1-4).

Job, temeroso de Dios y conocedor de las debilidades de la juventud, incluso ofrecía holocaustos para compensar al Señor por los posibles pecados de sus hijos. O sea, la prudencia personificada. Pago las multas antes de que me las pongan.

La desgracia de Job comienza de la manera más tonta, en un encuentro casual entre dos colegas, Yahvé y Satanás:

—¿De dónde vienes? —pregunta Yahvé.

—*De rodear la tierra y de andar por ella* —responde Satanás vagamente.

—*¿Habrás notado que mi siervo Job es un varón perfecto y recto, temeroso de Dios y apartado del mal, que no hay otro como él en la tierra?* (Jb. 1, 8) —se ufana Yahvé.

—¿Cómo no te va a adorar si les has dado todo lo necesario para que sea feliz? —replica el maligno—. Pero prueba a quitárselo y verás como se muestra menos piadoso y hasta blasfema contra ti.

Ahí tenía Yahvé que haber cortado la conversación y haber mandado a paseo al tentador, pero sin advertir que caía en su trampa (¿acaba de tentarlo, no?) decidió poner a prueba al santo Job.

En el mismo día cuatro mensajeros sucesivos le llevan al pobre hombre noticias de sendas desgracias: el primero lo informa de que los sabeos habían irrumpido en el banquete familiar y habían asesinado a sus hijos e hijas. Aún no repuesto de la impresión, llega el segundo mensajero y le dice que ha descendido fuego del cielo y ha consumido sus rebaños, pastores incluidos. Inmediatamente llega el tercero y le cuenta que los caldeos han robado sus camellos, sus bueyes y sus asnas y que un tornado le ha reducido la casa a astillas.

¿Qué hizo Job? ¿Maldijo a Yahvé como Satanás había pronosticado? Nada de eso, el santo se limita a poner en práctica el consabido rito caldeo en momentos de angustia: *Entonces Job se levantó y rasgó sus vestidos y trasquiló su cabeza, y se postró en tierra y adoró, y dijo: Desnudo salí del vientre de mi madre, y desnudo volveré allá. Yahvé dio y Yahvé quitó; bendito sea su santo nombre* (Jb. 1, 20-21).

Le dijo Yahvé a Satanás:

—Ya ves que se lo he quitado todo y no ha blasfemado.

Replicó Satanás:

—Prueba a *extender ahora tu mano, y toca su hueso y su carne, y verás si no blasfema contra ti en tu misma presencia* (Jb. 2, 5).

Yahvé aceptó nuevamente el reto (mal hecho, retírate, hombre, ahora que llevas ventaja) y le envió a Job *una sarna maligna que le encendió la piel desde la planta del pie hasta la coronilla de la cabeza. Job se rascaba los picores con una tejoleta y estaba sentado en un lecho de ceniza* (Jb. 2, 7-8).[264]

Para redondear la faena también le envió una halitosis que tiraba de espaldas a sus interlocutores a tres metros de distancia: *Hízose mi aliento repugnante.*

En tan delicada situación visita a Job su señora, que hasta entonces se había mantenido al margen, pero también era parte perjudicada por la cadena de desgracias que se abatían sobre su casa. Es disculpable, por lo tanto, que le reprochara:

—*¿Aún retienes tu integridad? Maldice a Dios y muérete* (Jb. 2, 9).

No son maneras de tratar a un esposo, reconozcámoslo, pero es una reacción muy humana. «Donde no hay harina, todo es mohína», dice el sabio refrán. Muchas mujeres mantenidas por sus maridos en la abundancia reaccionan así de mal cuando el cónyuge se arruina.

264. Afortunadamente el lector ignora los detalles de la sarna, una de esas ocurrencias del creador para contribuir a la variedad del mundo y de su fauna. Los aradores de la sarna, así se llaman, son unos ácaros de repugnante aspecto, aunque casi microscópicos, que se introducen bajo la piel y van excavando galerías en las que depositan sus huevos y excrementos, lo que produce una intensa picazón y, cuanto más te rascas, más te pica. Antiguamente era bastante frecuente incluso en las mejores familias. Sin ir más lejos, el rey godo Rodrigo padecía sarna, según la tradición, y Florinda o la Cava, su enamorada, le sacaba los gusanitos con un alfilerito de oro.

lías y los sacerdotes de Baal (óleo e Lucas Cranach, 1545).

Estela de Tell Dan, escrita en arameo en el siglo IX a. C. Contiene la primera mención extrabíblica de la casa de David.

l profeta Elías en una estampa hacia 1940.

La muerte de Atalía en una miniatura medieval.

Judit y Holofernes (óleo de Caravaggio, 1598

Tobías y el ángel
(Verrocchio, 1470-1480).

Ester (óleo de Théodore
Chassériau, 1841).

Macabeos
(óleo de Stattler,
1844).

ob (óleo de Bonnat, 1880, Museo del Louvre).

Jonás y la ballena en un manuscrito de 1360.

El festín de Baltasar (óleo de Rembrandt, 1635).

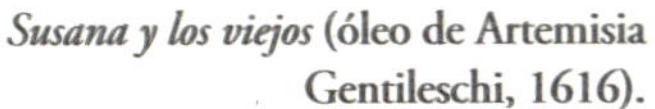

Susana y los viejos (óleo de Artemisia Gentileschi, 1616).

Dios Creador (Frontispicio de la Biblia Moralisée, 1215).

Adán y Eva en el Paraíso (óleo de Lucas Cranach, 1530, Kunsthistorisches Museum).

La Torre de Babel en la película *La Biblia*, 1966.

Caín y Abel (óleo de Pablo Pernicharo, 1774)

Noé (óleo de Giacomo Bassano, hacia 1570).

Gilgamesh procedente del palacio de Sargón II (Museo del Louvre).

.a actriz Joanna Lumley con los supuestos restos .el arca de Noé al fondo.

El monte Ararat, en Armenia.

El viaje de Abraham (óleo de József Molnár, 1850).

Sara ofrece la esclava Agar a Abraham (óleo de Matthias Stom, 1637).

Sodoma y Gomorra (óleo de John Martin, 1690)

Carteles de la película *Sodoma y Gomorra*, 1922.

)rilla jordana del mar Muerto;
l fondo, Israel.

Pilar de sal en el mar Muerto;
la supuesta mujer de Lot.

Lot y sus hijas (óleo de Hendrick Goltzius, 1616).

Tofet de Cartago, Túnez.

El sacrificio de Isaac (óleo de Cigoli, 1607, Palacio Pitti, Florencia).

ebeca y Eliezer (óleo de Alexandre Cabanel, 383).

Betilo de la catedral de Jaén.

scalera de Jacob en un anuscrito medieval.

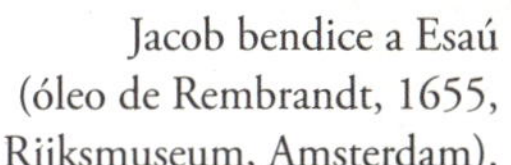

Jacob bendice a Esaú (óleo de Rembrandt, 1655, Rijksmuseum, Amsterdam).

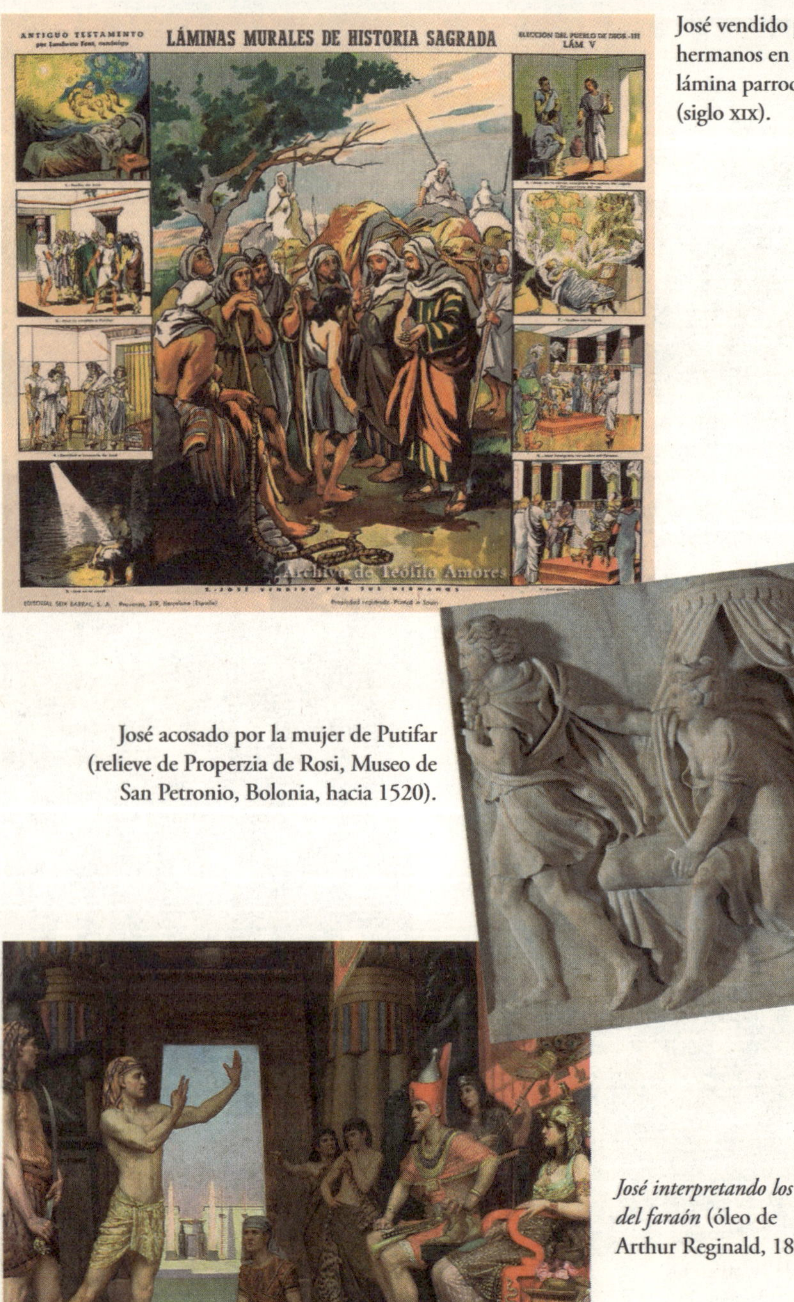

José vendido por sus hermanos en una lámina parroquial (siglo XIX).

José acosado por la mujer de Putifar (relieve de Properzia de Rosi, Museo de San Petronio, Bolonia, hacia 1520).

José interpretando los sueños del faraón (óleo de Arthur Reginald, 1894).

a hija del faraón encuentra a Moisés en el Nilo
óleo de Edwin Longsden Long, 1886).

Ramsés II.

Aarón transforma su cayado
en una serpiente.

Moisés separa las aguas del mar Rojo (óleo de Frédéric Schopin, 1630).

Lluvia del maná (ilustración de la Biblia Morgan, mediados del siglo XIII).

Supuesto puente subacuátic que puede explicar racionalmente el vadeo del mar Rojo.

El supuesto monte Sinaí con el itinerario que suelen seguir devotos y turistas para alcanzar la cumbre.

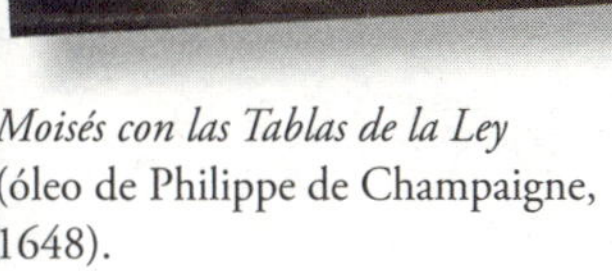

Moisés con las Tablas de la Ley (óleo de Philippe de Champaigne, 1648).

Moisés ante la zarza ardiente (Henry Coller).

El Tabernáculo.

Moderna reconstrucción del Arca de la Alianza.

Relieve con el Arca de la Alianza en las ruinas de la sinagoga de Cafarnaúm (Israel, 2017).

La adoración del becerro de oro (óleo de Nicolas Poussin, 1633).

ranada de hueso de hipopótamo chada en el siglo XIII a. C. con inscripción «consagrada al cerdote de la casa de Yahvé», ıe podría ser el único testimonio queológico del Templo de lomón si la autenticidad la leyenda no fuese motivo de ntroversia entre los especialistas.

San Miguel Arcángel y Balaam (óleo de Rembrandt, Museo Cognacq-Jay, París, 1626).

Monumento en el monte Nebo (Jordania).

Guerrero cananeo. Figura de bronce
en el Museo de Israel.

Vista del valle del Jordán desde el monte Nebo.

El paciente Job lo era también con la parienta (quizá, empezamos a sospechar, el secreto de su sobrehumana paciencia residía en su prolongada convivencia marital con semejante tarasca). Le respondió, un poco agresivo, disculpémoslo:

—*Has hablado como la mujer fatua que eres* (Jb. 2, 10).

Atención ahora que llegan tres amigos a visitarlo desde tres lugares distantes, tres como los Reyes Magos, tres tarántulas del desierto que no se guían por la estrella de Belén, sino por la noticia de las desgracias de un amigo al que seguramente envidiaban en sus años de felicidad y abundancia. Los supuestos amigos son Elifaz el edomita, el suhita Bildad y el naamatita Sofar.

Llegan los tres hipócritas y *desde lejos no lo conocieron, y lloraron a gritos; y cada uno de ellos rasgó su manto, y los tres esparcieron polvo sobre sus cabezas hacia el cielo. Así se sentaron con él en tierra por siete días y siete noches, y ninguno le hablaba palabra, porque veían que su dolor era muy grande* (Jb. 2, 13-14).

O sea, la desgracia se ha cebado en ti y lo único que necesitas para redondear tu infelicidad es tener testigos impertinentes. Es natural que Job, al final, se dejara ganar por el desánimo y maldijera su suerte:

—*Maldito sea el día en que nací, ¿Por qué no morí en la matriz de mi madre, o nada más nacer?* (Jb. 3, 3-11).[265]

El santo Job empieza a perder su conformidad. Para que acabe de suceder esto acuden a picotear en la herida los tres solícitos amigos, constantes en el martilleo como el tormento de la gota malaya.

«Todo enfermo sabe que las visitas que se le hacen en general se deben más al egoísmo del visitante que a auténtica bondad. Produce una alegría morbosa sentirse sano, fuerte y acercarse al lecho de

265. Un lamento que encontramos parecido al de aquella famosa copla carcelera: «*Más me valiera estar muerto, / que preso* pa toa *la vía / en este penal del puerto, / Puerto de Santa María*». Para que se vea que el alma humana es la misma tanto en la Mesopotamia bíblica como en el privilegiado entorno de la denominación de origen del jerez.

quien antes también estaba así, para expresarle palabras de afecto conmiserativo. En el caso de Job, que era el más rico de la comarca, el aliciente para visitarlo en su desgracia debía ser mucho mayor. "Habían convenido juntarse", advierte la Biblia, y esa fórmula nos hace temer la peor de las conjuras, la que se disfraza de una caridad que todavía no podía llamarse cristiana.»[266]

Los amigos, o lo que sean, se turnan para reprenderlo. Dice Elifaz:

—*¡Dichoso el hombre a quien corrige Dios! ¿No desdeñes la corrección del Omnipotente!* (Jb. 5, 17).

O sea, algo habrás hecho, cuando Dios te castiga de ese modo.

Bildad remacha la idea de que algún pecado oculto hay, y bastante gordo, ¿eh?, cuando Dios se ensaña de esa manera:

—*¿Tuerce Dios el derecho? ¿Pervierte la justicia el Omnipotente?* (Jb. 8, 3).

Job duda: ¿en qué le habré fallado a Dios? Se vuelve al cielo y pregunta:

—Yahvé, si en algo me aprecias, hazme saber en qué te he fallado. ¿Por qué te querellas de mí, si sabes que soy inocente?

Los buitres carniceros de los amigos ignoran las protestas del desgraciado y vuelven a hurgarle en la herida. Interviene Sofar:

—*Ojalá hablara Dios, y así conocerías que te ha castigado por parte de tus culpas* (Jb. 11, 5-6).

O sea todas estas desgracias que han caído sobre ti ni siquiera compensan todas tus culpas, tan solo una parte.

Esta vez Job se rebela contra los supuestos amigos, aunque debido a su connatural mansedumbre lo hace suavemente. Cualquiera en su lugar los hubiera alejado a pedradas, que es una manera muy bíblica de hacerlo, como hemos visto en estas páginas, o hubiera corrido a abrazarlos, dado que la sarna es muy contagiosa. Él no, él se limita a lamentarse:

266. Díaz-Plaja, 1976, p. 185. Otros autores redundan en la misma apreciación. Decía Guy de Maupassant: «¿Qué habrá en la desgracia del amigo que íntimamente nos conforta?».

—*El justo e íntegro es objeto de mofa. Los dichosos desprecian al que ha caído en desgracia. Zancadilleáis al que zozobra, inventáis falacias, médicos sois que no curan* (Jb. 13, 4).

Elifaz le echa en cara que reaccione airadamente contra las *blandas palabras* de sus amigos. «Blandas palabras» las llama el hijo de su madre y añade: *¿Qué es el hombre para creerse puro?* (Jb. 15, 14). O sea: algo habrás hecho.

Job, desesperado en su desesperación, está a punto de romper con sus compasivos amigos:

—*¿Por qué me perseguís vosotros también, como Dios, y no os hartáis de mis carnes?* (Jb. 19, 22).

El libro de Job, uno de los más bellos literariamente de la Biblia, termina con una exhibición que el propio Dios hace de sus poderes desde el corazón de una tempestad, una de sus formas de manifestarse (por influencia de su colega Zeus). Dios enumera sus habilidades meteorológicas y su dominio de los variados animales que pueblan el mundo con especial mención del onagro, el toro salvaje, el avestruz, el hipopótamo y el cocodrilo, a los que pone como ejemplo de fortaleza:

El hipopótamo: *Mira ante ti a Behemot: se alimenta de pasto como un buey. ¡Cuánta fuerza hay en sus riñones, qué vigor en los músculos de su vientre! Endereza su cola como un cedro, los nervios de sus muslos están bien entrelazados. Sus huesos son tubos de bronce: sus miembros, como barras de hierro* (Jb. 40, 15-18).[267]

El cocodrilo: *Y a Leviatán, ¿podrás pescarlo con un anzuelo y sujetar su lengua con una cuerda? ¿Le meterás un junco en las narices o perforarás con un garfio sus mandíbulas? ¿Quién lo enfrentó, y quedó*

267. El hipopótamo es *behemoth* (בהמות, plural de *behemat*), en el sentido de animal cuadrúpedo y herbívoro de enorme tamaño. Podría ser el elefante, pero la mención de su hábitat en escondrijos y cañaverales ribereños nos orienta hacia el hipopótamo, un animal entonces frecuente en el Nilo, lo que ha movido a sospechar que el autor del libro de Job conociera Egipto. Naturalmente algunos imaginativos han pensado que se refiere a los dinosaurios.

sano y salvo? ¿Qué rasgó su coraza? Prueba a ponerle la mano encima: piensa en el combate y desistirás (Jb. 40, 25-32).[268]

Job, anonadado, solo acierta a decir:

—*¡Soy tan poca cosa! ¿Qué puedo responderte? Me taparé la boca con la mano* (Jb. 40, 4). *Yo te conocía solo de oídas, pero ahora te han visto mis ojos. Por eso me retracto, y me arrepiento en el polvo y la ceniza* (Jb. 42, 5-6).

Dios entonces se vuelve contra los amigos incordiantes y les impone la leve penitencia de sacrificarle unos terneros:

—*Mi ira se ha encendido contra vosotros, porque no habéis dicho la verdad acerca de mí, como mi servidor Job. Ahora como penitencia me vais a sacrificar de vuestro bolsillo siete toros y siete carneros, y le pedís a mi fiel Job que interceda por vosotros porque solo en atención a él me voy a contener sin infligiros algún castigo humillante, por no haber dicho la verdad acerca de mí, como mi servidor Job* (Jb. 42, 7-8).

La historia termina bien. Cansado el Señor de probar la paciencia del pobre Job, lo restituye en sus riquezas y se las acrecienta: *duplicó todo lo que tenía. Sus hermanos y sus conocidos fueron a verlo, lo consolaron por toda la desgracia que le había enviado el Señor y lo agasajaron con un banquete en el que cada uno de ellos le regaló una moneda de plata y un anillo de oro* (Jb. 42, 10).

Bien está lo que bien acaba: *El Señor bendijo los últimos años de Job mucho más que los primeros. Llegó a poseer catorce mil ovejas, seis mil camellos, mil yuntas de bueyes y mil asnas. Tuvo además siete hijos y tres hijas, las más hermosas del país* (Jb. 42, 15).[269]

Y vivió colmado de días hasta ver su cuarta generación, es decir, sus biznietos.

268. El Leviatán (לִוְיָתָן, *liwyatan*, «el que gira») podría ser el cocodrilo del Nilo, pero en otros contextos bíblicos quizá se refiere a la ballena. Tal vez el redactor estaba pensando en el monstruo Tiamat, la serpiente gigantesca de la mitología babilónica, un ser marino al que mata el dios Marduk.

269. La hermosura de las hijas de Job parece compensación por lo ridículo de sus nombres: *A la primera la llamó «Pichona», a la segunda «Canela» y a la tercera «Rimmel»* (Jb. 42, 14).

El libro de Job es, desde el punto de vista filosófico, uno de los más importantes de la Biblia. En aquel tiempo se creía que las almas de los muertos iban al Sheol, una especie de limbo. No se tenía conciencia de la existencia de un Juicio Final seguido de premios o castigos.[270] Por lo tanto ese Dios infinitamente justo debía castigar al malo y premiar al bueno en la tierra. ¿Cómo se justifica entonces que mande tantas calamidades al pobre Job, que no ha cometido pecado alguno?

270. El concepto de vida ultraterrena aparece por vez primera en Daniel 12, 2 (*Muchos de los que duermen en el polvo de la tierra se despertarán, unos para la vida eterna, otros para el oprobio, para el horror eterno*) y luego en los Macabeos (2 Mac. 7, 9) y en el Libro de la Sabiduría (3, 4; 4, 1, 8, 13, etc.).

CAPÍTULO 110

Los Salmos

Los Salmos (תְּהִילִים, *Tehilim*, Alabanzas) son un conjunto de ciento cincuenta poemas de contenido religioso que exaltan el poder de Dios. Se entonaban en Jerusalén durante las liturgias del Segundo Templo.[271] En ellos, como en el resto de la Biblia, es patente la influencia de las literaturas del entorno (sumeria, asiria, egipcia y babilónica).

Dentro de la tradición judía, se nota que unos salmos proceden del reino del norte (Israel) y otros del reino del sur (Judá) porque los últimos llaman Yahvé a Dios y los primeros, Elohim. Son anónimos, aunque unos se atribuyen a David, otros a Salomón y algunos a Moisés. Vaya usted a saber.[272]

Existe cierta controversia sobre cuál es el salmo más bello. A servidor se lo parece el número 23, atribuido a David:

> *Yahvé es mi pastor; nada me faltará.*
> *En lugares de delicados pastos me hará descansar;*
> *junto a aguas tranquilas me pastoreará.*

271. Desde el santuario de Salomón en los siglos x y ix a. C. hasta el 70 de nuestra era.

272. Los Salmos eran considerados también libros proféticos, ya que a David y Salomón, sus supuestos autores, se los tenía por profetas. Por eso los Evangelios cuentan la pasión de Cristo procurando amoldarla a los Salmos. Recordemos, por ejemplo, el salmo 22, que comienza: *Dios mío, Dios mío, ¿por qué me has abandonado?*, la misma queja que emitirá Cristo en la cruz.

Confortará mi alma;
me guiará por sendas de justicia por amor de su nombre.
Aunque ande en valle de sombra de muerte,
no temeré mal alguno, porque tú estarás conmigo;
tu vara y tu cayado me infundirán aliento.
Aderezas mesa delante de mí en presencia de mis acosadores;
unges mi cabeza con aceite; mi copa está rebosando.
Ciertamente el bien y la misericordia me seguirán todos los días de mi vida,
y en la casa de Yahvé moraré por largos días.[273]

273. Recordemos el principio de este libro, cuando Denzel Washington, el guerrero solitario que custodia el Libro Santo, recita memorablemente este verso en la película *El libro de Eli* (2010). Lo hemos vuelto a oír en otras películas: *A sangre fría* (1967), de Richard Brooks; *El jinete pálido*, de Clint Eastwood (1985) y en *War Horse*, de Steven Spielberg (2011).

CAPÍTULO 111

Los libros sapienciales[274]

Llegamos ahora a ese grupo de escritos bíblicos que contienen máximas, aforismos y reglas prácticas para andar por la vida y que podrían resumirse en ese lema apócrifo atribuido a la Guardia Civil: el paso corto, la vista larga y fiarse poco.[275]

Los proverbios son refranes, adagios o alegorías que contienen una píldora de sabiduría o de moralina. Como otros libros de la Biblia, el de los Proverbios (מִשְׁלֵי, *Mishlei*) se manifiesta deudor de un popular género literario mesopotámico y egipcio.

Impresiona pensar la cantidad de veces que estos sabios consejos se han repetido, oído y leído en casi tres mil años de historia y lo poco que nos han aprovechado. Así cuando recomiendan:

Aléjate de los tontos, que nunca aprenderás nada de ellos (Prv. 14, 7).

O: *Allí donde el sabio calla, el necio habla y mete la pata* (Prv. 10, 14).

Mejor vivir en el desierto entre escorpiones que con mujer regañona y molesta (Prv. 21, 19).

Como hecho a medida de las petardas de la tele resulta este otro:

274. Según la división clásica los libros sapienciales son siete (¿qué otro número esperaba el lector?), a saber: Job, Salmos, Proverbios, Eclesiastés, el Libro de la Sabiduría, el Cantar de los Cantares (Libro de Salomón) y Sirácides. Ya hemos visitado al sufrido Job y hemos entonado salmos en las páginas precedentes, por lo tanto, pasaremos directamente a los sapienciales propiamente dichos, que son los Proverbios, el Eclesiastés y la Sabiduría.

275. Existe otra versión más cruda: Paso corto, vista larga y mala leche.

Zarcillo de oro en el hocico de un cerdo es la mujer hermosa que carece de discreción (Prv. 11, 22).[276]

Otro libro sentencioso, el Eclesiastés, también se despacha a gusto:

Pesadumbre y duelo es la mujer celosa, constante el flagelo de su lengua (Eci. 26, 6).

Un yugo mal ajustado es una mala mujer: tratar de sujetarla es agarrar un escorpión (Eci. 26, 7).

También sugiere la conveniencia de escoger bien los amigos:

Hay amigos que uno tiene para su propio mal, pero hay un amigo que es más fiel que un hermano (Prv. 18, 24).

Sobre la necesidad de educar a los menores:

Instruye al niño en su camino; y aun cuando sea viejo, no se apartará de él (Prv. 22, 6).

Para las visitas molestas: *Aparta tu pie de la casa de tu vecino, no sea que se harte de ti y te aborrezca* (Prv. 25, 17).

Otro nos recuerda los tiempos en que no existía el teléfono del menor:

La vara y la corrección dan sabiduría; pero el muchacho consentido avergonzará a su madre (Prv. 29, 15).

En los libros sapienciales de las antiguas culturas a menudo se enumeran las cualidades que debe atesorar una buena esposa:

Mujer virtuosa, ¿quién la hallará? Busca lana y lino y de buen grado los trabaja con sus manos. Es como nave de mercader, trae su pan de lejos. Se levanta cuando todavía es de noche y prepara la comida de su familia [...] planta viña del fruto de sus manos. Ciñe de fuerza sus lomos, y esfuerza sus brazos. Ve que van bien sus negocios; su lámpara no se apaga de noche. Aplica su mano al huso, y sus manos a la rueca (Prv. 31, 10-19).

O sea, la buena esposa es la que trabaja de sol a sol y aún de noche. Reuniendo esas cualidades no es absolutamente imprescindible que sea físicamente agraciada ni simpática ya que *engañosa es*

276. Lo hago extensivo a los petardos, naturalmente, pero la Biblia, algo machista como es, solo incluye a las mujeres.

la gracia, y vana la hermosura (Prv. 31, 30). O sea, una buena burra de carga y ya vas apañado.

También en este libro encontramos una cumplida descripción de la captación de un joven memo por una artera prostituta:

Un joven falto de entendimiento pasaba por la calle, junto a la esquina, camino a casa por la tarde cuando ya oscurecía, cuando he aquí, que una mujer le sale al encuentro, vestida de ramera y astuta de corazón [...] Se asió de él, lo besó y le dijo: Hoy he pagado mis promesas (a los dioses) y he salido a encontrarte. He adornado mi cama con colchas bordadas con cordoncillo de Egipto; he perfumado mi alcoba con mirra, áloes y canela. Ven, refocilémonos hasta que amanezca, alegrémonos porque mi marido está ausente. Se ha ido a un largo viaje y no volverá en muchos días (Prv. 7, 7-21).

A ver ¿qué hace este joven que está en la edad del alboroto hormonal? ¿Se resistirá a la tentación? ¿Rechazará las asechanzas de esta mala mujer? ¿Defenderá su pureza?

Nada de eso: pica como un pardillo, lo que habría hecho todo hijo de vecino en esa tesitura, para qué nos vamos a engañar.

Lo rindió con la suavidad de su palabrería, con sus labios zalameros y la siguió como va el buey al degolladero, como el ave que se precipita contra la red y no advierte el peligro hasta que la flecha le traspasa el corazón (Prv. 7, 21-27).

No sabemos cómo termina el asunto. Podemos imaginar que el incauto joven está retozando con la esposa infiel cuando de repente se presenta el celoso marido y lava con sangre la cornamenta. El Libro Santo no entra en detalles pero dice: *Camino que lleva al Sheol y conduce a los dominios de la muerte es la casa de la perdida* (Prv. 7, 27).

Parecido al libro de los Proverbios es el Eclesiastés,[277] en el que el autor intenta convencernos de la vanidad del mundo (*vanidad de vanidades y todo es vanidad*, Ece. 1, 2), que hemos de interpretar en la tercera acepción del diccionario: «Caducidad de las cosas de este

277. La palabra deriva del griego ἐκκλησιαστής, *Ekklesiastés*, «el que dirige la palabra al pueblo», traducción del hebreo קֹהֶלֶת, *Qohéleth*.

mundo». La idea del autor parece ser hacernos aborrecer lo mundano, pero eso no concuerda con su atribución a Salomón, el rey que según la Biblia se construyó un palacio espléndido en el que atendía a unas mil mujeres entre esposas y concubinas. Claro que podría argumentarse que una cosa es predicar y otra dar trigo.

El vocero de la asamblea que nos habla desde estas páginas nos convence de que en la vida no hay nada seguro excepto que todos morimos. ¿Qué son los placeres? Nada. ¿De qué sirve esforzarse? De nada. Todo es caduco, todo pasa, nuestra vida son los ríos manriqueños. Como decía el moreno de verde luna a su compadre, cuando la excesiva carga de melones le fracturó el eje de la *fragoneta*, en el delicado momento en que circulaban frente a un cuartel de la Benemérita: «No *semos naide.* Ni *micobrios*».[278]

Algunas obviedades del Libro suelen pasar como profundas reflexiones: *Todo tiene su momento, y todo cuanto se hace debajo del sol tiene su tiempo. Hay tiempo de nacer y tiempo de morir; tiempo de plantar y tiempo de cosechar lo plantado; tiempo de matar y tiempo de curar; tiempo de demoler y tiempo de edificar; tiempo de llorar y tiempo de reír; tiempo de lamentarse y tiempo de alegrarse; tiempo de esparcir las piedras y tiempo de amontonarlas; tiempo de abrazarse y tiempo de separarse; tiempo de buscar y tiempo de perder; tiempo de guardar y tiempo de tirar; tiempo de rasgar y tiempo de coser; tiempo de callar y tiempo de hablar; tiempo de amar y tiempo de aborrecer; tiempo de guerra y tiempo de paz* (Ece. 3, 1-8).

278. Quizá me afecta cierta melancolía. Escribo esto en una helada madrugada de octubre después de conocer la noticia del fallecimiento de Hugh Hefner, el fundador de *Playboy*. Noventa y un años tenía el gran benefactor de la humanidad. El autor del obituario intenta suavizarnos el impacto anunciándonos que «ha pasado a mejor vida». Permítame que lo dude. Será todo un desafío para el Todopoderoso procurarle al bueno de Hugh Hefner una vida mejor que la que disfrutó en este valle de lágrimas, cuando vivía en su mansión de Beverly Hills, todo el día en batín de seda y pantuflas, atendido solícitamente por sus «conejitas». Por cierto, había nacido en un hogar metodista de estricta observancia, con lecturas diarias de la Biblia. Demasiada misa para tan poco niño, como decía Terenci Moix.

CAPÍTULO 112

Eclesiástico[279]

El libro debió de ser un bestseller en su tiempo, porque se han encontrado ejemplares entre los manuscritos de Qumrán y en la muela de Masada, el Álamo de los rebeldes israelitas, el fuerte Baler donde resistieron los últimos de Filipinas del judaísmo antes de la Diáspora. Seguramente también lo conocieron Jesucristo y sus seguidores porque su influencia es patente en los Evangelios.

El Eclesiástico se parece algo al libro de los Proverbios. También ofrece una serie de normas para la vida que oscilan entre meras reglas de urbanidad y normas sociales que podrían resumirse en una: si te atienes a la Ley de Dios, serás bendito; si la vulneras, atraerás la desgracia:

En todo lo que hagas ten presente tu final y nunca pecarás (Ece. 7, 36).

Deja de pecar y vuélvete hacia Dios... ¡Grande es la misericordia del Señor y su perdón para los que regresan a su obediencia! (Ece. 17, 25-29).

Cuanto más grande seas, más deberás humillarte; así agradarás a Dios. Porque grande es la misericordia del Señor y él revela a los humildes sus secretos (Ece. 3, 18-20).

279. Τὸ ἐκκλησιαστικόν en griego. San Jerónimo lo traduce al latín de su Vulgata como «*Ecclesiasticus*». Su predecesor Cipriano de Cartago lo sigue llamando en griego τὸ ἐκκλησιαστικόν (*to Ekklesiastikón*) o «libro de la congregación». A veces se conoce como de Sirácides, o el Sirácida, por el autor.

El autor fue un sacerdote que firma como Jesús, hijo de Sirac, un par de siglos antes del nacimiento de Cristo, un yahvista convencido que quiere mantener pura su doctrina frente a la infiltración del mundo helenístico. Debió de ser un hombre muy viajado que en su momento fue calumniado y gracias a la misericordia divina alcanzó la rehabilitación, por lo que derrama agradecimiento en su escrito.

CAPÍTULO 113

El Cantar de los Cantares

El Cantar de los Cantares (שִׁיר·הַשִּׁירִים, *Shir Hashirim*), es un poema de amor que narra la relación entre dos amantes desprovistos de pensamiento alguno que no sea el del revolcón, pero como se ha colado en la Biblia, los exegetas que se la cogen con papel de fumar han tenido que inventarse que en realidad es una alegoría del matrimonio místico de Cristo con su Iglesia.[280]

Tradicionalmente se ha supuesto que lo compuso el rey Salomón para ensalzar su amor por la sulamita, su esposa favorita, la egipcia, que sería de piel oscura (por eso dice *Negra soy, pero hermosa*) También podría leerse *sunamita*, con ene, y entonces podría ser la chica

280. Dice cosas tan enjundiosas como: *¡Corramos! El rey me introdujo en sus habitaciones* (Cant. 1, 4). *Mientras el rey está en su diván, mi nardo exhala su perfume* (Cant. 1, 12). ¿Qué será el nardo? *Él me hizo entrar en la bodega y enarboló sobre mí la insignia del amor* (Cant. 2, 4). ¿Qué será esa insignia del amor que el amante enarbola sobre la amada? *Lo agarré, y no lo soltaré hasta que lo haya hecho entrar en la casa de mi madre, en la habitación de la que me engendró* (Cant. 3, 4). ¿Qué será ese habitáculo en el que te engendró tu madre y en el que quieres que entre el amado? *Tus pechos son como dos ciervos jóvenes, que pastan entre los lirios* (Cant. 4, 5). ¿Esos lirios blancos sobre los pechos morenos, no podrían aludir a la emisión seminal que sigue a una cubana, delicadamente descrita? Y cuando hablan de ir *a la montaña de la mirra, a la colina del incienso* (Cant. 4, 6) antes de que huyan las sombras, o sea, antes de que amanezca, ¿no estará aludiendo al monte de Venus levemente oscurecido por el vello púbico? No creo que sea retorcer mucho el sentido, pero si el lector lo prefiere, piense que se trata de un diálogo entre el Señor y su Iglesia.

que le calentaba la cama al anciano rey David, que a la muerte del rey quedó intacta (al parecer no consiguió desflorarla debido a su edad avanzada: *El espíritu está presto, pero la carne es débil*, Mt. 26, 41).[281]

Estas lucubraciones carecen de base. Salomón vivió en el siglo x a. C. y el análisis del texto (una palabra griega y otra persa que se cuela, algunos arameísmos) sugiere que debió redactarse entre los siglos v y IV a. C.

Veamos el poema. Adelantándose en más de un milenio a la poesía pastoril renacentista, el amado se presenta como un rabadán que apacienta sus ovejas y la amada como su enamorada que lo busca ansiosa entre los apriscos preguntando a los pastores. Al describir su pasión los amantes se explayan en metáforas sensuales aludiendo a todo lo que les resultaba agradable en ese contexto agropecuario: higos, granadas, lirios, capullos reventones, árboles a cuya sombra apetece romancear, dulce miel que era lo que en aquel tiempo —y en este— tomaban muchos novios de oriente para reponer con la debida rapidez las calorías gastadas y regresar a la lid con renovados bríos.

El amante se entusiasma contemplando a la muchacha y la perfección de su cuerpo: *Las curvas de tus caderas son como collares, obra de un orfebre. Tu ombligo es un cántaro, donde no falta el vino aromático. Tu vientre, un haz de trigo, bordeado de lirios. Tus pechos son como dos ciervos jóvenes, mellizos de una gacela* (Cant. 7, 2-4).

281. No quisiera pecar de malpensado pero es lo que sugiere el propio texto sagrado: *El rey David era ya viejo y entrado en años; lo cubrían con mantas, pero no entraba en calor. Sus servidores le dijeron: «Que se busque para el rey mi señor una joven virgen que sirva al rey y sea su doncella; que duerma sobre tu pecho y el rey mi señor entrará en calor». Buscaron una muchacha hermosa por todos los términos de Israel; encontraron a Abisag la sunamita y la llevaron al rey. La joven era extraordinariamente hermosa; era su doncella y le servía, pero el rey no intimó con ella* (1 Re. 1, 2-5). Nada más legítimo que preguntarse si Salomón heredó a la chica junto con la corona y la hizo suya. Salomón, el infatigable, el de las «setecientas esposas y las trescientas concubinas».

Hay alusiones al himen intacto: *Eres un jardín cerrado, novia mía; un jardín cerrado, una fuente sellada* (Cant. 4, 12). También al coito propiamente dicho: *Entré en mi jardín, novia mía; recogí mi mirra y mi bálsamo, comí mi miel y mi panal, bebí mi vino y mi leche* (Cant. 5, 1).

Y asimismo alusiones al sexo masculino y a sus despertares: *Bajé al jardín de los nogales, a ver los retoños del valle, a ver si brotaba la viña, si florecían los granados…* (Cant. 6, 11).

A lo largo de la Biblia y en los comentarios de la Misná y del Talmud encontramos muchas referencias indirectas al sexo y a sus aficionados en un lenguaje más o menos alambicado. Por ejemplo se distingue entre la puta propiamente dicha, la profesional, *zonah* (זנה), y la *zarah* (זָרָה), que es la *demimondaine*, la mujer de costumbres ligeras, la aficionada.[282] En ocasiones la diferencia puede estar en que la *zonah* practica el sexo vaginal y la *zarah* se decanta por el anal. A eso parece referirse el libro de los Proverbios (23, 27) cuando dice: *Porque abismo profundo es la ramera, y pozo angosto la extraña* (la vagina de la profesional, dada de sí, es *abismo profundo* y el ano de la *demimondaine* es *pozo angosto*). Esta es, al menos, la opinión del erudito Koning, que subraya la disposición de la *zarah* a dar placer al hombre de cualquier manera salvo por vía vaginal. Esto será, queremos pensar, en los casos en que la *zarah* sea virgen y esté reservando el himen para mejor optante, como ya comentábamos páginas atrás.

Según Koning, el Libro Sagrado extrema las metáforas cuando transita por el delicado tema del sexo. Para aludir a las felaciones: *De sus labios fluye miel, su lengua es más suave que el aceite* (Prv. 5, 3); las pajilleras: *En las calles y plazas, en todas las esquinas acecha* (Prv. 7, 12). Cuando dice: *Fosa profunda es su boca; aquel contra quien Yahvé*

282. זָרָה, *zarah*, o אִשָּׁה זָרָה, *ishah zarah*, literalmente «extranjera» o «extraña», en referencia a adúltera en serie (del mismo modo que existen los asesinos en serie, o sea, la mujer de costumbres libres en oposición a la fidelísima esposa judía). La prostituta sagrada que ejerce en un templo es קדשה, *qedesha*.

está indignado caerá en ella (Prv. 22, 14) se refiere a engullir entero un pene largo, una habilidad que según tengo entendido dominan contadas profesionales.[283]

Otra delicada metáfora detectada por Koning es *bebe agua de tu cisterna* (Prv. 5, 15), alusiva a la práctica del *cunnilingus* con la propia esposa.[284]

En fin, nuestro consejo es que el lector disfrute este bellísimo poema de amor que puede encontrar a una tecla de distancia en internet. Es una de las cumbres de la literatura universal e inspiró a nuestros clásicos. Fray Luis de León lo tradujo al castellano y lo comentó para contentar a su prima, la monja Isabel de Osorio. San Juan de la Cruz, nuestro más excelso poeta, se inspiró en él para su *Cántico espiritual*, que la monja Magdalena del Espíritu Santo, carmelita de Beas de Segura, recogió de los labios del poeta, un poema «lleno de atisbos infusos y vagarosidades», como lo describía escamado un inquisidor que no terminaba de entender aquello de:

Entreme donde no supe,
y quedeme no sabiendo
toda ciencia transcendiendo...

O:

¡[...]
los ojos deseados
que tengo en mis entrañas dibujados!

Y otras ternezas semejantes que bastarían para humedecer las piedras, cuanto más a las personas necesitadas de trascendencia espiritual.

283. Koning, 1976, p. 188.
284. Koning, 1976, p. 189.

CAPÍTULO 114

Los profetas

La tradición bíblica señala cuatro profetas mayores: Isaías, Jeremías, Ezequiel y Daniel; y doce menores: Oseas, Joel, Amós, Abdías, Jonás, Miká, Nahum, Habacuc, Sofonías, Ageo, Zacarías y Malaquías.

No es cuestión de tamaño, como pudiera parecer, sino de longitud. Unos tienen más larga la profecía y otros la tienen más corta (la longitud oscila entre los veintiún versos de Abdías y las setenta páginas de Isaías).

A Isaías (¿765?-¿695 a. C.?) ya lo admiramos, constante como el batán del arzobispo, en su crítica de los reyes de Judá Ozías, Jotán, Acaz, Ezequías y Manasés, el último de los cuales ya no soportó sus monsergas y lo mandó aserrar.

Isaías estaba convencido de que el reino de Judá podía mantenerse por sí solo con el único auxilio de Yahvé y abominaba de que sus reyes, quizá más duchos que él en política internacional, firmaran tratados con algún poderoso vecino para protegerse de terceros.

Quizá no fuera un gran político, e incluso pudiéramos sospechar que era algo depresivo, pero ¿acaso no acertó en sus funestas predicciones? Por lo demás, en sus escritos muestra ser buen e imaginativo poeta. A sus hijos los inscribió en el registro civil como Sear-Jasub («El resto volverá») y Maher-Salal-Hasbaz («Se apresura al despojo»).[285]

285. Se entiende que el primero alude a los que regresarán del exilio de Babilonia y el segundo a la inminente destrucción de Judá por los asirios.

Retorciendo un poco sus textos, sus exegetas cristianos creen probado que el profeta anuncia la venida de Jesús a este valle de lágrimas, su sacrificio y su regreso triunfante al cielo. Isaías profetizó que el mesías nacería de una «muchacha» (hebreo *almah*); pero el evangelista Mateo manejaba una defectuosa traducción griega en la que habían escrito «virgen» (*betulah*) en lugar de «muchacha» y de ahí procede todo el mito católico de la Virgen embarazada por Dios que da a luz a Jesús.

Veámoslo en un texto de Qumrán:

הָעַלְמָה הָרָה וְיֹלֶדֶת בֵּן וְקָרָא שְׁמוֹ עִמָּנוּאֵל...

lo que leído de izquierda a derecha da:

> ... ***ha'almah*** *harah veyoledet ben veqara shmo immanue*

O, dicho en español:

> ***una muchacha*** *concebirá, y dará a luz un hijo, y llamará su nombre Emanuel* (Is. 7, 14).

Duele reconocerlo, pero un simple error de traducción ha determinado la teología católica y hasta la creación de una rama específica de ella, la mariología. A estas alturas no cabe marcha atrás, así que «sostenella y no enmendalla». Debido a esta aventurada atribución, que sin duda habría sorprendido muchísimo al profeta, lo vemos exhaustivamente representado en iglesias, misales y otros edificios u objetos de culto.

A Isaías recurren también los sionistas fanáticos que lo tienen por el profeta de la restauración de Israel, raíz del mesianismo más crudo. Veamos cómo profetiza la guerra de la Independencia que dio lugar, en 1948, al nacimiento del Estado de Israel:

El lagar lo he pisado yo solo; de los pueblos, ningún hombre estaba conmigo. Los pisé en mi ira y los hollé en mi furor; su sangre salpicó mis vestiduras y manché todo mi ropaje. Porque el día de la venganza estaba en mi corazón, y el año de mi redención había llegado. Miré, y no había quien ayudara, me asombré de que no hubiera quien apoyara; entonces me salvó mi brazo, y fue mi furor el que me sostuvo. Pisoteé los pueblos en mi ira, los embriagué en mi furor y derramé su sangre por tierra (Is. 63, 3-6).[286]

A Jeremías (¿650?-¿585? a. C.) se le atribuye la autoría de los libros de los Reyes y, con menor probabilidad, la del libro de las Lamentaciones, que es, paradójicamente, el que le ha dado fama y ha dejado su huella en el diccionario (*jeremiada*: Lamentación o muestra exagerada de dolor).

Distinguido por Yahvé con una vida larga, Jeremías pudo aplaudir la gran reforma del rey Josías, tan cara a los profetas, pero criticó mucho a sus sucesores Yoyaquim y Sedecías con advertencias de que si se descantillaban lo más mínimo en lo referente a servir a Yahvé serían presa de los caldeos.

Gran penitente, se dejaba ver por las calles de Jerusalén con un yugo al pescuezo, en lo que quizá debamos notar cierto masoquismo que podríamos disculpar si se tratara, como es de sospechar, de un perturbado.

Por sus predicaciones contra los reyes que se desviaban de Yahvé, sufrió persecución por la justicia, prisión y maltrato, especialmente por Sedecías, que no podía alejar el recelo de que fuera espía de los babilonios.

Al final se salió con la suya: Nabucodonosor II conquistó Jerusalén, arrasó el Templo e incorporó Judá a su imperio. Resulta algo

286. Otras supuestas profecías de la restauración de Israel en Isaías: *¡Con sus propios ojos ven que el Señor vuelve a Sion! Páramos de Jerusalén, ¡canten alabanzas y alégrense a una voz! ¡El Señor ha consolado a su pueblo, ha redimido a Jerusalén!* (Is. 52, 7-8); *a todos los que guardan el día de reposo sin profanarlo, y se mantienen firmes en mi pacto, yo los traeré a mi santo monte* (Is. 56, 6-7). *Sobre tus muros, oh Jerusalén, he puesto guardas; todo el día y toda la noche no callarán jamás. Los que os acordáis de Jehová, no reposéis, ni le deis tregua, hasta que restablezca a Jerusalén, y la ponga por alabanza en la tierra* (Is. 62, 6-7).

sospechoso que a él lo liberara de su prisión y le permitiera emigrar a Egipto en lugar de desterrarlo a Babilonia como hizo con los notables del reino.

El siguiente profeta, Baruc, es el secretario de Jeremías, que añadió a las profecías del maestro otras de cosecha propia y predijo el regreso de los exiliados a Babilonia. El Concilio de Trento declaró su libro inspirado por Dios y canónico, pero tanto los judíos como los protestantes lo han excluido de su canon. Ellos se lo pierden.

Al profeta Ezequiel, contemporáneo de Jeremías, le sobrevino la gracia, o el poder de ver visiones, durante el cautiverio de Babilonia. Hombre animoso, sostuvo a sus correligionarios descorazonados, que tendían a venerar falsos ídolos con la esperanza del retorno a Jerusalén, un hecho que describe con morosidad complaciente.

Tuvo numerosas visiones que narra minuciosamente, entre ellas la del tetramorfo,[287] las cuatro figuras humanas con cabeza de hombre, león, toro y águila, que el cristianismo atribuyó a los cuatro evangelistas para probar que Ezequiel los había profetizado. Los vemos repetidamente representados en las pechinas de las bóvedas de las iglesias.

Es famosa su profecía sobre Gog y Magog: *El Señor me dijo: «Oh, hijo de hombre, pon tu rostro hacia la tierra de Magog, contra Gog, príncipe de Mesek y Túbal. Profetiza contra él y di que así ha dicho el Señor Dios: "He aquí, yo estoy contra ti, Gog, príncipe de Mesek y Túbal. Te haré dar vuelta y pondré ganchos en tus quijadas. Te sacaré a ti y a todo tu ejército —caballos y jinetes, todos vestidos espléndidamente—, una gran multitud con escudos, armaduras y espadas. Persia, Etiopía y Libia estarán con ellos; todos ellos con escudos y cascos. Estarán contigo Gómer y todas sus tropas; Bet-Togarma, de los confines del norte, con todas sus tropas, y muchos otros pueblos"»* (Ez. 38, 1-6).[288]

287. τετράμορφος *tetrámorphos*, «que tiene cuatro formas».

288. La invasión «desde los extremos de la tierra» se justifica porque Mesek y Túbal eran dos reinos norteños de Anatolia; Persia estaba al este, Put o Libia al oeste y Kush o Etiopía al sur. El príncipe del norte, Gomer, es un cimerio (o escita)

Gog en Ezequiel es el rey de una gran nación norteña que invadirá Israel con un gran ejército. Sin embargo cuando todo parezca perdido, Dios aniquilará a Gog y a su ejército y salvará a Israel:

Enviaré fuego sobre Magog y sobre los que habitan con seguridad en las costas. Y sabrán que yo soy el Señor (Ez. 39, 6).

Andando el tiempo, que todo lo borra o lo enturbia, los judíos ya no hablaron de Gog de Magog sino de Gog y Magog, como si fueran dos personajes o países distintos.

En los Oráculos Sibilinos (judíos de Alejandría, siglo III o II a. C.) leemos: «¡Ay de ti, oh tierra de Gog y Magog, en medio de los ríos de Etiopía!» (Oráculos Sibilinos III, 319).

En el Apocalipsis (el libro del Nuevo Testamento) Gog y Magog son naciones enzarzadas en una guerra devastadora *sobre los cuatro puntos cardinales de la tierra.*

Quizá solo sean delirios de un visionario, pero hay que ver la de literatura que generan entre los aficionados a las profecías apocalípticas.

---

caudillo de los nómadas de las costas del mar Negro que estaba atacando el alto Tigris y Anatolia. Existe, por tanto, una confusión entre cimerios avecindados cerca de las costas del mar Negro (= Ucrania/Rusia) y escitas procedentes de Escitia, al norte de Parti (aunque a veces se llama *Escitia* al país de los cimerios), Beth Togarma está en Anatolia (¿será la Tegarama hitita?).

CAPÍTULO 115

Daniel salva a la casta Susana

El libro de Daniel es obra de un falsario que lo compuso hacia el año 165 a. C. y logró colársela doblada (excusen la crudeza de la expresión) a los venerables rabinos y patriarcas cristianos, que creyeron que el libro era obra de un profeta de quinientos años atrás y lo admitieron en su canon de los libros sagrados sin advertir que el texto era fiel reflejo de los antecedentes y la crisis de los Macabeos. También los musulmanes picaron el anzuelo y tienen a Daniel por uno de los venerados profetas de su religión.

El profeta Daniel era todavía un muchacho imberbe cuando su familia marchó al exilio de Babilonia. Allí le cupo la suerte de que lo escogieran para formarse como paje de palacio junto con otros tres jóvenes hebreos (Ananías, Misael y Azarías).[289]

Aspenaz, el eunuco jefe, les enseñó durante tres años la lengua y la escritura babilónicas además de la etiqueta de palacio y el resto de los conocimientos necesarios para desempeñarse como servidores del rey. No lo dice la Biblia, pero es muy probable que los muchachos se sometieran a la preceptiva castración de los servidores reales. En cualquier caso adoptaron nombres mesopotámicos: Daniel se llamó Baltasar (*Balâtsu-usur*, «Bel protege al rey») y sus compañeros Sadrak, Mesak y Abednego.

El joven Daniel dio tempranas muestras de su gran madurez y

289. Los restos del palacio real donde la leyenda asegura que Daniel desempeñó su oficio se han localizado en Kasr, en la orilla occidental del Éufrates.

sabiduría cuando un buen día encontró a una turba vociferante que conducía a una mujer al apedreadero municipal donde la iban a ejecutar por adúltera. Recordemos que el castigo de los adúlteros era la lapidación (lo sigue siendo en ciertos países musulmanes).

Informado del caso, Daniel supo que se trataba de la bella Susana, esposa de un rico e influyente miembro de la comunidad, a la que dos respetables ancianos (baste con decir que eran los jueces electos de aquel año) habían sorprendido en flagrante adulterio con un robusto pollancón.

La desdichada Susana clamaba que era inocente, pero las óptimas caderas, el macizo muslamen, los firmes glúteos y los pechos valentones obraban en su contra: ¿quién iba a creer en su inocencia si la ciega naturaleza la había distinguido con aquel cuerpazo que parecía diseñado para pecar? Pero, como dijo santa Teresa, la verdad padece, pero no perece.

¿Qué había ocurrido? La casta Susana se bañaba en su jardín, despreocupada e inocente, cuando fue sorprendida en su desnudez por los dos viejos verdes que, asomados a la tapia y camuflados entre el follaje, tasaron con mirada lasciva sus encantos y se conchabaron para gozarla:

—Si no te nos entregas carnalmente, te acusaremos de adulterio —la chantajearon.

Ya hemos visto que en la Biblia hay de todo. Nos faltaba tan solo este *ménage à trois* que proponían los vejetes.

—*Sé que si accedo a vuestra lujuria, será como si estuviera muerta* —respondió ella—; *y que, si no lo hago, no escaparé de vuestro castigo. Sin embargo prefiero el castigo por lo que no he hecho antes que pecar ante el rostro del Señor* (Dan. 13, 22-23).[290]

Como ya hemos dicho, el castigo de la adúltera era la muerte,

290. Este episodio no figura en la versión hebrea, canónica, del libro de Daniel, sino solo en la Biblia alejandrina o Septuaginta. Es uno de los añadidos de esta versión. Otros son: 3, 24-90 (oración de Azarías e himno de los tres jóvenes) y 14 (Bel y el dragón).

pero el joven Daniel, que ya gozaba de cierto prestigio como escribiente y paje de palacio, se opuso a una sentencia tan sumarísima y manifestó su deseo de interrogar a los dos acusadores por separado. Convinieron en ello y uno de los ancianos declaró que Susana y su amante copulaban bajo un lentisco, mientras que su compinche aseguró que el doñeador apalancaba a Susana contra el tronco de una encina. Descubierto el engaño, el jurado falló a favor de la casta Susana y condenó a los viejos a morir a cantazos.

Lo del juicio de la casta Susana es un episodio menor de la Biblia, pero ha tenido gran repercusión en el arte religioso ya que permite a los artistas regodearse en la representación de un estimulante desnudo femenino. Aparte de que todos acarreamos un *voyeur* en nuestra mismidad más íntima y nos encanta asistir a la escena como si fuésemos un tercer anciano, para qué nos vamos a engañar.

Ya funcionario de palacio, Daniel se ganó la voluntad de Nabucodonosor II cuando interpretó un sueño, pesadilla más bien, que el rey había tenido y que los astrólogos y adivinos de palacio no acertaban a explicar (por lo que fueron debidamente ejecutados). El rey quedó tan impresionado que nombró a Daniel gobernador de la provincia de Babilonia y consejero jefe.

Un corregente de Nabucodonosor II llamado Beltsasar tuvo la infausta ocurrencia de profanar los vasos sagrados del Templo de Jerusalén empleándolos en un banquete.[291] Estaba la juerga más de mediada, la comensalía a punto de acometer las tres fases de la euforia etílica, a saber: cantos regionales, exaltación de la amistad y denuestos al gobierno, cuando, de repente, apareció flotando en el aire una mano misteriosa que trazó sobre el muro unas palabras en arameo: מנא,מנא, תקל, ופרסין (*Mane, mane, tekel ufarsin*). El primer grafito de la Historia trazado por el estereograma o imagen 3D (es

291. La Biblia de Jerusalén lo llama con nombre griego, «Baltasar»; otras traducciones del Libro Santo se inclinan por Baltassar, que es latino. Para mayor confusión, Nabucodonosor II llama a Daniel Beltsasar en Dan. 5, 12: *Daniel, al cual el rey puso por nombre Beltsasar.*

decir, tridimensional) de una mano que los presentes tomaron como sobrenatural.

Al rey se le demudó la color, *sus pensamientos se turbaron, desatáronse las ceñiduras de sus lomos y sus rodillas se batían la una con la otra* (Dan. 5, 6), o sea, se acojonó.

Convocaron a Daniel para que interpretara aquellas palabras trazadas en el muro.

—Mene *significa que Dios ha puesto tu reino en subasta* —declaró—. Tekel *significa que Dios lo ha pesado en su balanza y falta peso,* ufarsin *que se lo ha entregado ya a medos y persas* (Dan. 5, 26-28).

Aquella misma noche falleció Beltasar y el persa Ciro II el Grande se apoderó de Babilonia.

CAPÍTULO 116

Daniel triunfa en la nueva gerencia

Los nuevos amos persas mantuvieron al servicio palaciego en sus puestos, de manera que, bajo la nueva gerencia, Daniel siguió siendo un funcionario apreciado.

Tanto destacaba el joven hebreo en la corte que suscitó la envidia de unos cuantos sátrapas (gobernadores de provincias) que conspiraron contra él y consiguieron que el rey Darío lo condenara a muerte.[292] Muy a pesar suyo, debemos aclarar, porque lo apreciaba de veras.

El incumplimiento del edicto real del que lo acusaban comportaba una ejecución particularmente horrible: ser devorado por las fieras. Así que, llegado el momento de cumplir la sentencia, arrojaron a Daniel al foso de los leones (pues en todo palacio medianamente mantenido había una leonera para solaz del monarca).

Como en las actuaciones de Houdini, el texto bíblico aclara que después de arrojar a Daniel a la leonera taparon la entrada y la cerraron con el sello real. O sea, que en el milagro que vais a presenciar no hubo truco.

Darío, apesadumbrado por la muerte de su mejor ministro (tan seguro estaba de que lo devorarían las fieras), se acostó sin cenar y no logró conciliar el sueño. En cuanto amaneció hizo abrir el foso y

292. Si Daniel comenzó sus andanzas en tiempos de Nabucodonosor II (630 a. C.) y vivía todavía en tiempo del persa Darío I (549 a. C.) se deduce que fue longevo.

para su gran sorpresa y alivio encontró a Daniel sentado tranquilamente entre los leones. ¿Qué había ocurrido? Hambre tenían las fieras, pero Yahvé les había cerrado las fauces y embotado las garras.

Felicísimo por la salvación de su amigo, el prudente Darío celebró el reencuentro a la manera oriental: *hizo comparecer a los que habían acusado a Daniel y los arrojó al foso de los leones, junto con sus hijos y sus mujeres. Aún no habían tocado el suelo cuando los leones se apoderaron de ellos y les quebrantaron todos los huesos* (Dan. 6, 24).

O sea, los cazaron al vuelo. El providente Yahvé les había desbloqueado las fauces y las zarpas a los hambrientos animalitos.

Después de aquel sonado suceso, prosperó Daniel a la sombra de los reyes persas y murió cargado de días durante el reinado de Jerjes I, el sucesor de Darío.

La memoria de Daniel se venera en Susa (Irán), Kirkuk (Kurdistán iraquí), Mala Amir (Kurdistán iraní), Samarcanda (Uzbekistán) y Muqdadiyah (Irak), santuarios cuyas devotas clientelas se disputan el honor de orar ante la verdadera tumba del profeta.

CAPÍTULO 117

Los profetas menores

A Oseas, el primero de los profetas menores, le cupo vivir en los revueltos tiempos finales del reino del norte (Israel). Poco más sabemos de él. Era un bien dotado escritor y un siervo obediente de Yahvé que no vaciló en seguir al pie de la letra sus órdenes por extravagantes que fueran. Por ejemplo, a ver cómo se entiende que le diga: *Ve, tómate una mujer dada a la prostitución e hijos de prostitución, porque la tierra se está prostituyendo enteramente, apartándose de Yahvé* (Os. 1, 2).

Estas chocantes salidas divinas plantean un verdadero desafío intelectual a los píos hagiógrafos. A ver cómo justificas ante los pacatos feligreses cristianos lo de que Dios ordene a su profeta casarse con una mujer ligera de cascos de la que se sabe de cierto que le va a poner los cuernos.[293]

El socorrido recurso de que el texto sagrado emplea una especie

293. Uno de estos hagiógrafos, autor de la inefable página web <www.mujereshacendosas.org/mujeres-de-la-biblia> aprovecha que el Pisuerga pasa por Valladolid para encajar una lección moral a sus hijas de confesión en el apartado dedicado a <gomer-una-mujer-fornicaria>: «Culturalmente, somos propensos a los toques, besos, abrazos, chistes, salidas y conversaciones a solas con los hombres. No obstante, debemos de tener mucho cuidado en cómo son esos toques, besos, abrazos, chistes y todo lo antes mencionado. Cada una de ellas, si no se hace con prudencia podría ser el canal perfecto utilizado por Satanás para caer en la inmoralidad sexual. La sutileza del pecado es tan grande que hay que tener mucha sabiduría bíblica para detectar las artimañas del enemigo y salir huyendo de ellas».

de parábola para reprochar al pueblo de Israel sus continuos coqueteos con dioses extranjeros resulta algo manido. Mejor es tomar el toro por los cuernos (dicho sea sin segundas, amigo Oseas) y pensar que la esposa había sido seguidora de Baal y por tanto ejercido la prostitución sagrada o que en última instancia había sido prostituta, pero que desde que Oseas la retiró del oficio se comportó tan castamente como cabe esperar y corresponde a la esposa de un profeta.

Todo esto son ganas de marear la perdiz. La desnuda verdad es que Oseas estaba tan embebido en su oficio de profeta que apenas aportaba ingresos a casa y la mujer tenía que procurárselos a su manera. La propia Biblia lo admite: *Iré tras mis amantes, que me dan mi pan y mi agua, mi lana y mi lino, mi aceite y mi bebida* (Os. 2, 7).

Yahvé, una vez más contradictorio, se muestra dispuesto a castigarla *por los días en que incensaba a los baales, y se adornaba de sus zarcillos y de sus joyeles, y se iba tras sus amantes y se olvidaba de mí* (Os. 2, 15).

La importancia de Oseas para los cristianos estriba en que, según ellos, profetizó la resurrección de Jesús cuando llevaba tres días muerto: *Venid, volvamos a Yahvé, pues él ha desgarrado y él nos curará, él ha herido y él nos vendará. Dentro de dos días nos dará la vida,* al tercer día nos hará resurgir *y en su presencia viviremos* (Os. 6, 2-3).

Del segundo profeta menor, Joel, sabemos poco, tirando a nada. Parece que vivió en Jerusalén en los tiempos del reino de sur, aunque a algunos críticos les parece que el texto se escribió después del exilio babilónico. Su contenido es más de lo mismo: llama al pueblo al arrepentimiento y a la penitencia y profetiza filoxeras y otras calamidades que afectarán particularmente a los borrachos y aficionados al trinque: *Lo que quedó de la oruga comió el saltón, y lo que quedó del saltón comió el revoltón; y la langosta comió lo que del revoltón había quedado. Despertad, borrachos, y llorad; gemid, todos los que bebéis vino, a causa del mosto, porque se os quita de vuestra boca* (Jl. 1, 4-5).

Al resto de los que viven de la agricultura no les irá mejor, dado que profetiza la desertización que conlleva el cambio climático: *El campo está asolado, se enlutó la tierra; porque el trigo se agostó, se secó el mosto, se perdió el aceite. Confundíos, labradores; gemid, viñadores, por el trigo y la cebada, porque se perdió la mies del campo. La vid está seca, y pereció la higuera; el granado también, la palmera y el manzano; todos los árboles del campo se secaron, por lo cual se extinguió el gozo de los hijos de los hombres* (Jl. 1, 10-12).

A los ganaderos no les irá mejor: *Las bestias del campo bramarán también a ti, porque se secaron los arroyos de las aguas, y el fuego consumió las praderas del desierto* (Jl. 1, 20).

Uno de los operarios que se quedaría sin trabajo de cumplirse las profecías de Joel es el profeta siguiente, Amós, quien, aparte de su menester profético, se ganaba la vida civil como punzador de higos sicómoros, durante el reinado del rey Jeroboam II.[294]

Aparte de clamar de oficio contra las desviaciones del pueblo elegido, que mantenía la molesta tendencia a olvidarse de Yahvé para sustituirlo por el más complaciente Baal, Amós impartió sermones de orientación social para fustigar la explotación del pobre por el rico: *Oíd esto, los que explotáis a los menesterosos, y arruináis a los pobres de la tierra, diciendo: ¿Cuándo pasará el mes, y venderemos el trigo; y la semana, y abriremos los graneros del pan, y achicaremos la medida, y subiremos el precio, y falsearemos con engaño la balanza, para comprar los pobres por dinero, y los necesitados por un par de zapatos, y venderemos los desechos del trigo?* (Am. 8, 4-6). Yahvé *cambiará vuestras fiestas en lloro, vuestros cantares en lamentaciones; y haré poner cilicio sobre todo lomo, y que se rape toda cabeza* (Am. 8, 9-10).

Le toca el turno a Abdías, quien, en un libro brevísimo, apenas una página, pone a parir a los idumeos de Idumea, la levantisca tribu tributaria de Judá, que recientemente habían batido por goleada al pueblo elegido (aquel sonado episodio en que el rey de Edom no

294. Las higueras que había en Israel en aquel tiempo pertenecían a la variedad mediterránea de origen egipcio *Ficus sycomorus* (distinta de nuestras higueras comunes, *Ficus carica*), que requiere una pequeña incisión en el higo a fin de provocarle una mayor absorción de agua, lo que lo hace más jugoso, grande y dulce, aparte de acelerar su maduración.

vaciló en degollar a su primogénito sobre la muralla para obligar a su dios a otorgarle la victoria).[295]

El siguiente profeta de la lista es Jonás, contemporáneo del rey de Israel Jeroboam II. Su principal logro, que no es poco, fue transmitir el deseo agrimensor de Yahvé, que deseaba establecer *el límite de Israel, desde el punto de entrada de Hamat hasta el mismo mar del Arabá* [el mar Muerto] (2 Re. 14, 23).

Jonás juzgó absurda y peligrosa para su integridad física la ocurrencia de Yahvé de enviarlo a predicar su verdad (que soy el único Dios y los demás son falsos) nada menos que a Nínive, la famosa capital asiria a orillas del Tigris (hoy el parque arqueológico de Kuyunjik, en Mosul, Irak).

—Señor, es que los asirios son muy suyos y por menos de nada lo empalan a uno —objetaba—. Y eso tiene que doler.

—Tú predica que Yo proveeré, como proveí cuando lo de Abraham —lo tranquilizó Yahvé.

Abrumado por la responsabilidad, Jonás intentó huir del territorio de Yahvé (ya dijimos que, según la creencia henoteísta, cada dios tenía poder especialmente en un territorio determinado). Para ello se embarcó en el puerto de Jope en una nave que se dirigía a Tarsis.

Si, como parece, Tarsis es el posible nombre bíblico de la península Ibérica, cabe sospechar que lo que Jonás dijo al agente de viajes fue: «Un pasaje en el barco que vaya más lejos de aquí». Y más lejos que la actual España no se podía ir porque en aquel tiempo se creía que el mar se despeñaba más allá del estrecho de Gibraltar, las columnas de Hércules.

Embarcó, pues, Jonás en la nave que zarpaba para Tarsis y, ago-

295. En Abdías aparece la única mención bíblica de Sefarad, que algunos autores sitúan en la antigua Persia o en Asia Menor y otros la asimilan con la península Ibérica, en la que se instaló una numerosa y próspera comunidad judía cuyos descendientes son hoy los sefarditas, rama del judaísmo distinta a la asquenazí, localizada en la Europa Central y Oriental (Alemania, Austria, Hungría, República Checa, Eslovaquia, Polonia, Ucrania, Rumanía, Rusia, Bielorrusia, Bulgaria, Lituania y Letonia).

tado de los afanes del día, se echó sobre unos sacos de la bodega, tosió un par de veces y se quedó roque.

El incauto se creía a salvo de Yahvé.

El sueño de Jonás era tan profundo, con predominio de ondas delta, que ni un cañonazo lo hubiera despertado. Ni siquiera advirtió que la nave se había metido en lo más recio de una tempestad que amenazaba con hacerla zozobrar. Los marineros arrojaron por la borda algunas mercancías, según se acostumbraba, como sacrificio a los dioses del mar, pero ni por esas. Finalmente, seguros de que iban a perecer, solo les quedó rezar y encomendarse cada cual a su dios.

Con todo esto, el patrón despertó a Jonás para rogarle que se encomendara a su dios particular. Como último recurso, los marineros echaron a suertes a quién había que arrojar por la borda (el sacrificio humano solía funcionar en esos casos) porque la suerte solía tocarle al gafe responsable del problema.[296]

La suerte (en este caso, la mala suerte) le toca a Jonás y él se declara humildemente culpable de haber traicionado a su dios. ¡Haberlo dicho antes, hombre de Dios, que nos tenías acojonados! Lo arrojan al mar y, en efecto, la tormenta se calma al momento.

Jonás no sabía nadar, como casi todo el mundo en su tiempo, y más los judíos, que eran gente de tierra adentro, *pero Yahvé tenía preparado un gran pez que se tragase a su profeta; y estuvo Jonás en el vientre del pez tres días y tres noches* (Jon. 1, 17).

Entonces oró Jonás a Yahvé, su Dios, desde el vientre del pez (Jon. 2, 1). *Y mandó Yahvé al pez y vomitó a Jonás en tierra* (Jon. 2, 10).

Demostrado que Yahvé extendía su jurisdicción más allá de lo que Jonás sospechaba, el profeta ya no se resistió cuando por segunda vez le dijo Yahvé:

296. El lector quizá recuerde al alférez de fragata Hollom de la película de Peter Weir *Master and Commander* (2003), del que los supersticiosos marineros sospechan que sea un Jonás (así llamaban a los gafes que atraen la mala suerte sobre una nave) y él, consciente también de ser el culpable de la calma chicha que los mantiene inmovilizados, se sacrifica lanzándose por la borda, lo que devuelve un viento favorable que les hincha las velas.

—*Levántate y ve a Nínive, aquella gran ciudad, y proclama en ella el mensaje que yo te diré* (Jon. 3, 2).

Era Nínive una ciudad tan grande que se necesitaban tres días para recorrerla. Hemos de imaginar que cuando Jonás supo el mensaje que debía vocear por calles y plazas, nuevamente debió temer por su vida.

—Y si no me atiende, de aquí a cuarenta días Nínive será destruida —prometió Yahvé.

Para gran sorpresa de Jonás, los ninivitas no lo lincharon ni lo empalaron, sino que lo creyeron y consecuentemente obraron como entonces se hacía para calmar la ira de los dioses: vestirse de saco, ayunar, raparse la cabeza (y la barba, hemos se suponer, esos tirabuzones tan coquetuelos que les vemos en los bajorrelieves del Museo Británico). El propio rey asirio *se levantó de su silla, se despojó de su vestido, y se cubrió de cilicio y se sentó sobre ceniza* (Jon. 3, 6).

Y decretó ayuno absoluto: *Hombres y animales, bueyes y ovejas, no gusten cosa alguna; no se les dé alimento, ni beban agua; sino cúbranse de cilicio hombres y animales, y clamen a Dios fuertemente; y conviértase cada uno de su mal camino, de la rapiña que hay en sus manos* (Jon. 3, 7-8).

Yahvé, viéndose tan obedecido, *se arrepintió del mal que había dicho que les haría, y no lo hizo* (Jon. 3, 10).

Jonás agarró un gran cabreo. Comprensible y humano, por otra parte.

—¿Cómo? ¿Que ahora los perdonas? —le reprochó a Yahvé—. *¿No es esto lo que yo decía estando aún en mi tierra? Por eso hui a Tarsis; porque sabía yo que tú eres Dios clemente y piadoso, tardo en enojarte, y de grande misericordia, y que te arrepientes del mal* (Jon. 4, 2).

Yahvé no dijo nada.

—Te digo mi verdad, Yahvé —se encaró Jonás de nuevo con el Altísimo—. Si no haces llover fuego sobre la ciudad pecadora como me prometiste, mátame ahora mismo porque este cuerpo pide tierra.

De nada sirvieron las protestas de consuelo de Yahvé. Jonás se apartó de la ciudad, cortó unas cuantas cañas y se hizo un sombrajo para asistir cómodamente al espectáculo de la lluvia de fuego sobre Nínive.

Viendo que buscaba la sombra (debía de ser calvo) Yahvé se apiadó de él e hizo crecer al lado una calabacera, para que le hiciese sombra sobre la cabeza. Vino la noche y, cuando amaneció, Yahvé había hecho que un gusano secara la calabacera. Se acabó la sombra.

Además Yahvé sopló con un viento solano de lo más molesto que, junto con el sol, casi le provoca una insolación a Jonás.

—*Mejor sería para mí la muerte que la vida* (Jon. 4, 8) —se quejó.

—*¿Tanto te enojas por la calabacera?* —le dijo Yahvé.

—*Mucho me enojo, hasta la muerte* (Jon. 4, 9).

Y dijo Yahvé: Tuviste tú lástima de la calabacera, en la cual no trabajaste, ni tú la hiciste crecer; que en espacio de una noche nació, y en espacio de otra noche pereció. ¿Y no tendré yo piedad de Nínive, aquella gran ciudad donde hay más de ciento veinte mil personas que no saben discernir entre su mano derecha y su mano izquierda, y muchos animales? (Jon. 4, 10-11).

Pensará el lector: este no es mi Yahvé, que me lo han cambiado. Así que ese Dios carnicero, bárbaro, sediento de sangre, el que exterminó a todo bicho viviente mediante el Diluvio Universal del que trataremos dentro de unas páginas, el que hizo llover azufre ardiendo sobre Sodoma, se nos ha vuelto un sentimental inclinado al perdón. Incluso incurre en la debilidad de confesar alguna que otra transgresión de sus propias leyes por favoritismos personales, o sea prevaricación: *yo amé a Jacob, y aborrecí a Esaú y convertí sus montes en desolación, y abandoné su heredad para los chacales del desierto* (Mal. 1, 2-3).

Es que, con la edad, Yahvé se va reblandeciendo y le pasa como a esos profesores que empiezan siendo Sancho el Bravo y suspendiendo a todo el mundo, luego viran a Sancho el Fuerte, más moderado, después a Sancho el Bueno y antes de que los alcance la jubilación dan en Sancho Panza. Incluso ha perdido aquel legendario apetito que tenía en sus años mozos. Dice: *¿Para qué quiero tantos* *sacrificios? Me tenéis harto de holocaustos de carneros y de sebo de animales cebados; no quiero sangre de bueyes, ni de ovejas, ni de machos cabríos. ¿Quién pide que me deis esto cuando venís a presentaros en mi Templo? No me traigáis más ofrendas vanas; el incienso me atufa y vuestras fiestas patronales me aburren. Harto estoy de aguantarlas* (Is. 1, 11-14).

El libro de Jonás, ya digo, es muy popular y merece veneración y respeto, aunque no faltan estudiosos de la Biblia que, confundidos por el Maligno, lo rebajan a la categoría de cuentecillo que en lugar de terminar en *Las mil y una noches* (que entonces sería *Las mil y dos noches*) se ha colado en la Biblia.[297] A Jonás lo veneran por igual judíos, cristianos y hasta musulmanes. Incluso conservaban su presunta tumba en la ciudad iraquí de Mosul (cerca de la bíblica Nínive) hasta que el Estado Islámico la dinamitó el 24 de junio de 2014.

Toca ahora el profeta Miqueas, contemporáneo e imitador de Isaías, un sencillo campesino de la época de los últimos reyes de Judá, la típica mosca cojonera enviada por Yahvé para zaherir los vicios de la sociedad: *Los gobernantes roban, los sacerdotes enseñan solo por paga y sus profetas predicen por dinero* (Miq. 3, 11).

Esta situación se enmendará al final de los tiempos cuando *convertirán las espadas en rejas de arado y las lanzas en podaderas. No alzará espada nación contra nación, ni se adiestrarán más para la guerra. Cada uno se sentará debajo de su parra y debajo de su higuera. Y no habrá quien los amedrente, porque la boca de Yahvé de los ejércitos ha hablado* (Miq. 4, 4).

Este profeta ha recibido especial atención como anunciador del nacimiento de Jesús: *Mas tú, Belén Efrata, aunque menor entre las familias de Judá, de ti ha de salir aquel que ha de dominar en Israel* (Miq. 5, 1-5).

297. De hecho, el escritor García Márquez lo considera un clásico del género: «La literatura de ficción la inventó Jonás cuando convenció a su mujer de que había vuelto a casa con tres días de retraso porque se lo había tragado una ballena» (*El País*, 24 de enero de 1994).

El siguiente de la lista es Nahum, que profetizó hacia el año 640 a. C. en un texto breve que encierra la mejor descripción de la ira de Dios: *¡Dios celoso y vengador es Yahvé y está indignado! Yahvé se venga de sus adversarios y guarda su enojo contra sus enemigos. Yahvé es lento para la ira y grande en poder. De ninguna manera dará por inocente al culpable. Yahvé marcha en el huracán y en la tempestad; las nubes son el polvo de sus pies. Reprende al mar y hace que se seque, y reseca todos los ríos. Basán y el Carmelo se marchitan; se marchita la flor del Líbano. Las montañas se estremecen delante de él y las colinas se derriten. Ante su presencia queda desolada la tierra, el mundo y todos los que lo habitan. ¿Quién resistirá delante de su ira? ¿Quién quedará en pie ante el furor de su enojo? Su ira se vierte como fuego, y se desmenuzan las peñas delante de él* (Na. 1, 2-6).

Mucho más considerado es Habacuc, que vivió hacia el 612 a. C. y profetizó con vibrantes imágenes el resurgir de Babilonia: *He aquí que levanto a los caldeos, pueblo furibundo e impetuoso que marcha por la anchura de la tierra, para tomar posesión de los lugares habitados que no le pertenecen. Será temible y terrible. De sí mismo derivarán su derecho y su dignidad. Sus caballos serán más veloces que leopardos y más ágiles que lobos vespertinos. Sus jinetes se dispersarán haciendo cabriolas. Vendrán de lejos, volarán como águilas que se apresuran a devorar. Todo este pueblo vendrá para hacer violencia. Todos sus rostros se dirigen hacia delante, y reunirán cautivos como arena. Se mofará de los reyes y hará burla de los príncipes. Se burlará de toda fortificación; levantará terraplenes y la tomará. Entonces su espíritu pasará y se acabará; devolverá a su dios esta su fuerza* (Hab. 1, 6-8).

La profecía es tan apocalíptica que sirve para cualquier descosido histórico desde los trotones de los hunos o de los tártaros hasta los pánzers de Hitler, o, si echamos a volar la imaginación, desde el sida a cualquier futura guerra de las galaxias.

Sofonías es contemporáneo del rey Josías de Judá (*c.* 624 a. C.), al que se adelantó en la defensa del yahvismo ortodoxo. Aconsejó penitencia, predijo la caída de Nínive y prometió el regreso de la cautividad de Babilonia y el restablecimiento de la Ley de Yahvé.

Sofonías es un maestro en el retrato del Yahvé iracundo que tanto gusta a sus colegas los profetas. Véase: *¡Arrasaré la faz de la tierra! Acabaré con los hombres y con los animales; con las aves del cielo y con los peces del mar. Haré tropezar a los impíos y eliminaré a los hombres de la faz de la tierra. Extenderé mi mano contra Judá y contra todos los habitantes de Jerusalén. Eliminaré de este lugar lo que queda del culto de Baal, y el nombre de los sacerdotes idólatras. Eliminaré también a los que se postran en las azoteas ante el ejército de los cielos; a los que se postran y juran por Yahvé, y al mismo tiempo juran por Moloc. Eliminaré a los que se apartan de Yahvé, y a los que no le buscan ni le consultan* (Sof. 1, 2-6).

Aguardad el día en que me levante para juzgaros; porque mi determinación es reunir las naciones, juntar los reinos, para derramar sobre ellos mi enojo, todo el ardor de mi ira; por el fuego de mi celo será consumida toda la tierra (Sof. 3, 8).

Un pasaje de Sofonías[298] inspiró el bellísimo himno medieval *Dies irae*, que tanto hemos oído en las misas de réquiem hasta que el cenizo de Pablo VI lo suprimió.[299]

Viene ahora Ageo, otro profeta retornado del exilio que intentaba elevar el decaído ánimo de sus correligionarios a ver si reemprendían de una vez la restauración del Templo, una obra que no terminaba de entusiasmarlos. Y les dio tanto la tabarra que lo consiguió: las hormigoneras se pusieron de nuevo en marcha después de un parón de dieciocho años.

298. *Día de ira el día aquel, día de angustia y de aprieto, día de devastación y desolación, día de tinieblas y de oscuridad, día de nublado y densa niebla, día de trompeta y de clamor, contra las ciudades fortificadas y las torres de los ángulos* (Sof. 1, 15-16).

299. Pero los inspirados cineastas Stanley Kubrick y Quentin Tarantino lo resucitaron en las bandas sonoras de sus respectivos filmes *El resplandor* (1980) y *Django Unchained* (2012). Es un consuelo que las obras verdaderamente bellas que la Iglesia va desechando en su esfuerzo por parecer pobre sean recogidas piadosamente por estos fornicadores. Acudan a internet y me la oigan en la inacabada Misa de Réquiem KV 626 de Mozart, interpretada por Orquesta Filarmónica de Berlín. Ya me contarán.

Zacarías, el penúltimo profeta de los menores, pertenece al grupito de reverendos que al regreso del exilio babilónico se empeñaron en reconstruir el Segundo Templo, una obra que no parecía prioritaria a Zorobabel, al sumo sacerdote Josué y al resto de los mandamases (quizá porque temían que disgustara a los protectores persas).

Zacarías, devociones aparte, merecería figurar en cualquier antología de literatura fantástica por las ocho visiones que explica en su libro y que son, a saber:

—La de un jinete que cabalga *un caballo alazán por una hondonada poblada de mirtos al frente de una nutrida manada de caballos alazanes, overos y blancos* (Zac. 1, 7-17). ¿Qué significa? Que Yahvé promete tratar con misericordia a Jerusalén olvidando la severidad que usó hasta ahora con ella (ya empieza a rebajar sus exigencias, notamos. Quizá se ha convencido de que más vale halago que zurriago en la espalda).

—La de los cuatro *carpinteros con los cuatro cuernos que dispersaron a Judá, tanto que ninguno levantó cabeza; pero estos han venido para hacerlos temblar, para derribar los cuernos de las naciones que alzaron el cuerno sobre la tierra de Judá para dispersarla* (Zac. 1, 18-21). Confuso, ya lo sé. En el hebreo bíblico *cuerno* significa «poder». Parece que los cuernos representan a los imperios que terminaron con las naciones judías y que al final perecieron mientras que los judíos exiliados regresaron a la suya y perduraron.

—La del agrimensor que va con su cordel a medir la anchura y la longitud de Jerusalén, pero el ángel del Señor le dice: *Jerusalén no tendrá muros. Yo seré para ella, dice Yahvé, un muro de fuego a su alrededor* (Zac. 2, 4-5), o sea que los enemigos de Israel se guarden porque ahora cuenta con la protección de Yahvé. Los judíos, siempre desconfiados, han preferido armarse contra sus enemigos en lugar de fiarse de las promesas de Yahvé, que, no es por nada, pero ya les ha fallado en bastantes ocasiones.

—La del sumo sacerdote Josué, que se presenta vestido de harapos y asediado por Satanás, pero Yahvé lo viste decentemente y le promete paz y prosperidad: *Cada uno de vosotros convidará a su com-*

pañero, debajo de su emparrado y debajo de su higuera (Zac. 3, 10), el colmo de la felicidad entonces. O como dice el dicho castellano: «Dios te dé mujer de gozo / y casa con higuera y pozo». Otra versión menos machista es «Dios te dé salud y gozo y casa con corral y pozo».

—La del candelabro y los olivos: *Veo un candelabro de oro macizo, con su depósito superior y sus siete brazos y, a cada lado, un olivo* (Zac. 4, 2-3).

—*Veo un rollo que vuela, de veinte codos de largo y diez codos de ancho. En el rollo está escrito por una cara que el que roba será destruido y por la otra que el que jura en falso correrá la misma suerte* (Zac. 5, 1-4): tomen nota los políticos españoles de nuestra generación y sus colegas del mundo mundial en general.

—La de la Maldad en forma de mujer sentada en el interior de un celemín *que se llevaron por los aires dos mujeres con alas como de cigüeña* (Zac. 5, 9). De este modo el profeta explica que la Maldad desaparecerá de la tierra. Que haya escogido una mujer para representarla debemos atribuirlo a una torpeza del profeta ¿no habría sido más políticamente correcto e inteligible que la criatura del celemín fuese el propio Satanás?

—*Vi cuatro carros que salían de entre dos montes de bronce. El primer carro tirado por caballos alazanes, el segundo por caballos negros, el tercero por caballos blancos y el cuarto por caballos overos rucios rodados* (Zac. 6, 1-8): podría ser el poder del Señor extendiéndose sobre toda la tierra.

Así llegamos a Malaquías, el último profeta y el más reciente que mereció incluirse en la Biblia, ya que los rabinos decidieron que en tiempos de Artajerjes II (*c.* 425 a. C.) Dios había dispuesto que «cesara la profecía en Israel». Pero, recordemos, que el libro de Daniel se les coló de rondón en la lista de libros sagrados.

Malaquías vivió hacia el 450 a. C. y retoma la vieja tradición profética de abroncar al pueblo elegido porque se aparta de la Ley y advertirle que Yahvé no piensa cumplir las promesas del pacto hasta que se arrepientan y regeneren, porque nota tendencias entre el pueblo que en modo alguno pueden ser del gusto de Yahvé, como la de los maridos de divorciarse de esposas judías para ayuntarse con extranjeras.

A ratos, visto el caso que le hacen, Malaquías parece algo deprimido, como cuando escribe *Es inútil servir a Dios... Más bien hemos de felicitar a los arrogantes, que aun haciendo el mal prosperan y aun tentando a Dios escapan impunes* (Mal. 3, 14-18). No obstante, como creyente, él mantiene su seguridad en la justicia divina: el malvado será castigado y el justo recompensado.

Tras Malaquías no aparecen más profetas dignos de incluirse en la Biblia (charlatanes siguió habiendo, y muchos, dada la cantidad de gente que vive de la religión y de la credulidad ajena).

Después de cuatrocientos años de barbecho profetil aparecerá Juan el Bautista (*Arrepentíos, porque el reino de los cielos se ha acercado*, Mt. 3, 2), que recibe la consideración de profeta por parte de cristianos y musulmanes.

QUINTA PARTE

La epopeya de Israel

CAPÍTULO 118

Yahvé crea el mundo

Hemos revisado hasta ahora la parte de la Biblia que podríamos considerar más histórica. Ahora vamos a la parte francamente mitológica, a la pura invención, aunque en ese océano de mitos y noticias improbables aparezca de vez en cuando el verdor de alguna islita, la luz de algún dato histórico.

Casi todos los pueblos tienen una epopeya nacional, un relato mítico que habla de antiguos héroes que contribuyeron a la fundación de su pueblo. La epopeya de los sumerios, adoptada luego por los asirios, es el poema de *Gilgamesh*; las de los indios, el *Mahabharata* y el *Ramayana*; la de los romanos, la *Eneida*, con la mítica fundación de la ciudad por Rómulo y Remo; la de los persas, el Libro de los Reyes o *Shahnameh* de Ferdousi; las de los griegos, la *Ilíada* y la *Odisea*, que abastecen a las distintas ciudades-Estado de Grecia de un referente común en el que encontrar actitudes ejemplares.

La epopeya de Israel, o de los judíos, se contiene en lo que denominamos Pentateuco (Torá para los judíos), los cinco primeros libros de la Biblia atribuidos al propio Moisés.

El libro del Génesis comienza explicando la Creación del mundo por Dios, pero no se plantea qué lo condujo a perpetrar tal acción. Desde la óptica del creyente, Dios existía aun antes de la Creación del mundo, desde la eternidad. Si, como la propia Biblia admite —palabra de Dios—, Él creó al hombre a su imagen y semejanza, es lícito pensar que se sentía solo, quizá mortalmente aburrido en medio de su inmensidad. Por eso decidió crear el Universo.

Comienza el relato del Génesis contando cómo Dios hizo el mundo en seis días y al séptimo descansó. Esto no merece mayor comentario, dado que, como está suficientemente demostrado, «el Génesis es solo un banal plagio de los poemas sumerios-asirio-babilónicos anteriores, relativos a las leyendas de la creación del mundo. El pueblo judío deportado masivamente a Babilonia asimiló estas tradiciones y se las apropió, presentándolas como una revelación recibida por Moisés».[300]

Lo interesante es que en la primera página de la Biblia Dios aparece designado con dos nombres distintos. En el primer versículo se llama *Elohim* (אֱלֹהִים), que es plural, o sea significa «los dioses». ¿Cómo es posible que el pueblo judío, tan enemigo del politeísmo que basaba su identidad en adorar a un solo dios, lo designe con un plural?

Bien. *Elohim* es el plural de *'El* (אֵל). Posiblemente sea el vestigio de textos primitivos que eran politeístas y que se han conservado porque la fuerza de la palabra sagrada era tal que a pesar de abrazar el monoteísmo no se atrevieron a alterarla.

El caso es que dos versículos más abajo dice: *Al tiempo de hacer Yahvé la tierra y los cielos* (Gén. 2, 4). O sea, ahora Dios se llama Yahvé: יהוה (su designación más frecuente a lo largo de la Biblia).[301]

300. Ambelain, 1996, pp. 50-51. Desde el siglo XIX Alfred Jeremias y otros asiriólogos han generado una hipótesis denominada *pambabilonismo*, que considera la Biblia hebrea y el judaísmo como un producto de la mitología mesopotámica (babilónica).

301. ¿Qué ha ocurrido? Los eruditos del rey Josías no crearon sus textos de la nada, sino que se basaron en textos o recitados anteriores. Algunos procedían del desaparecido reino de Israel y se distinguían porque llamaban a Dios Elohim frente a los textos procedentes del reino de Judá que denominan a Dios Yahvé. Para distinguirlos, los estudiosos los han llamado fuente J (yahvista, en alemán *Jahvist*) y fuente E (elohísta). A estas dos fuentes, la yahvista y la elohísta, los eruditos añaden una fuente P (de la palabra inglesa *Priestly*, «sacerdotal» [aunque la cosa empezó entre alemanes: primero Hermann Gunkel y, definitivamente, Julius Wellhausen: todo a finales del siglo XIX], porque este tercer grupo de textos presta especial atención al sacerdocio de Aarón y los levitas).

CAPÍTULO 119

En el que se examina Yahvé a la luz de la Biblia

Y dijo Dios: Hagamos al hombre a nuestra imagen, conforme a nuestra semejanza (Gén. 1, 26).

Este versículo inquieta algo a las creyentes feministas, que rechazan que la palabra *hombre* pueda referirse colectivamente a la Humanidad, a hombres y mujeres, como sostienen competentes lingüistas. Ahora, el colectivo feminista La Biblia para Nosotras aspira a que las nuevas versiones de la Biblia digan *hagamos a la mujer y al hombre a nuestra imagen y semejanza.*

Puestos a meditarlo ¿qué aspecto tendrá Yahvé, el de un hombre, el de una mujer o (asusta pensarlo) el de un andrógino indefinido?

Para eso está la teología, la ciencia de lo divino, valga el oxímoron, para aclarar las cosas. Es sabido que Dios, el Dios nuestro de toda la vida, el Yahvé de la Biblia, se creó y desarrolló en un contexto tribal decididamente machista propio de la Edad del Bronce tirando a la del Hierro. Por lo tanto nos lo representan como un hombre barbado, el típico macho alfa. Para escapar de esa evidente incorrección política que hemos heredado de los tiempos oscuros, ¿sería posible encontrarle a Dios un lado femenino?

Si se ha hecho con los muñecos de los semáforos (hoy repartidos entre pantalones y faldas), ¿no hemos de hacerlo con Dios, que, desde que parece que va de capa caída, se deja hacer de todo?

En realidad, como la psicología señala, no existen machos ni hembras puros, sino que cada sexo engloba aspectos del otro en mayor o menor medida (lo que explica la existencia de hombres afeminados y de mujeres machungas).[302]

Por otra parte ¿si nos hizo a su imagen y semejanza, no tiene entonces Dios un aspecto femenino que contente a la mitad femenina de la Humanidad? Por supuesto que lo tiene, y muy importante. Podríamos decir que Dios es todo femineidad, aunque por las convenciones y prejuicios sociales de sus seguidores (especialmente el clero misógino) se ve obligado a ocultarlo y hemos de sacárselo leyendo entre líneas. Una madraza, eso es lo que es Dios. Veamos cómo se define él mismo: *¿Puede acaso una mujer olvidarse del niño que cría, no tener compasión del hijo de sus entrañas? Pues aunque ella lo olvidara, yo no me olvidaría de ti. Mira: en las palmas de mis manos te llevo grabado* (Is. 49, 15-16).

¿Pueden esas inspiradas palabras proceder de alguien que no sea una madraza? Ese es mi Dios: severidad cuando es necesaria, delicada femineidad, sentimientos maternales cuando se requieren.

Aceptado esto, regresemos al aspecto exterior de Dios, puesto que tanto preocupa a los artistas y a la feligresía en general.

Comencemos por una cuestión previa: ¿Qué necesidad hay de sexualizarlo? Ninguna, si bien se piensa. Podríamos conformarnos con una abstracción, sin género, decir, por ejemplo, *lo* Dios.

O, si nos obstinamos en darle una apariencia sexualizada, ¿por qué no recurrir a lo ideal y postmoderno, que sea a un tiempo él/ella o Yahvé/Yahvá? Dando por sentado que puede ser hombre, mujer,

302. La teología, una vez más, deja su trabajo a medio hacer y se escapa por la tangente a la hora de aclararnos cómo es Dios, en lugar de usar retóricas huecas y agarrar el toro por los cuernos. Tomás de Aquino, en la *Suma Teológica*, señala que Dios no puede adscribirse a ningún *género* (sic) y añade: «Dios es desconocido en cuanto que nuestras palabras y conceptos no lo definen de ningún modo». Luego, en su *Tratado de teología para estudiantes*, asevera que «no podemos decir lo que es Dios, porque no lo abarcamos con nuestra inteligencia, sino tan solamente lo que no es». De acuerdo, colega, pero nosotros vamos a intentar acotar un poco su personalidad partiendo precisamente de sus memorias contenidas en la Biblia, en las que él se ha retratado con sus accidentes físicos, sus cualidades o sus defectos.

mezcla de los dos o justamente lo contrario, vayamos a la pregunta esencial: ¿y cómo es él, a qué dedica el tiempo libre?

La iconografía cristiana nos presenta a un anciano de barba y melena blanca, pero ese aspecto bonachón engaña. Lo que encontramos en la Biblia es un individuo bastante suspicaz, picajoso incluso, y algo maniático (lo que quizá se disculpa por su avanzada edad).[303]

Cuando se enfada, Dios puede ser terrible, incluso rondar la psicopatía, aunque sin entrar jamás en la esquizofrenia. En alguna ocasión ha decretado una devastación total del género humano[304] (el Diluvio) o la destrucción parcial, cuasi atómica, de alguna o algunas ciudades (el cataclismo escala 7 *king size* de Jericó, o la operación «Tormenta de fuego» con su lluvia de azufre sobre Sodoma y Gomorra).

Lo que de veras enfurece a Yahvé es que la gente que ha hecho un pacto con Él, la estirpe de Abraham, los israelitas, le ponga los cuernos (metafóricamente hablando) con otros dioses, especialmente si lo hacen con un simple becerro de oro. Eso es lo que no soporta.

Los israelitas de Moisés metieron la pata en un momento en que este miraba para otro lado (estaba rindiendo cuentas al jefe), adoraron el becerro de oro y Yahvé no se anduvo con chiquitas y los condenó a vagar cuarenta años por el desierto. ¡Cuarenta años, que se dice pronto, más que una cadena perpetua en nuestra vigente legislación! ¡Cuarenta años en aquel secarral pedregoso antes de entregarles la Tierra Prometida! Pues ni así escarmentaron: *El Señor dijo a Moisés: He visto a este pueblo, y he aquí, es pueblo de dura cerviz* (Éx. 32, 9)

Lo que sabemos de Dios viene de la Biblia, un documento que, como sabemos, él mismo inspiró y que, por tanto, desde el punto de

303. Ya vimos que todos los dioses de su quinta fallecieron hace milenios pero él se mantiene de manera casi milagrosa, un fósil vivo, como el celacanto.

304. El Diluvio, que también afectó, por cierto, a la mayoría de los animales terrestres. ¿Y qué culpa tenían ellos? Un buen tema de reflexión para las sociedades protectoras de animales.

vista de la estricta crítica histórica, podríamos considerar tendenciosamente favorable a su persona, dado que cada cual arrima el ascua a su sardina. Sin embargo, debemos insistir de nuevo en que la Biblia contiene suficientes elementos para, leyendo entre líneas, componer una imagen bastante completa de Dios, con las matizaciones debidas y siempre desde el respeto que como criaturas suyas nos merece, pero, al propio tiempo, sin claudicaciones ni paños calientes, mirándolo tal cual es.[305]

305. Mirándolo es un decir, porque es sabido que el humano que contempla la faz de Dios queda alelado de por vida (véanse los místicos). Dios solo se deja contemplar libremente cuando ya uno ha pasado al estado angélico. La recompensa de la Gloria consiste precisamente en eso: en contemplarlo por los siglos de los siglos. Aunque esta actividad pueda parecer aburrida si la prolongamos hasta la eternidad, aseveran los Padres de la Iglesia que no lo es, que uno nunca se cansa. Debe de ser como contemplar las olas rompiendo sobre las rocas o el tronco de olivo que arde en la chimenea.

CAPÍTULO 120

Lilit, la Eva respondona

En el Génesis encontramos dos versiones de la creación del hombre:

En la primera: *Creó Dios al hombre a su imagen, a imagen de Dios los creó; varón y hembra los creó* (Gén. 1, 27).

En la segunda: *Entonces Dios formó al hombre del polvo de la tierra y sopló en su nariz aliento de vida, y fue el hombre un ser viviente* (Gén. 2, 7). *Y de la costilla que Dios tomó del hombre, hizo una mujer, y la trajo al hombre. Dijo entonces Adán: Esto es ahora hueso de mis huesos y carne de mi carne; esta será llamada Varona, porque del varón fue tomada* (Gén. 2, 22-23).

¿Cómo concordar las dos versiones? Después de mucho discutir, algunos rabinos acordaron que en la primera Adán es, simultáneamente, hombre y mujer, una especie de andrógino o una pareja de siameses a los que Dios tuvo que operar (Él sabe cómo) para separarlos. En la segunda versión (la que al final se impuso) Adán nace del barro y su pareja Eva de una costilla.

Surge, evidente, la sospecha: ¿hubo una Eva de la que no se habla en la primera versión?

Los rabinos, puestos a meditar sobre el asunto, concluyeron que primero hubo una mujer que salió perdida, Lilit (לילית). La diferencia es que a Adán lo creó de noble barro y a ella de pútrido estiércol. Concuerda totalmente con el aprecio que se le muestra a la mujer en la Biblia.

Al parecer la existencia de esta primera pareja fue problemática porque ella se negaba a aparearse en decúbito supino.

—¿Por qué he de acostarme debajo de ti si soy tu igual? —se insolentaba.

Lilit, feminista *avant la lettre*, exigía la postura activa, o sea, la flor de loto del *Kamasutra*, ella encima de Adán. Como no tenían que hacer otra cosa, dado que el trabajo no se había inventado y la comida les salía gratis, se pasaban el día porfiando sobre ello, cada cual empeñado en su postura, sin consumar. Finalmente un día Lilit se hartó y pronunció el nombre secreto de Yahvé, el impronunciable, un recurso mágico para volar lejos de allí. Dejó a Adán plantado y ella se mudó a vivir a una cueva con vistas al mar Rojo y como llevaba hambres atrasadas (sexuales se entiende) se entregaba a los ángeles caídos que andaban sueltos por el mundo, los demonios.

Mientras tanto, Adán había quedado sumido en la más negra desesperación. No es para menos. Veía aparearse a los animales a su alrededor, especialmente a los leones, que lo hacen unas cien veces diarias, todo un récord, y él seguía virgen.

Yahvé, comprensivo, envió ante Lilit a los ángeles Senoy, Sansenoy y Semangelof a ver si la convencían para que se reintegrara al hogar. Regresaron descorazonados: ella ya se había agenciado un montón de novios y por nada del mundo quería regresar junto al soso de Adán.

Los rabinos medievales desarrollaron la creencia de que Lilit es la que provoca las poluciones nocturnas al aparearse con los hombres en sueños. Si solo fuera eso, no estaría mal porque, bien pensado, sería como sexo virtual, calmante y sin hacerle daño a nadie. Lo malo es que la malvada usa el semen derramado para engendrar sus propios hijos, los *lilim* («demonios bebé»). Parece una novela de Stephen King, lo sé. Nada nuevo bajo el sol.

Visto lo visto, Yahvé decidió dar una nueva compañera a Adán y creó a Eva. La Biblia silencia la existencia de Lilit, pero de vez en cuando se le escapa mencionarla.[306] En la Vulgata la llaman Lamia,

306. *Los gatos salvajes se juntarán con hienas y un sátiro llamará al otro; también allí reposará Lilit y en él encontrará descanso* (Is. 34, 14).

que en la imaginación medieval aparece como una especie de sirena bellísima de cintura para arriba, pero serpiente pitón de cintura para abajo.

¿De dónde sale Lilit? Como casi todo en el Génesis, es un préstamo de la mitología mesopotámica, en la que existen dos demonios femeninos, Lilitu y Ardat Lili, que hechizan a los hombres para aparearse con ellos.

Lilit había salido rana y el pobre Adán seguía solo, fané y descangayado, como la tipa del tango. Esto lo remedio yo, se dijo el buen Dios, e infundió en Adán un sueño pesado, tipo REM, y mientras dormía le abrió el costado y le sacó una costilla con la que formó a Eva, la primera mujer, la segunda más bien.[307]

¿Cómo era Eva? La Biblia no dice ni palabra, pero hay que presumir que era atractiva, dado que Adán se alegró al verla. Dios bendijo a la pareja (ahí ven muchos el origen divino de la institución matrimonial) y le dijo:

—*Creced y multiplicaos. Dominad sobre los peces del mar y sobre las aves del cielo, sobre los animales y sobre toda la tierra* (Gén. 1, 28).

307. La idea de que Eva salga de una costilla de Adán procede del poema sumerio en el que se enumeran las partes doloridas del dios Enki y entre ellas aparece la costilla, que en sumerio se pronuncia *ti,* y una diosa creada para curarla, Nin-ti, «la dama de la costilla» (Kramer, 1981, p. 144). Hay sin embargo otra versión sobre la costilla origen de Eva: el teólogo y sacerdote católico Armindo dos Santos Vaz realizó una exhaustiva tesis doctoral en la que demuestra que el Paraíso Terrenal, el diablo y el pecado original son meros mitos sin fundamento alguno, una interpretación que «podría haber variado completamente esa concepción cristiana, pesimista, fatalista y trágica sobre el pecado y la vida». Hablando de la costilla de Adán, Dos Santos objeta que la palabra hebrea *tzaila* se ha traducido mal, que no significa «costilla», sino «costado, lado», lo que presenta a la mujer como «el otro lado del hombre, su complemento en términos de igualdad, no de subordinación. El hombre y la mujer eran iguales, de la misma naturaleza y los dos conformaban la especie humana».

CAPÍTULO 121

La vida paradisíaca

Dios colocó a Adán y Eva en el Paraíso Terrenal, un jardín recorrido por un río caudaloso que se dividía en cuatro brazos. En esa tierra privilegiada *hizo crecer del suelo todo árbol deseable a la vista de uno y bueno para alimento* (Gén. 2, 8-9).

En el Paraíso Terrenal la vida era de lo más descansada, todo el día a la bartola, sin hacer nada. Era como dicen los anuncios que se está en un resort del Caribe, playas paradisíacas de fina arena blanca, palmeras, hamacas y anillado como las cigüeñas con una pulserita de plástico que te da barra libre en el bar y en los comederos.

Solo una cosa estaba prohibida, una tontería realmente: degustar el fruto de un árbol que el divino jardinero, o sea Yahvé, se había reservado para sí.[308]

308. Tradicionalmente se sostiene que el árbol prohibido era un manzano, pero el texto sagrado puntualiza que nada más comer la fruta prohibida Adán y Eva advirtieron que iban desnudos y cosieron hojas de higuera para hacerse delantales (Gén. 3, 7), o sea perdieron la inocencia. Ya el padre de la Iglesia Tertuliano indicó, en el siglo II d. C., que echarían mano del primer árbol que tuvieran cerca, seguramente el mismo del que habían cogido el fruto. Otro motivo nos inclina por la higuera. Si Dios prohibió comer de ella es porque era su árbol favorito y se reservaba el gustazo de sentarse a su sombra e ir palpando el buchecillo suave de las brevas: «esta va para higo, a esta le faltan dos días», y tomando las maduras abrirlas con una leve presión de los dedos, para deleitarse primero con su vista (habrán notado que el higo abierto guarda cierta semejanza con el órgano reproductor femenino, los Vedas la llaman «flor de la mujer») y luego, ya en la boca, con su textura granulosa y dulce. La higuera, el árbol de Dios. Por eso lo hizo bífero, o sea, con dos cosechas

—Podéis comer de todas las frutas de este jardín, pero no toquéis nunca la fruta del árbol de la ciencia del bien y del mal —les advirtió—. Si coméis de ella, moriréis inmediatamente.

Entonces llegó la serpiente y tentó a Eva para que degustara la fruta prohibida: *Cómela y seréis como dioses*. Eva la probó y fue a ofrecérsela a Adán, que también comió.

Por esta desobediencia, Yahvé envió a un ángel de espada flamígera para que expulsara a nuestros primeros padres del Paraíso.

—¡Fuera de aquí! Y devolvéis las pulseritas verdes: en adelante Adán se ganará el pan *con el sudor de su frente* y Eva parirá *con dolor sus hijos.*[309]

Los hipercríticos, siempre tan aguafiestas, señalan que la historia de Adán y Eva procede de la tradición irania, del *Avesta,* muy anterior a la redacción de los primeros libros de la Biblia.

---

al año: brevas a finales de junio e higos en agosto. La arqueología ha probado que el primer vegetal que el hombre domesticó fue la higuera, hacia el año 12.000 a. C. (antes incluso que el cereal) y precisamente en el valle del Jordán.

309. Por eso sostenía la Iglesia que el invento de la epidural contrariaba la voluntad divina.

CAPÍTULO 122

¿Dónde estaba el Paraíso Terrenal?

Un río brotaba del Edén[310] *para regar el vergel y desde allí se dividía en cuatro brazos: el Pisón, que circunda todo el país de Javilá, donde se encuentra oro, el bedelio y la piedra de ónice; el Guijón, que circunda todo el país de Kus; el Tigris, que recorre Azur, y el Éufrates* (Gén. 2, 10-14).[311]

Dicho así, parece claro porque se mencionan el Tigris y el Éufrates, los dos ríos que delimitan Mesopotamia,[312] pero cuando se desciende al detalle la localización del Paraíso no resulta tan segura. ¿Dónde están los otros dos ríos? Según Josefo, el Nilo es uno de ellos.[313]

310. *Edén* deriva para algunos de una raíz hebrea que significa «placer»; para otros, del acadio *edinu*, «llanura». En aquellos pagos, las llanuras eran irrigables y, por lo tanto, fértiles. Para Armindo dos Santos Vaz la expresión hebrea *gan edén* solo significa «vega, llanura irrigada» (*gan* es «huerta»), o sea un lugar de trabajo. Al traducirlo como «Jardín del Edén» y considerarlo un lugar idílico, un jardín de las delicias, se ha falseado el sentido.

311. La palabra *paraíso* deriva del persa *pardes*, «jardín cercado». De los persas pasó a los hebreos, pueblo nómada que apreciaba singularmente las arboledas y el agua. Después se ha transmitido a nuestra cultura occidental y ha dado el *hortus conclusus* con el que soñaban los romanos, el huerto de Melibea en el que se coló Calixto y el jardín esquemático que representa el palacio de los Leones en la Alhambra. Cristóbal Colón lo buscó en América.

312. Del griego μέσος, *mésos*, «medio, entre», y ποταμός, *pótamos*, «río»: «el país entre dos ríos».

313. *Antigüedades judías*, I, I, 3.

En la Edad Media, algunos viajeros a oriente decían haberlo encontrado o haber oído hablar de él. El Preste Juan, mítico rey cristiano de Etiopía, aseguraba al papa en una carta que el Paraíso quedaba cerca de sus dominios. Cristóbal Colón, convencido de que las costas de América eran las de Asia, creyó que el Orinoco era uno de los cuatro ríos del Paraíso.[314]

Siglos llevan los visionarios buscando el Paraíso Terrenal. Y hasta ahora sin resultado: esa isla de felicidad, sin gobierno, sin impuestos, sin prójimos molestos, no existe.[315]

314. El interés científico por la ubicación del Paraíso, un tema tan cautivador como el de la tierra de Jauja, se inicia en 1881 con el asiriólogo alemán Friedrich Delitzsch, que lo cartografió entre los ríos Tigris y Éufrates, en la comarca que se extiende entre Bagdad, Acad y Babel (Delitzsch, 1881). Por la misma época el general inglés Charles Gordon creyó haberlo encontrado en el valle de Mai (islas Seychelles). Albert Herrmann lo sitúa en la región de Hadramaut (Arabia), donde se criaba el árbol de incienso (Herrmann, 1931). Sir William Willcocks lo emplazó en Mesopotamia, al noroeste de Bagdad, por la zona de Anah y Hit. El míster razonaba su localización: en la antigüedad había allí unas cataratas que fertilizaban la región y permitían a los israelitas disponer de feraces cultivos. Cuando las cataratas menguaron, apenas un chorrito desmedrado, y finalmente desaparecieron (el consabido cambio climático), los israelitas tuvieron que emigrar. La visión de unas fuentes de asfalto ardiendo que había al este inspiró al autor del Génesis la visión del ángel con la espada flamígera. La disparatada explicación del británico parece plausible para una persona que no cree en los ángeles (Hennings, 1971, p. 17). Por su parte, el alemán Franz von Wendrin lo situó en Alemania (naturalmente), en la frontera mecklemburgueso-pomerana, o sea en la región comprendida entre los ríos Oder y Frat, con sus afluentes Neisse y Obra, de donde según su versión los hebreos fueron expulsados por el verdadero pueblo elegido, los primitivos germanos (Wendrin, 1924).

315. Todavía en el siglo XIX un europeo con algún dinero, no necesariamente rico, podía buscar su paraíso particular en las islas de la Polinesia, pero hoy hay demasiada gente en todas partes y hasta los nativos más remotos están maleados por el turismo. Así que si descartamos los paraísos que cantaba Ana Torroja del grupo Mecano (*«Hawai, Bombay, son dos paraísos…»*) y los paraísos artificiales mencionados por Baudelaire (el hachís y las sustancias psicotrópicas que lo han precedido y sucedido) tal parece que en el mundo solo podemos aspirar, los que los precisen y puedan permitírselo, a paraísos fiscales.

Dado que no existe nada parecido al Paraíso fuera de la publicidad de las agencias de viajes y los perfumes navideños, modifiquemos la pregunta original: ¿de dónde saca la Biblia que el Paraíso está en oriente? Los que compusieron el cuentecillo lo habían tomado, como tantas otras cosas, de la cultura babilónica. En última instancia copiaban un cuento sumerio que sitúa el Paraíso en la tierra de Dilmún, al suroeste de Persia.

CAPÍTULO 123

Adán y Eva en el Paraíso

Adán y Eva todo el día sin dar golpe, desnudos por aquella fronda deleitosa (no sentían frío ni calor). ¿Podemos imaginar lo que era la vida de la primera pareja en el Paraíso, libres de preocupaciones y cuidados, ni pañales, ni hipotecas, ni facturas, ni jefes de departamento, ni reuniones de vecinos, ni colegios de los niños, ni agencia tributaria...?

Una pareja libre, feliz y bien alimentada, sin más obligación que reiterar el deleitoso fornicio, puesto que Dios les había encomendado un trabajo: creced y multiplicaos, y para animarlos a copular había integrado en el pack sexual el sabroso estipendio del orgasmo.

¡El Paraíso!... La eterna añoranza de la Humanidad. Llegaba la noche y, después del rutinario casquete en la postura del perrito (aún no se había pervertido con la del misionero), simplemente se echaban sobre la mullida hierba y dormían a pierna suelta, libres de cuidados. Temperatura constante, una cálida primavera, entre 21 y 26 grados, raramente alcanzaban los 28, parece.

Amanecía, se desperezaban, polvo tempranero todavía medio dormijosos, zambullida deleitosa y vitalizadora en el río de los cuatro que tuvieran más a mano (el agua cristalina y una temperatura constante de entre 25 y 30 grados)..., y a ver qué fruta nos apetece para el desayuno, que de todas tenían al alcance de la mano, incluso las más exóticas como kiwis, mangostinos, lichis..., ¡de todo! ¡Cualquier fruta del mundo y siempre en temporada, menudo microclima disfrutaban! Y luego la *toilette* matinal: copiosa exoneración del vientre abonando un árbol frondoso.

De vez en cuando acertaban a pasar cerca de la higuera de Yahvé, el árbol prohibido, y probablemente les picaba la curiosidad: ¿qué tendrán esos higos que no tengan los de las otras higueras? Iguales parecen, pero algo deben tener… La curiosidad, que mató al gato, aunque también descubrió la penicilina.

Durante un tiempo se abstuvieron del árbol prohibido, pero el demonio, o sea, Lucifer, el ángel caído, lleno de rencor hacia Dios y de envidia hacia aquella pareja feliz, se metió en el cuerpo de una serpiente (recordemos que era solo espíritu) y enroscándose en el tronco a cuya sombra Eva bostezaba le dijo:

—¡Oye! ¿Por qué no coméis de esos higos tan buenos?

Miró ella a la serpiente y le dijo:

—Podemos comer de todas las frutas, menos los higos de esa higuera. Si comemos de ella, moriremos.

—De ningún modo —dijo la serpiente—. No moriréis, sino que seréis como dioses.

Eva se dejó tentar, alargó la mano, cogió un higo maduro, con su pedunculito lechoso, y mordió su carne rojiza, tan tierna, jugosa y aromática. Luego le ofreció otro higo a Adán, que también comió.[316] Entonces escucharon la voz de Dios y, conscientes de su falta, corrieron a esconderse, avergonzados.

—Adán, ¿dónde estás? —preguntó Yahvé.

—Oí tu voz, me asusté y me escondí —respondió Adán, medroso.

—¿No es verdad que has comido del árbol prohibido?

—Sí —contestó Adán—. La mujer me lo dio y comí.

—¿Por qué hiciste eso? —le preguntó Dios a Eva.

316. Habían transgredido la ley divina. Eso es lo que llamamos *pecado original*. Dios, consciente de la gravedad del caso, transmitió el pecado a todos sus descendientes, con una sola excepción: la Virgen Santísima (por ello merecedora del título de Inmaculada, o sea, sin mancha).

—Porque me engañó la serpiente —respondió la cuitada.

Dios se encaró con la serpiente:

—*Por haber hecho esto, serás maldita entre todos los animales, te arrastrarás sobre el vientre y comerás tierra. Pondré enemistades entre ti y la mujer, entre tu raza y su descendencia. Ella aplastará tu cabeza, y tú en vano pondrás asechanzas a su talón* (Gén. 3, 14-15).

Dicho esto, Dios se volvió hacia Adán y dijo:

—Por haber hecho esto, la tierra será maldita. Comerás el pan con el sudor de tu frente, hasta que vuelvas a la tierra, porque eres polvo y en polvo te has de convertir.

Y expulsó a Adán y Eva del Paraíso.

Para el teólogo Armindo Dos Santos Vaz «no existe nada de diabólico o demoníaco en la serpiente. Es una figura ambigua que utiliza el Génesis para explicar el bien y el mal, para discernir entre las cosas positivas y las negativas. La serpiente representa la astucia de la civilización, porque engaña a la mujer asegurándole que "no moriréis" cuando Dios, en la prohibición, les había advertido que morirían si comían del árbol».

Es evidente que ese es el camino que toma la moderna teología al examinar los mitos de la Biblia, pero ello nos conduce a un precipicio teológico: ¿qué hacemos con el pecado original, del que depende todo el complejo edificio de la redención? Si no había necesidad de ella es evidente que Dios no se desdobló en un Hijo, Jesús, para que lo crucificaran a fin de redimirnos. Si Dios no se desdobló en un Hijo terrenal, ¿quién era Jesús? Probablemente un buen hombre, un predicador, un sanador, un exorcista que se metió en camisa de once varas. Acabó convenciéndose de lo que no era, y los romanos lo crucificaron por sedición sin más averiguaciones. Unos años después san Pablo lo tomaría como pretexto para fundar una religión mistérica que acabó con todas las demás, semillita ínfima de la que brotó el baobab potente de la Iglesia católica bajo cuya sombra se acoge hoy el balador rebaño de la feligresía mundial.

CAPÍTULO 124

Adán y Eva se multiplican

En una cosa obedecieron a Yahvé Adán y Eva, en lo de multiplicarse. La Biblia no especifica cuántos hijos tuvieron, pero hay que suponer que muchos, chicos y chicas.[317]

Natural. En ese mundo mortalmente aburrido que habían heredado, el único pasatiempo era pasarse el santo día dale que te pego, una cópula detrás de otra, como conejos, en la obediencia del mandato divino (*creced y multiplicaos*, Gén. 1, 28) y como vivían en la prístina inocencia del Paraíso, ignorantes de las técnicas anticonceptivas (que, por otra parte, no necesitaban) y bien alimentados con los más exquisitos productos de la tierra, sin frío ni calor, a gastos pagados como quien dice (hasta que metieron la pata, Adán comió el higo de Eva[318] y Dios los expulsó del Paraíso), debieron reproducirse considerablemente.

317. Tengamos en cuenta que no tenían necesidad de trabajar ni diversión alguna, ni fútbol, ni tiendas, ni telenovelas, ni copichuelas con los amigos, ni bingo, ni semejantes de los que murmurar.

318. Más arriba hemos quedado en que fue higo y no manzana. Es desde luego lo más conveniente, aunque los exegetas bíblicos opten por traducirlo como manzana para evitar el malicioso equívoco que se produciría si dijéramos: «Adán se comió el higo que le ofrecía Eva». ¿De dónde sale, entonces, la mención de la manzana? La manzana no se conocía todavía en Oriente Medio. Su elección se debe a una defectuosa traducción de la Vulgata de san Jerónimo de las palabras de la serpiente: *et erit sicut dei scientes bonum et malum…* («Y seréis como Dios, conociendo el bien y el mal»). Como manzana en latín es *malus-mali*, acusativo *malum*, de ahí proviene la confusión. Ahora bien, después de siglos diciendo que fue una manza-

A su vez, para crecer y multiplicarse, aquellos hijos e hijas de Adán y Eva, a falta de mejor opción, tuvieron que emparejarse entre hermanos, y más tarde tío con sobrina o hasta nieta con abuelo o viceversa, transgrediendo el tabú del incesto.[319] No les quedaba otra.

Entonces ¿hemos de interpretar que Dios consintió al principio el gravísimo pecado del incesto, por razones técnicas, y después lo desautorizó? ¿Es posible que Dios cambie de opinión o la tenga tan acomodaticia que lo que hoy es pecado mañana no lo sea o viceversa?

Esto nos plantea otros problemas. ¿No pudo Dios crear media docena de familias para que se reprodujeran entre ellas aun a riesgo de incurrir en cierta endogamia? Por supuesto que pudo (recordemos que es el Todopoderoso). Entonces ¿por qué no lo hizo? ¿Es que se pasa por el forro su propia Ley cuando le conviene? Imposible, dado que Dios es la encarnación misma de la justicia. Convengamos en que este dilema está muy por encima de la limitada inteligencia humana (si bien los catequistas preguntados por los niños sobre el particular siempre tienen a mano peregrinas explicaciones).[320]

---

na, más vale «sostenella y no enmendalla» frente a los judíos que creen que fue un higo y frente a los ortodoxos que optan por la naranja. Los musulmanes, por su parte, creen que se bebió un vaso de vino. Apena constatar que ni en eso nos ponemos de acuerdo las gentes del Libro. Los judíos se inclinan por el negro y rajado fruto de la higuera, porque Adán y Eva en cuanto pecaron y descubrieron que estaban desnudos se cubrieron las vergüenzas con hojas de higuera, las que obviamente tenían más a mano, como queda dicho.

319. *La desnudez de tu hermana, hija de tu padre o hija de tu madre, nacida en casa o nacida fuera, su desnudez no descubrirás* (Lev. 18, 9).

320. De todos modos el tabú del incesto no aparece hasta las leyes de Moisés (*Maldito el que se acueste con su hermana, hija de su padre o hija de su madre*, Dt. 27, 22). Todavía en la época de los patriarcas encontramos que Abraham se casa con Sara, que es su hermana de padre, pues los dos son hijos del babilonio Taré. Por cierto este era, según el Midrás, un fabricante de ídolos (*Números Rabbah* 19, 1 y 19, 33): Una vez tuvo que salir y dejó a Abram al frente de la tienda; el jovenzuelo, que ya apuntaba maneras en lo del monoteísmo, aprovechó para coger un garrote y estropiciar las imágenes del negocio. Luego puso el palo en la mano del ídolo más grande, el único que dejó entero. Regresó Taré y al ver aquella ruina culpó a su hijo:

CAPÍTULO 125

Caín y Abel, un drama rural

De los hijos de Adán y Eva el Libro Sagrado solo nombra dos, Caín y Abel, debido al drama rural que protagonizaron, digno de la España profunda (y no digamos de la Palestina profunda, donde los asesinatos por honor están a la orden del día).

Era Caín agricultor y Abel pastor de ovejas, podemos decir que dos profesiones complementarias para la economía de una familia primitiva, agropecuaria. Caín era malo y Abel era bueno. La religión primitiva requería ofrecer a Dios sacrificios. Al parecer el mezquino y cicatero Caín ponía sobre la hoguera del altar verduras y hortalizas de tercera, desperdicios, verduras mustias podríamos decir,[321] mientras que Abel, aquel corazón generoso, sacrificaba sobre el altar los mejores ejemplares de su rebaño y ofrecía cordero a la brasa, con el punto exacto del asado, muy grato a Yahvé. Hemos de imaginar que el delicioso aroma de aquella barbacoa ascendía a las alturas y alcanzaba el olfato de Dios, que acogía benévolamente la ofrenda del muchacho. Por el contrario, para mostrar su desagrado a Caín por

---

—¿Cómo van a ser los ídolos si no tienen discernimiento alguno?

—Entonces ¿por qué los adoráis? —replicó el mozalbete.

Taré lo acusó ante el rey Nemrod y castigaron al sacrílego a la hoguera, pero Yahvé lo salvó de las llamas.

321. Y aunque no hubieran sido mustias, tampoco le habrían gustado. Yahvé es carnívoro, como vimos más arriba. Recordemos que en el pacto con Abraham le exige *una becerra, una cabra, un carnero, una tórtola y un palomino para un sacrificio* (Gén. 9, 10).

aquel sacrificio forzado le enviaba un viento atravesado que lo envolvía en el humazo maloliente de su altar, tiznándolo todo.

Caín, celoso, detestaba a su hermano. Podemos también imaginar que Abel era el favorito de Eva. Esta mujer un poco volandera (recordemos con qué facilidad se dejó tentar por la serpiente) seguramente no disimulaba que Abel era su preferido, el hijo consentido que malcría toda madre de familia numerosa.

Caín acumulaba rencor hacia su hermano, el favorito de Eva y de Yahvé, y un día ya no pudo soportar más esa íntima comezón y asesinó a su hermano descalabrándolo con una quijada de asno.[322] Perpetrado el crimen, ocultó el cadáver.

El primer asesinato de la Humanidad.

Regresaba Caín a casa después de haber consumado el crimen cuando escuchó la voz de Dios que decía:

—¿Dónde está Abel, tu hermano?

—No lo sé —respondió—. ¿Soy yo acaso el guardián de mi hermano?

Encima, chulerías.

—¿Qué has hecho? —le dijo Dios—. La sangre de tu hermano clama venganza. Por eso serás maldito sobre la tierra y vivirás errante y fugitivo hasta la muerte…

Caín, desesperado, marchó lejos de toda compañía humana a la tierra de Nod, al norte del Edén, donde vivió hasta el final de sus días errante y no sabemos si corroído por los remordimientos.

322. El Libro Sagrado no dice que lo hiciera con una quijada de asno, que conste, pero en la Biblia, como en la vida, cuando empieza a circular un bulo es difícil desmentirlo. Puede ser que el redactor tuviese reciente el texto en el que Sansón mata a mil filisteos con una quijada aún fresca (Jue. 15, 16). Quizá comenzaron a representarlo así en las iglesias aprovechando que los campesinos estaban familiarizados con el empleo de las quijadas de animales grandes como aperos de labranza de diversos usos. El hecho es que los devotos vincularon la quijada a la muerte de Abel. El propio Shakespeare en *Hamlet* dice: «Esa calavera tenía lengua y podía en otro tiempo cantar. ¡Cómo la tira contra el suelo ese bribón, como si fuera la quijada con que Caín cometió el primer asesinato».

Pudiera ser que la historia de Caín y Abel fuera el eco de las tradicionales disputas entre agricultores y ganaderos. Los ganados, como se sabe, van al verde y a veces invaden los sembrados con el consiguiente disgusto de los agricultores, que se desloman por arrancar sus productos de la tierra.[323]

323. José Saramago, ateo confeso pero acuciado por tantos años de cultura cristiana, imaginó una réplica distinta de Caín al acoso divino: «Soy libre, Señor, como tú fuiste libre para dejar que matara a Abel cuando estaba en tus manos evitarlo. Hubiera bastado que durante un momento abandonaras la soberbia de la infalibilidad que compartes con todos los demás dioses, hubiera bastado que por un momento fueses de verdad misericordioso, que aceptases mi ofrenda con humildad, simplemente porque no deberías rechazarla, porque los dioses, y tú como todos los otros, tenéis deberes para con aquellos a quienes decís que habéis creado» (Saramago, *Caín*, pp. 39-40).

CAPÍTULO 126

Los hijos de los hombres

Después de la muerte de Abel, Eva concibió otro hijo muy querido, Set, y le inculcó el amor de Dios de manera que tanto él como sus descendientes agradaron al Señor y merecieron el título de *hijos de Dios*, mientras que los descendientes de Caín, malos como la cepa de la que provenían, se llamaron *hijos de los hombres*.

El conflicto estalló cuando las manzanas sanas (los hijos de Dios) se mezclaron con las podridas (las hijas de los hombres) porque ellas, lo confiesa la Biblia, estaban que crujían de buenas:

Cuando los hombres comenzaron a crecer en número y les nacieron hijas, los hijos de Dios empezaron a fijarse en las hijas de los hombres, que ellas eran bien parecidas (Gén. 6, 1-2).

Para acabar de arreglarlo aparecen los *nefilim*: *Los nefilim se hallaban en la tierra en aquellos días, y también después, cuando los hijos del Dios se acoplaron con las hijas de los hombres y ellas concibieron, estos fueron los poderosos de la antigüedad, los hombres de fama* (Gén. 6, 4).

Los *nefilim* eran gigantes. Parece que del cruce de los buenos con las malas lo primero que salió fue una raza de gigantes, gente depravada que desaparecería con el Diluvio.

Otra teoría es que los hijos de Dios mencionados en la Biblia son los ángeles caídos, que en su desgracia piensan de perdidos al río y se ayuntan con hembras humanas. La idea pudieron tomarla los judíos de Babilonia, donde se creía que un dios bajaba del cielo para fecundar a una mujer. Lo cuenta Heródoto:

> En la parte más alta [del zigurat] hay una capilla, y dentro de ella una gran cama magníficamente dispuesta, y a su lado una mesa de oro. No se ve allí estatua ninguna, y nadie puede quedarse de noche, fuera de una sola mujer, hija del país, a quien entre todas escoge el dios, según refieren los caldeos, que son sus sacerdotes. Aseguran [aunque yo no les doy crédito] que viene por la noche el dios y la pasa durmiendo en aquella cama, del mismo modo que sucede en Tebas, donde duerme una mujer en el templo de Júpiter tebano. En ambas partes aseguran que aquellas mujeres no tienen allí comunicación con hombre alguno. También sucede lo mismo en Pátara de la Licia, donde la sacerdotisa, todo el tiempo que reside allí el oráculo, queda por la noche encerrada en el templo (Heródoto, *Historia*, I: 180-181).

Abundando en el tema, «el comentarista judío Rashi, siglo XI, añade: "El rabí Yudán ha dicho: 'después que aderezaron a la novia la dispusieron en la alcoba nupcial y un Gadol —un grande, nombre dado a un ser sobrenatural— entró y la poseyó primero'"».[324]

324. Koning, 1976, pp. 55-56.

CAPÍTULO 127

Noé y el Diluvio

La Biblia asegura que los personajes de aquel tiempo eran muy longevos. Adán vivió novecientos treinta años (Gén. 5, 5) y uno de los descendientes de Set, Yéred, vivió 962 años; su hijo Henoc, 365 años, y su nieto Matusalén se lleva la palma: 969 años. Su nombre ha quedado en todos los idiomas cultos como sinónimo de persona longeva.

No tiene mayor importancia. Estos pasajes de la Biblia parecen basarse en leyendas sumerias y los mitos antiguos de cualquier pueblo siempre exageran.[325]

Los descendientes de Adán y Eva se multiplicaron y poblaron la tierra de tal manera que los buenos se juntaron con los malos. ¿Quién influyó sobre quién?

Lo han adivinado: los buenos se malearon. Pon una manzana podrida en el cesto de las sanas y se pudrirán todas.

Yahvé estaba tan disgustado que lamentó haber creado al hombre y pensó en «formatear» el mundo, como cuando exterminó a los dinosaurios (otro error de planificación). Un diluvio, pensó, y los ahogo como a ratas en un tsunami, sin compasión.[326] Pero había

325. Los propios sumerios atribuían a uno de sus reyes fundacionales un reinado de 65.000 años y, sin irnos tan lejos, en nuestra Tartessos, el mítico reino que ocupaba buena parte de Andalucía antes de la llegada de los colonizadores griegos y fenicios, se habla de un rey, Argantonio, que vivió ciento veinte años, de los cuales reinó ochenta.

326. Ya podía haberlo pensado mejor antes de crear al hombre ¿no? Yahvé aquí se comporta como esos padres que adoptan a un niño del tercer mundo y

un problema: ¿qué hacemos con Noé, que es bueno? ¿Han de pagar justos por pecadores?

Entonces Dios se le apareció y le dijo:

—Construye un arca de madera, la calafateas para que flote y metes en ella a una pareja de animales de cada especie, macho y hembra, y a tu familia.

Obedeció Noé y en cuanto *entraron Noé, y Sem, Cam y Jafet, hijos de Noé, la mujer de Noé, y las tres mujeres de sus hijos, con él en el arca; ellos, y todos los animales según sus especies, y todos los animales domesticados según sus especies, y todo reptil que se arrastra sobre la tierra según su especie, y toda ave según su especie, y todo pájaro de toda especie* (Gén. 7, 12-14).

Al principio pareció un calabobos ligero, cuatro gotas sin importancia, pero luego se anubarró el cielo, se abrieron las fuentes del abismo y se desplomaron cataratas del cielo: *llovió sobre la tierra cuarenta días y cuarenta noches.* Es lo que conocemos como el Diluvio Universal y de ahí procede nuestra voz *diluviar*.

Y subieron las aguas y crecieron en gran manera sobre la tierra; y flotaba el arca sobre la superficie de las aguas. Y las aguas subieron mucho sobre la tierra; y todos los montes altos, que había debajo de todos los cielos, fueron cubiertos. Quince codos más alto subieron las aguas, después que fueron cubiertos los montes. Y murió toda carne que se mueve sobre la tierra, así de aves como de ganado y de bestias, y de todo reptil que se arrastra sobre la tierra, y todo hombre (Gén. 7, 18-21).

A los cuarenta días escampó, descendieron las aguas y el arca se posó sobre la cumbre del monte Ararat, más bien una cadena de montañas.

Vivió Noé después del Diluvio 350 años. El total de los días de Noé fue de 950 años, y murió (Gén. 9, 29).

---

luego, cuando les sale rana, o ven el trabajo que da y los gastos que ocasiona, pretenden devolverlo. El mismo razonamiento es aplicable a los que se compran un perro como si fuera un juguete y, cuando ven lo trabajoso que resulta, lo abandonan. No es por reñir a Yahvé, pero las cosas se piensan mejor antes de comprometerse y él tuvo todo el tiempo del mundo, con permiso de Einstein.

CAPÍTULO 128

En busca del arca perdida

¿De dónde procede la historia del Diluvio? Nuevamente de una leyenda sumeria. En la epopeya del héroe sumerio Gilgamesh aparece un personaje llamado Ut-Napishtim, que escapó de un diluvio universal construyendo un arca enorme.

El mismo cuento aparece en Asiria, cuyo Noé se llama Hasisadra y tras la inundación su arca se posa sobre el monte Nasir (Ararat en la Biblia). Hay otro Noé acadio llamado Atrahasis, al que sucede lo mismo más o menos. O sea: el Noé bíblico es copia de esos Noés que lo precedieron.

Seguramente las reiteradas leyendas del Diluvio que encontramos en la región tienen una base histórica: las inundaciones que a veces causaban los ríos Tigris y Éufrates en sus crecidas anuales. No parece casual que estos dos ríos nazcan en las montañas donde supuestamente se posó el arca.

Desde que se pusieron de moda las exploraciones en el siglo XIX no han faltado intentos de dar con los restos del arca de Noé en las montañas del Cáucaso, donde se encuentra el macizo de Ararat.

El famoso viajero Marco Polo aseguró haber visto una gran nave de madera cuando visitó Ararat en su viaje a China en 1271. ¿Existía entonces el arca? El caso es que entre las reliquias de la catedral armenia de Echmiadzin se veneraba, desde tiempo inmemorial, un trozo de madera fosilizada supuestamente encontrada en la montaña por el monje bizantino Iakob.

Estas y otras noticias movieron al zar Nicolás II a enviar en su busca, en 1916, al explorador Vladimir Rosskowizky, que regresó con algunas muestras de madera, muchas fotos e incluso unos metros de película que parecían demostrar la pervivencia de restos del arca medio sepultada entre hielos de la montaña. Desafortunadamente este material se perdió en la Revolución rusa.

A lo largo del siglo XX diversos pseudoarqueólogos han presentado supuestas pruebas del hallazgo, ninguna de las cuales soporta un ligero análisis científico. La más sorprendente es la conocida como «la anomalía del Ararat», una extraña formación pétrea en forma de hoja lanceolada y con unas dimensiones similares a las que habría podido tener el arca, descubierta por el capitán geógrafo del ejército turco İlhan Durupınar en 1959 cuando examinaba fotografías aéreas de la zona destinadas al mapeo de la OTAN. El gobierno turco organizó una expedición al lugar y tras una serie de prospecciones llegó a la conclusión de que la extraña formación no contenía material arqueológico alguno. Examinada a pie de andamio por el geólogo Lorence Collins en 1996, resulta ser una colada de lava volcánica petrificada. En 1977 el arqueólogo aficionado Ronald Eldon Wyatt visitó el lugar y declaró que, contra la opinión de sus descubridores, aquella era, en efecto, el arca de Noé.[327]

Durante unos años, Wyatt contó con el apoyo de David Fasold, otro arqueólogo amateur que, después de mucho cavilar, se había persuadido de que la nave petrificada del Ararat fue en su origen una gigantesca cesta, con estructura de cañizo, sobre la que se vertió una especie de cemento líquido de betún y arcilla que al solidificarse formó un cascarón sólido capaz de soportar la carga de Noé y su zoo flotante. Lo probaban unas piedras en cuya superficie podían notarse las marcas del encofrado cestero. Posteriormente Fasold cambió de opinión y se sumó a los geólogos escépticos que solo veían en el presunto pecio del arca la caprichosa colada de una erupción volcánica.

327. La noticia jaleada por la prensa sensacionalista provocó la afluencia de bastantes aficionados al misterio que acudían a ver el arca in situ, entre ellos la siempre gentil, y todavía atractiva a sus setenta años, Joanna Lumley, la inolvidable Purdey, aquella chica exquisita de la serie británica *The New Avengers* (1976).

CAPÍTULO 129

Los descendientes de Noé

Sigamos con la Biblia: *Los hijos de Noé que salieron del arca eran Sem, Cam y Jafet. Estos tres fueron los hijos de Noé, y a partir de ellos se pobló toda la tierra. Noé se dedicó a la labranza y plantó una viña. Bebió del vino, se embriagó y quedó desnudo en medio de su tienda. Vio Cam, padre de Canaán, la desnudez de su padre, y avisó a sus dos hermanos Entonces Sem y Jafet tomaron el manto, se lo echaron al hombro los dos, y andando hacia atrás, vueltos los rostros, cubrieron la desnudez de su padre sin verla. Cuando despertó Noé de su embriaguez y supo lo que había hecho con él su hijo menor, dijo: «¡Maldito sea Canaán! ¡Siervo de siervos sea para sus hermanos!». Y dijo: «¡Bendito sea el Señor, el Dios de Sem, y sea Canaán esclavo suyo! ¡Haga Dios fecundo a Jafet; habite en las tiendas de Sem y sea Canaán esclavo suyo!»* (Gén. 9, 18-27).

De este modo sutil nos indica el autor del Génesis, arrimando el ascua a su sardina, que los descendientes de Cam, los primitivos pobladores de Canaán, actual Israel, la Tierra Prometida, estaban malditos y destinados a ser los esclavos de Sem (origen de los semitas, o sea los judíos) y de Jafet (origen de las poblaciones de Europa y Anatolia).

CAPÍTULO 130

La Torre de Babel

Tenía entonces toda la tierra una sola lengua y unas mismas palabras. Y aconteció que cuando salieron de oriente, hallaron una llanura en la tierra de Sinar y se establecieron allí. Y se dijeron unos a otros: Vamos, hagamos ladrillo y cozámoslo con fuego. Y les sirvió el ladrillo en lugar de piedra, y el asfalto en lugar de mezcla. Y dijeron: Vamos, edifiquémonos una ciudad y una torre, cuya cúspide llegue al cielo; y hagámonos un nombre, por si fuéremos esparcidos sobre la faz de toda la tierra. Y descendió Yahvé para ver la ciudad y la torre que edificaban los hijos de los hombres. Y dijo Yahvé: He aquí el pueblo es uno, y todos estos tienen un solo lenguaje; y han comenzado la obra, y nada les hará desistir ahora de lo que han pensado hacer. Ahora, pues, descendamos, y confundamos allí su lengua, para que ninguno entienda el habla de su compañero. Así los esparció Yahvé desde allí sobre la faz de toda la tierra, y dejaron de edificar la ciudad. Por esto fue llamado el nombre de ella Babel, porque allí confundió Yahvé el lenguaje de toda la tierra, y desde allí los esparció sobre la faz de toda la tierra (Gén. 11, 1-8).

En este pasaje se explica el origen mítico de las diferentes lenguas que pueblan la tierra y que tantos quebraderos de cabeza nos traen cuando viajamos por el extranjero, o incluso sin salir del país cuando topas con un separatista empeñado y *emprenyat*.

Yahvé, que había dado una lengua común a la Humanidad, sembró toda clase de lenguas en los constructores, y como no se entendían (uno decía «Pásame el palustre», y el compañero le tendía una esportilla), no hubo manera de avanzar la obra. Al final abandonaron el proyecto, dejaron la torre inconclusa *y se dispersaron por toda la tierra.*

¿Dónde estuvo la famosa Torre de Babel, aquel rascacielos ancestral que levantaron los descendientes de Noé para alcanzar las moradas celestes? Los hebreos, pueblo de pastores, debieron de apartarse poco de las riberas del río Éufrates, a lo largo de las cuales se fundaron las grandes ciudades de la civilización mesopotámica: Sumer, Acad, Uruk y Babilonia.

Parece que la leyenda bíblica de la Torre de Babel se inspira en uno de aquellos zigurats que los hebreos encontraron en la región mesopotámica.[328] Es posible que pensaran en construirse el suyo, dedicado a Yahvé o, preferentemente, al Dios más placentero y menos celoso al que adoraban aquellos pueblos culturalmente más avanzados.

Existen varias candidaturas, casi todas en el entorno de Mesopotamia, aquella región donde florecieron y se desarrollaron las primeras culturas; hoy, debido a la mudanza de los tiempos, triste exportadora de barbaries y fanatismos. En una zona remota del noreste de Siria, cerca del triángulo de río Jabur y de la aldea de Tell Brak (probable solar de la antigua ciudad de Acad), en medio de una extensa llanura hoy roturada por explotaciones agrícolas, se levantan unas ruinas que desde hace un tiempo algunos historiadores identifican como el zigurat que inspiró la historia de la Torre de Babel.

En su momento debió de ser un bello edificio. Hoy, desmochado por el tiempo y expoliado, solo vemos un *tell* o difusa colina que, examinada de cerca, resulta ser un informe montón de ladrillos carcomidos por el tiempo.

Si la Torre de Babel era realmente un zigurat, el observato-

328. El zigurat es un edificio de origen sumerio y asirio consistente en una pirámide escalonada de base cuadrada y muros inclinados que tiene en su cúspide un santuario, al que se accede a través de una serie de rampas. Se calcula que a lo largo y ancho de Mesopotamia debieron de existir unos treinta, quizá más. Se han conservado mal, debido a los expolios de que han sido objeto al utilizarlos durante más de dos milenios como cantera para extraer materiales de construcción.

rio-templo de las paganas religiones babilónicas, se entiende el enfado del Dios de Israel. No quería que su pueblo apostatara para pasarse a la sin duda más atractiva religión de los babilonios.[329]

Los zigurats mesopotámicos pudieran haber inspirado las pirámides egipcias.[330]

329. Se ha especulado bastante sobre la altura de los zigurats. El edificio supuestamente inspirador de la Torre de Babel tiene como base un cuadrado de 90 metros de lado. Teniendo en cuenta la resistencia del suelo arcilloso de la zona y el peso del adobe utilizado, el historiador Juan Luis Montero, de la Universidad de La Coruña, cree que la torre podría alcanzar unos 60 metros de altura (seis terrazas de 48 metros de altura total más un templo de 12 metros en la cúspide). No está muy claro si el camino de acceso a ese templo, de unos tres metros de ancho, discurriría por rampas en zigzag o en espiral. Un edificio de esas características estaría compuesto de unos 25 millones de unidades de adobe y ladrillo que supondrían unas 400.000 toneladas de peso, el máximo que los materiales y la base podrían soportar sin colapsarse.

330. De hecho, la primera pirámide, obra del arquitecto Imhotep, en Saqqara, hacia el 2700 a. C., era escalonada como un zigurat. Un siglo después de la pirámide de Saqqara, el faraón Snefru completó una pirámide escalonada que había heredado de su antecesor y rellenó las siete gradas hasta darle la apariencia piramidal que en adelante caracterizaría a los monumentos egipcios.

CAPÍTULO 131

La dispersión

En los tiempos de la Biblia era costumbre que los pueblos se consideraran descendientes de un epónimo, un héroe más o menos legendario que les daba muchas veces el nombre.

Se supone que la Humanidad (hasta donde los autores de la Biblia podían abarcarla) desciende de los tres hijos de Noé.

De Sem, el primogénito, descienden, según la Biblia, los semitas, los pueblos de Oriente Medio que hablan hebreo, arameo, árabe y asirio.

De Cam descienden los camitas, los pueblos del África presahariana, oscuros de piel y de cabellos rizados: los coptos, los egipcios, los libios, los beréberes, los etíopes.

Cam era, recordemos, el hijo atolondrado que se burló de la desnudez de Noé cuando el episodio de la borrachera, el hijo cuya descendencia Noé maldijo. Para los israelitas Cam era el padre de Canaán, que dio su nombre a la Tierra Prometida (a menudo bajo el dominio egipcio). En siglos pasados, los esclavistas justificaban su infame tráfico alegando que los negros, como descendientes de Cam, estaban malditos y predestinados a ser esclavos de los blancos.

De Jafet descienden los jafetitas, los pueblos al este y al norte de Mesopotamia, los pueblos del Cáucaso, de la India, incluso de Grecia y del resto de Europa, España incluida. Un hijo de Jafet, Gómer, fue el patriarca fundador del pueblo cimerio y padre de Asquenaz, del que descienden los escitas. Este Asquenaz se consideraría también padre del tronco de los judíos germanohablantes (los asquenazíes), complementarios de los judíos originarios de España o Sefarad (los sefarditas).

CAPÍTULO 132

Túbal, padre de los españoles

Para los españoles es muy interesante ese imaginario vínculo de nuestra historia con la Biblia. Según el historiador judío Flavio Josefo, uno de los hijos de Jafet, Túbal, fue el colonizador de la Península.[331]

A Túbal le atribuían la invención del arte de la metalurgia (la antigua Hispania era famosa por sus metales). La noticia se transmitió al resto de los historiadores que trataron de Hispania: san Isidoro en su enciclopedia y el arzobispo Jiménez de Rada, quien añadió en su historia inéditos datos sobre esta progenie.[332]

De Túbal descendería el rey Gerión, el monstruo de tres cuerpos vencido y muerto por Heracles, según la mitología griega. Los tres cuerpos serían una interpretación mitológica del hecho de que fuera monarca de tres reinos: Galicia, Lusitania y Bética.

Heracles, el Hércules latino, cedió el gobierno de aquellas tierras a su compañero Hispan, del que supuestamente procede el nombre de Hispania (que antes se llamaba *Hesperia*, por el jardín de las Hespérides).

Andando el tiempo, el falso Beroso[333] y otros fabuladores añadieron datos a esa historia mítica, inventando un pasado glorioso para

331. Josefo, *Antigüedades judías*, I, 6, 1.

332. Jiménez de Rada, 1989.

333. El Beroso verdadero fue un sacerdote de Babilonia, del siglo III a. C., que escribió en griego una historia de Babilonia.

España y genealogías de reyes completamente imaginarias que justificaran una cierta prosapia a la monarquía hispánica entonces dominante en el mundo.[334]

Falsarios posteriores añadieron fantasía a los embustes de Beroso. Florián de Ocampo precisó que Túbal desembarcó en Andalucía el año 2163 a. C. (142 años después del Diluvio). Este estupendo monarca, cuyos súbditos estaban «deseosos grandemente de su conversación, por ser hombre discreto, valeroso, justo y amigable»[335] murió longevo después de reinar 195 años sobre los españoles y dejó una ilustre progenie en los reyes sucesivos cuya existencia tiene por «muy averiguada». Justifica la muerte de Gerión y los suyos por Hércules, porque se habían convertido en gobernantes tiránicos. Después solo vinieron reyes buenos: Hispan (el verdadero héroe fundador de la estirpe), Héspero, Atlante, Sicano, Sículo, Gárgoris, el inventor de la apicultura, y Habis, todos ellos reyes anteriores a la llegada de cartagineses, griegos y romanos.

334. Como «falso Beroso» se conoce a Annius Viterbensis (nombre latinizado del dominico Giovanni Nanni), autor de unos *Commentaria super opera auctorum diversorum de antiquitatibus loquentium*, ampliada en *De primis temporibus et quatuor ac viginti regibus Hispaniae et ejus antiquitate* (Roma, 1498), dedicado a los Reyes Católicos.

335. Ocampo, 1541.

CAPÍTULO 133

El pueblo elegido

Del mismo tronco de Sem, el padre de los semitas, pero ocho generaciones posterior, es el patriarca Abram (después Abraham), padre a su vez tanto de judíos como de musulmanes.

Según la Biblia, Abram se estableció con su familia en Ur de los caldeos, una ciudad sumeria a orillas del Éufrates, cerca de su desembocadura en el golfo Pérsico. Los uritas adoraban a la diosa Luna, en cuyo honor habían levantado un zigurat.

Tenía Abram setenta y cinco años, un chaval en términos bíblicos, cuando Yahvé le dijo:

—Sal de tu tierra, deja la casa de tu padre y vete a la tierra que yo te mostraré. Te haré padre de un gran pueblo y en ti serán benditas todas las naciones de la tierra.

Obediente al mandato divino, Abram reunió sus ganados y enseres y se dirigió hacia la tierra de Canaán en compañía de su esposa Sarai y de su sobrino Lot.

No entró Abram en su nueva tierra con buen pie. A poco de llegar *hubo hambre en la tierra; y Abram descendió a Egipto para pasar allí un tiempo, porque el hambre era severa en la tierra. Y sucedió que cuando se acercaba a Egipto, dijo a Sarai su mujer:*

—Mira, sé que eres una mujer de hermoso parecer; y sucederá que cuando te vean los egipcios, dirán: «Esta es su mujer»; y me matarán, pero a ti te dejarán vivir. Di, por favor, que eres mi hermana, para que me vaya bien por tu causa, y para que yo viva gracias a ti (Gén. 12, 10-13).

¿Feo, no? O sea, aprovecha la belleza de su mujer para introducirse socialmente y pretende vivir de ella, lo que en toda tierra de garbanzos se llama *proxenetismo.*

¿Qué ocurrió? Lo que fatalmente tenía que ocurrir: *Y aconteció que cuando Abram entró en Egipto, los egipcios vieron que la mujer era muy hermosa. Y la vieron los oficiales del faraón, y la alabaron delante de él; y se la llevaron al palacio. Y el faraón trató bien a Abram por causa de ella; y le dio ovejas, vacas, asnos, siervos, siervas, asnas y camellos* (Gén. 12, 16).

Otra versión sostiene que el faraón colmó de regalos a Abram, creyéndolo hermano de aquella beldad (*adorar al santo por la peana* se llama eso en toda tierra de garbanzos). El que Abram recibiera regalos de parte del faraón entraba dentro de la promesa que Yahvé le había hecho de que lo «bendeciría» con bienes materiales.

Si el lector indaga en internet sobre este asunto, comprobará las enrevesadas explicaciones que gastan las páginas cristianas intentando demostrar que, a pesar de todo, Abraham era un hombre virtuoso y justo, y que lo de vivir estupendamente explotando a la esposa es tan solo un desliz sin importancia, cosas de los antiguos.

El faraón, como cualquier rey oriental y más en aquella época, era un hombre de culito veo, culito deseo. O sea que se beneficiaba a cualquier mujer apetecible que viera o le suministraran los cortesanos que andaban pendientes de sus gustos. Mitad por afición, mitad por razón de Estado, contaba con un numeroso harén, al que agregó aquella mujer de deslumbrante hermosura.

La Biblia no entra en detalles pero el contexto nos sugiere que no tardó en gozarla. ¿Qué ocurrió? *El Señor hirió al faraón y a su casa con grandes plagas por causa de Sarai, mujer de Abram* (Gén. 12, 17).[336]

336. Según el Talmud, que siempre anda al quite de la cosa bíblica, lo que el faraón padecía era la enfermedad venérea llamada *ratán*, que le ulceraba el miembro. Aquello dolía como un demonio, aunque solo fuera al rozarlo con el lino del faldellín, no digamos si se intentaba introducir por angosturas vaginales. Ni una cubana o chaqueta rusa soportaba (*Ketubot* 72b).

En la Biblia es todo lo que pone, pero, según otro escrito de la tradición judía, Yahvé puso un ángel al lado del faraón y cada vez que intentaba tocarla le arreaba un zurriagazo. En tan apurada situación, Sarai confesó la verdad al faraón, que era esposa y no hermana de Abram y que Yahvé lo había tomado bajo su protección. El faraón se la devolvió a Abram y le afeó su conducta.

Entonces el faraón llamó a Abram y le dijo: «¿Qué es esto que me has hecho? ¿Por qué no me avisaste de que era tu mujer? ¿Por qué dijiste: "Es mi hermana", de manera que la tomé por mujer? Ahora pues, aquí está tu mujer, tómala y vete. Y el faraón dio órdenes a sus hombres acerca de Abram; y ellos lo despidieron con su mujer y con todo lo que le pertenecía (Gén. 12, 17-20).

CAPÍTULO 134

Abram entra en Agar

Hacía ya diez años que Abram y Sarai vivían en Canaán, y a pesar de la promesa divina pasaban los años y no tenían descendencia, a lo que parece porque ella era estéril.[337]

Era costumbre que si la esposa resultaba estéril, el marido tuviera hijos con una esclava de ella, con lo que esos hijos se consideraban de la esposa (una versión social de los modernos vientres de alquiler).

Animó Sarai a Abram para que lo probara con su esclava egipcia Agar y el santo varón no se hizo de rogar. *Entró en Agar* y la dejó preñada de su hijo Ismael (Gén. 16, 1-4). Pero hete que Agar, viéndose preñada del patriarca, empezó a despreciar a la señora (eso dice la Biblia, nosotros podemos imaginar que la preñez alentó a la esclava a sentirse superior a la señora y despertó los celos de Sarai). El caso es que la legítima fue con las quejas a Abram.

—Haz con ella lo que quieras: es tu esclava —le dijo este.

Y Sarai dio en maltratar a la esclava. Agar, compungida e indefensa, huyó al desierto, por el camino de Egipto. Estaba lamentándose de su mala fortuna junto a un pozo, cuando se le apareció Yahvé y le dijo:

—Agar, esclava de Sarai, ¿qué haces aquí? ¿Adónde vas?

—Estoy huyendo de mi dueña, Señor.

337. Si en Egipto, donde a causa de su belleza y disponibilidad llevó una vida algo agitada, no quedó preñada, se deduce que la estéril era ella.

—Es mejor que regreses con ella y que la obedezcas —le dijo—. De mi parte, yo haré que tengas tantos descendientes que nadie podrá contarlos. Al hijo que tengas le pondrás Ismael porque he escuchado tu llanto.[338]

Y ahora viene lo bueno:

—*Ismael será entre los hombres igual que un asno salvaje. Tendrá que luchar contra todos, pues todos lucharán contra él, pero logrará establecerse en su propio territorio, aun en contra de sus hermanos* (Gén. 16, 12).

Ismael es el padre de los ismaelitas, también llamados *agarenos* (por Agar, su madre),[339] que andando el tiempo y mediando las predicaciones de Mahoma serán los musulmanes actuales: ya vemos que Yahvé les augura un carácter algo violento, que serán muchos y que poseerán tierras en abundancia. Reconozcamos que lo ha cumplido.

Sin embargo, este Yahvé que estamos viendo malhumorado, severo y a menudo cruel tiene debilidad por su siervo Abram y le ha prometido que será padre de una multitud de pueblos.

338. Ismael significa «Dios escucha».

339. Antiguamente a los moros se les llamaba *agarenos*. Ya se va perdiendo esa costumbre, pero al lector seguramente le suenan aquellos versos de la zarzuela del maestro Guerrero *El huésped del sevillano* (1926), que alaban la belleza de la gitana: «*Mujer de los negros ojos, / la de la trenza morena. / Mujer de los labios rojos / como la flor del amor. / Mujer de perfil gitano, / que tiene sangre agarena… / ¡Mujer de cuerpo pagano, eres llama, verso y flor!*».

CAPÍTULO 135

El pacto abrahámico

Un día señalado Yahvé se le apareció a Abram y le dijo: *Este es el pacto que establezco contigo: Tú serás el padre de una multitud de naciones. Ya no te llamarás Abram, sino que de ahora en adelante tu nombre será Abraham, porque te he confirmado como padre de una multitud de naciones. Te haré tan fecundo que de ti saldrán reyes y naciones. Estableceré mi pacto contigo y con tu descendencia, como pacto perpetuo, por todas las generaciones. Yo seré tu Dios, y el Dios de tus descendientes. A ti y a tu descendencia les daré, en posesión perpetua, toda la tierra de Canaán, donde ahora andan peregrinando. Y yo seré su Dios* (Gén. 17, 4-8).[340]

A primera vista parece un trato de lo más ventajoso: padre de naciones y además le da en posesión eterna toda la tierra de Canaán, en adelante la Tierra Prometida. Ya podía el buen Dios haber afinado más, porque fue a asignarle la única parcela de la región que carece de petróleo, un pegujal seco en el que solo a fuerza de muchos sudores han conseguido cultivar naranjas y pepinos, mientras los árabes de alrededor se han forrado con el oro negro.

Como señal del pacto, Yahvé impuso que, de entonces en ade-

340. Literalmente le promete una gran nación (גָּדוֹל גּוֹי; *goy gaddol*). Como dijimos, *goy*, en hebreo, גוי, plural *goyim*, גוים o גויים, significa literalmente «nación», en referencia a sujetos ajenos al pueblo judío. Las demás naciones son *Mishpejot hadama* (מִשְׁפְּחֹת הָאֲדָמָה). Estas palabras se traducen en latín como *gentes* y *gentiles*, con lo que las «naciones» acaban en «gentiles».

lante, todos los judíos se circuncidaran a los ocho días de nacidos, una medida de lo más higiénico que hoy imitan incluso los *goyim* («gentiles»).

No era la tierra de Canaán rica en pastos como las riberas fluviales que habían dejado, lo que acarreaba frecuentes disputas entre los pastores de Abraham y los de su sobrino Lot. Por eso, finalmente Abraham dijo: «Evitemos las disputas entre nosotros que somos de la misma sangre. Vamos a separarnos: si tú vas a la izquierda yo iré a la derecha y viceversa».

Lot marchó al sur, a las tierras de Sodoma, y Abraham se estableció en Hebrón.

CAPÍTULO 136

Los extraños visitantes

Cuando partieron los rebaños, Abraham se quedó en el norte y Lot bajó al sur y se estableció en el valle de Sidim, cercano al mar Muerto (entonces llamado lago Salado), donde ya existían cinco ciudades: Sodoma, Gomorra, Adma, Zoar y Zeboím, luego denominadas de la Pentápolis («cinco ciudades»).[341]

Estaba un día Abraham sentado a la sombra en su tienda a la hora de la siesta, cuando de lejos, entre la calima, vio llegar a tres caminantes. Para los pastores, el deber de hospitalidad es sagrado, por tanto Abraham les hizo los honores, especialmente cuando se percató de que uno de ellos era nada menos que Yahvé.

Yahvé disfrazado de pastor. Hay que imaginarlo. ¡Aquel trueno vestido de nazareno!

Abraham los instaló a la sombra de los árboles y les trajo agua para que se lavaran y refrescaran los pies. Luego fue a la tienda de Sarai, su mujer, y le pidió que amasara tres panes con harina de la mejor calidad, y yendo al rebaño sacrificó un becerro tierno y bueno. Un banquete estupendo para agasajar a los huéspedes.

Cuando hubieron comido, emitidos los preceptivos eructos con que las personas educadas muestran saciedad en un ambiente pastoril, el invitado de mayor autoridad, Yahvé mismo como habrán adivinado, preguntó por Sarai.

—En su tienda está —dijo Abraham.

341. Del griego πέντε, *pénte*, «cinco», y πόλις, *pólis*, «ciudad».

Una mujer recatada solo comparecía ante las visitas si se la convocaba.

—Pues tendrá un hijo dentro de nueve meses —anunció Yahvé.

A Sarai, que estaba escuchando detrás de la cortina, se le escapó una risita: hacía ya lustros que se le había retirado la regla y Abraham era ya viejo para practicar lo que luego sería el santísimo sacramento del matrimonio.

A Yahvé, ya vemos que es bastante suspicaz, no le acabó de gustar la risita de Sarai.

—*¿Por qué se ha reído Sarai* —preguntó receloso— *[…] ¿Hay para Dios alguna cosa difícil? Al tiempo señalado volveré a ti, según el tiempo de la vida, y Sarai tendrá un hijo* (Gén. 18, 13-14).

A continuación Yahvé envió a los dos mocetones que lo acompañaban al recado que traían: incitar a los sodomitas para que intentaran violarlos, lo que acabaría de justificar su propósito de destruir Sodoma y las ciudades vecinas, todas en la misma tacada.

Abraham se alarmó.

—¡Pero, hombre, así ¿destruir esas ciudades y que paguen justos por pecadores? ¿Y si hubiera cincuenta justos?!

—Si hay tantos, perdonaré a las ciudades —concedió Yahvé.

—¿Y si solo hubiera cuarenta? —sugirió Abraham.

—También las perdonaré.

Y así fueron bajando la cifra hasta que quedaron en diez, pero resultó que ni siquiera había ese número, sino solo Lot con su familia.

CAPÍTULO 137

Llueve fuego sobre Sodoma y Gomorra

¿Qué ocurrió? Volvamos a la Biblia.

Llegaron los dos ángeles a Sodoma a la caída de la tarde y Lot, que estaba sentado a la puerta de su casa tomando el fresco, se levantó a recibirlos y a ofrecerles hospitalidad:

—Ahora, mis señores, os ruego que vengáis a casa de vuestro siervo y os hospedéis, y os lavaréis los pies; y por la mañana os levantaréis, y seguiréis vuestro camino.

El ángel que parecía de más edad respondió:

—No se moleste, buen hombre. Como hace bueno dormiremos en la calle, *à la belle étoile*, como dicen los franceses.

—De ninguna manera —porfió Lot, que conocía cómo se las gastaban sus conciudadanos—. Entren ustedes en mi humilde morada y dormirán seguros y a plena satisfacción.

Cedieron los ángeles, se hospedaron en casa de Lot y él les preparó el consabido banquete de tortas cocidas sin levadura y cabrito a la brasa. Conversaban de sobremesa sobre variados temas cuando de pronto se percibió un tumulto en la calle.

Rodearon la casa los hombres de la ciudad, los varones de Sodoma, todo el pueblo junto, desde el más joven hasta el más viejo (Gén. 19, 4).

Salió Lot a ver qué pasaba (de sobra lo sospechaba él) y el que parecía llevar la voz cantante lo interpeló:

—*¿Dónde están los varones que vinieron a ti esta noche? Sácalos, para que los conozcamos* (Gén. 19, 4).

A estas alturas el lector sabe que *conocer*, en sentido bíblico, implica penetración, sea vaginal o anal. Ese era el conocimiento al que aspiraban aquellos pervertidos.

Entonces Lot salió a ellos a la puerta, y cerró la puerta tras sí, y dijo:

—Os ruego, distinguidos conciudadanos, que no hagáis tal maldad. Tengo dos hijas que no han conocido varón; os las sacaré fuera, y haced de ellas como bien os pareciere; pero a estos varones no hagáis nada, pues que vinieron a la sombra de mi tejado (Gén. 19, 6-7).

Aquí vemos, una vez más, que el invitado era sagrado. Unas mocitas en flor y vírgenes habrían tentado a cualquiera, pensará el lector, en buena lógica. Pero aquella gente estaba tan pervertida que rechazó el ofrecimiento.

—Quita allá —dijo el portavoz de la depravada asamblea—. ¿Vas a venir tú que eres un forastero a imponernos tus costumbres? A ver si también te vamos a pasar a ti por la piedra…

Y empezaron a aporrear la puerta. Entonces los ángeles abrieron la puerta, agarraron a Lot, lo metieron en casa y volvieron a cerrarla.

Y a los hombres que estaban a la puerta de la casa hirieron con ceguera desde el menor hasta el mayor, de manera que se fatigaban buscando la puerta (Gén. 19, 11).

Salvada momentáneamente la situación, los ángeles le dijeron a Lot:

—¿Tienes aquí más familia? Reúne hijos, yernos y cuanto tengas y sácalo de este lugar; porque vamos a destruirlo. Han agotado la paciencia de Yahvé y nos envía para destruir la ciudad (Gén. 19, 12).

Lot no se hizo de rogar. Fue a sus futuros yernos, los prometidos de sus hijas, y les dijo:

—Levantaos y salid de la ciudad porque Yahvé va a destruirla.

Los yernos pensaron que estaba de broma.

Al rayar el alba, los ángeles apremiaban a Lot:

—Levántate, toma a tu mujer y tus dos hijas para que no perezcas en el castigo de la ciudad.

Y como lo vieran remiso los cogieron de la mano a él, a su mujer y a las dos hijas y los sacaron de la ciudad.

—Por lo que más quieras, escapad —les dijeron—. No miréis atrás, ni os detengáis en toda esta llanura; escapad al monte.

Lot se resistía.

—Os lo ruego, señores míos. No podré escapar al monte, no sea que me alcance el mal y muera. Más bien dejadme que me refugie en un pueblecito que hay cerca de aquí.

Yahvé se lo concedió.

—No destruiré ese pueblecito, pero apresúrate porque detendré el operativo Sodoma hasta que te hayas puesto a salvo.

El sol salía sobre la tierra, cuando Lot llegó a Zoar [que ese era el pueblecito].

Entonces Yahvé hizo llover sobre Sodoma y sobre Gomorra azufre y fuego y destruyó el llano con sus sembrados, sus ciudades y sus moradores (Gén. 19, 24-25).

Lot y los suyos huían del brasero, sintiendo el calor en la espalda, cuando su mujer no pudo reprimir la curiosidad y *miró atrás, a espaldas de él.*

Al instante *se volvió estatua de sal.* Hoy a lo largo del mar Muerto se producen a veces eflorescencias salinas de forma vagamente humana que los guías muestran a los turistas como «la mujer de Lot».

Y subió Abraham por la mañana al lugar donde había estado delante de Yahvé. Y miró hacia Sodoma y Gomorra, y hacia toda la tierra de aquella llanura miró; y he aquí que el humo subía de la tierra como el humo de un horno (Gén. 19, 27-28).

CAPÍTULO 138

¿Cómo pecaban los sodomitas?

Un título sugerente el de este capítulo, ¿verdad? Pasen y vean, que muy a menudo las apariencias engañan.

Se da por supuesto que Dios castigó Sodoma y Gomorra por el desenfreno sexual que allí imperaba y especialmente por la homosexualidad, una modalidad de fornicio que Yahvé, Dios de derechas, chapado a la antigua, detesta.[342]

La influencia de la Biblia es tal que, a pesar de las pruebas en contra, el gentilicio de la ciudad —*sodomita*— se ha convertido en la palabra cristiana que designa a los homosexuales desenfrenados.

Sin embargo la Biblia no abona esa idea. El Libro Santo dice solamente: *Los hombres de Sodoma eran malos y pecadores contra Yahvé en gran manera* (Gén. 13, 13). No aclara de qué pie cojeaban. Incluso en otros pasajes, la Biblia especifica que no se trataba de las prácticas sexuales en las que todos estamos pensando, al menos que no eran lo más importante a los ojos de Yahvé: *La maldad de Sodoma tu hermana: soberbia, saciedad de pan, y abundancia de ociosidad tuvieron ella y sus hijas; y no fortaleció la mano del afligido y del menesteroso* (Ez. 16, 49).

O sea, el principal pecado de aquella sociedad opulenta, ociosa,

342. Esa es la imagen que el hombre moderno, lea o no la Biblia, tiene de Sodoma y Gomorra: dos ciudades entregadas al sexo desenfrenado. El cine fomenta nuestros pecaminosos sueños presentando el episodio bíblico con actrices tan tentadoras como Lucy Doraine (1922) y Pier Angeli (1962).

egoísta y hedonista era la falta de caridad, vivir en la abundancia sin socorrer a los pobres y a los necesitados. ¿No sería aplicable esa condena a nuestras sociedades occidentales?

Podemos sospechar, mirándonos en su mismo espejo, que si los sodomitas vivían en la opulencia y en el ocio, seguramente ya lo habían probado todo y a lo mejor estaban explorando nuevos placeres. Ahí sí pudiera encajar la nunca expresada predilección por el coito anal.

Si el texto bíblico no lo dice expresamente, ¿de dónde sale entonces que el pecado de Sodoma fueran las prácticas homosexuales? Probablemente del hecho de que los sodomitas se presentaran ante la casa de Lot para reclamar a los atractivos extranjeros que había albergado (seductores sin duda puesto que eran ángeles).[343]

Ya podemos imaginar para qué los querían. No podemos descartar que en los tiempos recios de la Edad del Bronce existieran costumbres bárbaras que permitieran violar al forastero recién llegado al pueblo. Hace tan solo un par de generaciones, en la España profunda de nuestros abuelos, los mozos del pueblo arrojaban al pilón del abrevadero al forastero que se echaba novia en el pueblo.

Ya hemos visto que Lot, hombre respetuoso con las sagradas leyes de la hospitalidad, se niega a entregar a sus huéspedes y ofrece a cambio a sus hijas, todavía mocitas y vírgenes, lo que nos confirma que, en efecto, lo que los sodomitas pretendían era violar a los forasteros.

Los curas y pastores del rebaño cristiano, al llegar a este pasaje, tienen que esforzarse mucho para justificar la actitud del justo Lot.

Consideremos desapasionadamente la situación: el hombre más honrado y cabal de la comarca no vacila en entregar al populacho a

343. En el Nuevo Testamento, en época muy tardía, sí hay una referencia explícita a la homosexualidad de los sodomitas, pero no podemos aceptarla como prueba ya que se trata de un contexto social muy distinto: *Como Sodoma y Gomorra y las ciudades vecinas, las cuales de la misma manera que aquellos habiendo fornicado e ido en pos de vicios en contra de la naturaleza, fueron puestas por ejemplo, sufriendo castigo de fuego eterno* (Jds. 7).

dos hijas adolescentes con tal de proteger a los dos desconocidos acogidos a su hospitalidad. Y la Biblia nos cuenta su decisión como ejemplo de rectitud moral. La explicación es bastante simple: la Biblia no es un libro sagrado y ejemplar inspirado por Dios. La historia de Lot debe situarse en el contexto de una sociedad primitiva que valoraba a las mujeres poco más que a las ovejas.

Al final la situación se resuelve mediante un oportuno milagro: los ángeles ciegan temporalmente al populacho para que no encuentre la puerta de la vivienda.[344]

No es por criticar, pero una vez más parece que Yahvé ha escogido mal a sus beneficiarios. Lot se lleva a sus hijas a una zona bastante aislada para mantenerlas alejadas de los vicios y ellas, a falta de hombre, lo emborrachan y se acuestan con él, la noche primera la mayor y la noche segunda la menor. Y quedan preñadas de su padre.

No sabe uno qué pensar de esta familia disfuncional que, por lo visto, era la única moralmente intachable de Sodoma.

344. En este caso la intervención de los ángeles salva la situación; pero ¿qué ocurre cuando no interviene la Providencia? En el capítulo «La venganza del levita», páginas arriba, contamos un caso casi idéntico que no terminó bien porque le ocurrió a un pobre desgraciado, sin ángeles de por medio.

CAPÍTULO 139

En busca de las ciudades malditas

¿Dónde estuvieron Sodoma, Gomorra y las otras tres ciudades destruidas por sus pecados?

En 1989, un Indiana Jones obsesionado con pasar a la posteridad como descubridor de los lugares bíblicos, el americano Ronald Eldon Wyatt (1933-1999), en la vida civil enfermero anestesista, aseguró haber descubierto las ruinas de Sodoma y Gomorra en la orilla occidental del mar Muerto: una de ellas al pie de Masada y la otra al pie del monte Sodoma (ninguna novedad: es donde las sitúa la Biblia). Wyatt describió con gran lujo de detalles los muros de adobe sobre zócalo de piedra de las murallas, la disposición interior de las viviendas y los estratos de cenizas, restos de un pavoroso incendio provocado, según él, por emanaciones de gases inflamables contenidos en el subsuelo que al ascender a la superficie prendieron en las brasas de los hogares. Muy torpes han tenido que estar los arqueólogos convencionales para no encontrar nada de lo que el anestesista ha visto.

En 2015 el profesor Steve Collins (Universidad Trinity, Nuevo México), un hombre paciente que llevaba años excavando el yacimiento jordano de Tall el-Hammam, concluyó que aquella aldeúcha «emerge como la mejor candidata a ser la ciudad perdida de Sodoma [...] una ciudad de la Edad de Bronce, que dominó la región del sur de Jordania, el valle del Jordán, incluso durante un momento en que muchas otras grandes ciudades de la región eran abandonadas o estaban en serio declive». Esta localización de Sodoma tampoco ha obtenido consenso entre los arqueólogos bíblicos.

¿Dónde están, entonces, las ciudades pecadoras?

Los geólogos canadienses Graham Harris y Anthony Berardow creen que lo que destruyó la pentápolis fue un terremoto de seis en la escala Richter con epicentro en la península de Lisán, en el mar Muerto, que debió de ocurrir hace unos cuatro mil años. El movimiento sísmico engulliría literalmente las poblaciones edificadas sobre un terreno muy poroso que se anega con cierta facilidad (licuefacción del terreno). Por lo tanto el mar Muerto se tragó literalmente a las ciudades pecadoras.

Queda una última posible explicación, la que ofrecen ciertos ufólogos: seres extraterrestres procedentes del espacio exterior habían instalado en la zona un depósito de combustible. Se produjo un accidente como el de Chernóbil y, ¡boom!, toda la región afectada se fue al carajo. Siendo así, la frase bíblica *el humo subía de la tierra como el humo de un horno* debería corregirse y poner «el humo subía de la tierra como un hongo» (el conocido hongo que producen las explosiones nucleares).

CAPÍTULO 140

Las hijas seducen a Lot

Detrás de ese pasaje escabroso de los sodomitas disputándose a los ángeles sigue otro que no le va a la zaga y del que ya hemos adelantado algo: *Pero Lot subió de Zoar y moró en el monte, y sus dos hijas con él; porque tuvo miedo de quedarse en Zoar, y habitaron en una cueva él y sus dos hijas. Entonces la mayor dijo a la menor: «Nuestro padre es viejo, y no queda varón en la tierra que entre a nosotras conforme a la costumbre de toda la tierra. Ven, demos a beber vino a nuestro padre, y durmamos con él, y conservaremos de nuestro padre descendencia». Y dieron a beber vino a su padre aquella noche, y entró la mayor, y durmió con su padre; mas él no sintió cuándo se acostó ella, ni cuándo se levantó. El día siguiente, dijo la mayor a la menor: «He aquí, yo dormí la noche pasada con mi padre; démosle a beber vino también esta noche, y entra y duerme con él, para que conservemos de nuestro padre descendencia». Y dieron a beber vino a su padre también aquella noche, y se levantó la menor, y durmió con él; pero él no echó de ver cuándo se acostó ella, ni cuándo se levantó* (Gén. 19, 30-35).

Ahora viene lo bueno: *Y las dos hijas de Lot concibieron de su padre. Y dio a luz la mayor un hijo y llamó su nombre Moab, el cual es padre de los moabitas hasta hoy. La menor también dio a luz un hijo y llamó su nombre Ben-Ammí, el cual es padre de los amonitas hasta hoy* (Gén. 19, 36-38).

O sea, incesto, seguido de preñez, y los hijos que tienen son respectivamente los padres de dos pueblos, el moabita y el amonita, tradicionales enemigos del judío. De ello se deduce que quienes compusieron la Biblia inventaron la historia solo para chinchar al enemigo y divulgar que, en última instancia, eran hijos del pecado. No es la primera vez, ni será la última, que los redactores de la Biblia fastidian a los pueblos enemigos del judío (canaanitas, ismaelitas…) atribuyéndoles un origen espurio.

CAPÍTULO 141

Sarai, de noventa años, se queda preñada

A los nueve meses justos de la promesa mesiánica, Sarai dio a luz a Isaac, un muchacho estupendo que era el orgullo de sus padres y el consuelo de su vejez.

Isaac era la alegría del hogar de Abraham y Sarai, el chico obediente y servicial del que cualquier padre se enorgullecería. Pero apenas alcanzó la adolescencia se le cruzaron los cables a Yahvé (ya vamos notando que tiene rarezas, rabietas repentinas y alguna tendencia sádica mal reprimida) y al notar cuánto quería Abraham a su único hijo determinó ponerlo a prueba.

—*¡Abraham!* —resonó la voz de Yahvé.

—*Aquí estoy* —respondió el aludido.

—*Toma a Isaac, tu amado hijo único* —dijo Yahvé—, *ve a la tierra de Moria y ofrécelo como un sacrificio que debe quemarse completamente, en la montaña que yo te indicaré.*

A la mañana siguiente Abraham madrugó, aparejó el burro, lo cargó de leña para el sacrificio y se encaminó. Cuando llegó al pie del monte indicado les dijo a los criados:

—*Quedaos aquí con el burro. El muchacho y yo seguimos a cierto lugar donde adoraremos a Yahvé* (Gén. 22, 2-5).

Dijo esto, mudó la carga del burro a los hombros de Isaac y emprendió la ascensión con el fuego en una mano y el cuchillo en la otra. El muchacho, un bendito, lo siguió con la carga sin sospechar perturbación alguna en su progenitor.

Iban monte arriba, cada cual sumido en sus pensamientos, y el chico empezó a escamarse:

—Padre.

—Dime, hijo.

—Llevamos la leña y el fuego, pero ¿dónde está el cordero que vamos a sacrificar?

—Dios proveerá —dijo Abraham.

Siguieron monte arriba y al llegar al lugar del sacrificio recogieron piedras y levantaron un rústico altar sobre el que dispusieron la leña.

Luego Abraham ató a su hijo y lo colocó en el altar sobre la leña. Acto seguido empuñó el cuchillo para matarlo. Pero el ángel del Señor llamó a Abraham desde el cielo: «¡Abraham! ¡Abraham!». «Aquí me tienes.» «¡Detente! No le hagas daño al muchacho. No le hagas nada, porque ahora sé que tú respetas y obedeces a Yahvé. No le has negado a tu único hijo.» Abraham levantó la mirada y vio un carnero enredado por los cuernos en un arbusto. Lo agarró y lo ofreció como sacrificio a cambio de su hijo (Gén. 22, 9-12).

Abraham respiró aliviado. En los ojos arrasados de lágrimas se le representaron aquellos días de angustia, disimulando su pesar y meditando «a ver cómo regreso ahora sin el muchacho y le digo a la madre que lo he degollado, lo he descuartizado y he quemado sus cuartos para gloria de Yahvé».

Mejor no pensarlo. Terminaba la pesadilla: todo había sido una prueba de Yahvé, cuyos designios son inescrutables,[345] porque si fueran escrutables y se aplicara a sus ocurrencias el sentido común que se nos suele exigir a los mortales a lo mejor no salía bien parado.

Andaba Abraham ensimismado en estas consideraciones cuando *el ángel de Yahvé lo llamó por segunda vez desde los cielos: Juro por mí,*[346] *palabra de Yahvé, que por haber hecho esto, por no haberme ne-*

345. *Porque mis pensamientos no son vuestros pensamientos, ni vuestros caminos mis caminos, dijo Yahvé. Como son más altos los cielos que la tierra, así son mis caminos más altos que vuestros caminos, y mis pensamientos más que vuestros pensamientos* (Is. 55, 8-9). *¡Oh, profundidad de la sabiduría y del conocimiento de Dios! ¡Cuán incomprensibles son sus juicios e inescrutables sus procedimientos!* (Ro. 11, 33).

346. O sea, como si dijera «Juro por Dios».

gado tu hijo, tu único, te colmaré de bendiciones y acrecentaré tu descendencia como las estrellas del cielo y como las arenas de la playa, y tus descendientes se adueñarán de la puerta de sus enemigos. Por tu descendencia se bendecirán todas las naciones de la tierra, en pago de haber obedecido tú mi voz (Gén. 22, 15-18).

Desde entonces, san Isaac es el santo patrón de los ventrílocuos.

Desanduvieron el camino Abraham y los suyos y se dirigieron a Beerseba, donde el primero permaneció administrando su casa y sus rebaños en espera de la siguiente ocurrencia de Yahvé.[347]

Beerseba, del hebreo בְּאֵר שֶׁבַע, *Be'er Sheva*, «Siete Pozos», era entonces un oasis en torno a esos pozos de agua. Hoy tiene casi doscientos mil habitantes y es la ciudad más meridional de Israel, ya entrada en el desierto del Néguev. En la Biblia, cuando se quiere indicar todo Israel se dice «desde Dan a Beerseba», indicando la población más al norte y la más al sur. En Beerseba nació la actriz israelí Ronit Elkabetz (la de *La banda nos visita,* 2007), una memorable mujer que acaba de fallecer, de cáncer, a sus espléndidos cincuenta y un años, cuando escribo estas líneas.

347. Aquel desolado paisaje ha presenciado notables hazañas. Durante la Gran Guerra, el último día de octubre de 1917, los turcos se habían atrincherado en torno a los pozos de agua y frente a ellos moría de sed la 4.ª Brigada de Caballería Ligera australiana. El general William Grant, que estaba al mando, comprendió que en unas horas estarían todos muertos.

—Vamos a cargar contra las posiciones turcas —dijo a su ayudante de campo.

—Señor, los turcos han emplazado cañones Krupp de 105 mm. Barrerán el campo de metralla.

Por un momento el general pensó en lo de Balaclava.

—Carguemos de todos modos —dijo.

Fue la última gran carga de caballería al estilo napoleónico que registra la Historia: dejando buena parte de sus tropas por el camino, los hombres de Grant cargaron enarbolando bayonetas, ya que carecían de sables, arrollaron las posiciones turcas y conquistaron diecisiete pozos (muchos más se habían excavado desde los tiempos de Abraham).

CAPÍTULO 142

¿Sacrificaban estas gentes a sus hijos?

Al pedirle a Abraham el sacrificio de su primogénito, Yahvé no hace más que reclamar lo que era una práctica corriente entre algunos pueblos de Oriente Medio. Parece una barbaridad, me hago cargo, pero la Biblia, palabra de Dios, no deja lugar a dudas: *No retrases la ofrenda de las primicias de tu era y de tu lagar. Me entregarás el primogénito de tus hijos. Lo mismo harás con el de tus vacas y ovejas. Siete días estará con su madre, y al octavo me lo entregarás* (Éx. 22, 28-29).

Este pasaje del Libro Santo, *Me entregarás el primogénito de tus hijos* (Éx. 22, 28), ha causado gran perturbación entre los comentaristas beatos que solo quieren encontrar en la Biblia a un Dios misericordioso y bueno aunque con algunas rarezas disculpables.[348]

¿De qué vale poner paños calientes? La Biblia confirma que los israelitas sacrificaban niños a Yahvé en el siglo VIII a. C. [349] y que el bárbaro rito perduraba incluso en el siglo VI a. C., aunque poco después se abandonó tan inhumana práctica y hasta se prohibió bajo pena de muerte: *No des hijo tuyo para ofrecerlo por fuego a Moloc; no*

348. «Sería absurdo suponer que pudiese haber habido en Israel, o en cualquier otro pueblo, en cualquier momento de su historia, una ley constante y general que los obligara a suprimir sus primogénitos, que eran la esperanza de la raza» (De Vaux, 1964, p. 71).

349. *¿Aceptará Yahvé miles de carneros, miríadas de ríos de aceite? ¿Ofreceré mi primogénito por mi delito, el fruto de mis entrañas por mi propio pecado?* (Mi 6, 6-89). También en Isaías (30, 30-33).

contamines así el nombre de tu Dios (Lev. 18, 21). *Se matará a pedradas a cualquier israelita o extranjero residente en Israel que dé alguno de sus hijos a Moloc* (Lev 20, 2-5).

El lugar de los sacrificios humanos (*tofet*) del reino de Judá estaba situado en el valle de Ben-Hinnom, que rodea Jerusalén por el sur y se une con el valle del Cedrón. De la expresión hebrea *Ge-Hinnon* (*De hinnon*) procede la palabra griega *Gehena*, con la que los judíos acabaron designando al infierno.

Cuando escaparon de la barbarie de los sacrificios humanos, los hebreos, como otros pueblos de su entorno, sustituyeron al primogénito sacrificial por un cordero o una oveja. Pero los fenicios y sus herederos cartagineses continuaron con sus sacrificios humanos.[350]

Hace años, cuando Túnez era el lugar más apacible del norte de África, antes de que el fundamentalismo lo fastidiara todo, visité el tofet de Cartago. Hoy es una especie de jardín en el que puedes pasear a la sombra de corpudos eucaliptos. En una hondonada han dispuesto unas docenas de estelas funerarias púnicas que en su día conmemoraron la memoria de otros tantos niños sacrificados al terrible Moloc. Una especie de cripta encubre los restos de lo que parece un altar.

¿Cómo era el tofet? La propia Biblia nos lo describe: *un foso profundo y ancho con paja y leña en abundancia; y el aliento de Yahvé la encenderá convertido en torrente de azufre* (Is. 30, 30-33).

En la Biblia hay varios estremecedores ejemplos de sacrificio del primogénito en un momento de angustia para obligar al dios del lugar a que favorezca al donante. Lo vimos en el capítulo «Apagando rebeliones», cuando en plena batalla, que va perdiendo, el rey de Moab sacrifica a su hijo (2 Re. 3, 26-27) y en otro pasaje Jefté, para asegurarse la victoria, promete sacrificar a su hija (Jue. 11, 31). Bien

350. *Y han construido los altos de Baal para quemar a sus hijos en el fuego, en holocausto a Baal, —lo que no les mandé ni les dije ni me pasó por las mientes—. Por tanto, van a venir días —oráculo de Yahvé— en que no se hablará más de tofet ni del valle de Ben-Hinnom, sino del valle de la Matanza* (Jer. 19, 5-6).

pensado, todo este asunto de la redención se basa en la misma bárbara idea llevada al extremo: Yahvé, Dios padre, se desdobla en un Hijo (Jesucristo) y lo sacrifica, inmolado en una cruz, para redimir a la Humanidad por el pecado original cometido por Adán y Eva (comerse un higo del árbol prohibido).

CAPÍTULO 143

La descendencia de Isaac

Cuando Isaac cumplió cuarenta años, Abraham pensó que iba siendo hora de casarlo, así que llamó a su mayordomo Eliezer, *el más viejo de su casa, que era el que gobernaba en todo lo que tenía y le dijo: Pon ahora tu mano debajo de mi muslo, y te juramentaré por Yahvé, Dios de los cielos y Dios de la tierra, que no tomarás para mi hijo mujer de las hijas de los cananeos, entre los cuales yo habito* (Gén. 24, 2-3).

Bien entendió Eliezer que Abraham no quería meter en su casa a una canaanita adoradora de falsos dioses, sino a una israelita de pura cepa, educada en la fe de Yahvé de la tierra de sus ancestros.

—Oír es obedecer —dijo Eliezer, y tomando diez camellos se encaminó a Haram.

Después de muchas jornadas de camino llegó a su meta, cuando ya anochecía y las estrellas empezaban a brillar en el firmamento.

A esa hora violeta las mujeres del lugar aprovechaban la fresquita para ir a por agua al pozo comunal, a las afueras.

Dijo el mayordomo:

—Señor, la que me dé agua para mí y para mis camellos será la esposa ideal para Isaac.

Acababa de elevar esta prez al Altísimo cuando llegó una muchacha llamada Rebeca con su borriquilla y sus aguaderas. Esta podría ser, se dijo Eliezer, y le pidió agua. Ella no solo le dio a beber sino que sacó agua para que abrevaran sus camellos[351] y además le ofreció hospitalidad (la norma pastoril) en casa de su padre.

¡Felicísima elección la de Yahvé! Rebeca resultó ser hija de Betuel, el sobrino de Abraham (el hijo de su hermano Nacor).

Después del acostumbrado lavatorio de pies, cuando ya el delicioso aroma del pan cocido y del cordero asado avisaba de que la cena estaba lista, Eliezer dijo que no comería antes de exponer su embajada.

—Mi amo Abraham, pudiente propietario *de ovejas y vacas, plata y oro, siervos y siervas, camellos y asnos,* solicita la mano de Rebeca para su hijo Isaac, que lo heredará todo.

—Tratándose del hijo de Abraham, un muchacho de excelentes prendas, no hay problema —dijo Betuel—. Y comamos, que esto se enfría.

Rebeca tampoco se opuso: en aquel entonces los matrimonios los concertaban las familias, y no por ello resultaban peor que los que ahora se hacen por amor.

Al día siguiente, el enviado regresó a Canaán llevando a la novia consigo. Llegaron a donde Abraham cuando caía la noche, y lo primero que vieron fue a Isaac, que *había salido a meditar al campo, a la hora de la tarde; y alzando sus ojos miró, y he aquí los camellos que venían. Rebeca también alzó sus ojos, y vio a Isaac, y descendió del camello; porque había preguntado al criado: ¿Quién es este varón que viene por el campo hacia nosotros? Y el criado había respondido: Este es mi señor. Ella entonces tomó el velo y se cubrió* (Gén. 24, 63-65).

351. Un acto meritorio sin duda: un camello sediento bebe unos 95 litros de agua y los camellos eran diez.

CAPÍTULO 144

Jurar por las partes pudendas

Decíamos que en el tiempo de los patriarcas, como en cualquier sociedad primitiva e incluso en las que no lo son tanto, los matrimonios los concertaban los padres sin que los hijos tuvieran nada que opinar, especialmente las hijas, a las que a menudo emparejaban con un carcamal con edad sobrada para ser su abuelo.[352]

Lo que resulta más sorprendente es esa fórmula de juramento de *poner la mano debajo del muslo*, como púdicamente dice el Libro Santo. La palabra usada, *Ierej*, es un eufemismo para el aparato reproductor en sus tres elementos.[353] En aquellos tiempos recios, como la Biblia todavía no estaba escrita y no se podía jurar sobre ella cómodamente como hacemos ahora, se realizaba así: el que juraba sopesaba los testículos del solicitante y pronunciaba su promesa. El carácter esencial de los testículos en el contexto sagrado lo prueba en nuestros días el hecho de que un hombre que está privado de ellos

352. Esos emparejamientos tan desiguales no son solo propios de sociedades primitivas. En la nuestra, tan desarrollada, menudean los casos en que una mujer joven y de excelente desarrollo corporal se enamora de un viejo rico o famoso que, para merecerla, abandona a la ya chafadita madre de sus hijos, convenientemente pensionada para que no moleste.

353. *Todos los descendientes del muslo de Jacob*, leemos en Éx. 1, 5; *pon ahora tu mano debajo de mi muslo y trátame con misericordia y fidelidad: Por favor, no me sepultes en Egipto* (Gén. 47, 29). Es posible que en la antigua Roma también se jurara de esa manera, como sugiere la semejanza entre las palabras *testis* («testigo») y *terstis* («testículo»), aunque algunos autores lo niegan.

(eunuco forzado o natural) no pueda acceder al sacerdocio de la Iglesia.[354]

Dicen que una vez se coló una mujer que fue consagrada como papa y que desde entonces se impuso la ceremonia de comprobar la existencia de testículos en la entrepierna del nominado por el Espíritu Santo. El candidato se sentaba en la silla gestatoria, el cardenal camarlengo le palpaba sus partes y si las hallaba, como era lo natural, se volvía hacia el expectante colegio cardenalicio y con voz sonora pronunciaba las palabras rituales: *Duos habet et bene pendent* («tiene dos y cuelgan bien»).

—*¡Habemus papam!* —lo vitoreaba, aliviado, el colegio.

354. *El hombre que tenga los testículos aplastados o el pene mutilado no será admitido en la asamblea de Yahvé* (Dt. 23, 1; Lv. 21, 20).

CAPÍTULO 145

Los gemelos de Isaac

Rebeca, la mujer de Isaac, parió, cumplidos los sesenta años, dos mellizos, Esaú y Jacob. Al parecer estos hermanos siempre se llevaron mal. Ya se peleaban en el vientre de la madre antes de nacer y, a la hora del parto, se dieron de codazos por salir el primero y ganar el derecho de primogenitura. Ganó Esaú, que era el más fuerte, pero Jacob salió detrás, agarrado al talón de su hermano.

Esaú encañó como un pelirrojo corpulento, velludo, temperamental y algo insensato. Por el contrario Jacob era blandengue, tranquilo, reflexivo y dulce de carácter. Como es natural, el anciano Isaac sentía predilección por Esaú, que además era el primogénito destinado a heredar los rebaños y los derechos patriarcales.

La madre, como casi todas suelen hacer, se encariñó más con el débil, o sea, con Jacob.

Esaú era muy cazador, un hombre del campo, mientras que Jacob salió caserillo y no se apartaba de las jaimas, todo el día comineando a la sombra de su madre, lo que seguramente no le hacía mucha gracia a Isaac, que sacudía la cabeza pensando «¡Este muchacho...!».

Un día de los calurosos del verano regresa Esaú sudoroso y hambriento después de una jornada de caza en la que no había cobrado pieza alguna. Llega a casa y nada más entrar percibe el aroma de un delicioso potaje de lentejas que su hermano Jacob, experto cocinillas, acaba de apartar del fuego. Mira el hambriento Esaú la apetitosa olla de barro de la que asoma una hoja de laurel, la bulbosa corona salutífera de la cabeza de ajos y la escarcha cerrada y pobre, pero sabrosísima, de la cebolla.

—Dame ese guisado, Jacob, que vengo muerto de hambre.

Este aparta el guiso y le dice:

—Te lo cambio por tu derecho de primogenitura.

Por este, el hijo mayor heredaba del padre no solo los bienes sino el patriarcado de la familia, la autoridad sacerdotal.

Es evidente que Jacob está de broma. ¿A quién se le va a ocurrir la enormidad de cambiar la primogenitura por un plato de lentejas?

Pero Esaú es tan primitivo que no advierte la broma y accede:

—¡Lo que quieras, pero dame las lentejas!

Jacob se queda un momento pensativo. ¿Será posible que el tonto este esté hablando en serio?

Lo está, es evidente. Esta es mi ocasión, piensa el muy ladino: hoy me ha venido Yahvé a ver.

Y dijo Jacob: Júramelo en este día. Y Esaú se lo juró y vendió a Jacob su primogenitura. Entonces Jacob dio a Esaú pan y del potaje de lentejas; y él comió y bebió, y se levantó y se fue. Así menospreció Esaú la primogenitura (Gén. 25, 33, 34).[355]

Era obligado que antes de morir el patriarca de la familia transmitiera la primogenitura a su hijo mayor mediante una solemne bendición.

Isaac, sintiéndose viejo y ya casi ciego, llamó a Esaú y le dijo:

—Ve y caza algo, y prepárame un guisado de carne porque hoy te voy a bendecir como primogénito.

Salió Esaú a cazar y la taimada Rebeca, que había escuchado la conversación, ideó la manera de que su marido bendijera a Jacob tomándolo por Esaú. Llamó a Jacob y le dijo:

355. El caso es que Yahvé, el que todo lo ve y todo lo sabe, ya lo había anunciado antes de que nacieran los muchachos pero, como siempre se explica en tono tan solemne, los que lo escucharon no entendieron derechamente lo que quiso decir: *Dos naciones hay en tu vientre y dos pueblos serán divididos desde tus entrañas; y un pueblo será más fuerte que el otro pueblo, y el mayor servirá al menor* (Gén. 25, 23).

—Mata un par de cabritos y cocínaselos a tu padre que hoy te va a bendecir.

Jacob, siempre miedica, objetó:

—Madre, si padre me palpa notará que no soy Esaú, que él es velludo y yo lampiño y al descubrir la suplantación me puede maldecir. No vaya a ser peor lo roto que lo descosido.

—Ya he pensado en eso —le dijo Rebeca—. Tú cocina los cabritos y déjame a mí el resto.

Tomó Rebeca los mejores vestidos de Esaú y vistió con ellos a Jacob y le cubrió las manos y el cuello, donde no tenía vello, con las pieles de los cabritos de las cabras; y le entregó los asados y el pan que había preparado.

De esta guisa, Jacob fue a donde estaba su padre y dijo: Padre mío. Y él respondió: ¿Quién eres, hijo mío? Y Jacob dijo a su padre: Soy Esaú, tu primogénito; he hecho como me dijiste; levántate ahora, y siéntate y come de mi caza, para que me bendiga tu alma. Entonces Isaac dijo a su hijo: ¿Cómo es que hallaste caza tan pronto, hijo mío? Y él respondió: Porque Yahvé, tu Dios, hizo que la encontrase delante de mí. Y dijo: ¿Eres tú mi hijo Esaú? Y él respondió: Yo soy. Y dijo: Acércamela, y comeré de la caza de mi hijo, para que te bendiga mi alma; y él se la acercó, y comió; y le trajo también vino, y bebió. E Isaac dijo a Jacob: Acércate ahora y te palparé, hijo mío, para ver si eres mi hijo Esaú o no. Y se acercó Jacob a su padre Isaac; y él le palpó y dijo: La voz es la de Jacob, pero las manos son de Esaú. Y no le reconoció, porque sus manos eran velludas como las manos de Esaú; y lo bendijo Y le dijo Isaac, su padre: Acércate ahora y bésame, hijo mío. Y él se acercó, y le besó; y olió Isaac el olor de sus vestidos, y le bendijo y dijo: Mira, el olor de mi hijo es como el olor del campo que Yahvé ha bendecido. Dios, pues, te dé del rocío del cielo, y de las grosuras de la tierra y abundancia de trigo y de mosto. Sírvante pueblos, y naciones se inclinen ante ti; sé señor de tus hermanos, e inclínense ante ti los hijos de tu madre. Malditos los que te maldijeren, y benditos los que te bendijeren (Gén. 25, 15-29).

Las imágenes que reproducen la escena presentan a Isaac, ciego y anciano, palpando los brazos de Jacob sin descubrir la suplantación mientras que la madre, la artera Rebeca, vigila el patio, no sea que se presente Esaú y arme la marimorena.[356]

Con un afinado *timing*, que para sí lo quisieran los productores de las películas de la saga *Misión imposible*, las de Tom Cruise, en el preciso momento en que el anciano Isaac acaba de bendecir a Jacob, entra por aquella puerta, acalorado y sudoroso, el burlado Esaú llevando sobre los fatigados hombros un cervatillo sangrante. Rebeca ve aliviada que se ha ido derechamente a la cocina y, sin notar que allí huele a asado, despelleja la pieza, la destripa, la coloca sobre la parrilla y la asa.

Escena siguiente: Esaú le lleva el asado a Isaac sobre una bandeja de barro:

—*¿Quién eres tú?* —le preguntó Isaac.

Y él dijo:

—Yo soy tu hijo, tu primogénito, Esaú.

Y se estremeció Isaac con gran estremecimiento y dijo:

—¿Quién es el que vino aquí, que trajo caza, y me dio y comí de todo antes que tú vinieses? Yo le bendije, y será bendito. Vino tu hermano con engaño y te arrebató la bendición (Gén. 25, 32-33).

Esaú, al ver cómo el mierdecilla de su hermano lo había timado, *clamó con una muy grande y muy amarga exclamación,* eufemismo que hemos de interpretar como que soltó una retahíla de tacos que harían sonrojarse al carretero más soez, expresiones que el Libro Sagrado discretamente renuncia a reproducir.

Más sosegado, Esaú le dijo a su padre: *¿Y no hay bendición para mí?* Isaac movió la cabeza y dijo: Esto ya no tiene remedio, hijo mío, *lo he puesto por señor tuyo y le he dado por siervos a todos sus hermanos; de trigo y de vino lo he provisto. ¿Qué, pues, te haré a ti ahora, hijo mío? Y Esaú respondió a su padre: ¿No tienes más que una sola bendición, padre mío? Bendíceme también a mí, padre mío.*

356. El lector de la Biblia o el visitante de las iglesias puede sospechar que en el Libro Santo no se aprenden más que mañas y sinvergüencerías. Lea los Proverbios y comprobará que no siempre es así.

Y el grandullón se echó a llorar.

—Por tu espada vivirás y a tu hermano servirás —le dijo Isaac.

Más calmado, Esaú *dijo en su corazón: Llegarán los días de duelo por mi padre, y yo mataré a mi hermano Jacob* (Gén. 25, 40).

O sea, pensó: «En el momento en que muera mi padre, me cargo a ese cabronazo».

Rebeca, madre al fin y buena conocedora de sus hijos, vio que peligraba la cabeza de su favorito, así que fue a Jacob y le dijo:

—*Tu hermano Esaú se consuela con la idea de matarte. Levántate y huye a casa de Labán, mi hermano, y mora con él en Harán, hasta que el enojo de tu hermano se mitigue; hasta que se aplaque su ira y se olvide de lo que le has hecho; yo te llamaré cuando puedas regresar sin peligro* (Gén. 25, 42-45).

Jacob obedeció y puso pies en polvorosa.

CAPÍTULO 146

La escalera de Jacob

Huyó Jacob y cuando se le hizo de noche se envolvió en su manto y se dispuso a dormir con una piedra por cabecera. Estaba tan agotado de las emociones del día que enseguida le sobrevino un profundo sueño y *vio una escalera que desde la tierra llegaba al cielo; por la que subían y bajaban los ángeles. Y Yahvé desde lo alto de la escalera le dijo: «Soy Yahvé, el Dios de Abraham, tu padre, y el Dios de Isaac; te daré la tierra en que estás acostado a ti y a tu descendencia. Y será tu descendencia como el polvo de la tierra, y te extenderás al occidente, y al oriente, y al norte y al sur; y todas las familias de la tierra serán benditas en ti y en tu descendencia. Que sepas que estoy contigo, y te guardaré por dondequiera que fueres y volveré a traerte a esta tierra; porque no te dejaré hasta que haya hecho lo que te he prometido»* (Gén. 28, 12-15).

Amaneció el día y cuando Jacob despertó recordó el sueño y se dijo: *Ciertamente Dios está aquí, y yo no lo sabía. Y sintió pavor y dijo: ¡Cuán asombroso es este lugar! Aquí está la casa de Dios y la puerta del cielo. Y tomó la piedra que le había servido de cabezal y la clavó enhiesta, y derramó aceite sobre ella diciendo: Esta piedra que he puesto por señal será casa de Dios. Y llamó el nombre de aquel lugar Betel, aunque el nombre primitivo de la ciudad era Luz* (Gén. 28, 16-19 y 22).

Y para solemnizar el momento prometió a Yahvé que, si lo protegía y le daba con qué comer y vestirse, le entregaría un diezmo de sus ganancias.[357]

357. O sea le pide a Yahvé que le otorgue prosperidad en los negocios y le promete a cambio un décimo de los beneficios. No cabe duda de que es un buen negociador, como suelen serlo los judíos, sus descendientes, a pesar de las frecuentes distracciones de Yahvé en la supuesta protección que les otorga.

CAPÍTULO 147

El betel o casa de Dios

En la historia del sueño de Jacob cobra gran importancia la piedra que le sirvió de cabezal y que después erigió y llamó Betel (בית אל *Bêt El*), «la casa de Dios». De esa expresión deriva la palabra *betilo*, que designa a una piedra sagrada en variedad de culturas. Y la adoración de betilos es universal: en Mesopotamia es el *abadir*; en Egipto, el *Ben-ben* de Heliópolis; en Grecia, el *omphalos* de Delfos...

Las diosas madre de la prehistoria, propiciatorias de la fertilidad, se representaban mediante piedras esféricas, imagen del huevo primordial depositado en el interior de la caverna, la matriz de la tierra, junto a un manantial.

En la literatura romana se mencionan muchas piedras sagradas o *silex religiosa*.[358] La principal, venerada en el Capitolio como Cibeles, procedía de Pesimunte (Anatolia). Cuando el Imperio romano se convirtió al cristianismo, los obispos intentaron desarraigar los cultos relacionados con las piedras y las cuevas sagradas.

En España, en 681 y 682, los Concilios de Toledo excomulgaron a los *veneratores lapidum*, los «adoradores de piedras», una medida que no surtió el menor efecto. En vista del fracaso, la Iglesia tuvo que admitir una solución de compromiso, un sincretismo cristiano-pagano. Ya que el pueblo sencillo continuaba aferrado a aque-

358. Sobre el significado del culto a las piedras, véase Mircea Eliade, 1975, pp. 253 y ss.

llas representaciones de la Diosa Madre, lo mejor era cristianizarlas. A partir del siglo XII, una multitud de Vírgenes Negras se instaló en los antiguos santuarios de la Diosa Madre, que se convirtieron en iglesias o ermitas consagradas a Nuestra Señora.[359]

Una oportuna leyenda justifica cualquier asociación. La Virgen del Pilar, patrona de Zaragoza en particular y de España en general, se apareció a Santiago Apóstol encima de un pilar de piedra o columna, lo que justifica la veneración de esta piedra, hoy protegida por una funda de plata con una abertura que facilita el ósculo de los devotos (como la Kaaba de La Meca). Con este y similares subterfugios la jerarquía eclesiástica se asegura de que los fieles adoren la piedra que era sustento y peana de Nuestra Señora.[360]

El origen pagano de estas advocaciones marianas se observa todavía en el rito que cumplen las personas piadosas. En la antigüedad los devotos de la deidad daban la vuelta al betilo o, al menos, lo tocaban. En el «promontorio sacro» (*Hierón Akrotérion*), identificable como el cabo San Vicente, cuenta Estrabón que «se ven unas piedras a las que dan la vuelta los que se acercan al lugar, siguiendo la costumbre del país».[361]

359. En Éfeso, donde se asevera que la histórica madre de Cristo vivió sus últimos años y falleció, existía una piedra negra muy venerada que denominaban *karatchalti*. La Iglesia se la apropió explicando que la Virgen subió al cielo desde esta piedra, como Mahoma hizo lo propio desde la que corona el cerro del Templo, hoy protegida por la mezquita de Al-Aqsa, en Jerusalén. Esta conversión no es un fenómeno exclusivo del cristianismo: recordemos la piedra negra empotrada en una esquina de la venerada Kaaba, en La Meca, un antiguo símbolo de fecundidad y de fertilidad. *Kaaba*, que significa literalmente «la tetuda», la Núbil, o sea, la Diosa Madre.

360. Muchas de las piedras sagradas se han perdido. Otras, muy pocas, han recuperado parte del misterio original, como el betilo esférico que sirvió de peana a la antigua Virgen del Soterraño (hoy «de la Antigua», patrona de la catedral de Jaén). Desligado de su emplazamiento sagrado original, el betilo se conserva junto a la iglesia de Santa María de Arjona, donde se conoce como *piedra de los deseos*.

361. Estrabón, *Geografía*, III, 1, 7. La noticia procede de la descripción topo-

La asociación piedra sagrada-Virgen explica que muchas imágenes medievales de la Virgen presenten una enorme peana esferoide desproporcionada si la comparamos con la exigua estatura de la imagen. Son el recuerdo de la piedra primitiva ya desaparecida que sustentaba la imagen.[362] En distintos templos españoles encontramos betilos que siguen recibiendo culto más o menos encubierto: en la catedral de Toledo se custodia uno encerrado en un edículo de mármol rojo no mayor que un buzón de correos, adosado a la capilla del Descendimiento (o la Descensión de la Virgen).[363] En el monasterio de Guadalupe, a los lados de la escalera de entrada a la basílica, unas rejas de un par de palmos de ancho permiten ver y tocar la piedra sagrada sobre la que, según la tradición, la Virgen posó los pies en su visita a aquel santuario.

Un antiguo mito escocés pretende que los reyes de aquella nación descienden de Jacob y que su betilo es la Piedra de Scone sobre la que se consagraban los antiguos reyes de Escocia. En 1308 la Piedra de Scone se llevó a Londres y se colocó bajo el trono de Inglaterra, de manera que cuando los reyes se sentaban sobre ella para

---

gráfica de Artemidoro de Éfeso (*Geographoúmena*) (Vasconcelos, 1897, p. XXIV; 1907, pp. 10-14, y 1913, pp. 207-210). El santuario existe todavía en forma de ermita a la que se accede a través de una fortificación. Hoy, en los santuarios de la Virgen (y en los de algunos santos), los devotos ascienden por unas escaleras angostas hasta el camarín de la imagen y bajan por otro tramo en el lado opuesto después de tocar la imagen o santiguarse al pasar por el lugar sagrado, el camarín propiamente dicho, que está fundado sobre la roca. En la ermita de san Frutos de Duratón (Segovia), el devoto entra por una puertecita abierta a un lado del altar, gatea en torno al betilo cobijado en aquella estrechura y sale por otra puertecita en el lado opuesto.

362. La sacralización de la piedra perdura todavía entre nosotros cuando un clérigo bendice solemnemente la primera piedra de un edificio.

363. La piedra solo es visible a través de dos ventanitas enrejadas por las que las devotas introducen un dedo para tocarla e impregnarse de santidad. Según la tradición, se trata de la misma piedra sobre la que la Virgen María posó sus plantas cuando descendió del cielo para imponer una casulla a san Ildefonso, arzobispo de aquella diócesis.

recibir la bendición se consideraban consagrados simultáneamente en los dos reinos. Como vimos páginas atrás, la piedra se custodia desde 1996 en el castillo de Edimburgo pero el protocolo prevé que se traslade a Londres para las ceremonias de coronación de reyes futuros.

CAPÍTULO 148
Jacob esposo, padre, yerno y ganadero

Jacob fue a Padán Aram, en Mesopotamia, se presentó ante su tío Labán, el arameo, hermano de su madre Rebeca, y contó lo que había pasado y por qué huía de su hermano.

—Sé bienvenido —le dijo Labán—, aquí tienes tu casa. Me vendrá bien que ayudes con los rebaños.

Tenía Labán dos hijas, Lía y Raquel, dos delicadas florecillas del desierto, especialmente la primera, que a causa de un problema ocular tenía que quedarse en casa. Raquel, en cambio, pastoreaba un rebaño.

Jacob se enamoró de Raquel, pero la costumbre de entonces era comprar a la novia entregando al suegro las cabezas de ganado que se acordaran en el trato. Dado que él no tenía posesión alguna, ofreció comprar a la novia con siete años de trabajo no remunerado. Labán estuvo de acuerdo.

Cumplidos los siete años, Jacob reclamó a la novia y se organizó la boda. Caída la noche y despedidos los invitados, el novio llegó a la alcoba nupcial hay que imaginar que como un venado en celo después de la espera de siete años. Entonces el taimado Labán aprovechó la oscuridad del aposento para introducirle a su hija Lía, la mayor, la cegarruta, en lugar de la prometida Raquel.

Jacob, achispado por las frecuentes libaciones, el miembro túrgido como el pescuezo de un cantaor flamenco, no distinguió al tacto la identidad de la mujer y pensando que se las había con Raquel se allegó a Lía, entró en ella y consumó reiteradamente el himeneo. Cuando amaneció y advirtió la sustitución, fue a quejarse a Labán.

—Esto no era lo acordado, tío. Yo quería a Raquel y no a Lía.

—Es que aquí es costumbre casar primero a la mayor —pretextó Labán—, pero si quieres también a Raquel, no hay problema: tuya es con tal de que me sirvas otros siete años.

Pero esta vez se la concedió por adelantado y Jacob, tan contento con sus dos primas, aunque Raquel le gustaba más, sirvió otros siete años.

No disimulaba Jacob que Raquel era su favorita y a Lía la tenía un poco olvidada. Sin embargo Yahvé se apiadó de la pobre Lía y la bendijo con la maternidad (cuatro hijos en cuatro años: Rubén, Simeón, Leví y Judá).

Raquel, por el contrario, no terminaba de quedarse preñada y no porque Jacob no se allegase a ella, que lo hacía y con la debida frecuencia, sino porque al parecer era estéril, así que recurrió al vientre de alquiler bíblico: que sus hijos los tuviera su esclava Bilhá.

Y Raquel le dijo a Jacob: He aquí mi sierva Bilhá; llégate a ella y dará a luz sobre mis rodillas, y yo también tendré hijos de ella. Así le dio a Bilhá su sierva por mujer; y Jacob se llegó a ella. Y concibió Bilhá y dio a luz un hijo a Jacob al que pusieron por nombre Dan (Gén. 30, 4).

Detrás de Dan nació otro de Bilhá: Neftalí.

Lía, viendo que Raquel tenía hijos, se enceló y entregó a Jacob a su esclava Zilpá para que se allegara a ella, y la chica quedó embarazada y trajo al mundo nuevos hermanitos, primero Gad y al año siguiente Aser.

Ya vemos las dificultades conyugales del pobre Jacob: casado con dos hermanas que rivalizan y le meten en la cama a dos esclavas paridoras. Imaginemos la situación: de día pastor de ovejas, un trabajo especialmente duro en aquellos pedregales donde solo se cría una hierba rala y escasa; de noche, cuando regresas, reventadito, tienes que cumplir con cuatro esposas que andan de pique a ver cuál pare más. A ver si no es para salir a comprar tabaco y que te busquen en Australia (donde como es sabido se rifan a los pastores de ovejas).

Las hermanas estaban empatadas a hijos, pero Lía seguía celosa de Raquel, porque era la preferida de Jacob.

Llegó el tiempo de segar los trigos, y Rubén encontró mandrágoras en el campo, y las trajo a Lía su madre. A Raquel se le antojaron las mandrágoras y se las pidió a Lía, quien replicó: «¿No te conformas con haberme arrebatado el marido, también quieres las mandrágoras de mi hijo?». Entonces Raquel le ofreció que, si le daba las mandrágoras, le cedería a Jacob aquella noche. Cuando Jacob regresó del campo salió Lía a su encuentro y le dijo: «Llégate a mí, porque a la verdad te he alquilado por las mandrágoras de mi hijo». Y durmió con ella aquella noche. Y oyó Yahvé la súplica de Lía; y concibió el quinto hijo a Jacob, el llamado Isacar, tras el cual tuvo otro, Zabulón, y una hija, Dina (Gén. 30, 14-17).

Raquel se sentía desgraciada, porque su hermana y rival la ganaba a hijos, y Yahvé se apiadó de ella y le concedió un nuevo retoño: José.

Había pasado el tiempo y Jacob sentía añoranza de Beerseba, la tierra de su infancia, la casa de Isaac. Esperaba que a su hermano Esaú se le hubieran pasado las ganas de asesinarlo.

Fue Jacob a Labán y le dijo:

—Me vuelvo a mi tierra.

Labán, para retenerlo, le ofreció una participación en sus rebaños. Llegaron a un acuerdo: Labán se quedaba con las ovejas y cabras negras o con manchas oscuras y Jacob con las que presentaran listas más claras.

Jacob se sirvió del engaño de nuevo, esta vez con su suegro. Habiendo notado que los carneros cubren a las ovejas en los abrevaderos mientras ellas beben, cuando venía un rebaño de ovejas vigorosas les colocaba delante del pilón varas de álamo, avellano y castaño que había descortezado previamente para que se viera lo blanco. De ese modo las ovejas parían borregos listados de blanco que acrecentaban su rebaño. Por el contrario cuando acudían a beber las ovejas más deficientes quitaba las varas para que concibieran preferentemente animales débiles.

Notó Labán que su yerno se iba quedando con los mejores ejemplares y le dejaba a él los deficientes y cambió el trato: en adelante los borregos que nazcan con manchas oscuras serán para ti y los que nazcan con líneas más claras para mí.

—Vale, padre —le dijo Jacob.

Y en adelante les ponía las varas peladas a las ovejas más oscuras.

Dos o tres veces se empeñó Labán en cambiar el trato y siempre los mejores borregos caían en el lote de Jacob.

O sea, en su afán de estafar al suegro, Jacob inventó la selección de ganado.

Resultado: *Y se enriqueció el varón muchísimo, y tuvo muchas ovejas, y siervas y siervos, y camellos y asnos* (Gén. 30, 43).

O sea, este tipo, Jacob, el favorito de Yahvé según estamos viendo y veremos, es un estafador que primero tima a su hermano y engaña a su anciano padre para hacerse con la primogenitura, y ahora defrauda a su confiado suegro que lo acogió en su casa cuando no era nadie, un pobre fugitivo, y le dio en matrimonio a sus dos hijas, las dos florecillas de su jardín.

Recordemos que Yahvé también sentía predilección por Abraham, otro pájaro de cuenta. Ya se va viendo que, en efecto, sus designios son inescrutables. Cuando apuesta por alguien y le sale rana, jamás rectifica: sostenella y no enmendalla. Por eso vemos cada elección de papa (recuerden que los escoge el Espíritu Santo) que es para echarse a temblar. Miren si no el peronista que nos apacienta ahora.

Advirtió Jacob que tanto Labán como sus hijos empezaban a mirarlo atravesado a causa de la desproporción de sus respectivos rebaños, que parecía cosa de magia. Pensó: mejor será poner tierra por medio antes de que tengamos conflictos. Llamó pues a sus dos esposas, Lía y Raquel, y les dijo: *Ayer se me apareció Dios en sueños y me dijo: Yo soy el Dios de Betel, donde tú ungiste la piedra, y donde me hiciste un voto. Levántate ahora y sal de esta tierra, y vuélvete a la tierra de tu nacimiento* (Gén. 31, 13).

Así fue como después de veinte años en casa de su tío Labán, rico en rebaños e hijos (y en esposas, cuatro ya si contamos las del vientre de alquiler), Jacob, siempre taimado, reunió sus rebaños con nocturnidad y alevosía y cruzando el Éufrates sin despedirse de su suegro tomó el camino de regreso a su Canaán natal.[364]

Cuando Labán supo que Jacob había huido reunió a los suyos y lo persiguió. A los siete días lo encontró acampado en el monte Galaad, se encaró con él y le dijo, más dolido que iracundo:

—*¿Qué has hecho, que me engañaste, y has traído a mis hijas como prisioneras de guerra? ¿Por qué te escondiste para huir, y me engañaste, y no me lo hiciste saber para que yo te despidiera con alegría y con cantares, con tamborín y arpa? Y además me has robado a mis dioses* (Gén. 32, 26-27).

Esto dijo Labán porque era idólatra y adoraba a unas figurillas de dioses que Raquel se había llevado consigo sin advertírselo a Jacob.

—Yo no te he robado los dioses —se defendió Jacob.

Labán no se fiaba. Registró las tiendas de su yerno y las de sus hijas, pero Raquel había escondido los dioses en la albarda de su camello y se había sentado encima. Cuando Labán llegó a ella con el registro le dijo:

—Dispensa, padre, que no me levante, porque estoy con *eso que nos pasa a las mujeres.*

O sea, con la regla. El padre siguió registrando los hatos de otras tiendas y, claro, no encontró las estatuillas sustraídas.

En vista de que no daba con sus ídolos, Labán se serenó, pero Jacob, el ladino, conociendo que la mejor defensa es un buen ataque, le reprochó lo que había trabajado para él durante los pasados veinte años.

Labán agachó la cabeza. En el fondo su yerno tenía razón (aunque nosotros sabemos que lo había estafado con las ovejas). Así que

364. ¡El Éufrates! Servidor de ustedes lo ha cruzado por un puente de hierro que discurre sobre cañaverales espesos, entre huertecillas regularmente mantenidas con más yerbajos que tomateras y pepinos. Inolvidable la carpa del Éufrates (*Squalius lepidus*), que a pesar de haberla calcinado a la parrilla se resistía a abandonar su intenso sabor a cieno y que deglutimos a base de tragos de cerveza calenturria bajo el emparrado de un comedero turístico cercano a las ruinas de Mari, campos de soledad, mustio collado.

quedaron tan amigos. Para que en el futuro no hubiera enemistades entre ellos pactaron que aquel monte fuera la divisoria entre sus respectivos pastizales y términos.

Para conmemorarlo levantaron un majano, o sea, un montón de piedras, y comieron en paz encima de él el consabido cordero asado.[365]

Dijo Labán: Testigo sea este majano, y testigo sea esta señal, que ni yo pasaré de este majano contra ti, ni tú pasarás de este majano ni de esta señal contra mí, para mal. Durmieron allí aquella noche y se levantó Labán de mañana, y besó sus hijos y sus hijas, y los bendijo; y regresó y se volvió a su lugar (Gén. 31, 52-55).

365. Hay un paralelo interesante de esta fiesta de amojonamiento en la España del siglo xv: «E por memoria los dichos moços y muchachos de las dichas ciudades y de sus lugares de Caçalilla y Villanueva… mataron un carnero a cañaverazos, con cañas agudas, y le cortaron la cabeça, la cual fue soterrada en medio del dicho mojón. E algunos dixieron que le pusiesen por nombre el mojón del carnero» (Iranzo, 1940, p. 428).

CAPÍTULO 149

Jacob lucha con el ángel

Había pasado el tiempo, pero Esaú guardaba intactos sus rencores, así que cuando supo que su hermano el usurpador de su primogenitura se acercaba aparejó una cuadrilla de cuatrocientos hombres para salir a su encuentro y darle su merecido.

Entonces Jacob tuvo gran temor, y se angustió; y distribuyó el pueblo que tenía consigo, y las ovejas y las vacas y los camellos, en dos campamentos. Y dijo: Si viene Esaú contra un campamento y lo ataca, el otro campamento escapará (Gén. 32, 7-8).

Jacob empezó a enviarle a partir de aquel momento costosos regalos, rebaños mayormente, para ver si lo apaciguaba.[366]

La víspera del encuentro, ya en tierras de Esaú, Jacob, que hasta entonces se había comportado como un cobarde, se enfrentó con un misterioso personaje que le salió al paso cuando se encontraba solo al otro lado de un barranco. Pero ¿no quedamos, páginas arriba, en que era un alfeñique? Lo fue, en su más tierna juventud y adolescencia, pero los años pasados como pastor, enfrentándose a otros de su oficio por los pastos y a las alimañas del campo por los corderos, lo habían curtido y habían hecho de él un virtuoso con el cayado de acebuche.

366. *Lotes de doscientas cabras y veinte machos cabríos, doscientas ovejas y veinte carneros, treinta camellas paridas con sus crías, cuarenta vacas y diez novillos, veinte asnas y diez borricos* (Gén. 32, 14-15) que le llegaban con un día de diferencia.

La lucha de Jacob con el desconocido es una de las escenas culminantes de la Biblia, así que oído al parche porque vamos al documento mismo: *Y se levantó aquella noche, y tomó sus dos mujeres, y sus dos siervas, y sus once hijos, y pasó el vado de Yabboq. Los tomó, pues, e hizo pasar el arroyo a ellos y a todo lo que tenía. Así se quedó Jacob solo; y luchó con él un varón hasta que rayaba el alba. Y cuando el varón vio que no podía con él, tocó en el sitio del encaje de su cadera, y se descoyuntó el muslo de Jacob. Y dijo: «Déjame, porque raya el alba». Y Jacob le respondió: «No te dejaré, si no me bendices». Y el varón le preguntó: «¿Cómo te llamas?». Y él respondió: «Jacob». Y el varón le dijo: «En adelante no te llamarás Jacob sino Israel* [el que lucha con Dios] *porque has luchado con Dios y con los hombres, y has vencido». Entonces Jacob le preguntó: «Dime tu nombre». Y el varón respondió: «¿Por qué me preguntas por mi nombre?». Y lo bendijo allí. Y llamó Jacob aquel lugar, Penuel* [el rostro de Dios]*; porque dijo: «Vi a Dios cara a cara, y se libró mi alma». Y cuando había pasado Penuel, salió el sol; y Jacob cojeaba de su cadera. Por esto no comen los hijos de Israel, hasta hoy día, del tendón que se contrajo, el cual está en el encaje del muslo; porque tocó a Jacob este sitio de su muslo en el tendón que se contrajo* (Gén. 32, 22-32).[367]

La cojera de Jacob (en adelante Israel) nos recuerda la iniciática del rey sagrado, que nos remite a ritos ancestrales de muchos pueblos. Lo resumo: un rey electo, encarnación del dios solar, se casaba con la Diosa Madre, el principio femenino de la divinidad, pero era sacrificado en el tiempo de la cosecha para reencarnarse en su sucesor, otro rey sagrado, al llegar la primavera. Es de suponer que el sangriento rito se suavizó con el tiempo y la cosa quedó en que se lesionaba al rey sagrado encojándolo en lugar de sacrificarlo, lo que resulta mucho más llevadero.[368] Más adelante se escogería alguna

367. El sitio donde ocurrió la lucha de Jacob, ahora Israel, con el ángel de Dios se ha identificado como Tubulet Drahab, una altura cercana al río Yabboq cuyo contorno se parece a un perfil humano.

368. «El motivo de los héroes heridos en una pierna o en un pie, en el trans-

víctima animal para librar al rey sagrado de arrastrar la pierna de por vida.

curso de una lucha u otra prueba relacionada con su viaje iniciático, es muy frecuente no solo en la mitología antigua, sino también en relatos míticos del resto del mundo, y se suele asociar al tema más general de la cojera mítico-ritual y/o del "monopodismo"» (Grau y Crespo Mas, 2012, p. 48). Frazer señala que al rey-sacerdote prerromano lo sacrificaba su sucesor en la festividad de Nemi. «En general, los personajes mitológicos vinculados con el mundo de los herreros suelen ser cojos, lo cual quizá esté relacionado con la costumbre de lisiarlos para que no se fueran a fabricar armas para el enemigo» (Méndez Filesi, «Dédalo y Völundr» en el blog *El jardín de los dioses*). Toynbee piensa que más bien demuestra que, en lugar de sacrificar a los impedidos, se les dedicaba a la herrería. Para Mircea Eliade: «Las invalideces de los personajes (tuerto, cojo, etc.) recuerdan probablemente mutilaciones relacionadas con la iniciación [...] Se trataría de un reflejo de las iniciaciones propias de las sociedades secretas de guerreros (*männerbunde*)».

CAPÍTULO 150

El buenazo de Esaú se reconcilia con Jacob

Llegó el momento decisivo del encuentro de los dos hermanos: Jacob el usurpador y Esaú el usurpado, que traía con él a cuatrocientos hombres, hay que suponer tan bragados como su jefe, capaces de exterminar no solo al hermano ladrón y a sus gentes sino, según la cruda costumbre bíblica, al tropel de rebaños que lo seguían.

Pero Yahvé estaba de parte de Jacob, así que la amenaza se quedó en nada. Esaú, que en el fondo era un buenazo, vio venir a su hermano ya canoso, rodeado de sus mujeres e hijos, lo vio hacerle siete reverencias antes de llegarse a él, se le ablandó el corazón *y corrió a su encuentro, y lo abrazó, y se echó sobre su cuello y lo besó; y lloraron abrazados.*

Tras la emotiva escena de la reconciliación fraterna, Jacob le presentó a su familia y todo fueron agrados y buenaventuras. De este modo regresó Jacob a su tierra, rico y próspero, a la ciudad de Siquem, en Canaán. Compró un campo por cien monedas y erigió un altar que llamó *El-Elohe-Israel*, o sea: «Dios es el Dios de Israel».[369]

Andando el tiempo, los rebaños de los dos hermanos habían crecido tanto que no había pastos suficientes, por lo que acordaron que Esaú, el buenazo de Esaú, se trasladara con sus rebaños, sus mujeres y sus hijos a otra tierra. Así lo hicieron y los descendientes de Esaú fueron los edomitas.

369. אֵל אֱלֹהֵי יִשְׂרָאֵל *ĕl ĕlʼōhe īzʼra əl, el-elohe-israel*, «Dios es el Dios de Israel».

CAPÍTULO 151

Los hijos de Jacob

Los doce hijos de Jacob —Rubén, Simeón, Leví, Judá, Isacar, Zabulón, Dan, Neftalí, Gad, Aser, José y Benjamín—, aunque se habían criado en tierras extrañas, se adaptaron bien al clima más seco y a las costumbres igualmente secas de Canaán. Solo tenían una hermana, Dina, la princesa de la familia, a la que adoraban. Un mal día salió Dina *a ver a las hijas del país*, o sea, a hacer amigas, y la vio un tal Siquem, hijo de Hamor, uno de los principales del lugar. Le gustó la muchacha y, usando de esa franqueza un poco rústica con la que por allí se cortejaba, la violó. No obstante, pasados los hervores del deseo, el chico se enamoró de la estuprada y le dijo a Hamor, su padre, que la quería por esposa. Hamor fue entonces a ver a Jacob, según la costumbre, para pedirle la mano de Dina.

Los hermanos de Dina se indignaron al saber que el petimetre aquel había violado a su hermana, pero dado que ofrecía reparar la ofensa casándose con la chica y que aportaba una dote satisfactoria, pareció que el asunto se arreglaba pacíficamente. Tan solo pusieron una objeción: *No podemos hacer esto de dar nuestra hermana a hombre incircunciso, porque entre nosotros es abominación. Mas con esta condición os complaceremos: Si habéis de ser como nosotros, que se circuncide entre vosotros todo varón* (Gén. 34, 14-15), pero si no os circuncidáis, no hay trato y nos llevamos a la niña. Siquem y Hamor estaban por agradar y por reparar el daño, así que no tuvieron inconveniente en circuncidarse junto con todos los suyos.

La circuncisión o corte del prepucio, ya lo estamos viendo, es la señal de entrar en comunión con el Dios de los judíos, con Yahvé. Cuando se le hace a un bebé de ocho días, como es costumbre, el chico apenas se entera, pero si te lo hacen ya adulto y sin anestesia puedes estar dolorido e indispuesto unos cuantos días.

Siquem, Hamor y todos los suyos se circuncidaron *y sucedió que al tercer día, cuando sentían ellos el mayor dolor, dos de los hijos de Jacob, Simeón y Leví, hermanos de Dina, tomaron cada uno su espada, y fueron contra la ciudad con audacia y mataron a todo varón. Y a Hamor y a su hijo Siquem los mataron a filo de espada; y tomaron a Dina de casa de Siquem y se fueron. Y los hijos de Jacob pasaron sobre los muertos y saquearon la ciudad, en venganza por la violación de su hermana* (Gén. 34, 25-27).

Tras el estropicio, la ganancia. Los hijos de Jacob fueron a la ciudad, pasaron sobre los muertos y arramblaron con cuanto había de valor: ovejas, vacas, asnos y enseres domésticos. Además cautivaron a sus niños y a sus esposas.

Cuando supo lo ocurrido, Jacob afeó su conducta a Simeón y a Leví: ¿No veis que ahora los cananeos y los fereceos que habitan esta tierra nos atacarán y nos destruirán?

—¿Qué querías, padre, que ese canalla se fuera de rositas después de tratar a nuestra hermana como si fuera una puta? —respondieron los culpables.

CAPÍTULO 152

José vendido por sus hermanos

Los hijos de Jacob se dedicaban al pastoreo que era la hacienda familiar y, como suele ocurrir entre hermanos, había entre ellos ciertas diferencias, más siendo hijos de cuatro madres distintas.

José, de diecisiete años, era el ojito derecho de Israel (antes Jacob), que le compró una túnica de colorines y le encomendaba tareas ligeras mientras que sus hermanos pastoreaban los rebaños familiares bajo el ardiente sol o los aguaceros (pocos, cierto es) del invierno. Quizá Israel (antes Jacob) le encontraba algún parecido con él mismo cuando tenía su edad y andaba siempre pegado a las faldas de la abuela Rebeca.

El resto de los hermanos despreciaban a José porque era el típico acusica que le iba a Israel (antes Jacob) con el cuento cada vez que perpetraban una pillería. Si un día mataban un choto para darse un homenaje, más valía que José no se enterara, porque en cuanto volvieran del aprisco tenían la bronca asegurada.

Tampoco es que el muchacho se esforzara en ganarse a sus hermanos. Un día les contó un sueño que había tenido:

—Estábamos segando el trigo y mi haz de espigas se mantenía erguido, mientras que los vuestros se inclinaban ante él.

—¿Será porque tú eres nuestro rey y señor? —dijeron los hermanos, y la tirria que le tenían aumentó.

A los pocos días regresó dale que te pego con otro sueño:

—El sol, la luna y once estrellas se inclinaban ante mí.

La interpretación requería poco esfuerzo: el mocoso se creía merecedor de que lo adoraran el padre, la madre y los once hermanos. Estos últimos aborrecían tanto a José que pensaron en matarlo, pero Rubén sugirió arrojarlo a una cisterna del desierto, lo que les evitaría mancharse las manos de sangre. En realidad no era tan malo como los otros y había pensado en liberarlo para que pudiera regresar junto al padre.

Rubén era más sensato que sus hermanos, aunque también tenía sus cosillas. Por ejemplo tuvo trato carnal con Bilhá, la concubina de su padre, lo que no deja de ser una falta de respeto.

No se me distraigan con el asunto del fornicio y regresemos al hato el día aciago en que habían programado el asesinato del mancebillo impertinente. Cuando llegó a ellos con la merienda, lo despojaron de la túnica de colores y lo arrojaron a una cisterna vacía. Sin embargo quiso Yahvé que al poco rato acertara a pasar cerca de allí una caravana de ismaelitas que iban con sus camellos camino de Egipto a buscar perfumes, bálsamo y mirra.

—¿Por qué no les vendemos a José y así nos ganamos unos cuartos? —propuso Judá.

A los otros hermanos les agradó la idea (Rubén, el único que hubiera podido objetar, se hallaba ausente en aquel momento). Salieron al encuentro de los caravaneros y, tras un breve regateo, les vendieron a José por veinte piezas de plata. Después se repartieron el botín y fueron a Jacob con la túnica de colores manchada con sangre de cabrito.

—¡Al pobre José lo han devorado las fieras! —exclamó el desconsolado anciano, y por más que intentaron consolarlo no pudieron, tan profundo era su pesar—.[370] Prefiero morir y acompañar a mi hijo en el Seol.[371]

370. ¿Fieras en la tierra de la Biblia?, se extrañará el lector habituado a los reportajes de National Geographic. En Oriente Medio existió una subespecie de leones (*Panthera leo persica*). Por eso aparecen en bastantes pasajes de la Biblia, donde la tribu de Judá los toma por símbolo. Aún hoy vemos dos altorrelieves de leones en la puerta homónima de la muralla de Jerusalén. Los últimos leones de la región se extinguieron a finales del siglo XIX, cuando los miembros de la legación alemana se aficionaron a cazarlos.

371. El Seol (hebreo: שאול), «el insaciable», es el lugar adonde van las almas de los muertos. Equivale a los vocablos griegos *Hades* y *Gehena*, que también aparecen en el Nuevo Testamento. No es un castigo ni allí se padece como en el infierno cristiano, que ese no hay religión que lo iguale.

CAPÍTULO 153

Curiosos usos patriarcales

Por aquel tiempo Judá se ayuntó con una cananea de nombre Súa y le hizo varios hijos, a saber: Er, el primogénito; Onán, el segundo y Sela, el tercero.

Judá casó a Er, su primogénito, con una chica llamada Tamar pero era malo y Yahvé le quitó la vida antes de que su mujer concibiera. Ya hemos visto en páginas pretéritas que la viuda sin hijos se casaba con el hermano del difunto y, si concebía descendencia, se le adjudicaba al fallecido. Así que Judá casó a la viuda Tamar con Onán, pero este era tan artero que cuando se ayuntaba con ella se derramaba fuera, o sea practicaba el *coitus interruptus* (vulgo *estirón*). Esto hacía *para no dar descendencia a su hermano* (Gén. 38, 9). El caso era grave y Yahvé lo castigó quitándole la vida. Nunca hubiera pensado el taimado Onán que su nombre se asociaría a la masturbación u onanismo, que aunque no sean exactamente lo mismo han venido a confundirse en los manuales de los confesores.

Muerto Onán, la tarea de preñar a la viuda Tamar recaía en el tercer hijo de Judá, Sela, pero Judá temió que esto acabara con él (quizá recelaba que a los dos anteriores los había deslechado del excesivo comercio sexual) y pretextando que todavía era muy joven para estrenarse devolvió a Tamar a casa de su padre con la promesa de que cuando el muchacho encañara ya la llamaría.

Pasó el tiempo, al muchacho le salió la pelusilla en la cara y el acné que evidencia la tormenta hormonal, y se despertaba por las mañanas con el instrumento duro como un cuerno, pero Judá no llamaba a Tamar para casarlos. Conque esas tenemos, pensó la viuda, que no quería quedarse sin hijos. Y sabiendo que Judá iba a Timnat a inspeccionar a los esquiladores de sus rebaños se quitó las tocas de viuda, se compuso para estar apetecible, se cubrió el rostro con un velo para que no la reconociera y se apostó a la entrada de Enaim, por donde había de pasar su suegro. Cuando lo vio llegar, se hizo la encontradiza. Viendo a aquella mujer tan compuesta, Judá pensó que era una rabiza que ejercía su oficio a las puertas de la ciudad, le gustaron sus hechuras y le solicitó una prestación. Tamar, muy en su papel, le dijo: *¿Y qué me darás si te llegas a mí?* (Gén. 38, 16).

—Te enviaré un cabrito de las cabras.

—Dame algo en prenda hasta que lo reciba —solicitó la presunta prostituta.

—¿Qué quieres?

—Ese anillo que llevas, el cordón que te ciñe los lomos y el báculo que sostienes en la mano.

Evitaré crudezas, como hace el Libro Santo: *Y él se los dio y se llegó a ella, y ella concibió de él* (Gén. 38, 18). Llegó Judá a donde sus rebaños y envió a un propio a llevarle el cabrito a la prostituta, «la que hace la acera en la puerta de Enaim —le indicó—, y que te devuelva lo que le dejé en prenda», pero el recadero regresó con el cabrito a cuestas.

—Ni allí hay puta ni nadie la conoce —dijo.

Judá se encogió de hombros, volvió a sus asuntos y se olvidó del tema. Total, el anillo era de hierro y no valía nada, así que el casquete le había salido gratis. Pero no habían pasado tres meses cuando las lenguas de doble filo le fueron con el cuento:

—Tu nuera Tamar ha fornicado y está preñada a causa de sus fornicaciones.

En aquel tiempo a las adúlteras (y así se consideraba a las viudas que no le guardaban ausencias al difunto) era piadosa costumbre quemarlas vivas. Luego, ya en tiempos de Jesús, se suavizaron los usos, hubo más cultura y ya solo las mataban a pedradas.

—¡Que la quemen! —sentenció Judá.

Cuando supo lo que le esperaba, Tamar envió a su suegro el anillo, el cíngulo y el cayado.

—Estas prendas pertenecen al hombre del que estoy encinta —informó.

Judá reconoció las prendas como suyas y, como era todo un caballero, declaró:

—*Más justa es ella que yo, por cuanto no la he dado a Sela, mi hijo. Y nunca más la conoció* (Gén. 38, 26). —O sea que nunca más se ayuntó con ella.

Cumplidos los nueve meses, Tamar dio a luz unos mellizos: Zara y Fares.

Da gusto cuando una historia acaba bien.

CAPÍTULO 154

El genérico Tamar

No viene en la púdica Biblia pero en la desprejuiciada Misná se menciona que a la masturbación femenina, digital, se la conoce como «la práctica de Tamar».

«El rabino Dahman ha dicho: "Tamar practica la fricción con el dedo, pues el rabino Isaac ha dicho: 'Todas las mujeres de la casa de Judá que practican la fricción con el dedo llevan por nombre Tamar'". "¿Y por qué se les llama Tamar?" "Porque Tamar practicó la fricción con el dedo a causa de la falta de Onán."»[372]

Esta manera de autosatisfacción admite una variante: «Cuando el rabino Rabbah Ben bar Hana llegó de Palestina a Babilonia, dijo, en nombre del rabino Johanán: "La consumación también se lleva a cabo cuando se inserta el glande hasta la corona"». O sea, que no vale decir, como muchos, la puntita nada más. Si el glande entra, se cuenta como acto completo. Aludía al rabino a la otra forma de masturbación femenina que consiste en frotar el clítoris con el glande de la pareja hasta alcanzar el orgasmo. También lo practicaban muchos amantes como otra forma de satisfacción sin violentar el precinto femenino.

«El rabino Shesheth objetó: "*Carnal* implica que la cópula va acompañada de fricción. ¿No implica la fricción del miembro entero?".»[373] Bar Hana respondió: «No, fricción de la corona».

372. Koning, 1976, p. 100.
373. Koning, 1976, p. 100.

Las páginas de la Misná y las minuciosas explicaciones de la Guemará abundan en estas minucias sexuales que a veces incluso pueden dar ideas que jamás se le habían ocurrido al aficionado. En esto son comparables a los manuales de confesión jesuitas: ante ellos palidece el *Kamasutra* y el *Aranga Ranga* parece que anda todavía en el nivel de los niños vienen de París en el pico de una cigüeña.

CAPÍTULO 155

José en prisión

Mientras lo de Judá ocurría en Canaán, a José, el hermano vendido a los caravaneros, lo había adquirido un capitán de la guardia del faraón llamado Putifar, el cual, notando que el muchacho era despierto y que sabía agradar, lo nombró mayordomo de su casa para que la administrara y mandara sobre los criados.

José era *de hermoso semblante y bella presencia* (Gén. 39, 6), por lo que la esposa de Putifar puso sus ojos en él y le dijo:

—Acuéstate conmigo.

No aclara el texto sagrado si la solicitud era tentadora: ¿era una mujer en la plenitud de su belleza o una anciana de carnes colgonas? Conocerlo aclararía el mérito de José cuando respondió:

—*Se lo debo todo a tu marido y ninguna cosa me ha reservado sino a ti, por cuanto tú eres su esposa; ¿cómo, pues, haría yo este gran mal y pecaría contra Dios?* (Gén. 39, 9).

La Putifara no se dio por vencida y acosaba al yogurín cada día con los mismos resultados negativos. Despechada, un día le arrancó la túnica dejándolo en bolas y se puso a proferir gritos desgarradores:

—¡Me violan, me violan! —chilló como si el muchacho le hiciera fuerza. Cuando acudieron los criados les dijo—: ¡El hebreo que nos trajo mi marido ha querido forzarme y como empecé a gritar huyó de aquí! Ya se había desnudado y por eso ha dejado aquí su túnica. —Y lo mismo le dijo a Putifar en cuanto lo vio aparecer—: El siervo hebreo que nos trajiste vino a mí para deshonrarme.

Putifar, ofendido en su honor, envió al desconcertado José a la cárcel real. De nuevo Yahvé, atento a proteger al muchacho, hizo que simpatizase con el alcaide, quien puso en sus manos la administración del establecimiento.

Por ese tiempo llegaron dos nuevos reclusos: el copero y el panadero del faraón. Como eran presos de cierto fuste, José los servía personalmente. Una mañana los notó más tristes que de costumbre y les preguntó el motivo.

—Es que hemos tenido un sueño, cada uno el suyo, y no sabemos cómo interpretarlo.

—Contádmelos —dijo José.

El copero había soñado con una vid de tres sarmientos cargada de racimos que él exprimía sobre la copa del faraón y luego se la presentaba.

—Los tres sarmientos son tres días —dijo José—, el tiempo que falta para que el faraón te restituya en tu puesto. Pronto le darás la copa al faraón en su mano, como solías hacerlo cuando eras su copero. Acuérdate de mí cuando eso ocurra, a ver si me sacas de la cárcel.

Habló entonces el jefe de los panaderos y dijo:

—Yo soñé con tres canastillos blancos sobre mi cabeza y en el más alto, que era el del faraón, venían las aves a comer.

José torció el gesto esta vez:

—Los tres canastillos son tres días —tornó a decir—, los que faltan para que el faraón te decapite y te ponga en una horca para que las aves se alimenten de ti.

Y así ocurrió en ambos casos. A los tres días, cumpleaños del faraón, el copero regresó a su puesto y al panadero lo ajusticiaron. ¿Se acordó el copero de José que quedaba en prisión? No, sino que en cuanto se vio repuesto en su antiguo cargo, lo olvidó. Así de desagradecida es la gente.

CAPÍTULO 156
José, primer ministro de Egipto

Pasaron dos años y, aunque José no estaba mal en las oficinas de la prisión, donde gozaba de ciertos privilegios, la verdad es que aquello no dejaba de ser una cárcel. Entonces el faraón tuvo un extraño sueño: estaba en la ribera del Nilo y vio salir de las aguas siete vacas rozagantes, gordas, lustrosas, que pacían la hierba. En ello estaban cuando salieron del Nilo otras siete vacas esqueléticas que se comieron a las gordas.

Despertó el faraón muy espantado con la impresión de lo soñado, pues hasta entonces había creído que las vacas eran herbívoras y no comían carne, pero al ver que solo había sido una pesadilla se dio la vuelta en el mullido lecho, besó en el hombro ebúrneo a su faraona, que roncaba al lado, y volvió a dormirse.

Vuelta a soñar: esta vez en un trigal crecían siete espigas gordas y lozanas y, tras ellas, nacieron siete esmirriadas y secas, que se comieron a las gordas.

—¡Coño! —se dijo al despertar—. Estos sueños no parecen casualidad. Creo que quieren avisarme de algo.

Convocó el faraón a todos los magos de Egipto y ninguno supo explicar lo que había soñado. Entonces el copero, que le escanciaba vino, recordó a José y dijo:

—Señor, en la cárcel hay un muchacho que es ducho en interpretar los sueños.

—Que me lo traigan.

—Oír es obedecer.

Llevaron a José, con túnica y sandalias de estreno, a presencia del faraón y José interpretó el sueño:

—Los dos sueños son el mismo en uno, majestad: Dios ha mostrado al faraón lo que va a hacer. Vendrán siete años de cosechas ubérrimas y buena hierba para engordar el ganado y después siete años malos en que el viento solano malogrará las cosechas y llegará la hambruna.

Era todo lo que el faraón le había pedido, pero José aprovechó para postularse como ministro de Consumo para los años de prueba que habían de venir.

—Faraón, escoged ahora un hombre prudente y sabio que se haga cargo de la tierra de Egipto y nombrad gobernadores por todo el país y quintad la tierra de Egipto en los siete años de la abundancia. Y luego almacenad trigo de reserva para proveer cuando lleguen los años de escasez.

Quedó pensativo el faraón y volviéndose a sus consejeros dijo:

—*¿Hallaremos a otro hombre como este, en quien esté el espíritu de Dios?* (Gén. 40, 38).

Era una pregunta retórica, y bien lo entendieron, así que ninguno se atrevió a proponer para el puesto a un hijo o a un sobrino.

—*Puesto que Dios te ha hecho saber todo esto* —habló el faraón a José—. *Tú estarás a cargo de mi casa y por tu palabra se gobernará todo mi pueblo; solamente en el trono seré yo mayor que tú. Quedas a cargo de toda la tierra de Egipto* (Gén. 40, 39-41).

Y el faraón le entregó a José su anillo y lo hizo vestir con ropas de lino finísimo con un collar de oro al cuello, arreos con los que el joven quedó alhajado, como vemos a los cortesanos en los bajorrelieves egipcios. Hizo aún más el faraón: le llamó a partir de entonces Zafnat-Panea y lo casó con Asenat, hija de Potifera, sacerdote de On, que le dio dos hijos: Manasés y Efraín.

José, excelente administrador, llenó los graneros de Egipto en los años de abundancia, de manera que sobró grano para los años de escasez y el país no padeció hambre. Incluso pudieron vender excedentes a precios abusivos a los pueblos extranjeros igualmente afectados por las malas cosechas.

CAPÍTULO 157

José se encuentra con sus hermanos

En Canaán también se padecía hambre, de manera que Jacob dijo a sus hijos:

—¿Qué hacéis mirándoos unos a otros como pasmarotes? Si en Egipto hay trigo, como dicen, id allá y comprad para remediar nuestra escasez.

Los diez hermanos mayores de José fueron con sus camellos hasta allí pero Jacob retuvo con él a Benjamín, no fuera a pasarle algo. Llegaron ante José sus hermanos y se postraron ante él suplicantes sin reconocerlo, pero él sí que lo hizo y con tono áspero les dijo:

—Más que compradores creo que sois espías para labrar nuestra ruina.

Ellos elevaron protestas de honradez: somos pacíficos pastores, hijos de un mismo padre, que nos envía para remediar el hambre de nuestra gente. Doce hermanos éramos, pero uno ya no está con nosotros y el otro, el más pequeño, se ha quedado con nuestro anciano padre.

—A mí me sigue pareciendo que sois espías —replicó José—. Os enviaré a prisión y no saldréis de ella hasta que venga vuestro hermano menor. Que uno de vosotros vaya a por él y lo traiga para que yo me convenza de que no sois espías.

Con esto se acabó la audiencia y los guardias los llevaron a prisión. En los calabozos se lamentaban amargamente:

—Esto que nos pasa es un castigo de Dios por haber pecado contra nuestro hermano José —decía uno.

—Ya os dije que no le hicierais mal —advirtió Rubén.

José, que los estaba escuchando a escondidas, se emocionó de tal manera que tuvo que apartarse para que no lo oyeran sollozar. Después se recompuso y tras llamarlos de nuevo a la sala de audiencias les dijo:

—Os dejaré marchar con los asnos cargados de trigo, pero quedará como rehén este para asegurarme de que regresáis con ese Benjamín que falta.

Había señalado a Simeón, al que los guardias devolvieron a la prisión. Los otros fueron a donde tenían los asnos y cargaron sus costales, que ya estaban llenos, y se fueron tan contentos porque los criados del faraón les habían dado víveres para el camino sin cobrarles nada.

Grande fue la sorpresa cuando al día siguiente se detuvieron para comer y abrieron los costales, pues descubrieron que en la boca de cada uno de ellos estaban las monedas que habían pagado por su hermano José.

—¿Qué es esto que nos ha hecho Yahvé? —se dijeron sin comprenderlo.

CAPÍTULO 158

Regresan con Benjamín

Israel (antes Jacob) se resistió a separarse de Benjamín, que había ocupado en su corazón el hueco que dejara la desaparición de José, pero al final Rubén logró convencerlo.

—Mira, padre: si no te lo devuelvo sano y salvo de Egipto, puedes matar a mis dos hijos, tus nietos.

Como es natural, el ofrecimiento no convenció al anciano, que se lamentaba como suelen hacer las personas de edad: «Vais a acabar conmigo a disgustos», aunque bíblicamente expuesto:

—*Haréis descender mis canas con dolor al Sheol* (Gén. 42, 38).

Cuando se terminó el trigo y volvieron a pasar hambre, Israel (antes Jacob) no tuvo más remedio que ceder.

—Vale, llevad a Benjamín a Egipto y hacedle a aquel hombre un presente de *un poco de bálsamo, y un poco de miel, aromas y mirra, nueces y almendras* (Gén. 43, 11). Y llevad el doble de dinero por si lo de devolveros el oro fuera un error de contabilidad. Y que sea lo que Dios quiera.

Al pobre no le llegaba la camisa al cuerpo.

Regresaron pues, los hermanos a Egipto y comparecieron ante José llevando a Benjamín con ellos. José se alegró en su corazón al ver a Benjamín y secretamente mandó a su mayordomo que organizara un banquete.

Los hermanos se acojonaron cuando supieron que los llevaban a palacio, una reacción propia de lo palurdos que eran: *Nos han traído aquí, para apresarnos y reducirnos a la esclavitud y quedarse con nuestros asnos* (Gén. 43, 18).

El mayordomo los tranquilizó, les devolvió a Simeón y les dio agua para lavarse los pies y cebada para los asnos, según la ancestral costumbre. Regresó entonces José de su oficina a la hora del almuerzo y, prosiguiendo con sus fingimientos, preguntó cortésmente a sus invitados por Israel (antes Jacob) pero al llegar a Benjamín, su hermano querido, no pudo disimular su emoción y tuvo que abandonar la sala para prorrumpir en sollozos donde nadie lo viera. Una vez desahogado, se lavó la cara, se recompuso, regresó a donde los invitados y dio comienzo el banquete, en el que *bebieron y se alegraron*, y en el que a Benjamín le hizo servir cinco veces más que al resto de sus hermanos.

En un aparte, José instruyó al mayordomo: llénales de trigo los costales y ponles encima el dinero como la otra vez, y en el del hermano pequeño pones mi copa de plata. Luego, cuando se hayan ido, dejas pasar un tiempo prudencial y los alcanzas, les registras los costales, descubres la copa robada y los devuelves a mi presencia.

Así ocurrió y, cuando comparecieron de nuevo ante José, Rubén suplicó clemencia y se ofreció como esclavo, pues si regresaban a Israel (antes Jacob) sin Benjamín su anciano padre sin duda moriría del disgusto.

Ya José no pudo continuar con la comedia, porque en el fondo era un sentimental y tenía un nudo de emoción en la garganta que casi no lo dejaba hablar. Hizo salir a los egipcios y cuando se quedó a solas con sus hermanos rompió a llorar y se dio a conocer:

—Soy José, vuestro hermano, al que vendisteis.

De golpe hubo pavor entre los hermanos: ha estado jugando con nosotros al gato y al ratón, y ahora ha llegado la hora de la venganza, pensaron. Pero José, magnánimo y sentimental, los exculpó: solo fuisteis el instrumento que escogió Yahvé para favorecernos a nosotros y a nuestro padre.

Fue una escena muy emotiva, en la que abrazó llorando a Benjamín, el cual se echó a llorar, y luego a sus hermanos sin cesar de derramar lágrimas. Lloró José, lo hicieron todos y finalmente se recompuso un poco y dijo:

—*Regresad y contadle a mi padre toda mi gloria en Egipto, y traedlo para que se establezca en la tierra de Gosén, cerca de mí, con sus descendientes, sus ganados y sus vacas* (Gén. 45, 10-13).

Supo el faraón lo ocurrido y cómo José había encontrado a sus hermanos y se mostró tan encantado de acogerlos en Egipto que hasta les facilitó carros para la mudanza y víveres para el camino, así como mudas de vestidos.

Cuando Israel (antes Jacob) supo que José vivía y que era un gerifalte en la corte del faraón, no lo dudó un momento y se puso en camino con sus animales, sus enseres, sus asnos y todos sus descendientes *procedentes de sus lomos*. Así fue como los israelitas abandonaron Canaán para establecerse en el fértil Egipto.

En los años de las vacas flacas, cuando *no había pan en toda la tierra, y la hambruna asolaba a Egipto y Canaán* (Gén. 47, 13), José acrecentó las riquezas del faraón vendiendo sus excedentes de trigo y, cuando las gentes no tenían ya dinero con el que comprar, dio trigo a cambio de cabezas de ganado y, en el momento en que no les quedó ganado que vender, siguió dando trigo a cambio de la tierra, de manera que al término de los años malos el faraón era propietario tanto de la cabaña nacional como de la tierra.

Después, para que la tierra no quedara sin cultivar, José la arrendó a los labradores a cambio de un quinto de la cosecha, que ingresaría en las arcas del faraón. Los únicos que conservaron sus propiedades fueron los sacerdotes, cuyas raciones de trigo aseguraba el Estado, más o menos como ahora.

CAPÍTULO 159

El testamento de Israel (antes Jacob)

Cuando Israel (antes Jacob) sintió que iba a morir —a los ciento treinta años de edad—, llamó a José, le pidió que pusiera la mano *debajo de su muslo* y le hizo jurar que lo sepultaría en Canaán. Luego llevó José a sus hijos para que Israel los bendijera y el anciano, que ya estaba casi ciego, colocó la mano derecha sobre la cabeza de Efraín y la izquierda sobre la de Manasés. Pensó José que se había equivocado puesto que el primogénito era Manasés, pero el anciano le hizo ver que no había error, porque el hermano menor estaba destinado a ser el más grande (como él mismo había sido más grande que Esaú, el primogénito de su padre Isaac).

Después de esto Israel (antes Jacob) reunió a sus hijos para despedirse de ellos y profetizar. A Rubén le anunció que, aunque fuera el primogénito, no sería el principal porque *subiste al lecho de tu padre; entonces te envileciste, subiendo a mi lecho* (Gén. 49, 4).[374] A los hermanos Simeón y Leví los maldijo porque eran *instrumentos de violen-*

374. Esto dijo porque Rubén había fornicado con Bilhá, la concubina de su padre (madre de sus hermanastros Dan y Neftalí). *Mientras Israel habitaba en aquella tierra, aconteció que Rubén fue y se acostó con Bilhá, la concubina de su padre, e Israel se enteró* (Gén. 35, 22). No fue un acto inconsciente ni inocente. En las sociedades ancestrales de oriente, el hijo mayor heredaba las concubinas de su padre (2 Sam. 16, 22). Al cohabitar con Bilhá, Rubén se afirmaba como heredero natural de Jacob y de paso inhabilitaba el posible ascenso de esta a la categoría de esposa principal de Jacob, que en este caso, corriendo el escalafón, correspondería a Lía, la madre de Rubén. O sea, varios motivos de índole doméstica podrían justificar que el mozancón se metiera entre las sábanas de Bilhá, pero desde luego habría sido más elegante aguardar a que el titular muriera.

cia, y porque en su furor mataron hombres y en su temeridad desjarretaron toros (Gén. 49, 6); por eso profetizó que sus descendientes se dispersarían. A Judá lo bendijo y le profetizó que tendría el cetro y la Ley crecería entre sus pies: *te alabarán tus hermanos; tu mano estará en la cerviz de tus enemigos* (Gén. 46, 8). A Zabulón le profetizó que habitaría en puertos de mar; a Isacar *lo llamó asno fuerte echado entre dos alforjas* (Gén. 46, 14); Dan sería *serpiente junto al camino que muerde el calcañar del caballo y hace caer al jinete* (Gén. 46, 17); de Gad alabó un futuro militar ilustre; de Aser un pan sustancioso que deleitaría al rey; a Neftalí *lo llamo cierva suelta que dirá palabras hermosas* (Gén. 46, 21); a José, *rama cargada de frutos, roca de Israel* y lo cubrió de especiales bendiciones y a Benjamín, lobo rapaz. Terminadas las bendiciones les encomendó que lo sepultaran en la cueva de Efrón, *que está en el campo de Macpelá, que está delante de Mambré, en la tierra de Canaán* (Gén. 49, 30), el panteón familiar donde yacían Abraham, su esposa Sarai; Isaac, su esposa Rebeca y Lea, la esposa del propio Jacob.[375] Hechas esas últimas recomendaciones, Israel (antes Jacob) encogió los pies en la cama y expiró.

José hizo que lo embalsamaran como se hacía con los nobles egipcios y tras solicitar el permiso del faraón llevó el cadáver a Canaán acompañado de los suyos y de un gran séquito, y lo sepultó en la cueva familiar como había prometido.

De regreso en Egipto temían los hermanos que, muerto el padre, José se vengara por el mal que le habían hecho, pero él los recibió amorosamente y los protegió como hasta entonces.

Vivió José ciento diez años y, antes de morir, profetizó que el pueblo de Israel saldría de Egipto y les pidió que cuando eso ocurriera llevaran consigo sus huesos.

375. La cueva de Macpelá (המכפלה מערת, *Me-arat Hamacpelah* o «cueva de las dobles tumbas») está en Hebrón. Los musulmanes se apropiaron del lugar construyendo una especie de castillo almenado que contiene la mezquita Al-Haram Al-Ibrahimi (الحرم الإبراهيمي o mezquita de Ibrahim), porque contiene la supuesta tumba de Abraham, el padre del linaje.

CAPÍTULO 160

Yahvé se aparece a Moisés

Pasaron los años y el pueblo de Israel creció hasta el punto de preocupar al nuevo faraón. Si alguna vez se ponen de parte de nuestros enemigos, no podremos sofocar su rebelión, se dijo. Y les puso capataces que los explotaran como albañiles, mudanza que llevaron muy mal, pues eran pastores y de carácter independiente. A pesar de eso, seguían creciendo[376] y el faraón, más alarmado que nunca, ordenó a las parteras hebreas que mataran a los varones y solo dejaran vivir a las hembras. Las parteras desobedecieron y el número del pueblo de Israel siguió creciendo. Entonces el faraón ordenó arrojar al Nilo a los varones recién nacidos.

Por entonces, una pareja de la familia de Leví tuvo un hijo y la madre, en lugar de arrojarlo al Nilo, lo escondió entre las cañas dentro de una canastilla de juncos convenientemente calafateada. La hija del faraón, de paseo por la ribera, la encontró y aunque supuso que era hijo de los hebreos decidió criarlo y le buscó un ama de cría para que lo amamantara. La propia madre del niño se ofreció a ello sin decir que era su hijo.

Creció el niño y, cuando se destetó, la hija del faraón le puso por nombre Moisés, que significa en egipcio «salvado de las aguas». El niño creció y desaprobaba el cautiverio de su pueblo. Un día presen-

376. El aventajado índice de natalidad de los pueblos primitivos cuando se instalan en sociedades desarrolladas donde nadie se acuesta sin comer: tomen nota los europeos.

ció el maltrato que un capataz dispensaba a un judío y salió en defensa del desdichado, con tan mala fortuna que el encargado resultó muerto de un mal golpe. ¿Qué podía hacer en tan apurada situación? Moisés enterró el cadáver en la arena, pero algunos esclavos lo vieron y se fueron de la lengua. Se enteró de esto Moisés y, temiendo el castigo del faraón, huyó a la tierra de Madián, cruzando la península del Sinaí.

Allí, sentado junto al brocal de un pozo (buena parte de las escenas de la Biblia ocurren junto a pozos, lo propio de un pueblo que habita una tierra tan sedienta), vio que los pastores ahuyentaban a cantazos a las hijas del sacerdote de Madián que iban a abrevar sus ovejas, pero él las defendió.

Lo supo Reuel, el padre de las chicas, y agradecido le ofreció hospitalidad. Se la tomó Moisés al pie de la letra y dejó preñada a Séfora, la chica de Reuel, de la que engendró un hijo al que pusieron de nombre Gersón.

Bueno. Ya conocemos a Moisés. Si juzgamos por sus primeros hechos, un tipo decidido, de armas tomar: ha matado a un egipcio, ha ahuyentado él solo a los pastores que acosaban a las hijas de Reuel y ha preñado a Séfora. Eso le parecería a Yahvé cuando lo escogió como caudillo del pueblo de Israel, pero después, con el trato, descubriría que no era tan osado como al principio parecía; incluso llegó a definirlo como *varón muy manso, más que todos los hombres que había sobre la tierra* (Núm. 12, 3), o sea un pusilánime, un melindroso.

¿Por qué entonces Yahvé mantuvo su elección? Por amor propio. Vemos en estas páginas que Yahvé la caga con frecuencia, especialmente en la elección de sus colaboradores, pero siempre los mantiene, que para eso es Dios, sostenella y no enmendalla.

En el caso de Moisés trató de enderezar el yerro poniéndole un ayudante de más carácter, Aarón. Y tanto carácter tenía este, que en un par de ocasiones llegó a rebelarse contra Yahvé, pero a pesar de todo lo mantuvo en su puesto. ¿Y si escojo a otro para ayudante de este y me sale aún peor?, pensaría. Más vale malo conocido que bueno por conocer. Así que al final se quedó con Moisés y Aarón, con todos los defectos de ambos.

No adelantemos acontecimientos y regresemos a la delicada situación de los israelitas esclavizados en Egipto. Yahvé escuchó las quejas de los oprimidos y, recordando el compromiso contraído con sus patriarcas, se le apareció a Moisés cuando apacentaba las ovejas de su suegro en el monte Horeb.

Por ahorrarle el susto, Yahvé se manifestó en forma de una zarza que ardía sin consumirse (otra muestra de su legendaria maestría con los efectos especiales), lo que atrajo la atención de Moisés. *Y viendo Yahvé que él iba a mirar, lo interpeló desde la zarza y dijo: ¡Moisés, Moisés! Y él respondió: Heme aquí. Y dijo Yahvé: No te acerques; descálzate porque estás pisando tierra sagrada. Y dijo: Yo soy el Dios de tu padre, el Dios de Abraham, el Dios de Isaac y el Dios de Jacob* (Éx. 3, 4-6).

Entonces Moisés se cubrió el rostro, temeroso de mirar a Dios. *Y dijo Yahvé: He visto la aflicción de mi pueblo que está en Egipto, y he oído su clamor a causa de sus opresores, pues conozco sus angustias. Y he descendido para librarlos de manos de los egipcios y sacarlos de aquella tierra a una tierra buena y ancha, a una tierra que mana leche y miel, donde ahora habitan cananeos, heteos, amorreos, fereceos, heveos y jebuseos* (Éx. 3, 7-8).[377]

377. ¡Una tierra que mana leche y miel! Aquí Yahvé se nos manifiesta como un redomado timador, pero también es cierto que su pueblo elegido nunca le guardó las leyes ni la fidelidad debida, vaya lo uno por lo otro.

CAPÍTULO 161

El nombre de Yahvé

Encomendó Yahvé a Moisés que se presentara ante el faraón para pedirle que sacara de Egipto a su pueblo, pero este puso al Señor una lógica objeción:

—Yo no soy nadie.

—Eres mi enviado y *la señal de que lo eres consiste en que cuando saques a mi pueblo de Egipto me serviréis sobre este monte* (Éx. 3, 12).

Ese razonamiento de Yahvé (¿qué intelecto humano podría penetrar los vericuetos de la mente divina?) no hizo sino ahondar la duda de Moisés. Así que el hombre, que no terminaba de ver las hechuras del negocio, objetó:

—Suponiendo que el faraón acceda, ¿qué digo si llego a los israelitas y al decirles que soy un enviado del Dios de sus padres me preguntan el nombre de ese Dios?

—Me aparecí a Abraham, a Isaac y a Jacob con el nombre de Dios omnipotente, pero con mi nombre Yahvé no me di a conocer a ellos (Éx. 6, 3).

—Dime, entonces, tu nombre —insistió Moisés.

Respondió Yahvé a Moisés: «Yo soy el que soy», eso le dirás a los hijos de Israel: «Yo soy» me ha enviado a vosotros, Yahvé, el Dios de vuestros padres, el Dios de Abraham, el Dios de Isaac y el Dios de Jacob. Este es mi nombre para siempre, y con él se hará memoria de mí por todos los siglos (Éx. 3, 14-16).

—¿Y adónde nos llevarás, Señor, si nos sacas de la aflicción de Egipto?

—*A la tierra del cananeo, y del heteo, y del amorreo, y del fereceo, y del heveo y del jebuseo, a una tierra que mana leche y miel* —repitió Yahvé (Éx. 3, 17).

El plan parecía factible, aunque por otra parte mosqueaba aquella retahíla de pueblos que habitaban aquella tierra, pero Yahvé le hizo ver que con su ayuda todo saldría perfecto:

—Irás al faraón con los ancianos de Israel y le dirás: se nos ha aparecido Yahvé, el dios de Israel, y tenemos que internarnos tres días en el desierto para ofrecerle sacrificios. El faraón se negará, pero yo *heriré a Egipto con todas mis maravillas* y lo obligaré. Además te prometo que no saldréis con las manos vacías, sino que *pedirá cada mujer a su vecina y a la que habita en su casa objetos de plata, objetos de oro y vestidos, los cuales pondréis sobre vuestros hijos y vuestras hijas; así despojaréis a Egipto* (Éx. 3, 22).

El plan era tentador: escapar de la servidumbre de los egipcios y, de paso, despojarlos. ¿Quién se hubiera podido resistir? Pero Moisés no terminaba de ver la viabilidad del plan.

—¿Y si no me creen, Señor?

—¿Ves ese cayado que tienes en la mano? Tíralo al suelo.

Lo hizo Moisés y el cayado, que era robusto y más alto que él, se convirtió en una serpiente, seguramente una cobra porque Moisés *huía de ella* (Éx. 4, 3).[378]

—Ahora cógela por la cola —ordenó Yahvé.

Obedeció Moisés con el natural canguelo, fue tocar al ofidio y este volvió a su natural de cayado pastoril.

—Esa es la prueba de que Yahvé se te ha aparecido —dijo la voz—. Y para que te acabes de convencer, mete la mano en tu pecho.

Lo hizo Moisés y al sacarla estaba blanca de pústulas leprosas.

—Ahora métela otra vez.

378. La cobra o áspid egipcia (*Naja haje*), la bicha que usan los encantadores de serpientes que la hacen bailar al son de una flauta (en realidad la serpiente sigue con su cabeza los movimientos de la del dueño). Hace unos días, en agosto de 2017, una cobra mató a su encantador en Río Martín, Marruecos.

Lo hizo y la sacó sana.

—Si todavía no te creen, sacas agua del Nilo y al derramarla se convertirá en sangre —prosiguió Yahvé.

Eran todos trucos como para convencer al más incrédulo. Quizá hoy hemos visto hacer cosas más difíciles, como cuando David Copperfield escamotea un rascacielos o Jordi Pujol crea de la nada mil millones de euros, pero en aquellos tiempos la gente no estaba tan maleada por los efectos especiales y con aquellas demostraciones hubiera sobrado.

A pesar de ello, Moisés todavía se resistía:

—¡Ay, Señor! Yo no soy hombre de palabra fácil sino más bien tardo en el habla y torpe de lengua.

Yahvé empezó a impacientarse:

—¿Quién hizo al mudo y al sordo, al que ve y al ciego? ¿No soy yo, Yahvé? Yo hablaré por tu boca y te enseñaré lo que tienes que decir.

Pocos argumentos le quedaban ya a Moisés, pero todavía se resistía.

—Señor, ¿no podrías enviar a otro?

Yahvé replicó enojado:

—Tu hermano Aarón, el levita, que habla mejor que tú, te acompañará y le hablará al pueblo. ¡Venga, coge el cayado y haz lo que te digo!

Obedeció Moisés; ¿quién se hubiera negado? Y todavía Yahvé le advirtió:

—Incluso cuando hagas delante del faraón todas las maravillas que te he enseñado, *yo endureceré su corazón, para que se resista* (Éx. 4, 21). Entonces le dirás que lo castigaré matando a su primogénito.

Moisés se puso en camino en obediencia del mandato de Yahvé, que —como se ve— era muy imparcial con sus criaturas y entonces ocurrió el percance más misterioso de la Biblia:

En una posada, Yahvé le salió al encuentro y quiso matarlo, pero Séfora cortó el prepucio de su hijo y lo echó a los pies de Moisés, diciendo: A la verdad, tú me eres un esposo de sangre (Éx. 4, 24-25). Eso calmó a Yahvé y dejó ir a Moisés. Séfora dijo: *Esposo de sangre, a causa de la circuncisión* (Éx. 4, 26).

¿Por qué intentó Yahvé matar a Moisés? Examinemos los hechos: primero lo escoge como mensajero suyo, le cede sus trucos de magia y lo convence para que regrese a Egipto (de donde había huido por un delito de sangre) y se enfrente al faraón. Se supone que Moisés es su hombre, su elegido, su representante en la tierra. ¿Por qué entonces le sale al camino con intenciones homicidas?

Ante esa conducta un poco errática de Yahvé podemos tomar dos actitudes: disculparla dado que los designios de Dios son inescrutables o intentar entenderla. Y este humilde comentarista va a decantarse por la segunda opción. Al parecer el hijo de Moisés se sacó la gurrumina para orinar a un lado del camino y Yahvé, que los seguía de cerca, protector, quizá los sobrevolaba como un dron, advirtió que el niño no estaba circuncidado. Ya sabemos de páginas atrás que Yahvé había ordenado circuncidar a los hijos de Israel. *Aquel a quien no se le haya cortado la carne del prepucio será eliminado de su pueblo por haber violado mi pacto* (Gén. 17, 14).

Esa es la clave del cabreo divino: Yahvé descubre que el campeón de Israel que ha elegido no ha circuncidado a su hijo. Ya hemos visto que tiene muy malos prontos. Luego es un buenazo, pero cuando se enfada es de temer (recordemos el Diluvio y Sodoma) y recurre fácilmente al homicidio (Onán).

Menos mal que Séfora anduvo acertada y rápidamente cortó al niño el prepucio y lo arrojó sangrante a los pies de su atolondrado esposo, con lo cual Yahvé, al ver esto, se calmó y perdonó al padre olvidadizo.

CAPÍTULO 162

Moisés ante el faraón

Como era de temer, cuando Moisés y Aarón se presentaron ante el faraón con el desparpajo de dos liberados sindicales y le expusieron la embajada, a saber, que concediera a los trabajadores hebreos tres días de vacaciones para adorar a Yahvé, su dios, en un monte santo, el faraón no solo se negó en redondo, sino que además aumentó la carga de trabajo de los hebreos.

—¿Conque esas tenemos? —dijo Moisés, y entonces Aarón le hizo el truco del báculo que se convierte en serpiente, pero el faraón llamó a sus magos en nómina, que repitieron el prodigio: empate técnico.

¿Conque esas tenemos?, dijo Yahvé, y la serpiente de Aarón devoró a las otras, para que se vea dónde reside el poder de verdad.

Ni por esas. Yahvé, al propio tiempo que le atizaba al faraón en la crisma, le endurecía el corazón para que se mantuviera pertinaz en su negativa. Algo incomprensible para nuestro limitado entendimiento es que si Yahvé tiene la potestad de influir sobre la voluntad del faraón, le endurezca el corazón en lugar de ablandárselo.

¿Qué buscaba Yahvé con esta contradictoria conducta? Su propio lucimiento, qué si no. Se crea obstáculos para después vencerlos, como el que hace trampas jugando al solitario. Quizá lo que iba buscando era un pretexto para realizar mayores demostraciones de poder. También tal vez sacarse la espinita de tener que jugar con un equipo de tercera, los desharrapados judíos, unos pastores analfabetos e indocumentados, en lugar de ser el dios de los egipcios y verse adorado en aquellos templos espectaculares, con aquellos inciensos y aquellas elaboradas ceremonias.

Después del truco de las serpientes, que no funcionó, Yahvé había pensado el de la sangre: introduce Aarón la vara en el Nilo y todas sus aguas se convierten en sangre, o sea el agua, que es H_2O (dos átomos de hidrógeno y uno de oxígeno), se transforma en plasma, con sus sales minerales, sus proteínas, sus glóbulos rojos y blancos y sus plaquetas.

El faraón persistió en su cerrazón. ¿Conque esas tenemos?, se dijo Moisés, y ordenó a Aarón que pasara al siguiente número: *Aarón extendió su mano sobre las aguas y subieron ranas que cubrieron la tierra de Egipto* (Éx. 8, 6).

—¿Ah, sí? —dijeron los hechiceros del faraón y repitieron el mismo truco de la plaga de ranas, lo que no fue una medida muy inteligente porque agravaron el problema en lugar de solucionarlo.

Anegado en ranas, que se le metían hasta en la cama, el faraón, exasperado, cedió:

—Vale, concedo tres días de asueto a los israelitas a fin de que puedan ir a ese monte santo que decís y hacer sacrificios a Yahvé, vuestro incordiante Dios.

Eso dijo, pero en cuanto Moisés retiró las ranas se endureció de nuevo su corazón y revocó la orden (aquí vemos a Yahvé actuando bajo cuerda de nuevo).

Moisés ordenó a Aarón que hiciera un nuevo prodigio y este tocó el suelo con su vara y convirtió el polvo en piojos, así que todo Egipto se convirtió en una piojera bullente y negra.[379] Los hechiceros se reconocieron impotentes frente a eso (hubiese sido terrible que duplicaran la plaga, como habían hecho con las ranas).

—¿Qué hacemos entonces? —dijo el faraón.

—Ceder. Todo esto nos supera, santidad. *Aquí vemos la mano de Dios.*

379. A veces Yahvé se hace un lío con sus criaturas más pequeñas. En Éx. 8, 12 dice *mosquitos* y en 8, 20, *tábanos.*

Dudaba el faraón y, para que finalmente se decidiera, Aarón provocó una plaga de molestísimas moscas, que afectó a todo Egipto salvo a los barrios de los israelitas.

El faraón cedió a medias.

—Está bien: haced sacrificios a vuestro Dios, pero que sea aquí, en Egipto.

Moisés se negó: aquí, sobre suelo egipcio, sería una abominación. Tiene que ser en el monte que nos ha indicado Yahvé, a tres días de camino de aquí.

—Vale —concedió el faraón—, a tres días de distancia, pero no más lejos.

El faraón temía que se le escapara una mano de obra tan estupenda y barata, pero volvió a arrepentirse. En cuanto se quedaba solo cambiaba de idea, influido claramente por el incordiante Yahvé. Esta vez Moisés y Aarón le enviaron una epidemia que acabó con el ganado, los caballos, los asnos, los camellos, las vacas y las ovejas, pero respetó a los de los hebreos. Además un sarpullido llenó de úlceras a las personas y animales que habían sobrevivido a la epidemia.

Ni por esas: Yahvé endureció de nuevo el corazón del faraón. Cuanto más padecían sus súbditos, más se empecinaba él en impedir que Moisés y Aarón se salieran con la suya.

Una nueva prueba: una granizada de tal calibre que desgarró los toldos, partió tejas, desgajó ramas y deshizo las espigas de la cebada y las flores del Nilo.

Y otra más: una plaga de langostas tal que ocultaba el sol como un nublado.

CAPÍTULO 163

Yahvé asesina a los primogénitos

Yahvé se estaba cansando de enviar calamidades, pero el testarudo faraón las aguantaba todas.

«Probemos con la definitiva», se dijo Yahvé, y envió la que había reservado para el final, el trueno gordo de aquellos fuegos divinos: mataría a todo primogénito de Egipto, tanto personas como animales. Solo respetaría las casas que tuvieran los dinteles marcados con sangre. Entonces Moisés avisó a los suyos para que sacrificaran un cordero o un cabrito y marcaran con su sangre sus dinteles.

—*Esta noche comeréis carne asada y panes sin levadura; con hierbas amargas* —los instruyó Moisés—. *Ninguna cosa cruda comeréis del cordero, ni cocida en agua, sino asada al fuego, con su cabeza, sus piernas y sus entrañas. Ninguna cosa dejaréis de él hasta la mañana; y lo que quede hasta la mañana, lo quemaréis en el fuego. Y así habréis de comerlo: ceñidos vuestros lomos, calzados vuestros pies y vuestro báculo en la mano; y lo comeréis apresuradamente. Es la Pascua de Yahvé* (Éx. 12, 8-11).

Moisés avisó a su pueblo para que tomara las precauciones necesarias. Al parecer Yahvé en persona bajó a Egipto para supervisar la matanza de primogénitos, pero no quiso rebajar su majestad con labores de matarife y llevó consigo un ángel para que realizara el trabajo sucio: *Yahvé pasará de largo por aquella puerta y no dejará entrar al heridor en vuestras casas para herir* (Éx. 12, 23).[380]

380. Algunos comentaristas han sugerido que Yahvé mantiene para estos me-

Y aconteció que a la medianoche Yahvé hirió a todo primogénito en la tierra de Egipto, desde el primogénito del faraón que se sentaba sobre su trono hasta el primogénito del cautivo que estaba preso, y todo primogénito de los animales. Y aquella noche hubo un gran clamor en Egipto, del faraón, sus siervos y todos los egipcios porque no había casa donde no hubiese algún muerto (Éx. 12, 29-30).

La muerte de su muy querido hijo y heredero quebrantó la voluntad del faraón. Convocó a Moisés y Aarón aquella misma noche y les concedió licencia para que sacaran a los israelitas de Egipto. Siguiendo el plan de Yahvé los israelitas pidieron a los egipcios sus objetos de oro y plata y sus mejores vestidos, y ellos se los entregaron de buena gana, deseosos como estaban de verlos partir, no fueran a atraer más calamidades.

Los comentaristas de la Biblia se han esforzado en identificar al faraón que se las hubo con Moisés. Hay cierto consenso en que debió de ser Ramsés II (aprox. 1290-1224 a. C.), el último faraón de la XIX Dinastía.

Algunos eruditos han intentado explicar científicamente las diez plagas de Egipto. Las nueve primeras se explican por fenómenos naturales,[381] pero para la décima, la muerte de los primogénitos, se requiere la intervención divina.

---

nesteres un ángel matarife o verdugo, el ángel exterminador o *Abaddón* (hebreo: אֲבַדּוֹן, *'Ăḇaddōn*), el ángel del abismo insondable. Esto le dio a Ernesto Sabato el pretexto para su última novela, *Abaddón el Exterminador* (1974).

381. «Una anormal inundación del Nilo entre julio y marzo… El Nilo convertido en sangre podría arrastrar tierra roja en suspensión desde las tierras de Etiopía. Como consecuencia de ello el agua debió de polucionarse y las ranas infestaron las orillas en busca de cobijo. Los mosquitos y las moscas pudieron encontrar un caldo de cultivo ideal en las charcas dejadas atrás por la retirada de las inundaciones.» Bajo esta óptica naturalista, la mortandad animal podría atribuirse a una epidemia de ántrax propagada por insectos, mientras que las lluvias de langostas podrían obedecer a alguna clase de torbellino que las arrastró desde Sudán y Etiopía hasta el Nilo; por no hablar de los días de oscuridad, posiblemente provocados por un *khamsin* —viento del desierto— de tremendas proporciones (véase Mystery Planet en la Bibliografía).

CAPÍTULO 164

El faraón los deja partir

Cuando el faraón dejó ir al pueblo, Dios no los guio por el camino más corto, el de la tierra de los filisteos, porque dijo Dios: No sea que el pueblo se arrepienta cuando vea guerra y se vuelva a Egipto. Dios, pues, hizo que el pueblo diera un rodeo por el camino del desierto, hacia el mar Rojo (Éx. 13, 17-18).

En ello estaban cuando el faraón se arrepintió de haberlos dejado marchar y también cambiaron de parecer los despojados egipcios cuyas vajillas y oros llevaban aquellos desharrapados. Así que el faraón convocó a su ejército, con seiscientos carros de guerra, y los persiguió hasta alcanzarlos a orillas del mar.

Entonces Moisés extendió su vara y las aguas del mar se separaron dejando un pasillo seco por el que los israelitas cruzaron el cauce. Intentaron seguirlos los egipcios pero las aguas tornaron a juntarse atrapándolos. Todos perecieron ahogados: *no quedó de ellos ni uno.*

Este es el origen de la principal celebración del judaísmo, el Pésaj (en hebreo פֶּסַח, «salto») o pascua judía, una fiesta de primavera en la cual los judíos sustituyen el pan cotidiano (fermentado con levadura) por pan ácimo o *matzáh* (מצה). La tradición sostiene que es en memoria de aquel primer pan con el que escaparon de Egipto sin tiempo de leudarlo.

CAPÍTULO 165

¿Realmente existieron Moisés y la cautividad de Egipto?

Páginas atrás indicamos que toda esta historia de Moisés, héroe libertador de su pueblo, la huida de Egipto, la peregrinación por el Sinaí y la conquista de la Tierra Prometida es enteramente imaginaria, el mito fundacional del pueblo israelita.

Pero ¿puede contener algún elemento de verdad? Claro que sí. Los que inventaron la historia, aquel imaginativo entorno del rey Josías en el siglo VII a. C., no partían de cero, sino de otros mitos anteriores y de dispersas noticias históricas que podrían servirles. La historia de Moisés, por ejemplo, tiene un claro paralelo en el mito mesopotámico de Sargón de Acadia, otro caudillo fundador supuestamente salvado de las aguas.[382]

Una hipótesis acariciada por diversos autores (entre ellos Sigmund Freud y Joseph Campbell)[383] sugiere que pudo existir un Moisés histórico implicado en las reformas monoteístas del faraón

382. Un poema asirio del siglo VII a. C. contaba así su historia: «Mi madre fue una gran sacerdotisa, a mi padre no lo conocí. Los hermanos de mi padre amaban las colinas. Mi ciudad es Azupiranu, que está situada a orillas del Éufrates. Mi madre me concibió, en secreto, ella me llevaba. Me dejó en una cesta de junco, sellada con el betún que me tapa. Me llevó al río que pasó sobre mí. El río me llevaba y me llevó a Akki, el cajón de agua. Akki, el cajón de agua, me tomó como su hijo y se ha criado conmigo. Akki, el cajón de agua, me designó como su jardinero. Aunque yo era un jardinero, Ishtar me concedió su amor, y para cuatro y [...] años he ejercido monarquía».

383. Freud, 2015, *passim*; Campbell, 1990, pp. 87-90.

Akenatón que a la muerte de su patrón, en el 1358 a. C., se viera obligado a huir de Egipto cuando el nuevo faraón restauró la antigua religión de Amón, el disco solar, y persiguió a los devotos de Atón. De hecho ciertos documentos contemporáneos (las cartas de Amarna) mencionan a unas bandas de *habiru* (¿hebreos?) que atacaban poblaciones egipcias.

A la evidente inspiración mesopotámica de muchos componentes de la religión y los ritos hebreos habría que sumar la egipcia. El monoteísmo hebreo (tan parecido al de Akenatón, el faraón hereje) podría beber de fuentes egipcias. De hecho, el Arca de la Alianza, las Tablas de la Ley y otros objetos sagrados del Templo podrían reproducir objetos rituales egipcios en los que Moisés se habría iniciado cuando era un príncipe a orillas del Nilo.

Otra resonancia histórica podría relacionar el éxodo con los hicsos, un pueblo semita invasor procedente de Canaán o aledaños. Hacia el 1600 a. C. una pertinaz sequía agostó los pastos y las fuentes y pudo obligar a los israelitas, con su patriarca Jacob al frente, a trashumar a Egipto al amparo de estos hicsos, sus primos lejanos.[384] Pero los hicsos fueron expulsados de Egipto hacia el 1570 a. C. ¿Los acompañaron los israelitas establecidos a su amparo?

Poco después, hacia el 1550 a. C., los egipcios conquistaron Canaán e impusieron tributos a los diferentes pueblos que lo habitaban, entre ellos a los *habiru*. Cuatro siglos más tarde abandonaron el dominio y dos pueblos de la zona ocuparon el vacío que dejaban: los cananeos/israelitas en el interior y los filisteos en la costa.

384. El prestigioso arqueólogo Ze'ev Herzog afirma: «Los israelitas nunca estuvieron en Egipto, no vagaron por el desierto, no conquistaron el territorio en una campaña militar y no lo trasmitieron a las Doce Tribus de Israel. Además, la monarquía unificada de David y Salomón, que en la Biblia se describe como un poder regional, fue como mucho un pequeño reino tribal», «Deconstruyendo los muros de Jericó: mito bíblico y realidad arqueológica», revista *Haaretz*, 29 de octubre de 1999.

CAPÍTULO 166

La travesía del desierto

Según el relato bíblico, los israelitas caminaron tres días sin encontrar agua hasta que llegaron a un manantial de aguas amargas que Moisés endulzó sumergiendo en ellas cierto arbusto. Por ese lado quedaron contentos, pero a los pocos días escasearon las provisiones y los israelitas comenzaron a murmurar de Moisés diciendo que los había sacado de Egipto para matarlos de hambre.

Moisés, siempre en contacto con Yahvé, que vigilaba de cerca, les envió una nube de codornices que se posaron en tierra en su migración anual. Como solución provisional valía, pero quedaban muchos días (y meses y años) de vagar por el desierto improductivo. ¿Qué iban a comer? Consciente de ello, Yahvé se dejó de desviar aves migrantes y optó por provocar cada día una lluvia de cierto sucedáneo del pan, el maná (מן). El maná era una especie de rocío sólido *como semilla de cilantro, blanco, y su sabor como de hojuelas con miel.*

En otro pasaje de la Biblia se describe parecido a la *semilla de cilantro, y su color como el bedelio. Los israelitas lo recogían por el campo, y lo molían en molinos o lo majaban en morteros, y lo cocían en caldera o hacían de él tortas; y su sabor era como sabor de aceite nuevo* (Núm. 11, 7-8).

Para evitar retenciones (y reservas que pudieran enriquecer a algunos acaparadores) Yahvé dispuso que el maná se derritiera en cuanto salía el sol y se pudría y agusanaba de un día para otro excepto el del sábado, día en que había que recoger ración doble para consumirlo el domingo. Ese fue el único menú de los israelitas en los cuarenta años que duró su travesía del desierto.

¿No se cansaron del mismo condumio durante cuarenta años? Por supuesto que sí, y murmuraron y protestaron (los israelitas eran muy protestones y murmuradores). Veamos: *Y el vulgo que había en medio de ellos tuvo un deseo voraz, y volvieron a sus llantos los hijos de Israel y dijeron: ¡Quién nos diera a comer carne! Nos acordamos del pescado que comíamos en Egipto de balde, de los pepinos, y de los melones, y de los puerros, y de las cebollas y de los ajos; y ahora nuestra alma se seca, pues nada más que maná ven nuestros ojos. Y oyó Moisés al pueblo que lloraba cada uno en su familia, a la entrada de su tienda* (Núm. 11, 4-10).[385]

El resultado fue que *la ira de Yahvé se encendió en gran manera.*

Moisés, por su parte, tampoco estaba satisfecho del marrón que suponía conducir a aquellas gentes malcontentas hasta la Tierra Prometida.

—*¿Por qué has puesto la carga de todo este pueblo sobre mí? ¿Concebí yo a todo este pueblo? ¿Lo engendré yo, para que me digas: Llévalo en tu seno? ¿De dónde conseguiré yo carne para dar a todo este pueblo? Porque me lloran, diciendo: Danos carne para que comamos* (Núm. 11, 11-12).

Comprendió Yahvé que Moisés estaba cargado de razón y le dijo:

—¿Carne quieren? *Les voy a dar carne, para que se harten. No comerán un día, ni dos días, ni cinco días, ni diez días, ni veinte días. Un mes entero van a estar comiendo carne hasta que les salga por las narices, y la aborrezcan* (Núm. 11, 19-20).

Dicho y hecho, Yahvé *envió un viento que trajo perdices del mar y las dejó sobre el campamento, un día de camino de un lado, y un día de camino del otro lado, en derredor del campamento, y tan espesas que el montón se elevaba casi dos codos sobre el suelo* (Núm. 11, 30-31).

385. Se han buscado todo tipo de explicaciones más o menos científicas para el maná: pudiera ser resina que segrega para defenderse de la picadura de los insectos el tamarisco, un arbusto propio de la península del Sinaí. A esta resina, dulce y aromática, la llamaban los árabes *man es-simma* («maná celestial»).

Es decir, si contamos que cada día caminaban unos veinte kilómetros, les cubrió el campo de perdices en unos cuarenta kilómetros a la redonda.

¿De cuántas perdices por metro cuadrado estamos hablando? Hagan la cuenta: dos codos de altura tenía el montón, o sea unos ochenta centímetros. Cantidades semejantes de perdices no se han visto desde las cacerías del caudillo Franco en Santa Cruz de Mudela.

Los israelitas *estuvieron levantados todo aquel día y toda la noche, y todo el día siguiente, y recogieron codornices; el que menos recogió diez montones; y las tendieron para sí a lo largo en derredor del campamento* (Núm. 11, 32).[386]

Con el agua hubo menos problema, porque nunca cansa. Cuando el pueblo padecía sed, Moisés golpeaba una roca con su cayado y brotaba un manantial. Locas tenía a las capas freáticas.

¿Quedó satisfecho Yahvé de verlos tan contentos? Nada de eso. Desde arriba los miraba con faz severa como diciendo «¿Cómo se me ocurriría a mi escoger como mi pueblo elegido a esta chusma de gente glotona y desagradecida?». Y en uno de sus arranques de ira, cuando *aún tenían la boca llena y estaban masticando* (Núm. 11, 33), les envió una plaga que acabó con una gran multitud.

386. No dice el Libro Santo cómo las cocinaron. Lo prudente habría sido escabecharlas, pero parece que ni vino ni vinagre llevaban. Es posible que de muchas hicieran el afamado paté de perdiz.

CAPÍTULO 167

Yahvé y su espectáculo de luz y sonido

A los tres meses de salir de Egipto, los israelitas andando, andando, solitos, solitos, llegaron al pie del monte Sinaí, donde Yahvé había citado a Moisés. Subió este al monte y Yahvé le dijo: *Toda la tierra me pertenece. Seréis para mí un reino de sacerdotes y un pueblo santo* (Éx. 19, 5-6).

Nada más humano dentro de lo divino y desde luego disculpable: Yahvé se había venido arriba como nunca antes en la Biblia. Quería espectadores para demostrar su poder: *Que el pueblo lave sus vestidos y se prepare porque dentro de tres días yo, el Señor, descenderé sobre el monte Sinaí, a la vista de todos* (Éx. 19, 10-11).

Esta promete ser sonada, pensó Moisés, y para solemnizar debidamente el encuentro, añadió a las normas de Yahvé una de su cosecha propia: que en esos tres días los israelitas se abstuvieran de sexo.

Llegó el gran día. Yahvé se presentó ante su pueblo con su aspecto más atmosférico, con *truenos y relámpagos y una espesa nube sobre el monte, y un trompetazo ensordecedor y una nube de humo que se elevaba al cielo, y el pueblo que estaba en el campamento se estremeció [...] Todo el monte Sinaí humeaba, porque el Señor había descendido sobre él un fuego, y el humo subía como de un horno y todo el monte se estremecía en extremo. El estruendo de la trompeta iba en aumento, y Moisés hablaba y Dios le respondía con voz de trueno* (Éx. 19, 16-19)

El despliegue atmosférico tan potente, *los relámpagos, el monte humeante, el estruendo de la bocina* asustaban a las sencillas gentes: *temblaban de miedo* (Éx. 20, 18).

Se conoce que en medio de aquella humareda espesa Yahvé no distinguía bien a sus espectadores, por eso supuso erróneamente que estarían entusiasmados con su exhibición de efectos especiales y temió que, movidos de entusiasmo, se acercaran a la falda del monte, como ocurre siempre cuando una multitud presencia un evento, por eso advirtió a Moisés que controlara a su gente, no fuera a ocurrir una desgracia.

Baja y dile al pueblo que no traspase los límites para verme, porque muchos de ellos morirán. A los sacerdotes que se acercan a mí diles también que se santifiquen para que yo, el Señor, no haga en ellos ningún estrago (Éx. 19, 21-22).

No es por criticar, pero da la impresión de que Yahvé no controla del todo ni el ánimo de la gente ni sus efectos especiales, especialmente el fuego.

CAPÍTULO 168

Yahvé iconoclasta

Terminado el espectáculo y sobradamente impresionada la audiencia, Yahvé, con fuerte voz que brotaba de la nube, dictó a Moisés las leyes que el pueblo de Israel había de observar en adelante, si no quería incurrir en su divina ira: *No tendrás dioses ajenos delante de mí. No te harás imagen, ni ninguna semejanza de cosa alguna. No te inclinarás a ellas, ni las honrarás. No tomarás mi nombre en vano, santificarás el día de reposo. Honra a tu padre y a tu madre. No matarás. No cometerás adulterio. No hurtarás. No dirás falso testimonio. No codiciarás los bienes de otro, entre ellos su esposa* (Éx. 20, 1-17).

Esa insistencia en que no fundan dioses de plata ni de oro nos muestra una faceta interesante de Yahvé: no acaba de aceptar su propio aspecto físico y por eso se muestra especialmente suspicaz, como quien no tolera su propia representación y padece continuamente el agravio comparativo de otros colegas del olimpo divinal que engatusan al personal con imágenes sugerentes.

Esta insistencia de Yahvé contra las representaciones idolátricas traería cola en la posteridad judeocristiana y hasta en la musulmana. Debido a ella, a mediados del siglo VIII, el emperador de Bizancio León III y su patriarca prohibieron la representación de santos y destruyeron gran cantidad de imágenes y mosaicos que adornaban los muros de las iglesias, lo que desencadenó una verdadera guerra contra los que, por el contrario, veneraban iconos santos. Los iconoclastas se mantuvieron en el poder durante un siglo y después tornaron las viejas representaciones que tanto consuelan al atribulado creyente. Los musulmanes, sin embargo, también deudores de la Biblia, han mantenido la prohibición, especialmente cuando se trata de representar al venerado Profeta, como bien conoce el lector a poco que se interese por la actualidad.[387]

En cuanto a la justicia, Yahvé no se quiso o no se pudo sustraer a las costumbres de la época y reprodujo la brutal ley del talión: *Ojo por ojo, diente por diente, mano por mano, pie por pie, quemadura por quemadura, herida por herida, golpe por golpe* (Éx. 21, 24-25).

Yahvé, juez y legislador vocacional como estamos notando, le dictaba a su pueblo un código legal minucioso con abundante casuística. Llaman la atención algunas disposiciones que andando el tiempo provocaron innumerables muertes en sociedades judías y cristianas.

A cambio de la observancia de tantos preceptos Yahvé garantiza protección y que su ira habría de exterminar a los pueblos que entonces ocupaban la Tierra Prometida, *porque mi ángel irá delante de ti y te conduciré al amorreo, y al heteo, y al fereceo, y al cananeo, y al heveo y al jebuseo. A todos ellos los destruiré* (Éx. 22, 23). Más claro aún: *Pondré en vuestras manos a los moradores de la tierra, y tú los expulsarás de delante de ti* (Éx. 22, 31).

387. Por eso dinamitaron los grandiosos Budas de Bamiyán, por eso han destruido con rotaflex los rostros humanos de los leones alados de las puertas de Nínive, por eso han destruido con porras de hierro y martillos las estatuas del museo de la Civilización de Mosul.

CAPÍTULO 169

Yahvé decreta sus mandamientos

Para los creyentes, el acontecimiento central de la revelación fue la promulgación de los diez mandamientos en el Sinaí, el decálogo inscrito por Dios mismo en las Tablas de la Ley. Ahora bien, cuando se examina el texto del Libro Santo, cabe preguntarse ¿fueron diez los mandamientos?

Sobre esto, hay opiniones: el primer mandamiento era *No tendrás dioses ajenos delante de mí* (Éx. 20, 3); el segundo: *No te harás imagen, ni ninguna semejanza de cosa alguna* (Éx. 20, 4). El tercero, *No te inclinarás a ellas, ni las honrarás* (Éx. 20, 5).

La Iglesia católica ha optado por refundir los dos primeros en uno y restarle importancia al tercero porque, de observarlo, ocasionaría un grave quebranto a los museos y al turismo y no digamos a las procesiones de Semana Santa, declaradas de interés nacional.[388]

Para compensar, y para que salgan las cuentas, san Agustín des-

388. Las consecuencias que acarrearía la observación estricta de este mandamiento serían espantosas: la pintura, la escultura, la rica imaginería de nuestra Semana Santa... Dígale usted a un sevillano que prescinda de la Esperanza Macarena, del Jesús del Gran Poder o de El Cachorro. ¿Y qué decir de las vírgenes de Guadalupe, de Covadonga, de la Almudena, de Montserrat...? ¿Y la romería del Rocío? ¿En qué pararía si los mozos de Almonte tuvieran que saltar la verja solo para sacar a pasear un pedestal sin Virgen ninguna atornillada a él? No quiero ni imaginar la funesta repercusión que ese trastorno acarrearía en la civilización occidental. Dejaría en mantillas el cambio climático y la pacífica invasión de la cristiandad por las oleadas migratorias del Tercer Mundo.

compuso en dos uno de los últimos mandamientos: por una parte se prohíbe desear a la mujer del prójimo y por otra desear los bienes ajenos, que, en un principio, eran el mismo mandamiento (la mujer se consideraba parte de esos bienes, un simple semoviente productivo, como la burra o la cabra).

Por cierto, en el decálogo original no aparece por ninguna parte el sexto mandamiento que tantos quebraderos de cabeza nos ha dado y nos da (ahora ya menos, con la mengua de poder de la Iglesia y con la edad que uno va teniendo: *No cometerás actos impuros* [antes *No fornicarás*]).[389]

Lo que dice el original de la Biblia en el sexto es *honra a tu padre y a tu madre* (Éx. 20, 12), porque debido al corrimiento, nuestro sexto mandamiento corresponde al octavo de la Biblia, que se limita a advertir: *No cometerás adulterio* (Éx. 20, 14).

O sea: por ninguna parte aparece que copular o masturbarse sea pecado, que conste y que lo sepa la afición tan abundante entre los religiosos que tanto persiguen la inocente autocomplacencia de la íntima, introspectiva, benefactora y humilde gayola.[390]

389. En los catecismos de los padres jesuitas Ripalda y Astete.

390. A este propósito debo señalar que no todos los clérigos formados por la Iglesia han sido tan obtusos y reprimidos como para considerar pecado el sexo practicado por el mero placer. Ahí tenemos al padre Vitoria S. J que en sus *Relecciones teológicas* afirma: «Si se atiende a la cosa misma, no parece que se siga inconveniente alguno de algún concúbito fornicario» y el único problema que se observa en él es que se pueda engendrar prole sin padre reconocido, ergo si se practica con condón o con cualquier otro medio anticonceptivo no se sigue inconveniente alguno. Es de apreciar que esta luminaria de la Iglesia, el padre Vitoria S. J., descargue nuestra conciencia con razones tan claras. Aconsejo al lector que el próximo concúbito fornicario en que se complazca, recreándose en la suerte si tuviere carrete para ello, lo brinde a la memoria del sabio jesuita. Es lo menos que podemos hacer para mostrarle nuestro agradecimiento, ahora que no está entre nosotros.

CAPÍTULO 170

La gloria de Yahvé

Dio Yahvé a Moisés una serie de leyes menudas sobre la manera de adorarlo y sobre el comportamiento social, todas ellas incompatibles con la Declaración de Derechos Humanos (que Yahvé jamás habría aceptado):

No dejarás con vida a ninguna hechicera.

Cualquiera que tenga contacto sexual con un animal será condenado a muerte.

Los sacrificios son solo del Señor. El que ofrezca sacrificios a otros dioses será condenado a muerte (Éx. 22, 18-20).

Como contrapartida le prometió a Moisés que un ángel guiaría a su pueblo a la Tierra Prometida y que cuando llegaran a ella *te precederá y te llevará a la tierra de los amorreos, hititas, fereceos, cananeos, jivitas y jebuseos, a los que voy a destruir* (Éx. 23, 23).

Moisés, entusiasmado por la perspectiva, sacrificó unos *terneros, tomó la sangre y la roció sobre el pueblo, mientras decía: «Esta es la sangre del pacto que el Señor hace con vosotros al entregaros todas estas cosas»* (Éx. 24, 8).

Yahvé se recreaba en su propia grandeza: *La gloria de Yahvé reposó sobre el monte Sinaí, y la nube lo cubrió por seis días; y al séptimo día, llamó a Moisés de en medio de la nube. Y la apariencia de la gloria de Yahvé era como un fuego abrasador en la cumbre del monte ante los ojos de los hijos de Israel. Y entró Moisés en medio de la nube y subió al monte; y estuvo Moisés en el monte cuarenta días y cuarenta noches* (Éx. 24, 16-18).

Después de dictar los términos generales del contrato, Yahvé descendió a las menudencias, a la letra pequeña, a las cominerías propias de la persona algo maniática que se pasa el día mirándose el ombligo y pensando solo en ella. Le impartió instrucciones minuciosas del asiento que debían prepararle, el Arca de la Alianza, más bien diríamos el Arca del Contrato: tipo de madera, medidas exactas, forro de oro, etc.[391] También le detalló cómo había de ser la tienda o tabernáculo en la que el Arca residiría mientras iban de un lado a otro hasta llegar a la Tierra Prometida, así como las vestiduras con las que el sumo sacerdote comparecería en su presencia y el templo de obra permanente que tenían que construirle una vez que se asentaran.

El Arca era el asiento visible de Yahvé, un dios invisible y terrible. A ella había que acercarse con reverencia y tomando precauciones, porque era peligrosa. Páginas arriba hemos visto morir al pobre Uza, porque sin pertenecer a la tribu de Leví intentó sujetar el Arca cuando resbaló el buey que la llevaba.[392]

No fue la única víctima del artilugio. También Nadab y Abiú, hijos del sumo sacerdote Aarón, *tomaron cada uno su incensario y ofrecieron ante el Señor un fuego que no tenían por qué ofrecer, pues él no se lo había mandado. Por eso salió de la presencia del Señor un fuego que los consumió, y murieron ante él* (Lev. 10, 1-2).[393]

Picajoso Yahvé.

391. *Un Arca de madera de acacia, de dos codos y medio de larga por codo y medio de ancha y codo y medio de alta, chapada de oro puro por dentro y por fuera y con una cornisa de oro alrededor. El Arca estará provista de cuatro argollas esquineras de oro, y unas varas de madera de acacia forradas de oro que se introduzcan en las argollas para transportar el Arca y no se sacarán nunca de las argollas [...] Harás un propiciatorio para encima del arca y dos querubines de oro; labrados a martillo, y los pondrás en los dos extremos del propiciatorio enfrentados, con las alas extendidas cubriendo el propiciatorio. Allí me reuniré contigo y hablaré contigo desde el propiciatorio, de entre los dos querubines que están sobre el Arca de la Alianza, de todo lo que yo te mande para los hijos de Israel* (Éx. 25, 3-22).

392. *Y el furor de Yahvé se encendió contra Uza, y lo hirió allí Dios por aquella temeridad, y cayó allí muerto junto al arca de Dios* (2 Sam. 6, 7).

393. Ya hemos comentado algo sobre la imaginación desatada de algunos

mitómanos dados a la arqueología-ficción que se expresa en peregrinas teorías acerca del Arca: Maurice Denis-Papin (1948), y Robert Charroux (1963) formularon la hipótesis de que el Arca fuera un condensador de energía, una hipótesis posteriormente refrendada por la irrefutable autoridad bíblica de J. J. Benítez (2009). El Arca sería una especie de potente batería que almacenaba electricidad, siendo su recubrimiento metálico interior y exterior dos condensadores de cargas positivas y negativas separados por la aislante madera de acacia. El conocimiento científico necesario para la construcción del peligroso artilugio, que podía electrocutar al que lo tocara, procedería de los sacerdotes egipcios entre los que Moisés se había criado. Otros autores van un poco más lejos y piensan que el Arca pudo ser un reactor nuclear, y que las tablas de la ley que Moisés colocó en su interior le proporcionaban la necesaria energía. Más aún se ha dicho: que los querubines dorados con las alas extendidas eran una especie de antena de un aparato radiotransmisor por medio del cual Moisés se comunicaba con Dios. En este caso Moisés podría ser un extraterrestre y Dios, el jefe de la expedición que los seguía en la nave interestelar disimulada dentro de la nube.

CAPÍTULO 171

El becerro de oro

Cuarenta días estuvo Moisés en el Sinaí recibiendo instrucciones detalladas de Yahvé, tiempo de sobra, lo sé, para un doctorado, pero ya saben los lectores que el cuarenta es uno de esos números que en la Biblia significa «muchos».

En su ausencia los inconstantes hebreos fueron a Aarón, su vicepresidente, y le pidieron dioses a los que adorar. Aarón hizo una colecta de zarcillos y otras joyas menudas, los fundió y fabricó un becerro de oro y los israelitas dijeron:

—*Este es tu dios, Israel, que te ha sacado de la tierra de Egipto.*

Aarón edificó un altar delante del becerro y anunció: «Mañana será fiesta para el Señor».

Al día siguiente madrugaron para ofrecer holocaustos y ofrendas de paz; y el pueblo se sentó a comer y a beber, y se levantó a regocijarse (Éx. 32, 4-6).

O sea, una romería. Solo faltan la flauta y el tamboril.

Yahvé en el Sinaí avisó a Moisés de lo que estaba ocurriendo para que descendiera del monte y pusiera coto a aquel desmadre, pero después se lo pensó mejor y, en pleno ataque de ira, dijo a Moisés «Apártate porque los voy a exterminar», pero Moisés, más sensato, lo disuadió con buenas razones:

—¿Cómo vas a exterminar a tu pueblo, Señor? *Si lo haces podrán decir los egipcios: «Para eso los sacó, para matarlos en los montes, y para borrarlos de faz de la tierra». Aplaca tu ira, Señor, y arrepiéntete de hacer este mal a tu pueblo. Acuérdate de Abraham, de Isaac y de Israel, tus siervos, a los que has jurado multiplicar su descendencia como las estrellas del cielo* (Éx. 32, 12-13).

Imaginemos la decepción de Moisés cuando se encuentra al pueblo, aquella chusma desagradecida, bailando en torno al becerro de oro. En un pronto se encendió su ira, lo mandó todo a paseo, rompió contra el suelo las tablas escritas por Yahvé *y tomando el becerro lo trituró, lo molió hasta reducirlo a ceniza y lo esparció sobre el agua, e hizo que los hijos de Israel la bebieran* (Éx. 32, 19-20).

Pidió Moisés voluntarios que estuvieran con Yahvé y se le presentaron los de la tribu de Leví. Los hizo armarse y les ordenó eliminar a los disidentes: *Que cada uno mate a su hermano, y a su amigo y a su pariente* (Éx. 32, 27). Eso hicieron y ejecutaron a tres mil idólatras.

Hasta aquí todo parece verosímil (aunque lo sería más si hubieran matado también a Aarón), si salvamos la parte relativa a Yahvé, que es siempre un misterio. Pero ahora viene lo que, para la razón humana, es de todo punto inverosímil e inadmisible.

Moisés desciende del Sinaí y se encuentra al pueblo adorando un becerro de oro (¿el buey Apis, quizá?) que se han fabricado en su ausencia con las joyas de las mujeres de Israel. Monta en cólera y rompe contra un peñasco las tablas de la Ley que Yahvé le acaba de entregar.

Como elemento dramático está bien, pero si aplicamos un poco de sentido común no es admisible. Es de todo punto increíble que las mujeres cedieran por las buenas sus pulseras, medallas, cadenas, anillos, ajorcas, zarcillos, colgantes, joyas y preseas. Imaginemos al pirado visionario que tuvo la idea. Llega a una choza, pregunta por el ama de casa titular y le dice:

—Buenas. Venía a recoger sus joyas para el becerro.

—¿Cómo a recoger mis joyas? —se extraña la interpelada.

—Sí, los oros, los anillos y todo eso —precisa el hombre—. Es para fundirlos y hacer el becerro.

—¿El becerro? —pregunta ella escamada—. ¿Qué becerro?

—El becerro de oro que vamos a fabricar para adorarlo. Soy el ecónomo de la cofradía.

—¡¿Te quieres ir ya?! —responde la señora airada—. ¡Que dé sus joyas tu madre! Si queréis adorar un becerro lo hacéis de madera y le dais una mano de purpurina.

—No es lo mismo.

—¿Cómo que no es lo mismo?: Lo que importa es la devoción. Yo mis joyas no las suelto, así que corta y navega. Búscate la vida en otro sitio y no importunes, que tengo faena.

En esos momentos llega Moisés y dice:

—Vengo de hablar con Yahvé y dice que él no necesita imagen alguna, sino la devoción interiorizada y observar unos cuantos mandamientos, tampoco muchos.

No le costó nada convencer al elemento femenino y las mujeres, persuasivas como son, hicieron cambiar de opinión a sus maridos. Esto rebaja considerablemente el dramatismo de la narración, lo sé, pero recurrir continuamente al *deus ex machina* como hace la Biblia es, a la larga, contraproducente. Llegará el día en que la gente no se crea nada. Sea como fuere, el pueblo de Israel acepta a Yahvé, el exigente y excluyente Dios único del que ahora disfrutamos.

Más calmado, Yahvé volvió a prometer a Moisés la mentada Tierra Prometida de la que pensaba desahuciar a sus moradores legítimos: *expulsaré al cananeo, y al amorreo, y al heteo, y al fereceo, y al heveo y al jebuseo* (Éx. 33, 2). Volvió Yahvé a la alianza con Moisés y su pueblo, y Moisés cantó las alabanzas de Dios, al que definió como *misericordioso y piadoso, tardo para la ira y abundante en benignidad, que perdona la iniquidad, la transgresión y el pecado, pero que de ningún modo tendrá por inocente al malvado; que castiga la iniquidad de los padres sobre los hijos y sobre los hijos de los hijos, hasta la tercera y la cuarta generación* (Éx. 34, 6-7).

Es evidente que Moisés se intentaba congraciar con Yahvé y amansarlo, puesto que ya hemos visto que no es precisamente *tardo para la ira* sino todo lo contrario, y ya me dirán si se puede llamar *abundante en benignidad* al que castiga en los hijos los pecados de los padres hasta la cuarta generación.

Ascendió Moisés al Sinaí para una nueva entrevista con Yahvé, quien, como ya iban teniendo mayor confianza con él, le hizo el obsequio de permitirle ver su espalda (el rostro nunca, porque el que lo ve, muere).

Cuando regresó, *su semblante resplandecía de tal manera que los israelitas temían acercarse a él.* Moisés tuvo que usar un velo, que solo se quitaba cuando subía a despachar con Yahvé.[394]

394. Muchos turistas píos, entre los cuales me cuento, viajan al monte Sinaí para visitar las breñas en las que supuestamente Yahvé y Moisés diseñaron la religión mosaica. Varias agencias de viajes ofrecen un paquete que comprende una visita al monasterio de Santa Catalina a los pies del Jebel Musa (el «monte de Moisés»), como llaman los egipcios a la supuesta montaña del Sinaí. El monasterio es ortodoxo griego, rodeado por una alta muralla, un excelente refugio, previo pago, para escapar de los vendedores de recuerdos y camelleros, cansinos como moscas que merodean extramuros. Para ascender a la cumbre pueden seguirse dos caminos: el corto o *Siket Syidna Musa*, que consta de 3.750 peldaños esculpidos en la roca (los llaman «escalones de la penitencia») y apto para deportistas que quieran despedirse definitivamente de las rótulas, y el camino largo o *El Bashait*, un sendero agrio sí, pero más suave y jalonado de puestecitos en los que los nómadas te venden latas de refresco y baratijas. No es inadecuado para penitentes, mucho menos si eres gordo, porque tendrás que soportar la barrila continua de los camelleros que te persiguen con el pestilente animal de reata y a la menor señal de cansancio se atropellan, con intercambio de improperios, por ofrecerte su animal (saben que los gordos sucumben todos, tarde o temprano). Cuando llegas arriba, el panorama de montañas desérticas se extiende hasta el horizonte. Un momento de serenidad, paz y comunión con la belleza del entorno, si no fuera porque los árabes del chiringuito te incomodan para ofrecerte té y chales para combatir el frío glacial de la cumbre.

CAPÍTULO 172

La despensa de Israel

Yahvé dio instrucciones precisas a Moisés sobre lo que se puede comer y lo que no: s*e pueden comer rumiantes de pezuña hendida, pero si tienen pezuña hendida pero no rumian son inmundos* (el cerdo). *Del mar o de los ríos, solo podéis comer los que tienen escamas y aletas* (Lev. 11, 3-10).[395]

Prohíbe Yahvé el sexo entre parientes, el sexo con animales, el adulterio y la homosexualidad, que se castigará con la muerte: *No te acostarás con varón como con mujer; es abominación* (Lev. 18, 22). *Y cualquiera que se acueste con otro hombre como uno se acuesta con una mujer, abominación hicieron; ambos han de ser muertos; su sangre será sobre ellos* (Lev. 20, 13).

También impone unos discutibles criterios estéticos que los judíos ultraortodoxos siguen observando al pie de la letra: *No cortaréis el cabello de vuestras sienes, ni dañaréis la punta de vuestra barba* (Lev. 19, 7).

Prohíbe las autolesiones y los tatuajes: *Y no haréis sajaduras en vuestro cuerpo por un muerto ni imprimiréis en vosotros señal alguna* (Lev. 19, 28).

395. Bien mirado, el rencoroso Yahvé se ensaña con el pueblo elegido que lo ha traicionado adorando al becerro de oro: les prohíbe para siempre jamás comer jamón de bellota (también el de bodega, ciertamente) y las *delicatessen del mar* (la ostra, el percebe, la langosta, la gamba de Huelva, el langostino de Sanlúcar, incluso el pulpo gallego).

Algunos preceptos son francamente positivos y muestran que Yahvé, a pesar de sus prontos y de su carácter celoso, tiene buen corazón: *Y no rebuscarás tu viña ni recogerás las uvas caídas de tu viña; para el pobre y para el extranjero las dejarás. No hurtaréis, ni engañaréis ni mentiréis a vuestro prójimo. Y no juraréis en falso por mi nombre ni profanarás el nombre de tu Dios. No explotarás a tu prójimo ni le robarás. No retendrás el salario del jornalero en tu casa hasta la mañana. No maldecirás al sordo ni delante del ciego pondrás tropiezo, sino que tendrás temor de tu Dios. No harás injusticia en el juicio; no favorecerás al pobre ni complacerás al grande; con justicia juzgarás a tu prójimo.* (Lev. 19, 10-15).

Pero otros preceptos parecen francamente abusivos o producto de un Dios rencoroso demasiado pendiente de su imagen: *Hay que ejecutar al que blasfeme el nombre de Yahvé; toda la congregación lo apedreará; tanto el extranjero como el natural, si blasfema el Nombre, que muera* (Lev. 24, 16).

En fin, Yahvé emite su minucioso código y promete que mientras se le obedezca y se le adore protegerá al pueblo de Israel, pero si el pueblo se aparta de él y no observa sus preceptos incurrirá en terribles castigos:

Andaré contra vosotros con ira y os castigaré aun siete veces por vuestros pecados. Y comeréis la carne de vuestros hijos y comeréis la carne de vuestras hijas. Y destruiré vuestros lugares altos y derribaré vuestras imágenes, y pondré vuestros cadáveres sobre los escombros de vuestros ídolos, y mi alma os abominará. Y dejaré desiertas vuestras ciudades, y asolaré vuestros santuarios y no oleré la fragancia de vuestro suave perfume. Asolaré también la tierra, y se pasmarán por ello vuestros enemigos que en ella moren; y a vosotros os esparciré entre las naciones, y desenvainaré la espada en pos de vosotros; y vuestra tierra quedará asolada, y desoladas vuestras ciudades (Lev. 26, 28-33).

Avisados quedaban.

CAPÍTULO 173

«Aguas amargas» para las adúlteras

Entre la legislación religiosa de los tiempos mosaicos se admite el juicio de Dios cuando un marido sospecha de la fidelidad de su esposa. En este caso se la lleva ante el sacerdote, que la hará jurar que no ha cometido adulterio y le hará beber «agua amarga», un brebaje preparado en el Templo que supuestamente respetaba a la inocente y envenenaba a la culpable. La fórmula que recitaba el sacerdote ante el altar en el acto de entregar a la sospechosa la copa de «aguas amargas» era: «Si ninguno ha dormido contigo, y si no te has apartado de tu marido a inmundicia, libre seas de estas aguas amargas que traen maldición; mas si te has descarriado de tu marido y te has mancillado y ha cohabitado contigo alguno fuera de tu marido, Yahvé te maldiga y execre en medio de tu pueblo y haga que tu muslo caiga y que tu vientre se hinche y esas aguas que dan maldición entren en tus entrañas y *se hinchará su vientre y caerá su muslo*» (Núm. 5, 21). A lo que la mujer respondía «Amén, amén» antes de apurar el contenido de la copa.[396]

396. Se ha sugerido que las «aguas amargas» eran un veneno activo solo en la boca, no en el estómago. La gracia del caso estriba en que la inocente lo tragaba enseguida mientras que la culpable tendía a retenerlo en la boca el tiempo suficiente para que la ponzoña hiciera su efecto y, de este modo, se cumpliera la justicia. *Se non e vero, e ben trovato.* También se ha sugerido que los sacerdotes decidían de antemano la voluntad de Dios, como tienen por costumbre. Si resolvían que la mujer era culpable, agregaban cal viva a las «aguas amargas», lo que le provocaba un agujero en el estómago. Por el contrario si la mujer hallaba gracia a su sacramental

¿Y si era el marido el que ponía los cuernos a la paciente esposa? La idea de que eso fuera falta provocaría la risa floja a las doce tribus, a los filisteos, a los Pueblos del Mar, a los cananeos, a los fenicios, a los jebuseos, a los amorreos, a los asirios, a los egipcios, a los babilonios y a los sumerios.

¿Y a los romanos, y a los griegos? A ellos también, y a los mayas y a los aztecas.

---

escrutinio (que en más de una ocasión dependería de si era guapa y estaba buena), le suministraban un brebaje inofensivo, fuera culpable o no, y ella, agradecida, quedaba al servicio del Templo durante un tiempo. Desde nuestra perspectiva cristiana esta explicación nos parece de lo más plausible, porque ya sabemos cómo es el clero y lo necesitado que está de cariño, pero tengamos en cuenta que los sacerdotes de Israel se casaban y no estaban sujetos a absurdos celibatos ni a represiones sexuales. También es cierto que a nadie le amarga un dulce (véase Ruiz Morell, 1999). Yo no opino sobre este particular, pero truhanerías más grandes se han visto en esta gente que vive de administrar el más allá.

CAPÍTULO 174
La tierra se traga a los listillos

Fueron cuarenta años muy penosos, como podemos suponer, y Yahvé humilló la dura cerviz de los israelitas y los gobernó mediante el terror. No exagero. Surgieron en el pueblo tres cabecillas, Coré, Datán y Abirón, que se postulaban como sacerdotes y le hacían la competencia a Moisés: «¿Conque esas tenemos? —dijo Yahvé—. *Ordena al pueblo que se aparte de las tiendas que habitan esos tres individuos». No había terminado de decir estas palabras, cuando se abrió el suelo debajo de ellos, la tierra abrió su boca y se los tragó con todas sus familias; así como todas sus pertenencias. Bajaron vivos al Lugar de los Muertos con todo lo que tenían. Se los tragó la tierra y desaparecieron de en medio del pueblo* (Núm. 16, 23, 31-33).

Se deduce, si interpretamos correctamente el texto, que algún inocente vecino de los rebeldes caería en el abismo, aparte de las inocentes familias de los tres delincuentes, sus enseres y sus asnos. También queda claro que el Lugar de los Muertos está en las profundidades de la Tierra y que uno no debe rebelarse contra la autoridad constituida.

Yahvé, en aquellos tiempos que podríamos denominar de su juventud, era así de directo. Castigaba los yerros sobre la marcha. En otra ocasión envió una plaga que mató a más de mil quinientos descontentos. Con el tiempo atemperaría ese carácter irascible y evolucionaría hasta convertirse en el Dios algo más tratable de los Evangelios.

En fin. En el desierto, aparte de estos sobresaltos divinos, no ocurrían grandes cosas.

CAPÍTULO 175

La burra parlante

Cuando se acercaron los israelitas a Canaán, Balaq, el rey de Moab (recordemos que era un pueblo a la derecha del mar Muerto), viendo que eran una muchedumbre, se asustó y pensó: *Lamerá esta gente todos nuestros contornos, como lame el buey la grama del campo* (Núm. 22, 4). O sea, se asustó del aluvión de emigrantes indocumentados y hambrientos que se le venía encima.

En aquellos tiempos rigurosos ya hemos visto que la hospitalidad con el viajero era sagrada. Pero cuando te invadía una muchedumbre que salía del desierto con hambres atrasadas después de vagar cuarenta años por el pedregal te quedaban pocos ánimos para colgar del ayuntamiento el cartel de REFUGEES WELCOME.

¿Qué podía hacer entonces? El rey de Moab llamó a Balaam, que era un poderoso mago, y le encomendó que maldijera a los israelitas a ver si así conjuraba aquel pedrisco.

Iba Balaam sendero adelante, montado en su burra, cuando un ángel del Señor se le interpuso en medio del camino. Se detuvo el animal ante el celestial obstáculo y Balaam, que no veía al ángel, le arreó tres veces con la vara de avellano, tanto que la burra, perdida la paciencia, se quejó:

—¿Por qué me has pegado tres veces?[397]

397. Los judeocristianos han tomado como milagro lo que no es tal. Como se sabe, los burros y los monos saben hablar, incluso algunos mejor que las personas, lo que ocurre es que se fingen ignorantes para que no los hagamos trabajar.

Llegó Balaam ante Balaq, el rey, y este se empeñó en que maldijera al pueblo de Israel. Balaam fingió obedecer, levantó siete altares sobre siete cerros y sacrificó en ellos sendos carneros, lo que suele hacerse para amojonar las lindes. El rey Balaq siguió con interés las evoluciones del brujo, lo recompensó debidamente y se sentó a esperar la perdición del pueblo de Israel.

Ignoraba el pobrete que Balaam había bendecido a Israel en lugar de maldecirlo. Lo de la burra parlante había sido mano de santo.

Como Yahvé temía —ya los iba conociendo—, muchos israelitas, en cuanto salieron de las asperezas del Sinaí, se sintieron atraídos por las mujeres moabitas y no tardaron en fornicar con ellas y en hacer sacrificios a sus ídolos.

Yahvé, furioso, ordenó a Moisés ahorcar a los disidentes. En ello estaba este, tratando el grave asunto con los ancianos de la tribu, cuando acertó a pasar un pisaverde llamado Zimri, hijo de Salu, de la tribu de Simeón, en compañía de una moabita de lo más aparente, camino de su tienda.

Los vio Pinjás, hijo de Eleazar, nieto de Aarón, y, agarrando una lanza, irrumpió en la tienda y los ensartó, nada más fácil puesto que los sorprendió practicando el juego del animalito de las dos espaldas (también conocido como *la postura del misionero*, detalle que se adivina, pero el texto sagrado púdicamente silencia). Eso calmó la ira de Yahvé y bendijo la descendencia de Pinjás (Núm. 25, 7).

CAPÍTULO 176

Moisés se despide

Llegó por fin el pueblo de Israel a las llanuras de Moab, que recorre el río Jordán. Yahvé se llegó a Moisés, que ya tenía ciento veinte años, pero *no se habían apagado sus ojos, ni había perdido su vigor* (Dt. 34, 7) y le dijo:

—Sube al monte Nebo, tierra de Moab, y contempla Canaán, la tierra que entrego a Israel en posesión. Morirás en el monte, como tu hermano Aarón lo hizo en el monte Hor. Porque me fuisteis infieles en las aguas de Meribá de Cadés, en el desierto de Sin, solo de lejos verás la Tierra Prometida, pero allí no entrarás, a la tierra que doy a los hijos de Israel.[398]

Murió Moisés cargado de años y de trabajos y *los israelitas lloraron a Moisés treinta días en las estepas de Moab; cumplieron así los días de llanto por el duelo de Moisés* (Dt. 34, 8).

Muerto Moisés, habló Yahvé a Josué, su sucesor, que *estaba lleno del espíritu de sabiduría, porque Moisés le había impuesto las manos. A*

398. No está clara la localización del monte Nebo. Debe de ser uno de los montes Abarim, al este de la desembocadura del río Jordán, en el mar Muerto. En esta zona, que pertenece actualmente a Jordania, tienen los franciscanos una iglesia de moderna factura, en cuyo interior se conservan unos mosaicos bizantinos del siglo VII que representan cacerías de leones, granados, avestruces y camellos. Son el resto de la decoración de la iglesia que visitó la monja Egeria en su peregrinación a Tierra Santa desde su Galicia natal. Escribió sus impresiones en un interesante *Itinerarium ad loca sancta*. Desde el escarpe del monte se contempla una estupenda panorámica de Israel.

él obedecieron los israelitas, cumpliendo la orden que Yahvé había dado a Moisés (Dt. 34, 8-9).

¿Y qué orden era esa? *Pasa ese Jordán, tú con todo este pueblo, hacia la tierra que yo les doy a los israelitas* (Jos. 1, 1-2).

Por fin la Tierra Prometida.

Hoy, tres mil años después, la tierra de Israel sigue en disputa. Podría aplicarse la sentencia que hizo Churchill sobre los Balcanes: una región que genera más historia de la que puede digerir.

Especialmente cuando andan por medio los intereses de los disputados herederos de las tres religiones que ha inspirado la Biblia, ese libro misterioso, poliédrico y fascinante al que hemos dedicado estas páginas.

שלום *Shalom.*

APÉNDICE

Yahvé en el diván

Muchos teólogos se han planteado una lacerante pregunta: si Yahvé, o sea Dios, es omnipotente e infinitamente bueno, ¿cómo es posible que exista el mal en el mundo? Un Dios bueno y omnipotente lo eliminaría, ¿no?

Solo cabe pensar que quiere eliminarlo, pero no puede, en cuyo caso no es omnipotente; o puede eliminarlo, pero no quiere, en cuyo caso no es infinitamente bueno, sino solo regularejo; o, para agotar las posibilidades, ni puede eliminar el mal ni querría si pudiera, lo que confirmaría que no es ni bueno ni omnipotente. No quiero pensar en la única posibilidad restante: puede y quiere, pero no se decide. En este caso es lícito preguntarle: ¿a qué estás esperando Dios, alma de cántaro, o es que te has tumbado a la bartola, has prolongado indefinidamente el descanso del séptimo día y, mientras tanto, nos tienes aquí jodidos en el valle de lágrimas?

La única fuente de la que disponemos para acceder al conocimiento de Yahvé y de su compleja personalidad es la Biblia. A lo largo de las páginas precedentes lo hemos visto evolucionar desde el Dios severísimo y un tanto atrabiliario de sus primeros tiempos hasta el más tratable e incluso afable a ratos de su madurez. En puridad no es ni uno ni otro, sino los dos a un tiempo. Por eso antes de juzgarlo negativamente quizá sea conveniente considerar las delicadas circunstancias en las que se desarrolló su vida.

La primera etapa de su existencia debió ser muy triste: sin padres, solo en medio de la nada, cuando el mundo no existía todavía, todo el día mano sobre mano en medio de aquel atronador silencio, de aquel insondable vacío… ¿No es para volverse loco o por lo menos paranoico?

Sus circunstancias mejoraron cuando se le ocurrió la feliz idea de crear el mundo, lo que hizo, quizá un tanto atropelladamente, en solo seis días.[399]

Como el resto de sus colegas, Yahvé es henoteísta, o se resigna a serlo, y acepta la existencia de otros dioses que le hacen la competencia, pero su última aspiración es monopolista: exige a su pueblo elegido, el judío, que lo adore solo a él bajo pena de terribles castigos: *No vayáis detrás de dioses ajenos, de los dioses de los pueblos que están en vuestros contornos, porque Yahvé, tu Dios, que está en medio de ti, es un Dios celoso; su furor se inflamaría contra ti y te haría desaparecer de sobre la tierra* (Dt. 6, 14-15). Un par de veces ha exterminado a la Humanidad, pero siempre deja a alguien para simiente, porque como todo autócrata necesita una claque que admire su poder: *Podría haberte golpeado a ti y a tu pueblo con una plaga que os borrara de la faz de la tierra, pero os he dejado con vida para que admiréis mi poder y para que podáis proclamarlo por toda la tierra* (Éx. 9, 14-16).

Yahvé, aunque es Todopoderoso, se cansa,[400] duerme,[401] le flaquea la memoria,[402] alguna vez duda de si acertó al crear a la Huma-

399. Algunos críticos le han achacado cierta precipitación en el diseño de muchas de sus criaturas (los dinosaurios sin ir más lejos y no digamos el ornitorrinco, en cuyo diseño Dios se empanó y le salió un semoviente que no sabe si es ave, si es mamífero, ni si lo uno ni lo otro), pero hay que tener en cuenta que en ningún caso partía de prototipos experimentados, que todo lo creó *ex nihilo*, o sea, de la nada, y sin tiempo apenas para mejorar sus diseños. Demasiado bien le salió.

400. *Porque en seis días Yahvé hizo los cielos y la tierra, y en el séptimo día descansó* (Éx. 31, 17).

401. *Entonces se despertó el Señor, a la manera del que duerme, como un guerrero que grita excitado por el vino* (Sal. 78, 65). O sea, lo compara con un sargento borracho.

402. *¡Levántate, oh, Yahvé Dios; alza tu mano! No te olvides de los pobres* (Sal. 10, 12). *¿Hasta cuándo, oh, Yahvé, me olvidarás para siempre?* (Sal. 13, 1). [Yahvé] *¿Por qué te olvidarás de nosotros para siempre y nos dejarás a lo largo de los días?* (Lam. 5, 20).

nidad[403] y hasta se muestra algo depresivo en sus horas bajas,[404] pero también aplaude cuando está contento o se le está pasando el enfado.[405] Por encima de esas flaquezas hay que reconocerle un perfecto dominio de recursos escénicos y efectos especiales.[406] Incluso conocemos minucias de su personalidad como que le gustan la carne y el tocino,[407] y que aborrece las verduras,[408] pero la verdad es que ignoramos mucho más de lo que sabemos.

403. *Entonces Yahvé lamentó haber hecho al hombre en la tierra, y le dolió en su corazón* (Gén. 6, 6). *Entonces Yahvé se arrepintió de parecer en cuanto al mal que dijo que haría a su pueblo* (Éx. 32, 14).

404. *Porque así ha dicho Yahvé: ¡Ay de mí, por mi ruina! Mi herida es incurable. Sin embargo, dije: «Ciertamente esta es mi enfermedad, y debo sufrirla. Mi tienda, destruida; mis cuerdas, rotas. Mis hijos se fueron de casa y ya no están. Ya no hay nadie que extienda mi morada, ni quien levante mi tienda»* (Jer. 10, 18-20).

405. *Yo también batiré mano contra mano y haré que se asiente mi ira. Yo, Yahvé, he hablado* (Ez. 21, 17). *He aquí que golpeo con mis manos* (Ez. 22, 13). *¡Padre Eterno (Yahvé), Dios de las Venganzas, ¡Dios de las Venganzas! ¡Muéstrate! Levántate, oh, juez de la tierra* (Sal. 94).

406. *En mi angustia invoqué a Yahvé; invoqué a mi Dios. Él oyó mi voz desde su templo, y mi clamor llegó a sus oídos [...] Humo subió de su nariz; de su boca salió fuego consumidor, y carbones encendidos saltaban de él. Inclinó los cielos y descendió; una densa oscuridad había debajo de sus pies. Cabalgó sobre un querubín y voló; se remontó sobre las alas del viento. Puso tinieblas alrededor de sí como su morada, oscuridad de aguas y densas nubes. Por el resplandor de su presencia se encendieron carbones de fuego [...] A la reprensión de Yahvé, por el soplo del aliento de su nariz* (2 Sam. 22, 7). *¡Tu mano alcanzará a todos tus enemigos! Tu diestra alcanzará a los que te aborrecen. Y los pondrás como horno de fuego en el día de tu ira. Yahvé los deshará en su ira y el fuego los consumirá. Y su fruto harás desaparecer de la tierra. Y su descendencia de entre los hijos de los hombres* (Sal. 21, 8-10).

407. *Ofrenda encendida de olor grato a Yahvé. Vianda es de ofrenda que se quema en olor grato, pues toda la gordura de los animales es de Yahvé* (Lev. 1, 2-9 y 3, 6-17). A veces es capaz de consumir raciones de carne que se nos antojan pantagruélicas: *Tráeme una ternera de tres años, una cabra de tres años, un carnero de tres años, una tórtola y una paloma* (Gén. 15, 9), le exige a Abraham. La ración diaria que le sacrificaban en el Templo de Jerusalén era por el estilo. Milagro parece que no padeciera gota con esa dieta desaforada.

408. No hay más que ver que el sacrificio de Caín de hortalizas y frutos le

¿Es carca Dios? Evidentemente lo es, como todas las personas de cierta edad, además de algo machista,[409] y los derechos humanos le traen al fresco, hay que reconocerlo, pero luego tiene su lado bueno, el de su Hijo, el que predicó «amaos los unos a los otros», el que perdonó a la pecadora *porque has amado mucho* y, ya en el colmo de la bondad, *amad a vuestros enemigos* (Mt. 5, 44). Vaya lo uno por lo otro.

De vez en cuando notaremos en Dios ciertas flaquezas morales, como cuando recomienda a los judíos que roben[410] o que masacren a los cananeos.[411]

En general hay que reconocer que Dios resulta bastante intolerante y quisquilloso en lo concerniente a sus mandatos, los cuales el

---

desagradó y, sin embargo, el de Abel que le sacrificó un cordero con su grasa, el pestoso chero, le encantó (Gén. 4, 3-5).

409. Prohíbe hablar a la mujer: *La mujer aprenda en silencio, con toda sujeción. Porque no permito a la mujer enseñar, ni ejercer dominio sobre el hombre, sino estar en silencio* (1 Tim. 2, 11-12). *Las casadas estén sujetas a sus propios maridos, como al Señor* (Ef. 5, 22). Menos mal que de vez en cuando recomienda tratarlas con suavidad: *Casadas, estad sujetas a vuestros maridos, como conviene en el Señor. Maridos, amad a vuestras mujeres, y no seáis ásperos con ellas* (Col. 3, 18-19). Eso en el Nuevo Testamento, porque si nos vamos al Antiguo, los ejemplos se multiplican: *Si una mujer pare un hijo, quedará inmunda durante siete días [...] pero si da a luz una niña, quedará inmunda dos semanas* (Lev. 12, 2-7). *Si una joven no llega virgen al matrimonio, la sacarán a la puerta de la casa de su padre, y la apedrearán los hombres de su ciudad hasta que muera... Así quitarás el mal en medio de ti* (Dt. 22, 20-21).

410. Yahvé dijo a los hijos de Israel: *de modo que cuando salgáis no os vayáis con las manos vacías. Cada mujer pedirá a su vecina y a la que habita en su casa, objetos de plata, objetos de oro y vestidos, los cuales pondréis sobre vuestros hijos e hijas. Así despojaréis a los egipcios* (Éx. 3, 21). Y luego, en el Sinaí, dice: No robarás. ¿En qué quedamos, señor? Muy sencillo: robar podría ser lícito bajo ciertas condiciones, lo que explica (y justifica) que la Iglesia se haya apropiado de tanta riqueza ajena a lo largo de su prolongada historia.

411. *Luego que* [Yahvé] *te entregue* [aquellas ciudades que no quieran ser tus vasallas], *¡matarás a todo varón suyo a filo de espada! Pero de las ciudades que te dará por heredad, ¡ninguna persona, hombres, mujeres y niños dejarás con vida!, sino que las destruirás por completo* (Dt. 20, 10 y ss.).

creyente debe obedecer ciegamente.[412] Se encoleriza fácilmente y cuando lo hace hay que temerlo (especialmente si se cabrea ante Jeremías, Isaías o Moisés),[413] pero, en general, no es mala persona quitando esos ocasionales arrebatos de ira como los del Diluvio y Sodoma, que parecen manifestar una fibra maligna de su personalidad.[414]

412. *El que no está conmigo está contra mí; y el que no recoge conmigo desparrama* (Mt. 12, 30). *El que crea y sea bautizado será salvo; pero el que no crea será condenado* (Mc. 16, 16).

413. *Por tanto, así ha dicho el Señor de todo el universo* [Yahvé]*: ¡He aquí que mi furor y mi ira se derramarán sobre los hombres, sobre los animales, sobre los árboles del campo y sobre los frutos de la tierra! ¡Se encenderá mi ira y no se apagará jamás!* (Jer. 7, 20). *Ante su enojo ¿quién puede tenerse? ¿Quién puede resistir el ardor de su cólera? Su furor se derrama como fuego, y las rocas se quiebran ante él* (Na. 1, 6). *¿Qué meditáis contra Yahvé? Él es el que hace exterminio, no se alzará dos veces la opresión; porque ellos, espinos aún enmarañados, empapados de bebida, como paja seca serán enteramente consumidos* (Na. 1, 9-10). *Dice Dios Padre* [Yahvé]*: El que a muerte, a muerte, el que a espada, a espada, el que a hambre, a hambre y el que a cautiverio, a cautiverio. Y enviaré sobre ellos cuatro géneros de castigos, dice Dios Nuestro Señor* [Yahvé]*: Espada ¡para matar! Perros ¡para despedazar! Aves del cielo ¡para devorar! Y bestias de la tierra ¡para destruir!* (Jer 15, 1 y ss.). *Acercaos, naciones, a oír, atended, pueblos; oiga la tierra y cuanto hay en ella, el orbe y cuanto en él brota, que ira tiene Yahvé contra todas las naciones, y cólera contra todas sus mesnadas. Las ha anatematizado, las ha entregado a la matanza. Sus heridos yacen tirados, de sus cadáveres sube el hedor, y sus montes chorrean sangre; se esfuma todo el ejército de los cielos. Se enrollan como un libro los cielos, y todo su ejército palidece como palidece el sarmiento de la cepa, como una hoja mustia de higuera. Porque se ha emborrachado en los cielos mi espada; ya desciende sobre Edom y sobre el pueblo de mi anatema para hacer justicia. La espada de Yahvé está llena de sangre, engrasada de sebo, de sangre de carneros y machos cabríos, de sebo de riñones de carneros, porque tiene Yahvé un sacrificio en Bosrá, y gran matanza en Edom. En vez de búfalos caerán pueblos, y en vez de toros un pueblo de valientes. Se emborrachará su tierra con sangre, y su polvo será engrasado de sebo. Porque es día de venganza para Yahvé, año de desquite del defensor de Sion. Se convertirán sus torrentes en pez, su polvo en azufre, y se hará su tierra pez ardiente* (Is. 34, 1-9).

414. Observando la Naturaleza uno se pregunta: ¿Por qué ha diseñado Yahvé organismos tan crueles? ¿Qué necesidad había de que algunos bichos tengan que ganarse la vida practicando un sadismo refinado? «Por ejemplo, la mantis religiosa o la viuda negra (una araña) que devoran al macho mientras las fecundan, y la

Admitámoslo: de la observación de la naturaleza, su criatura, se deduce que Dios es un ser despiadado, sin sentimientos, gratuitamente cruel, incluso sádico. Desde la perspectiva cristiana podemos conocer esos hechos, regidos por leyes inflexibles que emanan de Dios, pero no debemos intentar comprenderlos.

Como nos enseña la santa madre Iglesia, todo debe confiarse a la fe: hay que creer sin ver, o, mejor dicho, creer aunque se vea lo que uno no quisiera ver. El percibido horror de la obra divina solo refleja la limitación de nuestra inteligencia. Si no lo comprendemos, no lo juzguemos.[415]

La Iglesia, madre e intermediaria, juzga por nosotros y nos seña-

---

abeja que apuñala a la araña, la avispa cerceris que, con un triple rejonazo de su aguijón, destruye, con precisión quirúrgica, los tres centros nerviosos del escarabajo agrilo y se lo entrega a su larva para que pueda consumir vivo, fresco, al desgraciado insecto paralizado, eligiendo los bocados, respetando los centros vitales con atroz sabiduría, manteniendo la vida hasta la última partícula de carne de su víctima; [...] el leucospis, el ántrax, cuyo gusano se adhiere al flanco de la larva de la chalicodoma, y la absorbe a través de la piel, aspira, bombea aquel puré vivo que es la larva, y la deseca sabiamente también, para matarla, pero manteniéndola fresca, viva hasta el final... El avispón asesino que oprime el buche de la abeja para que vomite la miel y chupa la lengua que sale de la boca de la infeliz agonizante [...] ¡Qué cuadro el de la creación! ¡Una matanza! Las leyes más feroces, las más bárbaras, las más horriblemente inhumanas, lucha por la vida, eliminación de los débiles, el ser comiéndose al ser y comido por el ser... Si Dios existe solo puede ser una inteligencia sin corazón, una calculadora, un espíritu matemático, poderoso y monstruoso para el que el dolor no cuenta, y cuyo plan gigantesco e inhumano no se estableció para que lo contemplara y lo comprendiera un ser dotado de sensibilidad» (Van der Meersch, 1954, p. 262).

415. Porque a menudo lo juzgamos sin tener en cuenta que nuestro cerebro de microbios no puede comprender sus altas motivaciones. Por ejemplo, pudiera ser que los días de la creación según la Biblia no equivalgan a los días de nuestro calendario, sino a periodos de millones de años de duración, en cuyo caso se explicaría todo. Además eso ayudaría a conciliar las encontradas posturas de creacionistas y evolucionistas. Creo que no es mala idea. Se la plantearé a Ratzy ahora que está retirado y dispone de tiempo para atender a teólogos aficionados, porque lo que es al peronista Francisco es difícil pillarlo con esa agenda hiperactiva suya, aparte de que dudo mucho de que sus conocimientos teológicos sean suficientes.

la el camino. Esto es como las corridas de toros: no veamos la crueldad, el ensañamiento, la tortura de un bello animal, la incomodidad del asiento, las contumaces moscas, las rodillas huesudas que nos clava en el omóplato el de atrás, el humazo acre y pestoso del habano que fuma el tío de al lado, que nos lo estamos tragando todo; veamos, más bien, el arte de Cúchares, el colorido, la fiesta, el fervor de los aficionados del tendido siete, el embrujo de las damas de mantilla, el vestido brillante de los toreros, las posturitas que componen, el pasodoble voluntarioso de la banda de música, los alegres cascabeles de las mulillas, que arrastran el cadáver ensangrentado y apuntillado de la res dejando un reguero de sangre sobre el dorado albero…

Todo se puede ver de dos maneras.

Dios también. Y Él (que es Ella) lo agradecerá.

Bibliografía

ALBAIGÈS I OLIVART, Josep M., *Los misterios del templo de Salomón. Historias, personajes e interpretaciones*, DeVecchi Ediciones, Barcelona, 2009.

ALBRIGHT, William Foxwell, *Arqueología de Palestina*, Garriga, Barcelona, 1962.

—, *De la edad de piedra al cristianismo. El marco histórico y cultural de la Biblia*, Sal Terrae, Santander, 1959.

AMBELAIN, Robert, *Los secretos de Israel*, Martínez Roca, Barcelona, 1996.

ARCE, Agustín, *Itinerario de la Virgen Egeria (381-384)*, Biblioteca Autores Cristianos, Madrid, 1980.

ARDÈVOL PIERA, Elisenda (coordinadora), *Antropología de la religión. Una aproximación interdisciplinar a las religiones antiguas y contemporáneas*, Ed. UOC, Barcelona, 2003.

ARMSTRONG, Karen, *Historia de la Biblia*, Debate, Barcelona, 2007.

ARNOLD, Bettina, «Pseudoarchaeology and nationalism», en Garrett G. Fagan (ed.), *Archaeological Fantasies: How Pseudoarchaeology Misrepresents the Past and Misleads the Public*, Routledge, Londres, 2006. pp. 154-179.

BERLITZ, Charles, *En busca del arca perdida de Noé*, Círculo de Lectores, Barcelona, 1989.

Biblia de Jerusalén, Desclée De Brouwer, Bilbao, 1975.

CABALLERO LÓPEZ, José Ángel, «Mito e historia en la Crónica General de España de Florián de Ocampo», AISO. Actas VI (2002), pp. 397-405.

CAMPBELL, Joseph, *Transformations of Myth Through Time*, Harper and Row, Nueva York, 1990.

COLLINS, Lorence, y David Fasold, «Bogus "Noah's Ark" from Turkey Exposed as a Common Geologic Structure», *Journal of Geoscience Education*, núm. 44, 1996.

DAWKINS, Richard, *The God delusion*, Bantam Books, Londres, 2006.

DE HARO IZQUIERDO, Fernando, *El islam en el siglo XXI. Entrevista a Samir Khalil Samir de Fernando de Haro Izquierdo*, Ed. Encuentro, Madrid, 2017.

DE VAUX, ROLAND, *Studies in Old Testament Sacrifice*, University of Wales, Cardiff, 1964.

DELITZSCH, Friedrich, *Wo lag das Paradies?: Eine biblisch-assyriologische Studie*, Hinrichs, Leipzig, 1881.

DEVER, William G., «Archaelogical Views: The Western Cultural Tradition is at Risk», *Biblical Archaeology Review*, marzo-abril de 2006, vol. 32, núm. 2, pp. 26-76.

DÍAZ-PLAJA, Fernando, *La Biblia contada a los mayores*, Plaza y Janés, Barcelona, 1976.

DIODORO SÍCULO, *Biblioteca Histórica. XVIII-XX*, Gredos, Madrid, 2014.

DOS SANTOS VAZ, Armindo, *A visão das origens em Génesis 2,4b-3,24: coerência temática e unidade literaria*, Ediçoes Didaskalia, Ediçoes Carmelo, Lisboa, 1996.

DU CLOT DE LA VORZE, Joseph-François, *Vindicias de la Sagrada Biblia contra los tiros de la incredulidad y su defensa y justificación de toda nota de contrariedad con la humana razón, los monumentos de la historia, ciencias y artes, la física, la geología, la cronología, la geografía, la astronomía, etc.*, Fuentenebro, Madrid, 1825.

ELIADE, Mircea, *Tratado de historia de las religiones*, Ed. Cristiandad, Madrid, 1975.

FASOLD, David, *The Ark of Noah*, Wynwood, Nueva York, 1988.

FREDERICK IDE, Arthur, *Moses: Making of Myth & Law: The Influence of Egyptian Sex, Religion and Law on the Writing of the Torah*, Monument Press, Stirling, 1992.

FREUD, Sigmund, *El hombre, Moisés y la religión monoteísta (tres ensayos)*, Akal, Madrid, 2015.

GINZBERG, Louis, *Las leyendas de los judíos*, Filadelfia (7 vols.), 1909-1938.

GRAU MIRA, Ignasi, y Teodoro Crespo Mas, «La "anomalía deambulatoria" en la antigua Iberia. "Monosándalos", héroes heridos y jóvenes danzantes», *Gerión*, vol. 30, pp. 103-131, 2012.

GRAVES, Robert, y Raphael Patai, *Los mitos hebreos*, Alianza Editorial, Madrid, 1964.

GRIERSON, Roderick, y Stuart Munro-Hay, *The Ark Of The Covenant: The True Story of the Greatest Relic of Antiquity*, Phoenix, Londres, 2000.

HANCOCK, Graham, *Símbolo y señal. En busca del Arca de la Alianza perdida*, Planeta, Barcelona, 1993.

HENNINGS, Richard, *Grandes enigmas del Universo*, Plaza y Janés, Barcelona, 1971.

HERNÁNDEZ JUBERÍAS, Julia, *La península imaginaria, mitos y leyendas sobre Al-Andalus*, Consejo Superior de Investigaciones Científicas, Madrid, 1996.

HERRMANN, Albert, *Die Endkarte der Urbibel. Mit einem Anhang über Tartessos und die Etruskerfrage*, Kommissionsverlag Georg Westermann, Braunschweig, 1931.

HITCHENS, Christopher, *God Is Not Great: How Religion Poisons Everything*, Twelve/Hachette Book Group USA/Warner Books, Nueva York, 2007.

HOLLEY, Vernal, *Christianity: the last Great Creation of the Pagan World*, edición del autor, Utah, 1994.

IRANZO, Miguel Lucas de, *Crónica del Condestable Iranzo*, ed. de Carriazo Arroquia, Espasa Calpe, Madrid, 1940.

JAVALOYS, Joaquín, *El origen judío de las monarquías europeas*, Edaf, Madrid, 2000.

JIMÉNEZ DE RADA, Rodrigo, *Historia de rebus Hispaniae o Historia de los hechos de España*, Alianza Editorial, Madrid, 1989.

JONES, Steve, *Ciencia y creencia. La promesa de la serpiente*, Turner, Madrid, 2015.

JOSEFO, Flavio, *Antigüedades judías. Libros I-IX*, Ediciones Akal, Madrid, 1997.

KELLER, Werner, *Y la Biblia tenía razón. La verdad histórica comprobada por las investigaciones arqueológicas*, Omega, Barcelona, 1966.

KONING, Frederik, *La sexualidad en la Santa Biblia*, Ediciones 29, Barcelona, 1976.

KRAMER, Samuel Noah, *History Begins at Sumer: Thirty-Nine «Firsts» in Recorded History*, University of Pennsylvania Press, Filadelfia, 1981.

LANE FOX, Robin, *The Unauthorized Version*, Penguin Books, Londres, 1992.

MÉNDEZ FILESI, Marcos, «El jardín de los dioses» (blog). Disponible en: <https://mitemas.wordpress.com>.

MYSTERYPLANET.COM.AR, «Las diez plagas de Egipto: ¿castigo divino o fenómenos naturales perfectamente explicables?». Disponible en: <http://mysteryplanet.com.ar/site/las-diez-plagas-de-egipto-castigo-divino-o-fenomenos-naturales-perfectamente-explicables>.

Ocampo, Florián de, *Las cuatro partes enteras de la crónica de España que mandó componer el serenísimo rey don Alonso llamado el Sabio. Donde se contienen los acontecimientos y hazañas mayores y más señaladas que sucedieron en España desde su primera población hasta casi los tiempos del dicho señor rey*, Augustin de Paz y Juan Picardo, impresores, Zamora, 1541, Biblioteca Virtual del Patrimonio Bibliográfico BVPB20080023690, cap. IV, fol. XXfflv.

Orbaneja, Fernando, *La Biblia al desnudo*, Huerga y Fierro, Madrid, 2005.

Orlandis, José, *Historia de España: La España visigótica*, Madrid, Gredos, 1977.

Ortega y Gasset, José, *El espectador*, tomo VIII («Abenjaldun nos revela el secreto»), *Revista de Occidente*, Madrid, 1934.

Piñero, Antonio, *Guía para entender el Nuevo Testamento*, Trotta, Madrid, 2006.

—, *Cristianismos derrotados. ¿Cuál fue el pensamiento de los primeros cristianos, heréticos y heterodoxos?*, Edaf, Madrid, 2007.

—, *¿Existió Jesús realmente? El Jesús de la historia a debate*, Editorial Raíces, Madrid, 2009.

—, *Guía para entender a Pablo de Tarso. Una interpretación del pensamiento paulino*, Trotta, Madrid, 2015.

—, *Gnosis, cristianismo primitivo y manuscritos del mar Muerto*, Tritemio, Madrid, 2016.

Plutarco, *Obras morales y de costumbres (Moralia), Vol. II*, Biblioteca Clásica Gredos, 98, Madrid, 1986.

Procopio de Cesarea, *Historia de las guerras. Obra completa* (*Volumen IV. Guerra Gótica. Libros VII-VIII*), Ed. Gredos, Madrid, 2007.

Robinson, John, *Honest to God*, SCM Press, Londres, 1963.

Römer, T. C., *The So-called Deuteronomistic History. A Sociological, Historical and Literary Introduction*, T&T Clark, Londres, 2005.

Rosenroth, Knorr von, *La Cábala desvelada*, Editorial Humanitas, Barcelona, 1986.

Ruiz Morell, Olga, *Las aguas amargas de la mujer. La ordalía de los celos*, Asociación Bíblica Española, Estella, Navarra, 1999.

Sánchez Albornoz, Claudio, *La España musulmana*, Espasa Calpe, Madrid, 1978.

Schapiro, Meyer, «Cain's Jaw-Bone that Did the First Murder», *The Art Bulletin*, vol. 24, núm. 3, Nueva York, septiembre de 1942, pp. 205-212.

Sosnowski, Saúl, *Borges y la Cábala*, Ediciones Hispamérica, Buenos Aires, 1976.

Thompson, Thomas L., *The Historicity of the Patriarchal Narratives: The Quest for the Historical Abraham*, Continuum International Publishing Group, Berlín, 1974.

Van der Meersch, Maxence, *Cuerpos y almas*, Ed. Almafuerte, Buenos Aires, 1954.

Van Seter, John, *Abraham in History and Tradition*, Yale University Press, New Haven, Connecticut, 1975.

Vasconcelos, Leite de, *Religiões da Lusitânia* (1897-1913; tres volúmenes). Reeditado por Imprensa Nacional, 1981.

Vidal, Jordi, «Adolf Hitler, Friedrich Delitzsch y el antisemitismo en los estudios bíblicos», *Historiae*, 12, 2015, pp. 65-80. Disponible en internet: <https://ddd.uab.cat/pub/historiae/historiae_a2015n12/historiae_a2015n12p65.pdf>.

Vidal, Gore, «(The Great Unmentionable) Monotheism and its Discontents», The Lowell Lecture, Harvard University, 20 de abril de 1992.

Vidal, José Manuel, «Jesucristo era vegetariano», *El Mundo, Crónica*, 385, 2 de marzo de 2003.

Wendrin, Franz von, *Die Entdeckung des Paradises*, Gebundenes Buch, Brunswick, 1924.

Whishaw, Elena M., *Atlantis in Spain. A Study of the Ancient Sun Kingdoms of Spain*, Rider & Co., Londres, 1928.

Zehren, Eric, *Las colinas bíblicas*, Círculo de Lectores, Barcelona, 1969.

Índice onomástico y de topónimos bíblicos[416]

416. Las referencias que van seguidas de una «n» remiten a la nota al pie de la página correspondiente.

No te pierdas la serie Escépticos en Booket:

La tentación del Caudillo, ya disponible: